Schule gemeinsam gestalten –
Entwicklung von Kompetenzen
für pädagogische Führung

D1663005

Stephan Gerhard Huber,
Stiftung der Deutschen Wirtschaft,
Robert Bosch Stiftung (Hg.)

Schule gemeinsam gestalten – Entwicklung von Kompetenzen für pädagogische Führung

Beiträge zu Leadership in der Lehrerbildung

Waxmann 2015
Münster • New York

Bibliografische Informationen der Deutschen Nationalbibliothek
Die Deutsche Nationalbibliothek verzeichnet diese Publikation in der
Deutschen Nationalbibliografie; detaillierte bibliografische Daten sind
im Internet über http://dnb.dnb.de abrufbar.

Print-ISBN   978-3-8309-3324-3
E-Book-ISBN   978-3-8309-8324-8

© Waxmann Verlag GmbH, 2015
www.waxmann.com
info@waxmann.com

Satz: Stoddart Satz- und Layoutservice, Münster
Druck: Hubert & Co., Göttingen

Gedruckt auf alterungsbeständigem Papier,
säurefrei gemäß ISO 9706

Inhalt

2. Phasenübergreifende exemplarische Angebote

3. Erste Phase der Lehrerbildung: exemplarische Angebote

4. Zweite Phase der Lehrerbildung: exemplarische Angebote

5. Dritte Phase der Lehrerbildung: exemplarische Angebote für Lehrkräfte

6. Dritte Phase der Lehrerbildung: exemplarische Angebote für angehende, neu ernannte und amtierende pädagogische Führungskräfte

Vorwort

Schulleitungen machen den Unterschied – ihr Wirken hat nachweislich Effekte auf die Schulkultur, das Selbstverständnis von Lehrkräften, auf deren Einstellungen, Verhalten und Motivation. Als Schlüsselfiguren im System Schule haben Schulleiterinnen und Schulleiter maßgeblichen Einfluss auf das Gelingen von Schule. Wer also nach den Gelingensbedingungen guter Schulen fragt, muss besonders die Personen in den Blick nehmen, die Schulen gestalten und führen. Dazu zählen Schulleitungen ebenso wie diejenigen, die in der Schule einen Fachbereich leiten, Steuergruppen führen, Jahrgangsgruppen managen und vieles mehr.

Welche Kenntnisse, Fähigkeiten und Haltungen braucht es zur erfolgreichen Gestaltung von Schule? Wie, wo und zu welchem Zeitpunkt können pädagogische Führungskräfte diese Kompetenzen erlernen, erwerben und erproben? Diese Fragen greift der vorliegende Band „Schule gemeinsam gestalten – Entwicklung von Kompetenzen für pädagogische Führung" auf und gibt konkrete Antworten. Die Publikation zeigt auf, welche Kernkompetenzen pädagogische Führungskräfte benötigen. Darüber hinaus wird anhand konkreter Handlungsempfehlungen und Umsetzungsbeispiele skizziert, was die Lehrerbildung in allen Aus- und Weiterbildungsphasen leisten kann und leisten sollte, um Führungskräfteentwicklung erfolgreich voranzubringen.

Seit 1994 fördert die Stiftung der Deutschen Wirtschaft (sdw) junge Menschen, die mit Eigeninitiative, Unternehmergeist, Engagement und in gesellschaftlicher Verantwortung denken und handeln. Diese Haltungen sind besonders – und das zeigt auch die vorliegende Publikation – in der Schule erforderlich. Mit dem Studienkolleg unterstützt die sdw gemeinsam mit der Robert Bosch Stiftung bereits viele junge Menschen, die die Unternehmung Schule im besten Sinne weiterentwickeln wollen. Wir brauchen jedoch mehr dieser Schulgestalter. Deshalb stoßen wir mit diesem Band eine Diskussion an, wie und wann Führungskräfteentwicklung für Schule Eingang in die reguläre Lehrerbildung finden kann, um mit einer weitergehenden Professionalisierung des pädagogischen Personals Schule noch besser zu machen.

Dass an vielen Orten der Lehrerbildung bereits Menschen arbeiten, denen die Entwicklung von Kompetenzen für pädagogische Führung ein wichtiges Anliegen ist, zeigt diese Publikation selbst eindrücklich durch die Vielzahl an Praxisbeispielen, die darstellen, wie Themen von Führung und Leadership an Schule schon in der Lehrerbildung verankert sind. Zudem ist sie das Ergebnis einer intensiven Zusammenarbeit mit verschiedenen Akteuren der Lehrerbildung aus Hochschulen, Studienseminaren, Fortbildungsinstituten und Behörden. Diese Zusammenarbeit hat bewiesen, wie Kooperation über Länder- und Institutionsgrenzen hinweg möglich und sinnvoll ist. Allen an dem Projekt Beteiligten gilt mein herzlicher Dank!

Dr. Arndt Schnöring,
Generalsekretär der Stiftung der Deutschen Wirtschaft

Vorwort

Gute Schule verlangt eine starke Führung, die Verantwortung übernimmt, Neues wagt, motiviert und erreichte Qualität sichert. Noch nie war Bildung so wichtig wie heute und deshalb verdienen die Schulen die Besten an ihrer Spitze.

Doch wo wird der Führungsnachwuchs heute ausgebildet? Im Lehramtsstudium geht es bislang kaum um Führungsthemen. Dies geschieht vorwiegend in der Fort- und Weiterbildung, also nach den ersten Berufsjahren als Lehrer. Es ist jedoch wirkungsvoller, wenn talentierte Studierende gleich zu Beginn ihres Studiums Angebote erhalten, um aufbauend auf ihre persönlichen Fähigkeiten Führungskompetenzen zu entwickeln, um eine stärkere Verantwortung in der und für die Schule zu übernehmen. Ein solches Angebot machen die Stiftung der Deutschen Wirtschaft und die Robert Bosch Stiftung begabten und leistungsbereiten Lehramtsstudierenden im Rahmen des Studienkollegs. Begleitend zu ihrem Studium werden die angehenden Lehrerinnen und Lehrer in Akademien und Seminaren auf die vielfältigen Gestaltungs- und Managementherausforderungen an Schulen vorbereitet. Danach gehen sie mit einer engagierten Grundhaltung an die Schule und sehen diese als Gestaltungs- und Verantwortungsraum.

Entsprechende Angebote sollten eigentlich auch im Regelstudium für Lehrerinnen und Lehrer vorhanden sein. Mit dem „Forum Leadership in der Lehrerbildung" nehmen wir in diesem Sinne den Dialog mit den Verantwortlichen der Lehrerbildung auf, um gemeinsam zu überlegen, welche Kompetenzen für pädagogische Führungskräfte relevant sind und wie die Lehramtsstudierenden diese von Beginn an in einem aufbauenden Curriculum erwerben können. Die vorliegende Publikation soll hierfür eine Orientierungshilfe anbieten.

Am Ende unserer Vision steht eine Aus-, Fort- und Weiterbildungskette, in der systematisch und praxisnah für Aufgaben der pädagogischen Führung qualifiziert wird.

Uta-Micaela Dürig,
Geschäftsführerin der Robert Bosch Stiftung

Vorwort

In der Ausbildung der Lehrerinnen und Lehrer spielen der Erwerb und die Entwicklung von Kompetenzen für pädagogische Führung bislang eher eine untergeordnete Rolle. Dies ist fast ausschließlich Thema in der Fort- und Weiterbildung pädagogischer Führungskräfte.

Doch Kompetenzen für pädagogische Führung werden nicht nur von Personen benötigt, die klassische Führungsfunktionen mit Personalverantwortung übernehmen, wie z.B. Schulleiterinnen und Schulleiter. Auch Lehrkräfte, die sich über ihre Führungsaufgaben in Unterricht und Erziehung (Klassenführung und Classroom Management) hinaus für die Qualität von Schule engagieren, benötigen Führungskompetenzen. Sie gestalten Schule (mit), z.B. in einer Steuergruppe, einer Projektgruppe oder in einem Arbeitskreis, und tragen zur Weiterentwicklung der Schulqualität bei.

Ziel eines Kooperationsprojekts der Stiftung der Deutschen Wirtschaft, der Robert Bosch Stiftung und des Instituts für Bildungsmanagement und Bildungsökonomie der Pädagogischen Hochschule Zug/Schweiz (vgl. www.Bildungsmanagement.net/EKPF) ist es, diese Kompetenzen in der gesamten Berufsbiografie von Lehrkräften zu fördern, zu begleiten und Grundlagen bereits in der Lehrerausbildung zu legen. Das Projekt will damit einen Beitrag zur Verbesserung einer systematischen und nachhaltigen Entwicklung und Förderung von Kompetenzen für pädagogische Führung in der gesamten Lehrerbildung leisten.

Teil 1 des vorliegenden Buches beschreibt zunächst ein Kompetenzmodell für pädagogische Führung. Tätigkeitsbezogene Kompetenzen in den Handlungsfeldern von Schulmanagement sowie führungsrelevante und tätigkeitsübergreifende Dispositionen und Führungskonzepte bilden die Struktur dieses Modells. Es wird aufgezeigt, was pädagogische Führungskräfte idealerweise wissen und können sollten und wozu sie bereit sein sollten, um Schule erfolgreich zu gestalten.

Desweiteren steht die Förderung von Kompetenzen, mit denen die Qualität schulischer Arbeit gesichert und (weiter-)entwickelt wird, im Mittelpunkt. Entwicklungslandkarten beschreiben exemplarisch Inhalte sowie Lern- und Lehrformate, mit denen Kompetenzen für pädagogische Führung in der Aus-, Fort- und Weiterbildung erworben, gestärkt und gefördert werden können.

Anschließend werden von einer Expertengruppe aus Mitgliedern verschiedener Bundesländer, die unterschiedliche Perspektiven auf die Lehrerbildung einnehmen, Empfehlungen für eine systematische, langfristig orientierte und nachhaltige Entwicklung von Kompetenzen für pädagogische Führung in der gesamten Lehrerbildung formuliert. Vertreten sind die Perspektiven der Schulleitungspraxis, der Schulverwaltung und Schulaufsicht, der ersten, zweiten und dritten Phase der Lehrerbildung, des Lehramtsstudiums und der Wissenschaft. Diese Empfehlungen sind sowohl phasenspezifisch als auch phasenübergreifend angelegt.

In Teil 2 werden weiterführende Überlegungen und exemplarische Angebote in der Lehrerbildung dargestellt. Sie sind nach phasenübergreifenden und phasenspezifischen Überlegungen und Angeboten sortiert. Dazu gehört auch ein Kapitel, das zentrale Ergebnisse einer explorativen Untersuchung vorstellt. Ziel war es, zu erheben, welche innovativen Beispiele zur Förderung von Kompetenzen pädagogischer Führung und Schulentwicklung in den Programmen aller drei Phasen der Lehrerbildung existieren. Die Praxisbeispiele aus den deutschen Bundesländern werden um ausgewählte internationale Beispiele ergänzt. Mit dieser Zusammenstellung wird ein Wissensspeicher aufgebaut, der weiter zu ergänzen ist.

Prof. Dr. Stephan Gerhard Huber,
Leiter des Instituts für Bildungsmanagement und Bildungsökonomie
der Pädagogischen Hochschule Zug

Teil 1
Kompetenzen für pädagogische Führung: Modellierung und Entwicklungsmöglichkeiten

Stephan Gerhard Huber, Stiftung der
Deutschen Wirtschaft, Robert Bosch Stiftung (Hg.):
Schule gemeinsam gestalten – Entwicklung von Kompetenzen
für pädagogische Führung. © 2015, Waxmann

Stephan Gerhard Huber und Marius Schwander[1]

Das Kompetenzmodell für pädagogische Führung

Im folgenden Kapitel wird ein Kompetenzmodell entwickelt, das für die Planung, Konzeption und Durchführung von kompetenzorientierten Qualifizierungsmaßnahmen, für die Entwicklung von Kompetenzen für pädagogische Führung wie auch für die Forschung und Evaluation Orientierung und Anhaltspunkte bietet. Daneben soll ein Beitrag geleistet werden zur weiteren Theoriebildung im Bereich pädagogischer Führung. Zunächst sollen einige historische Bezüge zu pädagogischer Führung und Schulleitung skizziert werden.

1. Historische Bezüge zu pädagogischer Führung und Schulleitung[2]

In der fachwissenschaftlichen Diskussion zur Theorie der Schule wurde der wichtige Teilaspekt der Funktion der pädagogischen Führung und damit der Schulleitung lange Zeit vernachlässigt. Der Begriff Schulleitung taucht in den bisherigen Arbeiten zur Theorie der Schule kaum auf, wenngleich man davon ausgehen kann, dass hin und wieder Schulleitung unter anderen Begriffen wie beispielsweise Organisation oder Organisationsstruktur etc. subsumiert wird. Sowohl bei Fend (1981) wie auch bei von Hentig (1993), Apel (1995) oder Diederich & Tenorth (1997) bleibt Schulleitung jedoch unberücksichtigt.

Eine der wenigen Ausnahmen stellt historisch gesehen Gaudig (1917) in der Reformpädagogik dar: Hier findet man Hinweise auf die Funktion des Schulleiters und auf Eigenschaften, die zur Ausübung seiner Funktion nötig sind, sowie Ansätze einer Einbeziehung von Fragen der Organisation. Gaudig spricht hier vom „Gesamtgeist" der Schule, verstanden als „Inbegriff der Dispositionen aller Einzelnen, die bei den inneren und äußeren Gemeinschaftshandlungen wirksam werden" (S. 243).

Insgesamt finden sich in der mehr als 200-jährigen Geschichte der Pädagogik als wissenschaftlicher Disziplin neben vielen Arbeiten über Unterricht und Lehr- und Lernprozesse sowie über Funktion und Tätigkeit von Lehrerinnen und Lehrern in der deutschsprachigen Fachliteratur so gut wie keine Aussagen über die Rolle und Funktion von pädagogischer Führung. Ein Verständnis von Schule als Organisation hielt erst

---

1   Wir danken für die Rückmeldungen und Hinweise von Hans-Günter Rolff, Sandra Degen, Heike Ekea Gleibs, Nadine Schneider und Pierre Tulowitzki sowie den Mitgliedern der Expertengruppen.

2   Die Ausführungen in diesem Abschnitt beruhen auf Huber (2003).

recht spät Einzug in die wissenschaftliche Fachdiskussion. Einzelne Nichtpädagogen kritisierten dies schon recht früh, wie Bernfeld (1925), der die „Institutionenblindheit" der Pädagogik beklagt (vgl. auch Becker, 1962; Fürstenau, 1969; Nevermann, 1982), aber auch Pädagogen wie beispielsweise Rumpf (1966) oder Vogel (1977).

Terhart (1986) zitiert Wolgast (1887) als Beispiel für eine immer noch aktuelle pädagogische Auffassung, nach der „Buereaukratie und Pädagogik [...] zueinander passen wie Feuer und Wasser" (Terhart, 1986, S. 206). Eine Vermittlung von Pädagogik und Bürokratie wurde angestrebt, aber letztendlich nicht geleistet.

Zunächst mögen in Deutschland politische Gründe eine Rolle spielen, denn aus den Erfahrungen des Faschismus heraus wurden Führungsrolle und Führungsaufgaben in der Pädagogik lange Zeit tabuisiert. Zudem gibt es durchaus biografische Gründe bei vielen wissenschaftlichen Pädagogen, da ihnen die einschlägigen praktischen Erfahrungen als Grundlage für die theoretische Reflexion fehlen. Einen weiteren Grund kann man mit Rosenbusch (1995) bereits im Selbstverständnis der Pädagogik sehen: Die traditionelle Pädagogik, besonders die sie prägende Reformpädagogik, sieht pädagogische Arbeit primär als personales, einmaliges, ja geradezu als intimes Geschehen in der dialogischen Beziehung Edukand-Edukator (z.B. Kind-Eltern oder Schüler-Lehrer), das sich durch Unwiederholbarkeit auszeichnet und das in einer direkten Kommunikationssituation stattfindet. Erfolge wie auch Scheitern von Erziehung sind somit persönlich zu verantworten. Für erzieherischen Misserfolg werden die Ursachen nicht in Rahmenbedingungen oder der Methodenwahl gesucht, sondern er wird als existentielles Versagen empfunden. Eine so verstandene Pädagogik konnte Aspekte der Gruppe[3] und vor allem solche der Institution und ihrer Verwaltung mit ihren regelhaften Organisationsabläufen und universalen bürokratischen Strukturen, noch dazu verstanden im Sinne der idealtypischen Bürokratievorstellungen Max Webers, nur als diametral verschieden von und zutiefst unvereinbar mit pädagogischem Geschehen empfinden. Wie auch Terhart (1986) darlegt, liegen hier entscheidend die Wurzeln für eine Nichtbeachtung organisationaler Einflüsse auf pädagogisches Geschehen. Zusätzlich hat ein Grundverständnis der Schulpädagogik als Allgemeine Didaktik dazu beigetragen, die Institution Schule in erster Linie als „verwaltete Addition von Unterricht" zu sehen und nicht als „pädagogische Handlungseinheit" (Fend, 1981).

Dies alles führte in der Konsequenz zur Ignorierung von Aspekten der Organisation und damit zu einer Nichtbeachtung der Rolle von pädagogischer Führung.

Eine weitere Erklärung für die geringe Würdigung von pädagogischer Führung ist in den Besonderheiten der Entstehung der Schulverwaltung in Deutschland zu sehen, die ein eigenständiges Berufsbild des Schulleiters mit wesentlichen eigenen Vorstellungen von seiner Zieltätigkeit als Widerspruch betrachtet hätte zu den bürokratischen Prämissen, nach denen Schule funktionieren soll, nämlich als Dienstbehörde in einer hierarchisch untergeordneten Position. Schulleitung steht dabei an der Schnittstelle zweier verschiedener Subsysteme oder unterschiedlicher Systembereiche. Dies hat

---

3 Erst durch die deutsche Jugendbewegung wurde die Wirkung der Gruppe, vor allem die Gegenüberstellung Gruppe-Gruppenführer, propagiert. In den sechziger Jahren ging es, von der Sozialpsychologie beeinflusst, um die Beachtung des zu Erziehenden innerhalb einer Gruppe. Weitergehende Aspekte fanden jedoch kaum Berücksichtigung.

Rosenbusch (1994a, 1999) herausgearbeitet, der in diesem Zusammenhang von einer notwendigen „vertikalen Strukturdifferenzierung" spricht und damit folgendes meint: Einerseits ist Schulleitung Teil der linearen Verwaltungshierarchie des Schulsystems; andererseits ist sie ebenso auch Teil der komplexen Hierarchie innerhalb der Schulen selbst, die ganz anderen Prämissen folgt: Alle Lehrer sind Vollakademiker und sind hierarchisch in ihrer Funktion weitgehend gleichgestellt[4]; der Schulleiter ist auch Lehrer; Entscheidungen der Lehrerkonferenz sind für die Schulleitung bindend, die Lehrkräfte haben einen juristisch gesicherten Freiraum durch das Institut der Pädagogischen Freiheit.

Für Schulleiterinnen und Schulleiter – so konstatiert Rosenbusch (1994a, 1999) – bedeutet diese Position zwischen linearer Hierarchie und komplexer Hierarchie, dass sie zwei unterschiedliche Handlungsrationalitäten beachten müssen, nämlich die zielorientiert-rationale des administrativen und bürokratischen Agierens nach personenunabhängigen, festgelegten Prinzipien einerseits und die Flexibilität erfordernde, nicht berechenbare, auf Einzelpersonen eingehende, kommunikativ-interaktionale Rationalität des pädagogischen Handelns andererseits. Schulleitung steht zwischen bürokratisch-administrativem und pädagogisch-innovativem Handeln. Bei der die Schule prägenden Entkoppelung der technischen Vollzugsebene (der gewöhnlichen Arbeit in den Klassenzimmern) von der offiziell-formalen Struktur (den Regeln der Organisation) ist die Schulleitung die „Transmissionsstelle" (Terhart, 1986, 1997). Eine Folge der bürokratischen Prämissen ist, dass Schulleitung in Deutschland traditionell zu einer Unterschätzung ihrer pädagogischen Wirkungsmöglichkeit neigt: Als Leiter der untersten Dienstbehörde sieht sich der Schulleiter oder die Schulleiterin eher einer administrativen Aufgabenstellung in Zusammenhang mit der Sorge für einen geordneten Schulbetrieb und Unterricht gegenüber.

Die „Schnittstellen"-Position von Schulleitung macht es schwer, innerhalb der Interessensfelder der Schultheorie eine mögliche Positionsbestimmung für sie vorzunehmen. In den Interessensbereich einer soziologisch orientierten Schultheorie, die versucht, die Institution Schule in einem größeren Zusammenhang des Bildungswesens und der Gesellschaft zu erklären, also eher vor dem Hintergrund der Makroebene zu diskutieren, fällt Schulleitung nicht. Hier geht es um Schule und ihre gesellschaftliche(n) Funktion(en) oder zum Beispiel um die Diskussion über Schulstufen oder Schularten. Auf der Mikroebene ist Schulleitung ebenfalls wenig interessant. Für die eher dort anzusiedelnden Theorien der Schule sind Lehr-Lernprozesse und individuelle Lebensgeschichten von Schülern und Lehrkräften von zentraler Bedeutung; sie versuchen, den Blick für die Vielfalt der pädagogischen Möglichkeiten zu schärfen. Eine mögliche Mesoebene findet wenig Beachtung. Hier wäre Schulleitung einzuordnen. An dieser Schnittstelle zwischen Makro- und Mikroebene ist sie beispielsweise als Mediator und Vermittler wichtig bei der Umsetzung vorgegebener Reformen oder beim Zulassen von Innovationen vor Ort. Sollen die Ebenen zusammengebracht werden im Hinblick auf eine „umfassendere" Theorie der Schule, dann muss diese zent-

---

4   Auf der Annahme, dass alle Lehrenden gleich sind und Einmischung in die Arbeit eines anderen deshalb nicht geduldet wird, beruht das für Schulen charakteristische „Autonomie-Paritäts-Muster" (vgl. Lortie, 1975; Altrichter & Posch, 1999).

rale Schnittstelle mehr Beachtung finden und angemessen theoretisch berücksichtigt werden.

Terhart (1986, 1997) argumentiert, dass Organisationsverständnis und pädagogisches Verständnis nicht gegeneinander zu setzen seien, sondern integriert behandelt werden sollten. Schulleitungshandeln zwischen Organisation und Erziehung soll weder das eine noch das andere einseitig favorisieren. Besonders, wenn es um Qualitätssteigerung geht, muss organisationsbezogenes mit pädagogisch-schulgestalterischem Handeln zusammengebracht werden. Die Einflussnahme der Schulleitung auf die Organisation besitzt durchaus strukturelle Ähnlichkeiten mit pädagogischem Handeln an sich, denn bei beidem wird der Versuch unternommen, etwas nur bedingt Steuerbares zu steuern, wobei auch ungewollte Nebenwirkungen und paradoxe Effekte auftreten können.

Die zentrale Frage ist, welchen Einfluss die Organisation (mit ihrer Struktur) und das Leitungs- und Führungshandeln in ihr auf die Zieltätigkeit von Schule, nämlich Erziehung und Unterricht, haben. Oder anders akzentuiert: Wie müssen die Organisation (mit ihrer Struktur) und das Leitungs- und Führungshandeln beschaffen sein, damit die Zieltätigkeit sinnvoll und wirksam ausgeübt werden kann?

Wenn „Schule als Institution erzieht" (Bernfeld, 1925), „muss Schule ein Modell dafür sein, wozu sie erzieht" (Rosenbusch, 2005, S. 11). Dies bedeutet auch, dass Schulleitung zur erzieherisch bedeutsamen Wirklichkeit von Schule gehört und die Art und Weise, wie pädagogische Führung bzw. Schulleitung wahrgenommen wird, pädagogisch relevant ist. Als Konsequenz muss auch in diesem Bereich erzieherisch bedeutsame Wirklichkeit bewusst pädagogisch gestaltet werden, und zwar so, dass sie ein wichtiger Teil der (intentionalen) Erziehung wird. Das heißt, es muss eine kommunikative Alltagspraxis verwirklicht werden, die mit den Erziehungs- und Bildungszielen konkordant ist bzw. diesen zumindest nicht widerspricht. Das bedeutet, dass die materiellen Voraussetzungen für die Zieltätigkeit vor Ort und auch die Rahmenbedingungen wie Organisation, Regeln, nichtunterrichtliche Aspekte so konzipiert sein müssen, dass ihre erzieherisch relevanten Potenziale fruchtbar werden. Schule und Schulorganisation als primär bürokratische, ungeplante, funktionale erzieherisch bedeutsame Wirklichkeit müssen in Richtung einer intentionalen, erzieherisch gestalteten Wirklichkeit verändert werden. Das ist Thema und Anliegen der Organisationspädagogik (vgl. Rosenbusch, 2005).

2. Zur Verwendung des Begriffs „Pädagogische Führung"

Im Unterricht ist jede Lehrkraft Führungskraft und hat Führungsaufgaben wie Klassenführung und Classroom Management (vgl. u.a. in der Reformpädagogik z.B. Petersen, 1937, im aktuellen Diskurs der Lehrerbildung z.B. BDA, 2001). Jedoch beziehen wir den Begriff „Pädagogische Führung" explizit auf Führungsaufgaben in der Schule, die über den Unterricht hinausgehen, also schulische Aufgabenbereiche außerhalb des Unterrichts betreffen. Der Begriff wird hier im Buch sehr breit verstanden und geht auch über die klassischen schulischen Führungsfunktionen hinaus. Schulische

Führungsfunktionen wiederum sind dienstrechtliche Funktionsstellen in den Bundesländern mit Aufgabenprofilen und haben in den Bundesländern unterschiedliche Bezeichnungen. Sie gehen in der Regel mit Personalverantwortung einher. Funktionen sind zum Beispiel Mitglied der Schulleitung, Fachbetreuung/Fachschaftsleitung, Abteilungsleitung, Koordinatoren. In der aktuellen Fachdiskussion werden sie oft mit der Kategorie „middle management" erfasst. Im vorliegenden Buch werden auch Personen ohne solche Führungsfunktionen als Führungskräfte bezeichnet. Lehrkräfte, die sich über ihre Führungsaufgaben in Unterricht und Erziehung hinaus für die Qualität schulischer Arbeit ihrer Schule engagieren und damit (operativ) Verantwortung für Schulentwicklung übernehmen, sind also ebenfalls gemeint. Sie übernehmen Führungsaufgaben und befinden sich in verschiedenen Führungsrollen im Gestaltungsraum Schule, teilweise mit expliziten Aufgabenbezeichnungen, teilweise ohne. Solche Aufgaben sind zum Beispiel die Leitung oder die Mitgliedschaft in einer Steuergruppe sowie die Leitung einer Projektgruppe oder eines Arbeitskreises der Schule. Sie alle tragen im Rahmen des Schulmanagements und der Schulentwicklung zur Weiterentwicklung der Schulqualität bei, was Kompetenzen für pädagogische Führung erfordert.

3. Kompetenz – eine Begriffsklärung

In den letzten Jahren erfreute sich der Kompetenzbegriff im Zuge der Output-Orientierung und Diskussion von Standards einer großen Beliebtheit, sowohl im Bildungskontext als auch in der betrieblichen Personalentwicklung. Damit einhergehend wächst die Anzahl von Klärungsversuchen, was genau mit Kompetenzen gemeint ist – wie sie zu definieren, zu messen und zu entwickeln sind. Eine Übersicht zu Kompetenzauffassungen im bildungswissenschaftlichen Kontext bietet Schaper (2009):

- Kompetenz als Wissens- und Fähigkeitsvoraussetzung im Sinne von tätigkeitsrelevanten Qualifikationen, die für einen Aufgaben- und Anforderungskontext gebraucht werden.
- Kompetenz als Fähigkeit zu situationsangemessenem und anforderungsgerechtem Verhalten[5].
- Handlungstheoretisches Verständnis von Kompetenz als kognitive, sozial-kommunikative und emotional-motivationale Voraussetzungen zur Bewältigung komplexer beruflicher Aufgabenstellungen.
- Kognitionspsychologisches Verständnis von Kompetenz, bei dem sich „Experten gegenüber Novizen durch besondere Wissens- und Handlungsformen auszeichnen, die durch intensive Erfahrung und Übung erworben wurden" (ebd., S. 171).
- System- und selbstorganisationstheoretisches Verständnis von Kompetenz mit der „Annahme, dass Kompetenzen Menschen befähigen, auch neuartige Situationen

---

5   Der in der Definition verwendete Begriff *Verhalten* wird grundsätzlich mit menschlichem Tun frei von Bewertung und Interpretation in Verbindung gebracht (vgl. u.a. bereits Groeben, 1986). Die Einschätzung des Verhaltens als situationsangemessen und anforderungsgerecht jedoch bedarf der Bewertung. Hier ist somit von Handeln, namentlich zielgerichtetem, subjektiv sinnvollem Tun die Rede.

lernend und problemlösend zu bewältigen" (ebd., S. 171; vgl. auch Erpenbeck & von Rosenstiel, 2003).

- Kompetenz als biografisches Konstrukt durch die Auseinandersetzung mit (berufsbezogenen) Entwicklungsanforderungen.

Diese Auffassungen sind jedoch weder trennscharf noch schließen sie sich gegenseitig aus. Je nach Konzeptualisierung kann der Kompetenzbegriff auf kognitive Fähigkeiten und Fertigkeiten beschränkt oder – im Sinne einer umfassenden Handlungskompetenz – um motivationale, volitionale und soziale Bereitschaften und Fähigkeiten erweitert werden (vgl. Weinert, 2001). Eine umfassende Definition von Kompetenzen bietet das Tuning-Projekt (Gonzales & Wagenaar, 2003; zit. in Frey & Jung, 2011). Demnach setzen sich Kompetenzen aus drei wesentlichen Bausteinen zusammen: dem deklarativen Fachwissen, dem prozeduralen Anwendungswissen und den dazugehörigen Werten und Einstellungen. Neben dem fachspezifischen Wissen sind zudem überfachliche Kompetenzen von wesentlicher Bedeutung. Diese lassen sich in instrumentelle Kompetenzen (kognitive, methodische, technische oder linguistische Fähigkeiten), interpersonelle Kompetenzen (Kommunikationstechniken, Teamfähigkeit, Kritikfähigkeit etc.) sowie systemische Kompetenzen (Sensibilität gegenüber ganzen Systemen und das Vermögen, Verbesserungen an bestehenden Systemen vorzunehmen) unterteilen (vgl. ebd.).

Verbreitet ist heute die Auffassung, dass Kompetenzen anhand von konkret gezeigtem Verhalten einer Person zugänglich werden. Nach Erpenbeck und von Rosenstiel (2003) beispielsweise entsprechen Kompetenzen Dispositionen selbstorganisierten Handelns. Hartig und Klieme (2006) verstehen Kompetenzen als kontextualisierte und erlernbare Leistungsdispositionen, die für die Bewältigung situativer und bereichsspezifischer Anforderungen notwendig sind. Kompetenz zeigt sich folglich im konkret beobachtbaren, messbaren bzw. bewertbaren Verhalten (= Handeln) einer Person in einer spezifischen Situation.

Für eine geeignete Kompetenzmodellierung empfiehlt Schaper (2009) eine Lösung mit einer Kombination der Strategien. Als Basis für Modellierungen in Bildungskontexten mit einem psychologisch fundierten Kompetenzverständnis leitet er folgende Kernmerkmale ab: Kenntnisse, Fertigkeiten und Fähigkeiten, die komplexe Handlungsanforderungen von pädagogischen Führungskräften widerspiegeln, Dispositionen oder persönliche Ressourcen (kognitive und nichtkognitive Elemente), die pädagogische Führungskräfte befähigen, Aufgaben oder Probleme erfolgreich zu lösen sowie die Fähigkeit, sich „in unbekannten bzw. neuartigen Situationen selbstorganisiertes Wissen und Fähigkeiten anzueignen, um diese Situationen problemlösend und handlungsorientiert zu bewältigen" (Schaper, 2009, S. 173).

Wir schließen uns der Meinung an, dass der Begriff Kompetenz sich nicht allein über zugrunde liegendes Wissen und vorhandene Fertigkeiten definiert, sondern deren Anwendung mit einschließt. Es ist also von der konkreten Situation abhängig, inwiefern eine Person ihre Dispositionen einbringen will (motivationale und volitionale Aspekte), soll und kann. Letzteres meint, dass die Person je nach situativem Kontext angemessene Handlungsentscheidungen treffen kann. In Bezug auf komplexe Bereiche wie das Berufsfeld von Lehrkräften oder Schulmanagement verstehen wir darunter auch berufliche und professionelle Expertise. Wir folgen in diesem Sinne Mulder & Gruber (2011), die aufzeigen, dass sich die Kompetenzforschung, die auf zu bewältigende Anforderungen und Aufgaben fokussiert, und die Expertiseforschung, die auf individuelle kognitive Merkmale und Problemlösefähigkeiten von erfolgreichem Handeln fokussiert, gegenseitig ergänzen. Die Kompetenzdefinition kann sich dabei sowohl auf ein Tätigkeitsgebiet im Gesamten oder auf einzelne Handlungsfelder beziehen.

Wir vertreten folglich die Auffassung, dass sich Kompetenzen für pädagogische Führung laufend weiterentwickeln können, etwa aufgrund einer Expertise, die aus Erfahrungen in neuartigen Situationen entsteht sowie durch die Auseinandersetzung mit berufsbezogenen Entwicklungsanforderungen. Die Kompetenz als konkret gezeigtes Verhalten entspricht demzufolge dem Produkt aus situativ erworbenem Wissen, Können und Wollen und kann sich je nach Anforderung der Situation unterschiedlich zeigen (vgl. Abb. 1).

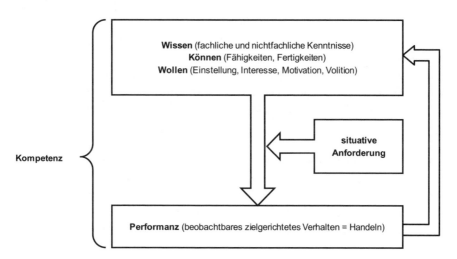

Abb. 1: Kompetenzbegriff

4. Kompetenzerwerb durch die Übernahme von Verantwortung

Führungskompetenzen können durch die Übernahme von Gestaltungsaufgaben und Gestaltungsverantwortung erworben und weiterentwickelt werden. In der Schule übernehmen Lehrkräfte sukzessive Verantwortung für Gestaltungs- und Führungsaufgaben über ihren eigenen Unterricht hinaus, die sich idealerweise zunehmend auch in Führungsfunktionen innerhalb des Schulsystems widerspiegeln. Somit vollzieht sich die Entwicklung zur pädagogischen Führungskraft entlang der Laufbahn einer Lehrkraft, die einer dreiphasigen Aus-, Weiter- und Fortbildung folgt: der ersten Phase der Hochschulausbildung, der zweiten Phase des Vorbereitungsdienstes und der dritten

Phase[6] des Berufseinstiegs sowie der Fort- und Weiterbildung. Es handelt sich somit um einen die Berufslaufbahn begleitenden Professionalisierungsprozess.

In den verschiedenen Verantwortungsstufen sind unterschiedliche Führungskompetenzen mit jeweils unterschiedlichen Ausprägungsgraden erforderlich.

Erste und zweite Phase der Lehrerbildung: Hochschulausbildung und Vorbereitungsdienst
Hier handelt es sich um Lehramtsstudierende (Praktikanten) und Lehrkräfte im Vorbereitungsdienst (Lehrkräfte, die sich am Gestaltungsraum beteiligen, jedoch nicht als pädagogische Führungskraft bzw. ohne die Übernahme von Führungsfunktionen).

Dritte Phase der Lehrerbildung: Berufseinstieg, Phase der Fort- und Weiterbildung
- Lehrkräfte in der Organisation Schule (Lehrkraft, die sich am Gestaltungsraum beteiligt, jedoch nicht als pädagogische Führungskraft/ohne die Übernahme von Führungsfunktionen)
- Führungskräfte von Teileinheiten der Organisation Schule, dem Mittelmanagement von Schulen (formelle Leitungen, zum Beispiel Projektgruppenleitung, Konferenzleitung, Fachbereichsleitung, Jahrgangsleitung, Steuergruppe)
- Führungskräfte der Gesamtorganisation Schule (Schulleitung, stellvertretende Schulleitung, erweiterte Schulleitung)
- Führungskräfte in unterschiedlichen Einrichtungen der Schulverwaltung, sei es in der Funktion der Schulaufsicht oder dem Unterstützungssystem für Schulen (Schulbehörden, Schulaufsicht, Schulverwaltung, Ministerium, Schulämter, Landesinstitute)[7]

Die unterschiedlichen Gestaltungsräume und Ausprägungsgrade berücksichtigend kann davon ausgegangen werden, dass sich das Handeln von Akteuren im Schulmanagement sukzessive von operativen zu strategischen Tätigkeiten hin verändert und entsprechend unterschiedliche Perspektiven eingenommen werden (vgl. Abb. 2). Berufseinsteiger und Berufsanfänger befassen sich eher mit der operativen Umsetzung

---

6   In einigen Bundesländern wird von der Berufseingangsphase als eigenständige dritte Phase gesprochen (z.B. in Baden-Württemberg). Wir folgen in diesem Buch dieser differenzierten Benennung nicht, sondern verorten die Berufseinstiegsphase in der Phase der Fort- und Weiterbildung. Die dritte Phase der Fort- und Weiterbildung umspannt also die gesamte Berufslaufbahn, angefangen mit dem Berufseinstieg.

7   Die meisten Behörden im Schulsystem erfüllen beide Funktionen. So sind die Seminare für Lehrerausbildung Dienstleister und Beurteiler; die Schulämter, Regierungspräsidien und Ministerien nehmen ebenfalls beide Aufgaben wahr, und auch die Landesinstitute, in denen z.B. Lehrpläne und Unterrichtsmaterialien entwickelt werden, unterstützen und steuern gleichermaßen. In aller Regel handelt es sich bei diesen Behörden um dienstvorgesetzte Stellen, so dass auch Referentinnen und Referenten in manchen Bundesländern gegenüber den Schulen in einer Führungsrolle auftreten. Da sich diese Behörden meist an der Gelenkstelle zwischen bildungspolitischen Programmen und Entscheidungen einerseits und deren Umsetzung vor Ort andererseits befinden, kommt es insbesondere darauf an, für Akzeptanz zu sorgen und die Bereitschaft zu schaffen bzw. zu fördern, sich für die Umsetzung z.B. von Reformen an den Schulen einzusetzen. Auch bedarf es hoher sozialer Kompetenzen, die lebendige Balance zwischen Anerkennung spezifischer Kulturen z.B. der Einzelschulen oder regionaler Einheiten einerseits und der landesweiten Harmonisierung von zentralen Programmen oder Instrumenten und Verfahren andererseits zu schaffen bzw. zu halten.

pädagogischer Führungsaufgaben (außerhalb des Unterrichts). Führungskräfte, die bereits umfassende Führungskompetenzen besitzen, treffen vergleichsweise und zunehmend mehr führungsrelevante Entscheidungen – trotz weiterhin vorhandener operativer Aufgaben.

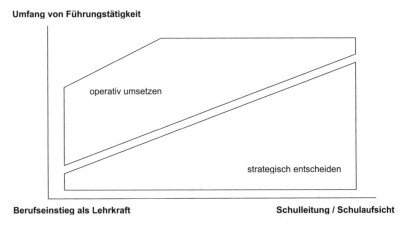

Umfang von Führungstätigkeit

operativ umsetzen

strategisch entscheiden

Berufseinstieg als Lehrkraft   **Schulleitung / Schulaufsicht**

Abb. 2:   Operative und strategische Führungstätigkeit

5.   Ziel und Nutzen des Kompetenzmodells

Das Kompetenzmodell ist zunächst ein theoretisches Rahmenmodell. Zudem entspricht es in der hier vorgeschlagenen Modellierung einem Kompetenzstrukturmodell, das verschiedene Elemente integriert. Es geht von tätigkeitsbezogenen Kompetenzen auf Basis von Berufsanforderungen auf verschiedenen Ebenen der Führung bzw. bei verschiedenen Funktionen aus und bietet eine Übersicht zu tätigkeitsübergreifenden, erfolgsrelevanten Dispositionen sowie zu erfolgsrelevanten Führungskonzepten. Das Modell sollte in einem weiteren Schritt als Kompetenzstufenmodell unterschiedliche Ausprägungs- und Qualitätsgrade von Kompetenzen differenzieren.

Die vorhandene und in ihrer weiteren Modifikation angestrebte Modellierung erlaubt eine Nutzung im Sinne von Professionsstandards im Rahmen eines Portfoliosystems. Das Modell kann weiterentwickelt also als Instrument zur Dokumentation und Reflexion dienen, um geplante oder durchgeführte Maßnahmen der Qualifizierung für den Bereich Pädagogische Führung (für Schulmanagement und Schulentwicklung) zu verorten und um Ziele sowie notwendige Voraussetzungen der Maßnahmen und die komplexen Zusammenhänge von Lernprozessen zur Weiterentwicklung von Kompetenzen zu konkretisieren und bewusst zu machen. Insofern kann das Portfoliosystem einen Beitrag zur Konzeptionsplanung und Konzeptionsgestaltung von Qualifizierungsmaßnahmen und zum Verständnis der komplexen Wirkungszusammenhänge im Praxisfeld leisten.

Für die wissenschaftliche Begleitung, Evaluation und Forschung bietet das Modell die Möglichkeit, geplante Evaluationen zu verorten und das Design zu schärfen. Je nach Ziel und Ausrichtung der Evaluation kann der Fokus enger oder weiter gefasst und verschiedene Bereiche können in das Zentrum der Betrachtung gerückt werden, ohne dabei das komplexe Gesamtgefüge aus dem Blick zu verlieren.

Da viele Themen, Wissensbereiche und Handlungsfelder sowohl im Beruf von Lehrkräften wie auch von pädagogischen Führungskräften dieselbe Relevanz haben, überschneiden sich auch die notwendigen Kompetenzen für die Erfüllung des jeweiligen Berufsauftrages.

6. Strukturelemente des Kompetenzmodells

Kompetenzstrukturmodelle beschreiben und differenzieren die zu erfassenden Kompetenzdimensionen, die durch „das Gefüge der Anforderungen" strukturiert werden (Frey & Jung, 2011, S. 541). Für die Erstellung einer Kompetenzmodellierung für pädagogische Führung besteht die Herausforderung darin, für eine große Anzahl denkbarer Situationen in verschiedenen Führungskontexten die jeweiligen Elemente zu definieren. Dieses Modell bleibt in der Konkretisierung der Kompetenzen für spezifische Situationen notwendigerweise begrenzt. Deshalb werden möglichst allgemeine, breit formulierte Kompetenzen beschrieben. In einem nächsten Schritt können die Kompetenzen für beispielhafte Situationen und Kontexte konkretisiert werden.

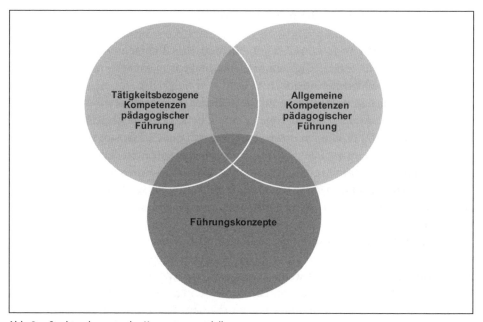

Abb. 3:   Strukturelemente des Kompetenzmodells

Für das vorliegende Kompetenzstrukturmodell für pädagogische Führung wurden folgende drei Elemente (vgl. Abb. 3) gewählt:

- Tätigkeitsbezogene Kompetenzen, die auf konkretem, anforderungsbezogenem Handeln von pädagogischen Führungskräften in zentralen Handlungsfeldern des Schulmanagements basieren,
- Führungsrelevante und tätigkeitsübergreifende Dispositionen, die das pädagogische Führungshandeln beeinflussen,
- Führungskonzepte, die in ihrer Anwendung als Strategie zur Entwicklung einer erfolgreichen Schule als Organisation gelten.

Alle drei Kompetenzstrukturelemente basieren auf wissenschaftlichen Erkenntnissen.

6.1 Tätigkeitsbezogene Kompetenzen pädagogischer Führung in den Handlungsfeldern des Schulmanagements

Das erste Element der Kompetenzstruktur für pädagogische Führung basiert auf konkretem situationsbezogenem Handeln in der Schule als Organisation, in der die Führungskraft tätig ist. Die Zusammenstellung hierfür nötiger tätigkeitsbezogener Kompetenzen basiert auf theoretischen und empirischen Vorarbeiten (Huber, 2011, 2012a,b, 2013a,b,c; Huber, Wolfgramm & Kilic, 2013) und wurde in Zusammenarbeit mit Expertinnen und Experten der Lehrerbildung im Rahmen der Transferinitiative „Leadership in der Lehrerbildung" weiter bearbeitet. Die Arbeitsgruppe verfolgte Fragen wie: Was ist entscheidend für den Erfolg von Führungshandeln? Welche Verhaltensweisen sind maßgebend, um erfolgreiches Schulmanagement zu betreiben?

Schulmanagement ist als professionelles, also qualifiziertes, systematisches und zielgerichtetes Management der Arbeit von Schule sowie der Sicherung und Entwicklung der Qualität dieser Arbeit zu verstehen. Es beinhaltet alle Maßnahmen, die zur Gestaltung und Optimierung von Schule und schulischen Prozessen beitragen. Dazu gehören zentrale Aspekte wie die Planung, Organisation, Koordination, Steuerung und Kontrolle von Bildungs-, Erziehungs- und Unterrichtsprozessen sowie deren Diagnose, Analyse und Beurteilung sowie die Steuerung und Entwicklung der Einrichtung (also der Schule als Organisation, als pädagogische Handlungseinheit (vgl. Fend 1981)) insgesamt.

Die erfolgreiche Schulleitung weiß, welche Aufgaben durch welche Personen in welcher Form und in welcher Struktur mit bestimmten Instrumenten und entsprechendem Verhalten ausgeführt werden müssen, um den Erfolg der Schule zu gewährleisten.

Das folgende Modell (vgl. Abb. 4, in Anlehnung an Huber, 2003, 2011, 2012a, 2013a) versucht, diese Aufgaben in Handlungsfelder von Schulmanagement zu differenzieren, nämlich Unterrichtsentwicklung, Erziehung, Personalmanagement, Organisation und Verwaltung, sowie die übergreifenden (Querschnitts-)Handlungsbereiche Qualitätsmanagement sowie Kooperation und Repräsentieren, die sich durch alle der genannten Hauptfelder ziehen, darzustellen. Analog zu Frey & Jung (2011) können entsprechende Kompetenzen für eine Strukturmodellierung anhand der Anforderungen in Dimensionen strukturiert werden.

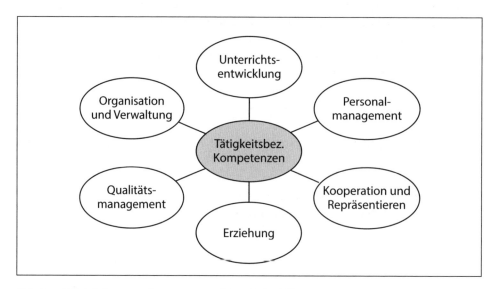

Abb. 4:   Tätigkeitsbezogene Kompetenzen pädagogischer Führung

Das online-basierte Self-Assessment „Kompetenzprofil Schulmanagement" (KPSM, vgl. den Beitrag von Huber, Skedsmo und Schwander in diesem Buch) differenziert diese Handlungsfelder in neun verhaltensbezogene Kompetenzen.

Im Folgenden werden für jedes Handlungsfeld exemplarisch wünschenswerte tätigkeitsbezogene Kompetenzen bzw. Standards als konkrete Zielvorgaben beschrieben. Die Standards beschreiben, welches Verhalten im jeweiligen Handlungsfeld für das erfolgreiche Führen der Schule als Organisation als angebracht angesehen wird. Die dahinterstehenden Kompetenzen ermöglichen es, das erwünschte Führungsverhalten zu zeigen. Die Gesamtheit der aufgelisteten Standards verdeutlicht ein Idealbild. Es wird jeweils auf die verschiedenen Verantwortungsstufen eingegangen, jedoch ohne dem Anspruch auf Vollständigkeit zu genügen und Niveaustufen auszudifferenzieren.

Qualitätsmanagement

Qualitätsmanagement ist ein zentrales und übergreifendes Handlungsfeld und besteht aus Qualitätssicherung und Qualitätsentwicklung. Das Qualitätsmanagement in Schulen muss vorrangig darauf ausgerichtet sein, sich der Lernwirksamkeit des Unterrichts zu vergewissern und die Ergebnisse so auszuwerten und aufzubereiten, dass sie in Entwicklungs- und Verbesserungsmaßnahmen der pädagogischen Arbeit umgesetzt werden. Dazu gehört der effektive und effiziente Einsatz von und der Umgang mit qualitätssichernden Maßnahmen (Evaluation). Dabei sind die anderen Handlungsfelder wie Unterricht und Erziehung, Personal und Organisation im Blick zu behalten.

Die Umsetzung von Qualitätsmanagement und den entsprechenden Maßnahmen findet auf allen Ebenen des Schulsystems statt. Ein gelungenes Qualitätsmanagement erfordert, die Offenheit von Führungskräften, das Handeln und seine Wirkungen im schulischen oder beruflichen Umfeld zu überprüfen sowie Maßnahmen zur Einhaltung von vereinbarten Standards einzuleiten.

Wünschenswerte tätigkeitsbezogene Kompetenzen sind hierbei exemplarisch:

Lehrkräfte und pädagogische Führungskräfte pflegen eine offene Kultur der Reflexion sowohl des eigenen beruflichen bzw. schulischen Handelns als auch der Kolleginnen und Kollegen.

Lehrkräfte diskutieren, ggf. angeregt und initiiert durch die Schulleitung, Kriterien und Standards für Qualität für die eigene Schule und vereinbaren schulinterne Qualitätsziele, die auch für das eigene berufliche Handeln richtungsweisend sind. Lehrkräfte reflektieren regelmäßig ihren eigenen Unterricht, indem sie zum Beispiel an Supervision teilnehmen oder Feedback von Schülerinnen und Schülern, Kolleginnen und Kollegen und von Führungskräften von Teileinheiten oder von der Gesamtorganisation Schule einholen. Sie geben selbst regelmäßig Rückmeldung zur Lernentwicklung und zum Lernverhalten von Schülerinnen und Schülern und nutzen diese Erkenntnisse für die Weiterentwicklung ihres Unterrichts.

Alle Lehrkräfte und pädagogischen Führungskräfte orientieren ihre Arbeit implizit oder explizit an den Phasen des Qualitätskreislaufs (Analyse, Ziele, Umsetzung, Evaluation bzw. Plan, Do, Check, Act). Führungskräfte innerhalb der Schule beziehen dabei alle schulischen Akteure bei der Schulentwicklung ein, fragen explizit nach deren Ideen und tauschen sich auch mit externen Partnern zu Maßnahmen der Schulentwicklung aus. Sie dokumentieren Ideen und die Umsetzungen von Schulentwicklungsmaßnahmen und machen die Schulentwicklungsarbeit transparent und jedem zugänglich (zum Beispiel per Intranet, Konferenzen, Schulportfolio). Dies gilt für Führungskräfte auf Ebene der Schulleitung wie auch für Führungskräfte auf anderen Ebenen (zum Beispiel Fachbereichsleiter/innen).

Sowohl die Lehrkräfte als auch die pädagogischen Führungskräfte nehmen ihre jeweiligen Rollen in der Qualitätsentwicklung der Schulen und des Schulsystems professionell an. Sie akzeptieren professionelle Qualitätsentwicklung als einen zentralen Baustein schulischen Lebens. Sie kennen Modelle und Theorien des Qualitätsmanagements.

Führungskräfte innerhalb der Schule akzeptieren ihre zentrale Führungsrolle im Prozess von Qualitätssicherung und Qualitätsentwicklung und nehmen diese aktiv wahr. Sie priorisieren Entwicklungsvorhaben mit Hinblick auf die Kernaufgabe der Schule, das Lernen von Schülerinnen und Schülern zu fördern.

Führungskräfte innerhalb der Schule initiieren interne Evaluationen und setzen sie entsprechend um und bereiten den Einsatz externer Evaluationsmaßnahmen in ihrer Schule mit vor. Lehrkräfte sowie pädagogische Führungskräfte unterstützen jegliche Art von Evaluation. Führungskräfte innerhalb der Schule vereinbaren Evaluationsziele und haben einen Blick darauf, ob die jeweilige Evaluation zielführend und machbar ist. Bei der internen Evaluation oder anderen komplexen Vorhaben lassen sie sich, wenn sie nicht selbst ausreichend Fachkompetenz im Bereich Evaluation besitzen, von Experten unterstützen, die den Evaluations- oder Entwicklungsprozess methodisch begleiten. Mit oder ohne Unterstützung wählen Führungskräfte innerhalb der Schule für die Zielerreichung und Machbarkeit passende Methoden aus. Sie erheben relevante Daten und analysieren diese. Sie machen die Evaluationsergebnisse sowohl den Kolleginnen und Kollegen ihrer eigenen Schule als auch der Schulaufsicht und den Eltern gegenüber transparent und ermöglichen eine offene Diskussion und sinnvolle Interpretation der Ergebnisse. Führungskräfte innerhalb der Schule stellen sicher, dass aus den Ergebnissen entsprechende Konsequenzen für die Weiterentwicklung der Schule abgeleitet und umgesetzt werden.

Kooperation und Repräsentieren

Kooperation ist ein weiteres zentrales und übergreifendes Handlungsfeld und zeigt sich einerseits in der Zusammenarbeit innerhalb der Schule und anderseits in der Förderung von Netzwerken außerhalb der Schule. Letzterem wird durch eine größere Eigenständigkeit der Schule und der damit verbundenen Intensivierung von Kommunikation eine größere Bedeutung zuteil.

Vor allem drei wichtige Gründe sprechen für verstärkte Kooperation in Schulen: Zum einen können die komplexen Anforderungen, die an Schulen gestellt werden, durch Kooperation ressourcenschonender, also effizienter als durch „Einzelkämpfertum", bewältigt werden. Zusammenarbeit ermöglicht darüber hinaus durch die Aktivierung der Potenziale mehrerer hoch qualifizierter Fachleute eine Qualitätssteigerung der schulischen Prozesse. Inklusion und Ganztagsbetrieb erfordern die Entwicklung zu multiprofessionellen Lehrerkollegien in ganz neuem Umfang und führen zu anderen Kooperations- und Teamprozessen. Nicht zuletzt ist Kooperation in einer Schule, die auf Mündigkeit und Verantwortlichkeit hin erziehen soll, nicht nur Mittel, sondern selbst ein Ziel: Kooperation in Schulen muss unter einer pädagogischen Perspektive gesehen werden und die Schule soll durch eigenes kooperatives Handeln ihren Schülern ein Vorbild sein.

Wünschenswerte tätigkeitsbezogene Kompetenzen hierbei sind exemplarisch:

Lehrkräfte und pädagogische Führungskräfte in der Schule schaffen Voraussetzungen und konkrete Möglichkeiten, durch Kooperation Entwicklungsprozesse in Gang zu setzen, die die Problemlösungsfähigkeit und Leistungsfähigkeit der Schülerinnen und Schüler und die der Schule insgesamt erhöhen.

Pädagogische Führungskräfte fördern die Zusammenarbeit im Kollegium und schaffen dafür entsprechende Rahmenbedingungen. Dabei organisieren sie kooperative Arbeitsformen effektiv und effizient; Beispiele hierfür sind ressourcenökonomische Sitzungen von Gremien und Arbeitsgruppen sowie faire Arbeitsteilung. Pädagogische Führungskräfte sind selbst Modell, wenn sie mit Kolleginnen und Kollegen kommunizieren und kooperieren: Sie sind in Pausen ansprechbar und stets für die Lehrkräfte präsent. Sie sind an Konferenzen anwesend und steuern deren Verlauf, sie nehmen an schulischen und außerschulischen Veranstaltungen teil.

Insbesondere die Schulleitung in ihrer Verantwortung für die gesamte Organisation Schule entwickelt Strategien und Initiativen zur Verbesserung der Kooperation mit dem schulischen Umfeld und pflegt und nutzt diese Kontakte. Sie sorgt für eine transparente Kommunikation mit externen Partnern und der Öffentlichkeit. Sie bedient sich dabei der Methoden und Verfahren der Öffentlichkeitsarbeit, repräsentiert die Schule und trägt damit zur Stärkung des Prestiges und der Wettbewerbsfähigkeit der Schule bei.

Schulleitung, aber auch Lehrkräfte und alle weiteren pädagogischen Führungskräfte repräsentieren die Schule nach außen. Hierzu gehören zum Beispiel das Schreiben von Artikeln für die Medien, Interviews, Entwickeln einer Corporate Identity der Schule, Erstellen von Broschüren und Durchführen von Informationsveranstaltungen. Speziell die Schulleitung in ihrer Gesamtverantwortung für die Schule kommuniziert extern mit anderen Schulleitungen, der Schulaufsicht, dem Schulträger, den Einrichtungen des Ortes/Stadtteiles, den Vereinen, dem Schulelternrat, der Presse und den Medien, dem Personalrat, der Gewerkschaftsvertretung etc.

Die tätigkeitsbezogenen Kompetenzen der übergreifenden Handlungsfelder Qualitätsmanagement und Kooperation fließen in die im Folgenden beschriebenen wünschenswerten tätigkeitsbezogenen Kompetenzen der weiteren Handlungsfelder ein.

Unterrichtsentwicklung und Erziehung

Unterricht liegt in der Verantwortung der Lehrkräfte. Sie stellen sicher, dass ihr Unterricht auf qualitativ hohem Niveau stattfinden kann und tragen konstruktiv und eigenverantwortlich zur Optimierung bei.

Führungskräfte innerhalb der Schule initiieren und unterstützen darüber hinaus die Unterrichtsentwicklung und sorgen für Arbeitsstrukturen, die es den Lehrkräften ermöglichen, sich in kollegialer Kooperation über Unterricht zu verständigen, gute Praxiserfahrungen auszutauschen und voneinander zu lernen. Sie gewährleisten, dass die Unterrichtsentwicklung an der Schule zu einem Gesamtkonzept im Sinne von abgestimmter und gemeinsam verantworteter Arbeit zusammengeführt wird.

Die Lehrkraft informiert sich über außerschulische Entwicklungen, reflektiert die Entwicklungen im Team (jahrgangs- und fachbezogen) und nutzt diese zur wirksamen Weiterentwicklung der Lernzeit. In verschiedenen Gruppen entwickeln und sichern Lehrkräfte und alle Führungskräfte innerhalb der Schule darüber hinaus Strukturen für die Institutionalisierung und den Transfer der implementierten Entwicklungen und sorgen für deren Evaluation und daraus folgende Modifikationen.

Die Lehrkraft plant gemeinsam mit Kolleginnen und Kollegen Lern-Einheiten mit aktuellen, empirisch fundierten lehr-lerntheoretischen Ansätzen und setzt diese um. Sie reflektiert regelmäßig ihren eigenen Unterricht über Schülerfeedback, kollegiale Hospitation und/oder Rückmeldung durch Vorgesetzte und zieht Schlussfolgerungen. Sie entwickelt mit Kollegen und den Führungskräften innerhalb der Schule ein gemeinsames Verständnis von guter Förderung des Lernens. Führungskräfte innerhalb der Schule regen zu kooperativem Handeln an und ermöglichen und fördern es innerhalb des Lehrerkollegiums. Sie gewährleisten die Teilhabe aller relevanten Gruppen, um die Weitergabe und Nutzung von neu erworbenem Wissen zu unterstützen und zu sichern. Sie beteiligen sich selbst aktiv und regen zu Strukturen des Teamteachings, der kollegialen Unterrichtsreflexion sowie des kollegialen Coachings an.

Führungskräfte innerhalb der Schule sind mit den relevanten Daten zur (inner-) schulischen Entwicklung vertraut und nutzen diese Ergebnisse zur Verbesserung des Unterrichts an der Schule. Sie initiieren einen Austausch über die Ergebnisse relevanter Datenerhebungen und Leistungsvergleiche und leiten konkrete Konsequenzen oder Handlungsanregungen ab. Sie regen zum Beispiel durch die Bereitstellung von Wissen über Schülerfeedback oder Ressourcen für kollegiale Hospitation zu einem fachlichen Austausch über guten Unterricht an. Vorgesetzte geben Kolleginnen und Kollegen regelmäßig und konstruktiv Feedback und fordern für sich selbst Feedback ein. Führungskräfte innerhalb der Schule initiieren die Erarbeitung von Konzepten der Unterrichtsentwicklung, sorgen für die Implementierung und führen die Ergebnisse zusammen, um gesamtschulische Entwicklungen zu unterstützen.

Der Erziehungsauftrag richtet sich sowohl an jede einzelne Lehrkraft an der Schule als auch an die Schule als Ganzes. Die Führungskräfte innerhalb der Schule unterstützen einerseits Lehrkräfte dabei, dass Erziehung intentional im Unterricht stattfinden kann, und stellen andererseits sicher, dass die ganze Schule als erziehungsförderlicher Lebensraum in ihrer Organisation auf diese Zieltätigkeit hin ausgerichtet ist.

Die Lehrkraft begreift Erziehung als einen integralen Bestandteil schulischen Wirkens: Sie kommuniziert den Erziehungsauftrag der Schule explizit und setzt diesen offensiv sowohl in ihrem Unterricht als auch bei außerunterrichtlichen Aktivitäten um. Die Schulleitung als Gesamtverantwortliche für die Organisation Schule initiiert und unterstützt die Entwicklung eines erziehungsbezogenen Leitbildes der Schule (normativ und operativ). Sie diagnostiziert und fördert die erziehungsbezogenen Haltungen und Kompetenzen. Sie pflegt den Austausch und die Kooperation mit Eltern und pädagogischen Partnerprofessionen (Schulsozialarbeit, Schulpsychologie u.Ä.) oder delegiert diese Aufgabe an entsprechende Kolleginnen und Kollegen, die dafür geeignet sind. Führungskräfte innerhalb der Schule schaffen Raum für erziehungsbezogene konzeptionelle und teamorientierte Arbeit im Kollegium (Konferenzen, kollegiales Feedback, Schulkultur, Gemeinschaftserfahrungen usw.). Sie initiieren und fördern Soziales Lernen und schulweite, für die Klassen abgeleitete Beziehungs- und Verhaltensregeln und Konsequenzen für Schülerinnen und Schüler sowie für Lehrerinnen und Lehrer (bottom up und partizipativ entwickelt).

Die Lehrkraft kennt die psychologischen Grundlagen der Entwicklung von Kindern und Jugendlichen und geht mit Erziehungsschwierigkeiten proaktiv und präventiv um, d.h. sie weiß um die Relevanz proaktiver und präventiver Instrumente und Methoden im Umgang mit Disziplinschwierigkeiten, kommuniziert diese im Kollegium und bei der Elternschaft und findet dafür Akzeptanz. Die Führungskräfte innerhalb der Schule initiieren und steuern Prozesse zum Erarbeiten und systematischen Implementieren solcher Instrumente und Methoden. Sowohl Lehrkräfte als auch die Führungskräfte innerhalb der Schule stehen Eltern für Beratung in Erziehungsfragen zur Verfügung oder delegieren diese Gespräche an Lehrkräfte mit der entsprechenden Fachkompetenz, so dass Eltern zeitnah und kompetent beraten werden. Die Schulleitung oder Lehrkräfte mit entsprechender Fachkompetenz bauen ein tragfähiges Netz mit Beratungskräften auf, die Angebote zum Beispiel zur Gewaltprävention oder andere soziale Trainings an der Schule durchführen. Lehrkräfte und die Führungskräfte innerhalb der Schule sorgen im Rahmen des schulischen Lebens durch aufmerksames Beobachten für frühzeitiges Intervenieren, so dass es nicht zu einer Eskalation von Konflikten kommt. Die Führungskräfte innerhalb der Schule sorgen dafür, dass in der Schule gemeinsam Verhaltensregeln erarbeitet werden, für deren Einhaltung wiederum alle Beteiligten Sorge tragen.

Die Lehrkraft geht mit Disziplinverletzungen lösungsorientiert und verhältnismäßig um: Sie findet die Balance zwischen konsequentem Handeln und Verständnis. Sie handelt bei Konfliktpartnern aus unterschiedlichen Kulturen gleichermaßen kultursensibel und klar. Sie wendet Erziehungs- und Ordnungsmaßnahmen angemessen an. Die Schulleitung informiert, falls notwendig, zeitnah externe Akteure, die zur Lösung einer Situation informiert werden müssen (Schulaufsichtsbehörde, Polizei usw.). Sie nutzt angemessen die entsprechenden Warn- und Schutzsysteme der Schule (zum Beispiel Feueralarm).

Die Führungskräfte innerhalb der Schule sorgen dafür, dass die Lehrkräfte für das Thema Disziplinschwierigkeiten sensibilisiert sind, zum Beispiel durch Pädagogische Tage, Qualifizierungen, Vorträge. Sie nehmen sich Zeit zur Besprechung solcher Fälle, zum Beispiel durch eine regelmäßige Sprechstunde. Die Führungskräfte innerhalb der Schule und insbesondere die Lehrkräfte sorgen dafür, dass die Schülerinnen und Schüler aktiv und niedrigschwellig Informationen über Beratungsangebote zur Verfügung haben.

Sowohl Lehrkräfte als auch die Führungskräfte innerhalb der Schule fördern die Zusammenarbeit mit Eltern. Die Lehrkraft erkennt die Bedeutung der Erziehungspartnerschaft zwischen Elternhaus und Schule, sie kennt und beachtet die Lebenswelt der Schülerinnen und Schüler (sozialer Hintergrund, familiäre Situation, besondere Lebenslagen usw.), und sie gestaltet die Kommunikation und Interaktion mit Eltern offen und wertschätzend. Sowohl Lehrkräfte als auch die Führungskräfte innerhalb der Schule beteiligen die Eltern aktiv an der Schulkultur (Feste, Rituale, Soziales Lernen usw.) und nutzen die Potenziale aus der Elternschaft (Zeit, Expertise) für die Erziehungsaufgaben der Schule (zum Beispiel Beteiligung an Maßnahmen zum Sozialen Lernen, an Projekten).

Personalmanagement

Alle pädagogischen Führungskräfte übernehmen Führungsverantwortung, je nach Verantwortungsbereich für eine Teileinheit der Organisation Schule, für die Gesamtorganisation Schule oder für mehrere Organisationen im System Schule. Sie entwickeln Visionen und leben diese als Modell vor. Sie kommunizieren klare und strukturierte Zielvereinbarungen und nutzen die Vielfalt des Personals und der Schülerschaft zur Zielerreichung. Sie schaffen Zeit und Raum für Austausch und konstruktives Feedback. Sie motivieren und leisten die erforderliche Unterstützung.

Alle pädagogischen Führungskräfte erkennen, nutzen und entwickeln Potenziale. Sie verfügen sowohl über ein Konzept für die eigene professionelle Entwicklung als auch über projekt- und fachspezifische Konzepte und haben ein auf das Schulprofil abgestimmtes Konzept (für das ganze Kollegium bzw. die ganze Klasse). Sie führen Potenzialanalysen durch bezüglich des eigenen Potenzials, des Potenzials in Projekt-, Fach- oder Steuergruppe, der Lehrkräfte sowie der Schülerinnen und Schüler. Die Führungskräfte innerhalb der Schule haben im Blick, dass die kontinuierliche professionelle Weiterentwicklung dieses Personals nicht nur den individuellen Bedürfnissen Rechnung trägt, sondern einem Gesamtkonzept folgt; mit dem Ziel, die Kompetenz des Kollegiums als Ganzes zu erweitern. Führungskräfte innerhalb der Schule fördern eine quantitativ und qualitativ intensivierte innerschulische Zusammenarbeit im Kollegium und regen zu effektiven und effizient organisierten kooperativen Arbeitsformen an und unterstützen diese.

Die Führungskräfte innerhalb der Schule planen Vorhaben partizipativ und geben Mitarbeitern viel Entscheidungsspielraum. Sie arbeiten konstruktiv mit allen schulischen Gremien zusammen. Dabei berücksichtigen Führungskräfte innerhalb der Schule auch die in Art und Umfang unterschiedlichen Erfahrungen der Lehrkräfte.

Die Schulleitung hat genaue Kenntnisse von vorhandenem und künftig zu erwartendem Personalbestand und Personalbedarf. Die Schulaufsicht als Führungsorgan für das Schulsystem sorgt in Rücksprache mit der Schulleitung dafür, dass geeignetes Personal mit den erforderlichen Qualifikationen für die Aufgabenerfüllung der Schule zur Verfügung steht und eingesetzt wird. In einigen Bundesländern übt die Schulleitung (wo sie Dienstvorgesetztenfunktion hat) auch Aufgaben der Personalauswahl und der Personalbeurteilung aus.

Die Schulleitung wendet bewährte Instrumente der Personal- und Organisationsentwicklung an, beispielsweise:

- Mitarbeiter- und Vorgesetztengespräche
- Ziel- und Leistungsvereinbarungen
- Schülerfeedback
- Vorgesetztenfeedback
- Kollegiale Hospitationskultur
- Partizipative Leitbildungentwicklung, regelmäßige Wirkungsüberprüfung und Aktualisierung des Leitbildes
- Explizites und systematisch-systemisches Gesundheitsmanagement
- IT-gestützte Formen professionellen Wissensmanagements

Organisation und Verwaltung

Die Lehrkraft gestaltet die Organisation des Unterrichts so, dass sie die Wirksamkeit des pädagogischen Handelns ermöglicht und unterstützt. Sie orientiert sich am Auftrag der Schule und an Zielvorstellungen, auf die sich alle schulischen Akteure im Schulprogramm und im Leitbild verständigt haben. Die Führungskräfte innerhalb der Schule richten die Gestaltung der Aufbau- und Ablauforganisation der Schule und deren Verwaltung auf die pädagogischen Ziele aus.

Lehrkräfte und Führungskräfte innerhalb der Schule setzen Ressourcen zweckmäßig ein. Die Schulleitung in ihrer Verantwortung für die gesamte Organisation Schule akquiriert und kontrolliert finanzielle Ressourcen, plant und überwacht den Haushalt und verwaltet das Schulkonto. Sie prüft Haushaltsdeckung bei Bestellungen von Lern- und Lehrmaterialien, Medien und Mobiliar.

Die Schulleitung organisiert Personalplanung und -einsatz der Kolleginnen und Kollegen (Lehrereinsatz, Stundenplanung, Aufsichten) und den zweckmäßigen schulischen Ablauf. Dies erfolgt durch den Aufbau und die Pflege verlässlicher Strukturen (Basispläne, Informationsweitergabe). Die Schulleitung organisiert und sichert ferner infrastrukturelle Ressourcen (zum Beispiel Ausstattung des Schulgebäudes). Alle Führungskräfte innerhalb der Schule organisieren ein verlässliches Wissensmanagement in der Organisation Schule und ihrer Teileinheiten (Fort- und Weiterbildungsplanung, schulinterne Fortbildung, kollegiales Lernen).

Die Schulleitung bewältigt Verwaltungsaufgaben. Sie erstellt Schulstatistiken, regelt Zuständigkeiten und die Geschäftsverteilung. Sie zeichnet Mehrarbeitsstunden und Krankheitstage, genehmigt u.a. Sonderurlaub, Dienstbefreiungen, Klassenfahrten, Schulveranstaltungen. Die Schulleitung organisiert und überprüft die Wahrnehmung und die Einhaltung der Dienstpflichten der Lehrkräfte und sanktioniert sie bei Missachtung. Sie kooperiert mit dem Schulträger bei Fragen der Gebäudeunterhaltung und Sicherheit. Alle Lehrkräfte und Führungskräfte innerhalb der Schule setzen die Einhaltung der Schulordnung durch.

Die Lehrkräfte und Führungskräfte innerhalb der Schule bearbeiten organisatorische Schüler- und Schulangelegenheiten: Sie beraten bei Schulwechsel Schülerinnen und Schüler und deren Eltern. Die Schulleitung organisiert Schüleranmeldungen und nimmt die Klassen- bzw. Gruppenbildung vor. Sie genehmigt Freistellungen und Auslandsaufenthalte von Schülerinnen und Schülern. Die Schulleitung und Führungskräfte von Teileinheiten der Organisation Schule erstellen Schuljahresablaufpläne. Die Schulleitung verantwortet die Vorbereitung, Durchführung und Nachbereitung von Konferenzen, überwacht die Einhaltung von Konferenzbeschlüssen und die Umsetzung von Programmen (Schulprogramm, Austauschprogramme).

6.2 Allgemeine Kompetenzen pädagogischer Führung

Nach den auf konkrete Handlungsfelder zielenden tätigkeitsbezogenen Kompetenzen als erstes Element einer möglichen Kompetenzstruktur für pädagogische Führung bilden Dispositionen, die der Persönlichkeit der Führungskraft zugrunde liegen, das zweite Element. Heute werden in Kompetenzen meist „Dispositionen zu einem selbstorganisierten Handeln" (Erpenbeck & von Rosenstiel, 2007, S. 11) gesehen. Dabei weist der Begriff der Disposition darauf hin, dass ein Potenzial, eine Grundbegabung, ein nicht zuletzt auch genetisch mit bedingter Fundus gegeben sein muss, dass aber – wie dies für Dispositionen insgesamt gilt – die Ausformung und Entwicklung in der Auseinandersetzung mit den Herausforderungen der Umwelt erfolgt.

Unter persönlichen Dispositionen werden zeitlich stabile Merkmale einer Person verstanden, die die Person befähigen, in einer bestimmten Situation ein bestimmtes Verhalten zu zeigen (vgl. Asendorpf & Neyer, 2012, S. 3). Im Gegensatz zum Verhalten, welches ständig im Fluss und direkt beobachtbar ist, sind Dispositionen zeitlich stabiler und nicht direkt zu beobachten (vgl. ebd.). Die verschiedenen persönlichen Dispositionen sind dabei nicht isoliert zu betrachten, sondern in vielfältiger Weise miteinander verknüpft und durch Vererbung und Lernen entstanden und somit zu einem gewissen Grad auch langfristig veränderbar (vgl. ebd, S. 4). Die Forschung zu Führungskräften im Allgemeinen oder zu pädagogischen Führungskräften im Speziellen gibt Hinweise auf bestimmte persönliche Dispositionen, die mit dem Erfolg von Führungskräften in Bezug stehen.

Überblick relevanter Dispositionen

Einen umfassenden Überblick zu erfolgsrelevanten Dispositionen bietet ebenfalls das online-basierte Self-Assessment Kompetenzprofil Schulmanagement (KPSM, vgl. den Beitrag von Huber, Skedsmo und Schwander in diesem Buch). Das Instrument umfasst 20 führungsrelevante und tätigkeitsübergreifende Dispositionen (Motive, Haltungen, Fähigkeiten), die das pädagogische Führungshandeln beeinflussen (vgl. den Anhang dieses Buches). Die Dimensionen gliedern sich in sechs für das Schulmanagement relevante Anforderungsbereiche (vgl. Abb. 5), die auf theoretische Überlegungen zu pädagogischer Führung (vgl. Huber, 2007; Huber & Hiltmann, 2008, 2011; Moos & Huber, 2007), Untersuchungen zu Anforderungsprofilen im deutschsprachigen Raum (vgl. Huber & Schneider, 2007) sowie auf Übersichten zu empirischen Studien zur Wirksamkeit von Schule und Schulleitung sowie zur Rolle von Schulleitung bei Schulentwicklung (vgl. Huber, 2012a,b; Huber & Muijs, 2010) zurückgehen.

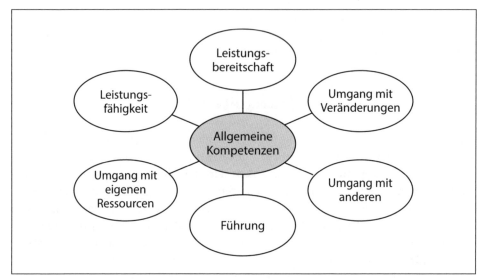

Abb. 5:   Allgemeine Kompetenzen pädagogischer Führung

Ausgewählte, empirisch gesicherte Dispositionen

Die nachfolgend genannten Dispositionen sind in der empirischen Forschung in Bezug auf Führungseffektivität breit abgesichert und können als Schlüsselkompetenzen bezeichnet werden. Die allgemeinen Kompetenzen pädagogischer Führung im Self-Assessment Kompetenzprofil Schulmanagement (KPSM) lehnen sich an die Erkenntnisse dieser Studien an. Kurzdefinitionen der weiteren Dimensionen des KPSM sind dem Anhang zu entnehmen.

Ambiguitätstoleranz

Ambiguitätstoleranz bezieht sich auf die Art und Weise, wie Informationen über mehrdeutige Situationen oder Reize bei Konfrontation mit einer Reihe von unbekannten, komplexen oder inkongruenten Hinweisen wahrgenommen und verarbeitet werden (Furnham & Ribchester, 1995). Bray & Howard (1983) fanden Toleranz für Ungewissheit eine der wichtigsten Persönlichkeitseigenschaften, die den beruflichen Aufstieg voraussagen. Ambiguitätstoleranz wird als eine wichtige Eigenschaft bei Führungspersonen angesehen, um mit organisationalen Veränderungen gut umgehen zu können. Da Führungskräfte häufig mit widersprüchlichen Situationen konfrontiert sind, ist eine hohe Ambiguitätstoleranz für den Erfolg zentral (Judge et al., 1999). Bei der Arbeit mit Schülerinnen und Schülern, Eltern, Kolleginnen und Kollegen oder außerschulischen Kooperationspartnern erhält man nicht selten mehrdeutige Signale. Auch etwa ein transformationaler Führungsstil (siehe unten) erfordert von der Führungskraft eine hohe Toleranzgrenze für Uneinigkeit und Ungewissheit sowie die Fähigkeit, sich mit anders als geplant ablaufenden Veränderungsprozessen arrangieren zu können.

Pädagogische Führungskräfte und Lehrkräfte erleben mehrdeutige Situationen idealerweise nicht als Stress und vermeiden diese nicht. Sie reagieren in mehrdeutigen Situationen nicht voreilig. Beispielsweise ziehen sie die Ansichten sämtlicher Parteien zur Lösung eines Konflikts heran. Pädagogische Führungskräfte und Lehrkräfte nehmen mehrdeutige Situationen als erwünscht, herausfordernd und interessant wahr. Sie leugnen oder verzerren die Komplexität von Inkongruenz nicht. Zugleich vermeiden sie im persönlichen Umgang die Überforderung von Menschen, die eine niedrige Ambiguitätstoleranz zeigen. Sie geben beispielsweise klare Zielvorgaben oder vereinbaren diese gemeinsam und sorgen in Arbeitsprozessen mit verschiedenen involvierten Parteien unterschiedlicher Ansprüche für die nötige Transparenz.

Selbstwirksamkeit

Schwarzer und Jerusalem (1995) unterscheiden die allgemeine Selbstwirksamkeitserwartung von der spezifischen Selbstwirksamkeitserwartung nach Bandura (1977) als ein Aggregat über verschiedene Bereiche. Sie bezeichnen die allgemeine Selbstwirksamkeitserwartung als eine stabile subjektive Erwartungshaltung, schwierige Anforderungen aufgrund des eigenen Handelns bewältigen zu können. Schwarzer sieht „die Zuversicht in die eigenen Fähigkeiten und Fertigkeiten" (1993, S. 189) als eine stabile personale Bewältigungsstrategie, die als persönlicher Schutzfaktor dient. Da mit einer Aufgabe als pädagogische Führungskraft auch neue Situationen und anspruchsvolle Aufgaben verbunden sind, hat diese Eigenschaft einen wesentlichen Einfluss auf den Erfolg der Arbeit.

Selbstwirksame pädagogische Führungskräfte und Lehrkräfte sind davon überzeugt, in einer neuen Situation die gewünschte Leistung tatsächlich erbringen zu können. Sie gehen optimistisch mit unbekannten oder schwierigen Situationen um und verfügen über die Gewissheit, diese aufgrund der eigenen Kompetenz und Problemlösefähigkeit gut bewältigen zu können. Sie investieren gerne Anstrengungen in das Verfolgen von Zielen und versuchen Hindernisse in solchen Prozessen zu überwinden. Zeitgleich holen sie Rückmeldungen über ihre Leistungen ein, damit sie allfällige Feinabstimmungen im Arbeitsprozess vornehmen können und die Ziele effizient erreichen.

Einsatzbereitschaft und Leistungsmotivation

Einsatzbereitschaft und Leistungsmotivation haben eine hohe Investition von Ressourcen für die Arbeit gemeinsam. Einsatzbereite Personen erleben sich in Verbindung mit ihren Tätigkeiten als tatkräftig, leistungsfähig und wirksam. Sie fühlen sich selbst in der Lage, die Anforderungen ihrer Arbeit zu bewältigen. Demzufolge ist Einsatzbereitschaft ein positiver, erfüllender arbeitsbezogener Zustand, der von Elan (= *vigor*), Hingabe (= *dedication*) und Absorption geprägt ist (Schaufeli & Bakker, 2010).

Einsatzbereitschaft steht in direkter Verbindung mit Leistungsmotivation. Zahlreiche Befunde zeigen, dass eine hohe Ausprägung der Leistungsmotivation einen starken Impuls für überdurchschnittliche berufliche Anstrengungen darstellt (Hossiep & Paschen, 1998). Carsrud & Olm (1986) weisen auf positive Zusammenhänge zwischen dem Leistungsmotiv und dem Erfolg bei beruflichen Tätigkeiten hin.

Pädagogische Führungskräfte und Lehrkräfte zeigen großen Elan bei ihrer Arbeit: Sie zeigen ein hohes Maß an Energie und verfügen über eine hohe mentale Belastbarkeit während der Arbeit. Sie sind bereit, erheblich in die eigene Arbeit zu investieren und zeigen auch bei Schwierigkeiten eine große Ausdauer. Erfolgreiche pädagogische Führungskräfte und Lehrkräfte zeigen Hingabe zu ihrer Arbeit: Sie zeigen eine starke Beteiligung an ihrer Arbeit und erleben diese als bedeutend. Bei der Ausübung ihrer Arbeit erleben sie Begeisterung, Inspiration, Stolz und Herausforderung. Sie zeigen bei ihrer Arbeit große Absorption, volle Konzentration und sind in der eigenen Arbeit versunken, wobei sie die Zeit als schnell vorbeigehend erleben (vgl. Schaufeli & Bakker, 2010).

Pädagogische Führungskräfte und Lehrkräfte sind bereit, auch langfristig überdurchschnittliche Anstrengungen zu unternehmen und viele andere Interessen zurückzustellen, um ein hohes berufliches Ziel/Niveau zu erreichen. Sie zeigen in der Organisation eine hohe Präsenz und können die Erwartungen, die an sie gestellt werden, erfüllen. Ihr Einsatz geht damit über das normale Maß deutlich hinaus, es sollte aber gleichzeitig immer eine gesunde Work-Life-Balance im Blick behalten werden.

Belastbarkeit/Stressresistenz

Stressresistenz erfasst, wie Personen Situationen mit einer Belastung erleben und wie sie darauf reagieren. Eine hohe Arbeitsbelastung beispielsweise kann entweder als motivierende Herausforderung betrachtet oder als Stress empfunden werden. Personen unterscheiden sich darin, ab welchem Punkt eine Belastung als Stress empfunden wird. Dies hängt neben der physischen Konstitution auch von erlernten Verhaltensweisen und Gedanken ab, welche von den entsprechenden Personen zum Bewältigen von Anforderungen eingesetzt werden. Einsatzbereite Personen zeigen eine hohe mentale Belastbarkeit bzw. Stressresistenz während ihrer Arbeit (Schaufeli & Bakker 2010). Bray & Howard (1983) fanden Stressresistenz eine der wichtigsten Persönlichkeitseigenschaften, die den beruflichen Aufstieg voraussagen. Die Forschung geht von einem hohen Zusammenhang zwischen allgemeiner Belastbarkeit und Führungserfolg aus (Maulding, Peters, Roberts, Leonard & Sparkman, 2012). Auch zeigt die Schulleitungsstudie in Deutschland, Österreich, Liechtenstein und der Schweiz, dass eine höhere Stressresistenz die Arbeitszufriedenheit positiv beeinflusst sowie das Belastungserleben und die emotionale Erschöpfung reduziert (Huber, Wolfgramm & Kilic, 2013).

Pädagogische Führungskräfte und Lehrkräfte können mit Aufgaben, die einen hohen Arbeitseinsatz erfordern und unter Zeitdruck zu erledigen sind, gut umgehen, da sie entsprechende Bewältigungsstrategien (*coping*) entwickelt haben.

Empathie und Begeisterungsfähigkeit

Empathie, auch emotionale Intelligenz, umfasst die Einschätzung und den Ausdruck von Emotionen sowie die Nutzung von Emotionen zur Verbesserung von kognitiven Prozessen und von Entscheidungen (vgl. George, 2000). Das Aufrechterhalten von Begeisterung und das Zeigen von Optimismus zählen nach Conger, Kanungo und Menon (2000, vgl. auch Conger & Kanungo, 1998) zu den essenziellen Bestandteilen effektiver Führung.

Die Fähigkeit, sich in sein Gegenüber hineinzuversetzen, ist für Aufgabenfelder mit Führungsverantwortung und hoher sozialer Interaktionsdichte zentral. Besonders in schwierigen Gesprächssituationen und bei der Interaktion mit emotional belasteten Personen ist ein großes Einfühlungsvermögen hilfreich, da das Einfühlen in den Standpunkt des anderen dazu beitragen kann, die Gesprächsatmosphäre positiv zu beeinflussen und das gewünschte Ergebnis zu erzielen.

Lehrkräfte zeigen Begeisterung, um guten Unterricht gewährleisten zu können und das Lernen von Schülerinnen und Schülern zu fördern. Pädagogische Führungskräfte und Lehrkräfte zeigen überdies auch Begeisterung für Schülerinnen und Schüler, Kolleginnen und Kollegen und andere Beteiligte innerhalb und außerhalb der Schule. Sie begeistern andere für gemeinsame Schulgestaltung und halten den Optimismus aufrecht.

Durchsetzungsvermögen

Durchsetzungsvermögen wird in Situationen, in denen die Interessen oder der Standpunkt einer Person mit den Interessen oder Standpunkten anderer Personen in Konflikt stehen oder geraten können, salient. Durchsetzungsvermögen erfasst, ob eine Person bei Auseinandersetzungen Probleme hat, ihren Standpunkt durchzubringen, und Schwierigkeiten hat, andere von ihren Ansichten zu überzeugen. Mögliche Reaktionen sind Passivität oder Vermeidung, aber auch Aggression oder Feindseligkeit. Mangelndes, aber auch übermäßiges Sich-Durchsetzen kann sich negativ auf die Effektivität der Führung auswirken. Die Führungskraft steht im Spannungsfeld, entweder als zu wenig selbstständig eingeschätzt zu werden, oder aber sozial eher schlecht tragbar zu sein. Bereits Stogdill (1974) zeigte, dass Durchsetzungsvermögen positiv mit Führungseffektivität zusammenhängt. Ames und Flynn (2007) wiesen nach, dass Führungsqualität bzw. Führungseffektivität einen umgekehrt u-förmigen Zusammenhang mit der Durchsetzungsvermögen haben, da Führungspersonen mit mittlerer Durchsetzungskraft durch ihre Mitarbeiter und Führungskollegen die höchsten Werte für Einfluss, Konfliktmanagement, Führungserfolg sowie Interesse an der Zusammenarbeit mit ihr zugeschrieben bekamen.

Pädagogische Führungskräfte und Lehrkräfte vertreten ihren Standpunkt klar und offen. Sie reagieren auf gegensätzliche Meinungen weder passiv noch feindselig und vermeiden, wenn möglich, ein autoritatives Auftreten. Pädagogische Führungskräfte stellen sicher, dass (kooperative) Entscheidungen umgesetzt werden. Sie setzen, wenn notwendig, auch unpopuläre Maßnahmen durch.

6.3 Führungskonzepte

Das dritte Element einer möglichen Kompetenzstruktur für pädagogische Führung beinhaltet das für sie handlungsleitende Führungskonzept oder einen integrativen Ansatz von erfolgreichen Führungskonzepten. Pädagogische Führungskräfte sind für die Entwicklung der Qualität der Schule und der schulischen Arbeit verantwortlich. Als Schlüsselfiguren für die Qualität und Wirksamkeit von Schule müssen sie dafür Sorge tragen, dass veränderte Anforderungen an Schule in das pädagogische Konzept und in alle schulischen Prozesse integriert werden. Diese Prozesse gehen über die Lehr-Lernprozesse hinaus. So wird ein umfassendes, die Qualität förderndes Führungskonzept, welches Überlegungen zur Personal- und Organisationsentwicklung beinhaltet, zur neuen Herausforderung aller pädagogischen Führungskräfte. Es zeigt sich auch hier, dass verschiedene Führungskonzepte unterschiedlich zum Erfolg der Organisation bzw. der Schule beitragen (vgl. Huber, 2005a,b, 2010, 2012a,b, 2013a; für eine Analyse von Metastudien Huber & Muijs, 2010). Im wissenschaftlichen Diskurs zu pädagogischer Führung und Schulleitung werden u.a. die Konzepte der transformationalen, der instruktionalen, der kooperativen, der situativen, der salutogenen sowie der konfluenten Führung erforscht und diskutiert.

Transformationale Führung

Führungskräfte mit transformationalem Führungskonzept inspirieren ihre Mitarbeiterinnen und Mitarbeiter zu Engagement in Richtung eines gemeinsamen Zieles. Damit wird die Zusammenarbeit verbessert, Herausforderungen können gemeistert und ehrgeizige Ziele erreicht werden (Burns, 1978). Die Führungskräfte innerhalb der Schule verwalten nicht nur Strukturen und Aufgaben, sondern konzentrieren sich auf die dort arbeitenden Menschen und ihre Beziehungen. Sie fördern die Kooperation mit ihnen und gewinnen deren Engagement. Sie nehmen aktiv auf die „Kultur" der Schule Einfluss und schaffen eine Basis für mehr Zusammenarbeit, mehr Zusammenhalt und mehr selbstverantwortliches Lernen und Arbeiten.

Hier wird sehr stark „Führung" im Vergleich zu „Management" betont. Begreift man Schulentwicklung aufgrund rascher und umfassender Wandlungsprozesse als einen ständigen Prozess, gilt das transformationale Führungskonzept als richtungsweisend (vgl. Leithwood, 1992a,b; Caldwell & Spinks, 1992).

Das Konzept der transformationalen Führung steht dem der *Transactional Leadership* gegenüber. Während Führungskräfte, die dem letztgenannten Konzept folgen, ihre Energien in sogenannte „Veränderungen erster Ordnung" investieren, also die verwaltungstechnischen Gegebenheiten zu verbessern versuchen, betont der *Transformational Leader* die „Veränderungen zweiter Ordnung", nämlich die zugrundeliegenden tragenden und wesentlichen Führungsverantwortlichkeiten wie beispielsweise das Entwickeln von gemeinsamen Zielvorstellungen, das Verbessern von schulinterner Kommunikation, das Entwickeln von effizienten, kooperativen Entscheidungsfindungs- und Problemlösestrategien sowie ein von allen mitgetragenen Schulethos. Das heißt, dass das pädagogische Führungspersonal über ein hohes Maß an Motivations- und Einbindungskompetenzen verfügen sollte, welches die Potenziale der Mitarbeiter freisetzt, einbindet und fruchtbar macht. Eine solche Katalysatorenfunktion ist ein wichtiger Aspekt von *Transformational Leadership*. Dabei geht es pädagogischen Führungskräften im Sinne von *Transformational Leadership* – neben den Prozessen – auch stark um den „Outcome" (vgl. Southworth, 1998). Über das reibungslose Funktionieren der Prozesse in der Schule hinaus konzentriert sich Führung in diesem Sinn auf das Ergebnis, den Erfolg der Lehr-Lernprozesse, auf die Schulleistung und auf die Relation zwischen Ergebnissen und Entwicklungsprozessen, die zu einer Verbesserung der Ergebnisse führen (sollen).

Louis und Miles (1990) betonen ebenfalls beim Führungshandeln den Unterschied zwischen den Aufgabenbereichen „Management", also Leitung, bezogen auf Tätigkeiten im verwaltenden und organisatorischen Bereich, und „Leadership", also Führung, bezogen auf pädagogische Zielvorstellungen und auf das Inspirieren und Motivieren anderer. Für sie umschließt pädagogische Führung jedoch sowohl die eher administrativen, verwaltungstechnischen Aspekte, wie beispielsweise das Verwalten und Verteilen von Ressourcen und das Planen und Koordinieren von Aktivitäten, als auch Aspekte der Führungsqualität, wie zum Beispiel das Fördern einer kooperativen Schulkultur mit einem hohen Grad an Zusammengehörigkeitsgefühl aller der Schule Zugehörigen, das Entwickeln von schulischen Perspektiven und Fördern einer gemeinsamen Schulvision, das Stimulieren von Kreativität und Initiative.

Imants und de Jong (1999) versuchen hingegen, „Management" einerseits und „Leadership" andererseits nicht als Gegenpole zu begreifen, sondern als zusammenhängend. Sie verstehen ihre Führungskonzeption „Integral School Leadership" als eine Integration von Führungs- und Leitungsaufgaben. Dies meint, dass die Steuerung von Bildungsprozessen und die Ausführung von Managementaufgaben von einer integrativen Perspektive aus zusammenfallen. Das zugrundeliegende Verständnis von „Leadership" sieht Führung bewusst als „Steuerung" des Verhaltens der anderen.

Pädagogische Führung meint dann eine Steuerung des pädagogischen Handelns der Lehrkräfte und eine Steuerung der Lernprozesse der Schüler: Die zentrale Frage für eine pädagogische Führungskraft ist demnach, wie er oder sie am besten das pädagogische Handeln der Lehrkräfte und das „Lernhandeln" der Schüler positiv beeinflussen kann. Die oft als Kontrast erlebte Kombination von pädagogischer Führung einerseits und administrativem Management andererseits verliert dabei ihre Widersprüchlichkeit.

Instruktionale Führung

Das instruktionale Führungskonzept fokussiert diejenigen Aspekte von Führungshandeln, die den Lernfortschritt der Schülerinnen und Schüler am ehesten betreffen. Dies tangiert sowohl managementorientierte als auch führungsorientierte Tätigkeiten. Schulen, deren Führungskräfte nach einem instruktionalen Führungskonzept handeln, weisen ein störungsfreies Lernklima, klare Lehr- und Lernziele sowie hohe Erwartungen der Lehrkräfte an die Schülerinnen und Schüler als Charakteristika auf (Bossert, Dwyer, Rowan & Lee, 1982). Die Führungskräfte innerhalb der Schule vereinbaren Ziele mit den Lehrkräften über die geeignete Verwendung von Ressourcen für den Unterricht. Sie fördern kooperative Beziehungen innerhalb des Kollegiums, insbesondere zur gemeinsamen Unterrichtsvorbereitung. Die Führungskräfte innerhalb der Schule beurteilen und beraten Lehrkräfte im Unterricht, zum Beispiel auf der Grundlage von Unterrichtsbesuchen.

Vergleich beider Führungskonzepte

Im Vergleich beider theoretischer Führungskonzepte ist zu erkennen, dass die Modelle mehr Gemeinsamkeiten als Unterschiede aufweisen (vgl. Hallinger, 2003). Der gemeinsame Fokus von Führungshandeln im instruktionalen wie im transformationalen Führungskonzept liegt auf Schulentwicklungsmaßnahmen. Als Unterschiede beider Führungskonzepte können folgende Punkte identifiziert werden: Führungskräfte mit instruktionalem Führungskonzept initiieren Veränderungsprozesse „erster Ordnung" durch ihre direkte Einflussnahme auf Curriculum und Unterricht, sie benennen pädagogische Ziele, geben Feedback für Lehrprozesse, beraten Lehrkräfte und koordinieren den Unterrichtsplan.

Das transformationale Führungskonzept versucht hingegen Veränderungsprozesse durch Partizipation anzuregen. Führungskräfte mit transformationalem Führungskonzept stimulieren somit Veränderungsprozesse „zweiter Ordnung" über den Austausch mit anderen Personen. Beispielsweise schaffen pädagogische Führungskräfte ein Klima, in dem sich die Lehrkräfte einer Schule selbst aktiv und kontinuierlich der Verbesserung von Lehr- und Lernprozessen widmen können. Damit werden dann Lerneffekte „erster Ordnung" erzielt.

Kooperative Führung

Die anfängliche Fokussierung der Führungs- und Schulleitungsforschung auf den einzelnen Schulleitenden verstärkte das Bild einer heroischen Rolle, die nur wenige erreichen können. Inzwischen ist die Einsicht verbreitet, dass vielmehr die Beteiligung von anderen Mitarbeitenden nötig ist, um unterrichtliche Ziele zu setzen, Supervision der Lehrprogramme zu betreiben und eine positive Schul- und Lernkultur zu entwickeln (Hallinger 2005; Hallinger & Huber, 2012; Spillane, 2006; Harris, 2002, 2004, 2008, 2009; Gronn, 2000, 2002; Überblicke bieten Huber, 2005a,b, 2012a,b, 2013a,b,d; Huber, Ahlgrimm & Hader-Popp, 2012).

Pädagogische Führungskräfte laden andere ein, Schule mitzugestalten und mitzuentwickeln. Schulleitung in erweiterter Form wird dann verstanden als kooperative Führung. Kooperative Führung verlangt allen Beteiligten ein hohes Maß an Sozialkompetenz ab, nicht nur der Leiterin bzw. dem Leiter. Sie ist besonders erfolgreich, wenn wechselseitiges Vertrauen, Unterstützung, Solidarität und Partnerschaft bei der Gestaltung der Beziehung zwischen Vorgesetzten und Mitarbeitern geschaffen werden. Wichtig dabei sind die Bereitschaft und das Engagement aller Beteiligten, ihre Einstellungen und Verhaltensweisen zu reflektieren und gegebenenfalls zu modifizieren.

Nachhaltigkeit und Glaubwürdigkeit erreicht kooperative Führung allerdings erst dann, wenn sie nicht nur Absicht Einzelner bleibt, sondern zu deren kooperativem Handeln auf der Basis ihrer Kompetenzen die entsprechend notwendigen organisatorischen Strukturen hinzukommen. In der Gestaltung einer kooperativen Führungsorganisation werden wichtige Impulse für kooperative Haltungen und die gesamte Schulkultur gegeben.

Leithwood & Riehl (2003) wie auch Mulford, Silins & Leithwood (2004) favorisieren den schrittweisen Übergang von einer individuellen zu einer kollektiven Führungsverantwortung in Schulen. Unterschiedliche Führungskonzepte, sowohl formale als auch informelle, können bei der Entwicklung gemeinsamer Visionen und Ziele sowie kooperativer Strukturen beteiligt sein. Wichtig und entscheidend ist, dass Lehrerinnen und Lehrer aktiv an Entscheidungen mitwirken können und dass deren Beiträge Würdigung finden. Ebenso proklamieren Leithwood & Riehl (2003) die Möglichkeit und die Notwendigkeit, die Zukunftsfähigkeit von partnerschaftlicher Führungsverantwortung kontinuierlich kritisch zu reflektieren. Visionen und Ziele sollen regelmäßig evaluiert und gegebenenfalls modifiziert werden, um neue Wege zur Bewältigung schulinterner Aufgaben aufzuzeigen. Der Führungsprozess in dieser Form ist zyklisch und dynamisch; Veränderungen aufgrund andauernden individuellen und kollektiven Lernens sind zugleich Mittel und Ziel erfolgreicher Führung.

Geteilte Führungsverantwortung ist jedoch kein Garant für Dynamik und organisatorischen Fortschritt im System Schule per se. Im Gegenteil, der Verlauf und das Ergebnis von gemeinschaftlich verantworteten Veränderungsprozessen kann schnell diffus und ungewiss werden (vgl. Jackson, 2000). Wissenschaftliche Untersuchungen (vgl. Bishop & Mulford, 1996; Sheppard & Brown, 1996) zeigen auch, dass Lehrkräfte vielfach wenig Motivation und geringes Engagement besitzen, sich an Führungsaufgaben außerhalb des Unterrichts zu beteiligen. Hier ist es die Aufgabe der Führungskräfte, innerhalb der Schule die Motivation und das Engagement der Lehrkräfte zu fördern.

Situative Führung

Bei der Übertragung von Führungskonzepten in den schulischen Kontext ist festzustellen, dass es „das" Führungskonzept, passend für alle Schulen, nicht gibt. Pädagogische Führungskräfte müssen ihr Führungshandeln an den Erfordernissen der spezifischen und lokalen Situation ihrer jeweiligen Schule orientieren. Bestimmtes Führungsverhalten hat unter unterschiedlichen organisatorischen und strukturellen Bedingungen unterschiedliche Wirkungen. Möglicherweise ist ein reines instruktionales Führungsverhalten in solchen Situationen wirkungsvoller und dementsprechend angemessener, in denen es gilt, schnelle und direkte Entscheidungen zu treffen. Kontextvariablen, an denen eine pädagogische Führungskraft ihr Handeln orientieren muss, sind der soziale Hintergrund der Schülerschaft, Besonderheiten des schulischen Umfelds, Organisationsstruktur, Schulkultur, Erfahrungen und Qualifikationen der Lehrkräfte und der weiteren Mitarbeiter, finanzielle Ressourcen, Schulgröße, Arbeitsorganisation etc. Führung ist ein interaktiver Prozess in einem komplexen Kontext (vgl. Huber, 2005b).

In jüngster Zeit werden Führungskonzepte diskutiert und beschrieben, die vor allem auf Ressourcenorientierung und damit Gesundheitsförderung sowie auf eine Aufgaben- und Verantwortungsdelegation nach innen und außen abzielen. Solche Führungskonzepte eröffnen neue Perspektiven für gelingende Kooperationen und Vernetzungen. Zugleich wird die zentrale Rolle von pädagogischen Führungskräften bei der Sicherung und Weiterentwicklung der Qualität von Schule deutlich.

Salutogene Führung

Salutogenes (Salutogenese lat. salus: Wohlbefinden, Zufriedenheit; griech. Genesis: Entstehung, Herkunft) Leitungshandeln meint gesundheitsförderliches Leitungshandeln, das darauf abzielt, Ressourcen aller schulischen Akteure zu stärken und damit Belastungen nachhaltig zu reduzieren bzw. vorzubeugen (vgl. Rolff, 2010, S. 35; 2013a; Schneider, 2014). „Den zentralen Aspekt bildet dabei die Stärkung einer allgemeinen positiven Erwartungshaltung, vor allem das sogenannte Kohärenzgefühl. Dies ist wesentlich für den Umgang mit Belastungen und stellt eine Grundhaltung dar, die Lebensumwelt zusammenhängend und sinnvoll zu erleben" (Rolff, 2010, S. 35). Salutogene Maßnahmen in Schulen zielen zum einen auf eine gesundheitsstabilisierende Arbeitssituation ab, z.B. ergonomische Verbesserungen, Verbesserung der Organisationsstruktur, und zum anderen auf die Gesundheit und damit das Verhalten der einzelnen Individuen durch Entwicklung personenbezogener Ressourcen, z.B. durch Kompetenztrainings. In ihrem Handeln achten Führungskräfte darauf, dass in der Kommunikation und in der Zusammenarbeit mit Lehrkräften die Verstehbarkeit, Bewältigbarkeit und Bedeutsamkeit von Aufgaben oder Aufträgen gefördert wird. Dadurch erleben Lehrkräfte eine geringe Beanspruchung und das Gefühl der Lehrkräfte, über genügend Kapazitäten zu verfügen, um die Arbeit zu bewältigen, wird gestärkt.

Pädagogische Führungskräfte sollten in ihrem salutogenem Führungshandeln folgende Aspekte reflektieren (vgl. Rolff, 2010, S. 37):

	Kommunikation	Arbeitsorganisation
Verstehbarkeit	Drücke ich mich verständlich und strukturiert aus?	Verfügt die Schule über gute Informationsstrukturen und ist Transparenz gegeben?
Bewältigbarkeit	Wissen die Lehrkräfte, dass sie meine Unterstützung haben?	Sind die Arbeitsabläufe ökonomisch gestaltet und werden Ressourcen optimal eingesetzt?
Bedeutsamkeit	Habe ich eine Begründung gegeben bzw. die Bedeutsamkeit aufgezeigt?	Haben wir ein gemeinsames Ziel bzw. eine Vision, auf die wir konsequent hinarbeiten?

Abb. 6: Tipps für Kommunikation und Arbeitsorganisation (vgl. Rolff, 2010, S. 37)

Konfluente Führung

Das Konzept der konfluenten Führung (vgl. Rolff, 2010, 2012, 2013b), wird als Gesamtkonzept beschrieben, dass Führungs-, Management und Steuerungsaufgaben pädagogischer Führungskräfte in der Schule verteilt und zusammenführt. „Leitungspersonen benötigen Systemkompetenz. [Sie] sind gefordert, zu dezentralisieren und gleichzeitig zusammenzuführen, zu lenken, Schulentwicklung zu initiieren und zu unterstützen sowie die schulinterne und -externe Kooperation zu fördern" (Rolff, 2013b, S. 55). Konfluente Leitung integriert die vielen, eher fragmentarischen Einzelaktivitäten einer Organisation zu einem handlungsleitenden Ganzen: „Konfluente Leitung teilt Führung auf und praktiziert Co-Management und bringt alles wieder situationsbezogen zusammen" (Rolff, 2013b, S. 55). Medien, die der Integration dienen, sind z.B. Schulleitbild und Schulprofil, Führungsleitbild, Feedbackkultur, Masterplan für die Schulentwicklung, System des Qualitätsmanagements, Gesundheitsmanagement, Wissensmanagement. Führung wird verteilt z.B. auf die erweiterte Schulleitung, die Steuergruppe und Fachgruppen, und wieder situationsbezogen zusammengebracht. Pädagogische Führungskräfte müssen aufgrund der im Kollegium vorhandenen Potenziale einschätzen, wie diese Verteilung konkret umgesetzt werden kann (vgl. Rolff, 2010, 2013).

> *„Um Schule entwickeln und gestalten zu können, müssen die Kooperation und Motivation der Lehrkräfte gefördert sowie eine kooperative und kommunikative Kollegiumskultur entwickelt werden. Die skizzierten Aufgaben moderner Schulführung beinhalten tiefgreifende Änderungen, die das Rollenverständnis von Schulleitung und Lehrkräften, die mehr oder weniger bewussten Werte, organisatorische und strukturelle Gegebenheiten – kurzum die gesamte schulische Kultur betreffen." (Rolff, 2010, S. 41)*

7. Weiterentwicklung des Kompetenzmodells

Um Empfehlungen für die erste Phase der Lehrerinnen- und Lehrerausbildung formulieren zu können, braucht es auch einen Vergleich zwischen Kompetenzmodellen für Lehrkräfte und Kompetenzmodellen für pädagogische Führungskräfte, bei dem deutlich herausgearbeitet wird, welche berufsspezifischen Kompetenzen vor allem für Lehrkräfte oder nur für pädagogische Führungskräfte wichtig sind und in welchen Facetten sich bei denselben Kompetenzbereichen Überlappungen, Erweiterungen oder spezifische Unterschiede ergeben.

Dadurch wird ersichtlich, welche für pädagogische Führungskräfte wichtigen Kompetenzen bereits in den ersten Phasen der Lehrerbildung erworben bzw. weiterentwickelt werden und in welchen Bereichen bereits erste Grundlagen bzw. elementare Kompetenzen im Lehramtsstudium angelegt bzw. vertieft werden. Zudem zeigt sich, in welchen Bereichen das Curriculum der bestehenden Lehramtsausbildung ggf. sinnvoll erweitert werden könnte, um insgesamt die Kompetenzentwicklung für pädagogische Führung zu fördern. Eine Erweiterung des Curriculums soll aber nicht die Schaffung von Kompetenzen auf Vorrat zum Ziel haben, die dann in einer möglichen späteren Rolle als pädagogische Führungskräfte wichtig sein werden, sondern für die Lehramtsausbildung nur dort gefordert werden, wo diese für die professionelle Berufsausübung einer Lehrkraft auch wirklich bereits einen Nutzen bringen.

Das Kompetenzmodell bietet Potenzial zur Weiterentwicklung. Es kann zu einem Kompetenzstufenmodell weiterentwickelt werden. Kompetenzstufenmodelle befassen sich mit den konkreten Inhalten einzelner Kompetenzen und deren unterschiedlichen Aspekten sowie Ausprägungen. Dabei werden unterschiedliche Kompetenzniveaus bestimmt, die für die Bewältigung jeweils konkreter situativer Anforderungen erforderlich sind (vgl. Frey & Jung, 2011). Dazu müssen Beispielsituationen entwickelt werden, die es ermöglichen, verschiedene Verhaltensreaktionen auf unterschiedliche Kompetenzstufen zurückzuführen. Diese sollten einerseits für eine Überprüfung konkret genug formuliert sein und anderseits die Überprüfung auch in einer „ausreichenden Breite von Lernkontexten, Aufgabenstellungen und Transferleistungen" nach objektiven und ökonomischen Gesichtspunkten ermöglichen (Klieme et al., 2003; vgl. auch Klieme & Leutner, 2006). Auf dieser Grundlage kann ein Kompetenzentwicklungsmodell aufgebaut werden, das Entwicklungsverläufe bezüglich des Aufbaus von Kompetenzen in den Mittelpunkt stellt (vgl. Klieme & Leutner, 2006). Letztendlich lassen sich daraus Assessments bzw. Trainings zur Auswahl bzw. Förderung pädagogischer Führungskräfte ableiten, die zum Beispiel Fragebogenverfahren zur Erfassung von Dispositionen, Rollenspiele zum Erfassen von Verhalten und Interviews zum Erfassen von Wissen enthalten können.

Literatur

Altrichter, H. & Posch, P. (1999). *Wege zur Schulqualität: Studien über den Aufbau von qualitätssichernden und qualitätsentwickelnden Systemen in berufsbildenden Schulen*. Innsbruck: StudienVerlag.

Ames, D.R. & Flynn, F.J. (2007). What breaks a leader: The curvilinear relation between assertiveness and leadership. *Journal of Personality and Social Psychology, 92* (2), S. 307–324.

Apel, H.-J. (1995). *Theorie der Schule*. Donauwörth: Auer.

Asendorpf, J.B. & Neyer, F.J. (2012). *Psychologie der Persönlichkeit*. Heidelberg: Springer.

Bandura, A. (1977). Self-Efficacy: Toward a Unifying Theory of Behavioral Change. *Psychological Review, 84* (2), S. 191–215.

Becker, H. (1962). Die verwaltete Schule. In: H. Becker (Hrsg.), *Quantität und Qualität*. Freiburg: Rombach, S. 147–174.

Bernfeld, S. (1925/1967). *Sisyphos oder die Grenzen der Erziehung*. Frankfurt: Suhrkamp.

Bishop, P. & Mulford, B. (1996). Empowerment in four primary schools: they don't really care. *International Journal of Education Reform, 5* (2), S. 193–204.

Bossert, S., Dwyer, D., Rowan, B., & Lee, G. (1982). The instructional management role of the principal. *Educational Administration Quarterly, 18* (3), S. 34–64.

Bray, D.W. & Howard, A. (1983). The AT & T longitudinal studies of managers. In: K.W. Schaie (Hrsg.), *Longitudinal studies of adult psychological development*. New York: Guilford Press, S. 266–312.

Bundesvereinigung der Deutschen Arbeitgeberverbände (BDA) (2001). *Führungskraft Lehrer*. Empfehlungen der Wirtschaft für ein Lehrerleitbild. Berlin

Burns, J.M. (1978). *Leadership*. New York: Harper and Row.

Caldwell, B.J. & Spinks, J.M. (1992). *Leading the self-managing school*. London: Falmer Press.

Casrud, A. & Olm, K.W. (1986). The success of male and female entrepreneurs: A comparative analysis of the effects of multi-dimensional achievement motivation and personality traits. In: R. Smilor & R. L. Kuhn (Hrsg.), *Managing take-off in fast growth firms*. New York: Praeger, S. 147–162.

Conger, J.A., & Kanungo, R.N. (1998). *Charismatic leadership in organizations*. Thousand Oaks, CA: Sage.

Conger, J.A., Kanungo, R.N. & Menon, S.T. (2000). Charismatic leadership and follower effects. *Journal of Organizational Behavior, 21* (7), S. 747–767.

Diederich, J. & Tenorth, H.E. (1997). *Theorie der Schule*. Berlin: Cornelsen Scriptor.

Erpenbeck, J. & von Rosenstiel, L. (2003). *Handbuch Kompetenzmessung: Erkennen, Verstehen und Bewerten von Kompetenzen in der betrieblichen, pädagogischen und psychologischen Praxis*. Stuttgart: Schäffer-Poeschel.

Erpenbeck, J. & von Rosenstiel, L. (2007). *Kompetenzen erkennen und entwickeln in der Krise*. Verfügbar unter: http://www.psy.lmu.de/soz/studium/downloads_folien/ws_09_10/muf_09_10/von_rosenstiel_krise.pdf [04.07.2013].

Fend, H. (1981). *Theorie der Schule*. München: Urban & Schwarzenberg.

Furnham, A., Ribchester, T. (1995). Tolerance of ambiguity: A review of the concept, its measurement and applications. *Current Psychology 14* (3), S. 179–199.

Fürstenau, P. (1969). Neuere Entwicklungen der Bürokratieforschung und das Schulwesen. Ein organisationssoziologischer Beitrag. In: P. Fürstenau, C.-L. Furck, C.W. Müller, W. Schulz & F. Wellendorf (Hrsg.), *Zur Theorie der Schule*. Weinheim: Beltz, S. 47–66.

Frey, A. & Jung, C. (2011). Kompetenzmodelle und Standards in Lehrerbildung und Lehrerberuf. In: E. Terhart, H. Bennewitz & M. Rothland (Hrsg.), *Handbuch der Forschung zum Lehrerberuf.* Münster: Waxmann, S. 540–572.

Gaudig, H. (1917). *Schule im Dienste der werdenden Persönlichkeit.* Leipzig: Quelle & Meyer.

George, J.M. (2000). Emotions and leadership: The role of emotional intelligence. *Human Relations, 53*, S. 1027–1055.

Gonzales, J. & Wagenaar, R. (2003). *Tuning educational structures in Europe. Der Beitrag der Hochschulen zum Bologna-Prozess. Eine Einführung.* Verfügbar unter: http://www.tuning.unideusto.org [15.10.13].

Groeben, N. (1986). *Handeln, Tun, Verhalten als Einheiten einer verstehend-erklärenden Psychologie.* Tübingen: Francke.

Gronn, P. (2000). Distributed properties: a new architecture for leadership. *Educational Management and Administration, 28* (3), S. 317–338.

Gronn, P. (2002). Distributed leadership. In: K. Leithwood & P. Hallinger (Hrsg.), *International Handbook in Educational Leadership and Management.* Dorddrecht: Kluwer, S. 653–696.

Hallinger, P. (2003). Leading Educational Change: reflections on the practice of instructional and transformational leadership. *Cambridge Journal of Education 33* (3), S. 329–351.

Hallinger, P. (2005). Instructional Leadership and the School Principal: A Passing Fancy that Refuses to Fade Away. *Leadership and Policy in Schools, 4*, S. 1–20.

Hallinger, P. & Huber, S.G. (2012). School leadership that makes a difference: international perspectives. *School Effectiveness and School Improvement, 23* (4), S. 1–9.

Harris, A. (2002). *Distributed Leadership in Schools: Leading or Misleading?* Vortrag und Manuskript für die Konferenz der British Educational Leadership, Management & Administration Society.

Harris, A. (2004). Distributed Leadership and School Improvement: Leading or Misleading? *Educational Management Administration & Leadership. 32* (1), S. 11–24.

Harris, A. (2008). Distributed leadership: according to the evidence. *Journal of Educational Administration, 46* (2), S. 172–188.

Harris, A. (2009). *Distributed Leadership: Different Perspectives.* Dordrecht: Springer.

Hartig, J. & Klieme, E. (2006). Kompetenz und Kompetenzdiagnostik. In: K. Schweizer (Hrsg.), *Leistung und Leistungsdiagnostik.* Berlin: Springer, S. 127–143.

Hentig, H. von. (1993). *Schule neu Denken.* München: Hanser.

Hossiep, R. & Paschen, M. (1998). *Bochumer Inventar zur berufsbezogenen Persönlichkeitsbeschreibung (BIP).* Göttingen: Hogrefe.

Huber, S.G. (2003). *Qualifizierung von Schulleiterinnen und Schulleitern im internationalen Vergleich: Eine Untersuchung in 15 Ländern zur Professionalisierung von pädagogischen Führungskräften für Schulen.* Kronach: Wolters Kluwer.

Huber, S.G. (2005a). Führungskonzeptionen und Führungsmodelle im Überblick. In: A. Bartz, J. Fabian, S.G. Huber, Carmen Kloft, H. Rosenbusch & H. Sassenscheidt (Hrsg.), *PraxisWissen Schulleitung (10.11).* München: Wolters Kluwer.

Huber, S.G. (2005b). Merkmale erfolgreicher Führung. In: A. Bartz, J. Fabian, S.G. Huber, Carmen Kloft, H. Rosenbusch & H. Sassenscheidt (Hrsg.), *PraxisWissen Schulleitung (10.13).* München: Wolters Kluwer.

Huber, S.G. (2007). Empfehlungen aus dem Qualifizierungsprogramm. In: Senatsverwaltung für Bildung, Wissenschaft und Forschung (Hrsg.), *Bildung für Berlin: MES Modellvorhaben Eigenverantwortliche Schule – Erfahrungen und Empfehlungen.* Berlin, S. 49–51.

Huber, S.G. (Hrsg.) (2010). School Leadership – International Perspectives. Dordrecht: Springer.

Huber, S.G. (Hrsg.) (2011). *Steuergruppenhandbuch. Grundlagen für die Arbeit in zentralen Handlungsfeldern des Schulmanagements* (3. Aufl.). Köln: Link-Luchterhand.

Huber, S.G. (Hrsg.). (2012a). *Jahrbuch Schulleitung 2012. Befunde und Impulse zu den Handlungsfeldern des Schulmanagements.* Köln: Carl Link.

Huber, S.G. (2012b). Zwölf Thesen zur guten Schulleitung. SchulTrends. *Sonderausgabe der SchulVerwaltung, 1*, S. 8–11.

Huber, S.G. (Hrsg.) (2013a). *Jahrbuch Schulleitung 2013. Befunde und Impulse zu den Handlungsfeldern des Schulmanagements; Schwerpunkt: Gesunde Schule.* Köln: Carl Link.

Huber, S.G. (2013b). *Handbuch Führungskräfteentwicklung. Grundlagen und Handreichungen zur Qualifizierung und Personalentwicklung im Schulsystem.* Köln: Carl Link.

Huber, S.G. (2013c). Qualität und Entwicklung von Schule: Die Rolle von schulischen Führungskräften. In: S.G. Huber (Hrsg.), *Handbuch Führungskräfteentwicklung. Grundlagen und Handreichungen zur Qualifizierung und Personalentwicklung im Schulsystem,* Köln: Wolters Kluwer, S. 5–11.

Huber, S.G. (2013d). *Kooperative Bildungslandschaften. Netzwerke im und mit System.* Neuwied/Kronach/München: Link-Luchterhand.

Huber, S.G., Ahlgrimm, F. & Hader-Popp, S. (2012). Kooperation in und zwischen Schulen sowie mit anderen Bildungseinrichtungen: Aktuelle Diskussionsstränge, Wirkungen und Gelingensbedingungen. In: S.G. Huber & F. Ahlgrimm (Hrsg.), *Kooperation: Aktuelle Forschung zur Kooperation in und zwischen Schulen sowie mit anderen Partnern.* Münster: Waxmann, S. 323–372.

Huber, S.G. & Hiltmann, M. (2008). *Kompetenzprofil Schulmanagement. Inventar zum online-basierten Self-Assessment für Pädagogische Führungskräfte. Bericht zur Evaluation zur Pilotdurchführung 2007.* Zug: IBB.

Huber, S.G. & Hiltmann, M. (2011). Competence Profile School Management (CPSM) – an inventory for the self-assessment of school leadership. *Educational Assessment, Evaluation and Accountability, 23* (1), S. 65–88.

Huber, S.G. & Mujis, D. (2010). School Leadership Effectiveness: The Growing Insight in the Importance of School Leadership for the Quality and Development of Schools and Their Pupils. In: S.G. Huber (Hrsg.), *School Leadership – International Perspectives.* Heidelberg: Springer, S. 57–77.

Huber, S.G. & Schneider, N. (2007). Anforderungen an Schulleitung: Was wird in den Ländern von pädagogischen Führungskräften in der Schule erwartet? In: A. Bartz, J. Fabian, S.G. Huber, C. Kloft, H. Rosenbusch & H. Sassenscheidt (Hrsg.), *PraxisWissen Schulleitung.* München: Wolters Kluwer.

Huber, S.G., Wolfgramm, C. & Kilic, S. (2013). Vorlieben und Belastungen im Schulleitungshandeln: Ausgewählte Ergebnisse aus der Schulleitungsstudie 2011/2012 in Deutschland, Österreich, Liechtenstein und der Schweiz. In: S.G. Huber (Hrsg.), *Jahrbuch Schulleitung 2013.* Köln: CarlLink, S. 259–271.

Imants, J. & de Jong, L. (1999). *Master your school: the development of integral leadership.* Paper presented at the International Congress for School Effectiveness and Improvement. San Antonio, Texas.

Jackson, D.S. (2000). The School Improvement Journey: perspectives on leadership. *School Leadership & Management, 20* (1), S. 61–78.

Judge, T., Higgins, C., Thoresen, C. & Barrick, M. (1999). The big five personality traits, general mental ability, and career success across the life span. *Personnel Psychology, 52,* S. 621–652.

Klieme, E., Avenarius, H., Blum, W., Dobrich, P., Gruber, H., Prenzel, M. et al. (2003). Zur Entwicklung nationaler Bildungsstandards. Eine Expertise. Bonn: Bildungsministerium für Bildung und Forschung.

Klieme, E. & Leutner, D. (2006). Kompetenzmodelle zur Erfassung individueller Lernergebnisse und zur Bilanzierung von Bildungsprozessen. Beschreibung eines neu eingerichteten Schwerpunktprogramms der DFG. Zeitschrift für Pädagogik, 52, S. 876-903.

Leithwood, K.A. (1992a). The principal's role in teacher development. In: M. Fullan & A. Hargreaves (Hrsg.), Teacher development and educational change. London: The Falmer Press, S. 86–103.

Leithwood, K.A. (1992b). The move toward transformational leadership. Educational Leadership, 49 (5), 8–12.

Leithwood, K. & Riehl, C. (2003). What we know about successful school leadership. Nottingham: NCSL.

Louis, K.S. & Miles, M.B. (1990). Improving the urban high school: What works and why. New York: Teachers' College Press.

Lortie, D. (1975). Schoolteacher. A sociological study. Chicago: The University Press.

Maulding, W.S., Peters, G. B., Roberts, J., Leonard, E. & Sparkman, L. (2012). Emotional intelligence and resilience as predictors of leadership in school administrators. Journal of Leadership Studies, 5 (4), S. 20–29.

Moos, L., & Huber, S.G. (2007). School leadership, school effectiveness and school improvement: democratic and integrative leadership. In: T. Townsend (Ed.), International handbook of school effectiveness and improvement. Berlin: Springer, S. 579–596.

Mulder, R.H. & Gruber, H. (2001). Die Lehrperson im Lichte von Professions-, Kompetenz- und Expertiseforschung – die drei Seiten einer Medaille. In O. Zlatkin-Troitschanskaia (Hrsg.), Stationen Empirischer Bildungsforschung. Wiesbaden: VS Verlag, S. 427-438.

Mulford, B, Silins, H. & Leithwood K.A. (2004). Educational Leadership for Organisational Learning and Improved Student Outcomes. Berlin: Springer Netherland.

Nevermann, K. (1982). Der Schulleiter. Juristische und historische Aspekte zum Verhältnis von Bürokratie und Pädagogik. Stuttgart: Klett.

Petersen, P. (1937). Führungslehre des Unterrichts. Langensalza/Berlin/Leipzig.

Rolff, H. G. (Hrsg.) (2010). Führung, Management und Steuerung. Seelze: Kallmeyer.

Rolff, H.-G. (2012). Konfluente Leitung. In: S.G. Huber (Hrsg.), Jahrbuch Schulleitung 2012. Befunde und Impulse zu den Handlungsfeldern des Schulmanagements. Köln: Wolters Kluwer, S. 34–41.

Rolff, H.-G. (2013a). Salutogenes Leitungshandeln. In: S.G. Huber (Hrsg.), Jahrbuch Schulleitung 2013. Befunde und Impulse zu den Handlungsfeldern des Schulmanagements. Köln: Wolters Kluwer Deutschland, S. 272–275.

Rolff, H.-G. (2013b). Konfluente Leitung. In: S.G. Huber (Hrsg.), Handbuch Führungskräfteentwicklung. Grundlagen und Handreichungen zur Qualifizierung und Personalentwicklung im Schulsystem. Köln: Wolters Kluwer, S. 50–56.

Rosenbusch, H.S. (1994a). Zur Herausbildung der Schulleitung in Deutschland. In: H. Buchen, L. Horster & H.G. Rolff (Hrsg.), Schulleitung und Schulentwicklung. Stuttgart: Raabe, Kapitel A.2.1.

Rosenbusch, H.S. (1994b). Lehrer und Schulräte. Ein strukturell gestörtes Verhältnis. Bad Heilbrunn/Obb.: Klinkhardt.

Rosenbusch, H.S. (1995). Reform der Schulverwaltung aus organisationspädagogischer Sicht. Schulleitung und Schulaufsicht als erzieherisch bedeutsame Wirklichkeit. Schul-Management, 4, 36–42.

Rosenbusch, H.S. (1999). Schulleitung und Schulaufsicht. In: E. Rösner (Hrsg.), *Schulentwicklung und Schulqualität. Kongressdokumentation 1. und 2. Oktober 1998.* Dortmund: IFS-Verlag, S. 243–258.

Rosenbusch, H.S. (2005). *Organisationspädagogik der Schule. Grundlagen pädagogischen Führungshandelns.* Neuwied/Kronach/München: Link-Luchterhand.

Rumpf, H. (1966). *Die administrative Verstörung der Schule. Neue Deutsche Schule.* Essen: Neue deutsche Verlags-Gesellschaft.

Schaufeli, W.B. & Bakker, A.B. (2010). Emotional intelligence and resilience as predictors of leadership in school administrators. *Journal of Leadership Studies, 5* (4), S. 20–29.

Schaper, N. (2009). Aufgabenfelder und Perspektiven bei der Kompetenzmodellierung und -messung in der Lehrerbildung. In: N. Schaper, A.H. Hilligus & P. Reinhold (Hrsg.), Kompetenzmodellierung und -messung in der Lehrerbildung. *Lehrerbildung auf dem Prüfstand, 2* (1), S. 166–199.

Scheppard, B. & Brown, J. (1996). So you think team leadership is easy? Training and implementation concerns. *NASSP Bulletin, 84* (614), S. 71-74.

Schneider, S. (2014). *Salutogene Führung. Die Kunst der gesunden Schulleitung. Schule und Gesundheit.* Köln: Wolters Kluwer Deutschland.

Southworth, G. (1998). *Leading improving primary schools: The work of head teachers and deputy heads.* London: The Falmer Press.

Spillane, J.P. (2006). *Distributed Leadership.* San Francisco CA: Jossey-Bass.

Schwarzer, R. (1993). *Streß, Angst und Handlungsregulation* (3. Erw. Aufl.). Stuttgart: Kohlhammer.

Schwarzer, R., & Jerusalem, M. (1995). Generalized Self-Efficacy scale. In: J. Weinman, S. Wright, & M. Johnston (Hrsg.), *Measures in health psychology: A user's portfolio. Causal and control beliefs,* Windsor: NFER-NELSON, S. 35–37.

Stogdill, R. M. (1974). *Handbook of leadership: A survey of theory and research.* New York: Free press.

Terhart, E. (1986). Organisation und Erziehung. Neue Zugangsweisen zu einem alten Dilemma. *Zeitschrift für Pädagogik, 32* (2), 205–223.

Terhart, E. (1997). Schulleitungshandeln zwischen Organisation und Erziehung. In: J. Wissinger (Hrsg.), *Schulleitung als pädagogisches Handeln.* München: Oldenbourg, S. 7–20.

Vogel, P. (1977). *Die bürokratische Schule.* Kastellaun: Henn.

Weinert, F. (2001). Concepts of competence: A conceptual clarification. In: D.S. Rychen & L.H. Salganik (Hrsg.), *Defining and selecting key competencies.* Seattle: Hogrefe & Huber, S. 45–65.

Wolgast, H. (1887). Der Bureaukratismus in der Schule. *Preußische Reform, 46/47.*

Stephan Gerhard Huber und Nadine Schneider

Entwicklungsmöglichkeiten für Führungskompetenzen

Im Folgenden werden einige grundsätzliche Überlegungen zur Entwicklung von Kompetenzen für pädagogische Führung im Sinne einer Entwicklungslandkarte für pädagogische Führung angestellt. Im Zentrum steht dabei die Förderung von Kompetenzen, mit denen im Schulmanagement die Qualität schulischer Arbeit entwickelt und gesichert wird.[1]

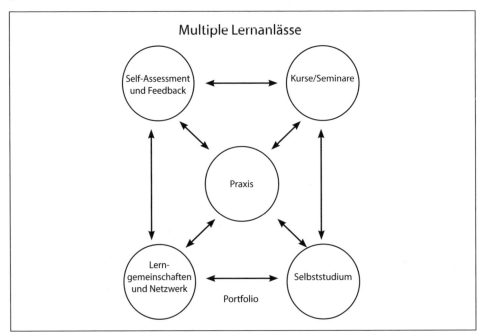

Abb. 1:   Nutzung multipler Lernanlässe in der Aus-, Fort- und Weiterbildung

In der Fachdiskussion zur Aus-, Fort- und Weiterbildung von Lehrkräften und pädagogischen Führungskräften sind in den letzten Jahren Aspekte der Bedarfs-, Praxis- und Nachhaltigkeitsorientierung zentral geworden. Dabei sind vor allem zwei Voraussetzungen wesentlich:

---

1   Als textliche Grundlage flossen vor allem Überlegungen von Hajo Sassenscheidt, Stephan Gerhard Huber und Nadine Schneider, aber auch von Peter Koderisch, Matthias Böckermann, Birgit Weyand und Mareike Held ein.

Lehrerbildung muss noch stärker eine diagnostische Funktion übernehmen. Um bedarfsgerechte Angebote zu offerieren, müssen Vorwissen, subjektive Theorien, Einstellungen, Erwartungen, Ziele und Motivationen der potenziellen Teilnehmenden ermittelt werden. Sie stellen den Ausgangspunkt für die Planung der Qualifizierungsangebote dar. Diese Angebote bestehen heute nicht mehr ausschließlich aus klassischen Lehr- oder Kursveranstaltungen. Inzwischen werden vielfältige Lernanlässe, Formen und Ansätze in der Lehrerbildung diskutiert und etabliert. Gemeinsam ist ihnen, dass sie klar formulieren müssen, was die Teilnehmenden erwartet und was von den Teilnehmenden erwartet wird. Im Mittelpunkt des Lernprozesses stehen die erwachsenen Lernenden als selbstbestimmte Partner. Am günstigsten ist es, wenn sie als selbstbestimmte, eigenmotivierte, aktive Gestalter ihres eigenen Lernprozesses fungieren und die Verantwortung für ihr Lernen selbst übernehmen können.

Die zentrale Frage aller Angebote ist stets die nach ihrer Wirksamkeit. Was führt zum Erleben von beruflicher Wirksamkeit, zu beruflicher Kompetenz, zum Zugewinn von Expertise durch reflektierte Erfahrung, zu Professionalität? Wie gelingt es, dass Lehrkräfte und pädagogische Führungskräfte so lernen, dass sie sich in der Praxis beruflich wirksam erleben? Wie gelingt es, vom Wissen zum Handeln (vgl. Bernhart, Wahl & Weible, 2013; Huber, 2001, 2013a; Huber & Hader-Popp, 2005; Wahl, 2001, 2013) zu kommen, den Transfer von Theorie und Praxis zu vollziehen, das Gelernte in schulisches Handeln umzusetzen? Die Nachhaltigkeit der Angebote muss bereits bei deren Planung in den Blick genommen werden und die Frage muss handlungsleitend sein. Dabei spielt insbesondere die Praxisorientierung der Angebote eine entscheidende Rolle.

1. Nutzung multipler Lernanlässe in der Aus-, Fort- und Weiterbildung

Eine idealtypische Aus-, Fort- und Weiterbildung berücksichtigt verschiedene Lernanlässe (vgl. Abbildung 1, Huber, 2007a, 2011a,b,c, 2013b; Huber & Schneider, 2013a). Dies sind sowohl kognitiv-theoretische Lernformen (Vorträge und Referate), die in erster Linie der Informationsvermittlung dienen, als auch kooperative (zum Beispiel Gruppenarbeit) und kommunikativ-prozessorientierte Verfahrensweisen (zum Beispiel Projektarbeit) sowie reflexive Methoden (zum Beispiel Self-Assessment und Feedback sowie Supervision).

1.1 Kurse/Seminare

Kurse und Seminare gehören zum Grundbestand von Maßnahmen der Lehrerbildung. Innovativ genutzt berücksichtigen sie, dass „Lernen", also die Veränderung von Verhaltensweisen und Denkmustern, als Anregung und Information, Reflexion und Austausch, Ausprobieren und Umsetzen zu verstehen ist. Gute Kurs- bzw. Seminarangebote, ob als Einzelseminare oder Seminarreihen angelegt, verbinden in stärkerem Maß Theorie und Praxis (vgl. Rosen & Wahl, 2013). Das betrifft sowohl die inhaltliche Schwerpunktsetzung als auch die methodische Umsetzung, die beide an erwachsenenpädagogischen Prinzipien ausgerichtet werden. Eine modularisierte Gestaltung ermöglicht ein bedarfsorientiertes Vorgehen, das die Lernziele der Lernenden in den Mittelpunkt rückt. Die Lernenden erhalten, neben der Vermittlung von Informationen und Wissen, in großem Umfang Möglichkeiten des Ausprobierens und Gelegenheit zu einer gemeinsamen Reflexion. Aus-, Fort-, Weiterbildner, Dozenten, Mentoren, Supervisoren, Coaches und Lernende kooperieren und interagieren in höherem Maße. Seminarangebote sollten zudem adressatengerecht und kompetenzorientiert differenziert beschrieben werden, d.h. die Teilnehmenden können entsprechend ihrer bereits vorhandenen Kompetenzen auswählen, für welches Angebot sie sich anmelden.

1.2 Selbststudium

Auch das Selbststudium ist eine seit langem genutzte Form der Lehrerbildung, zum Beispiel in Form von Literaturlisten, Readern, Lektürekursen, blended learning (vgl. Huber, Hader-Popp & Schneider, 2013). Im Selbststudium werden die jeweiligen Seminarthemen vorbereitet und vertieft. Gute zum Einsatz kommende Arbeitsmaterialien sind aktuell, spiegeln den Stand des wissenschaftlichen Diskurses wider und enthalten authentische Dokumente aus der Praxis, vermitteln also Grundlagen- und Hintergrundwissen, enthalten aber auch praktische Umsetzungshilfen. Lernergebnisse des Selbststudiums werden dokumentiert und bilden die Ausgangsbasis für weiteres Lernen. Eine Selbstevaluation des Lernerfolgs ist von zentraler Bedeutung, um ein Kompetenzbewusstsein bei den Lernenden zu erzeugen.

1.3 Self-Assessment und Feedback

Ein im deutschsprachigen Raum noch selten genutztes Instrument ist das „Self-Assessment". Sinnvoll ist, dass die Lernenden ein Self-Assessment zur persönlichen Potenzialanalyse absolvieren, um eine Rückmeldung zu relevanten Anforderungsbereichen und Anforderungsdimensionen zu erhalten. Ein Beispiel aus der Lehrerausbildung ist das Career Counseling for Teachers (CCT), aus der Fort- und Weiterbildung das Kompetenzprofil Schulmanagement (KPSM; vgl. den Beitrag von Huber zu KPSM in diesem Buch sowie Huber, 2007b, 2013c; Huber & Hiltmann, 2008, 2011; Huber et al., 2010). Die Teilnehmenden erhalten mit Hilfe dieser Verfahren die Möglichkeit, ihr Kompetenzprofil zu reflektieren, orientiert am Anforderungsprofil für Lehrkräfte oder pädagogische Führungskräfte.

Feedback als Rückmeldung zu einem entwicklungsrelevanten Zielverhalten in bestimmten Situationen durch andere Kommilitonen, Kollegen, Aus-, Fort-, Weiterbildner, Dozenten, Mentoren, Supervisoren, Coaches bietet weitere Orientierungen, wo Weiterentwicklungen möglich sind. Oftmals sind diese Verfahren Ausgangspunkt eines Lernkontrakts, in dem persönliche Lernziele formuliert und ein Entwicklungsprogramm mit verschiedenen Lern- und Entwicklungsaufgaben vereinbart werden. Beratung, auch zu Karrieremöglichkeiten, und Rückmeldung begleitet diesen Prozess.

1.4 Professionelle Lerngemeinschaften und Netzwerke

Professionelle Lerngemeinschaften sind ein zentrales Element situierten Lernens. Beispielsweise bieten kollegiale Fallbesprechungen, Intervision, Supervision, Coaching, kollegiale Unterrichtsreflexion usw. Möglichkeiten, durch Erproben, gemeinsame Auswertung und Reflexion von Unterrichtsinhalten, gegenseitige Unterrichtsbesuche sowie die Analyse und Diskussion von Videoaufzeichnungen und Fällen, intensiv das eigene Handeln zu reflektieren (vgl. Huber & Hader-Popp, 2013). Damit wird es wahrscheinlich, dass die Lernenden an handlungsleitende persönliche Kognitionen und Überzeugungen sowie an subjektive Theorien anknüpfen und ihr Handeln dementsprechend verändern.

Hier liegt die Annahme zugrunde, dass Lernprozesse, die mit anderen gemeinsam gemacht werden und die von „erlebten Erfahrungen" ausgehen, den Lernenden eine größere Chance bieten, einen intensiven Lernprozess zu durchlaufen. Dafür muss zunächst das alte Wissen durch Reflexion bewusst gemacht werden. Dieser „Reflexionsprozess kann durch Nachdenken, aber auch durch diskursiven Austausch mit anderen Personen gefördert werden" (Henninger & Mandl, 2000, S. 204 unter Hinweis auf Vygotsky, 1978). Geschieht dies im Austausch, bietet das den großen Vorteil, durch den Dialog Unklarheiten beseitigen zu können, alternative Deutungen und Ansätze der Gesprächspartner aufzunehmen, sich mit ihnen auseinanderzusetzen, sie mit dem eigenen Wissen zu verknüpfen etc. Alternative Deutungen und Ansätze sind notwendig, um der Gefahr der gemeinschaftlichen Bildung und Teilung von Misskonzepten, blinden Flecken oder einer „Belief-Kultur" entgegenzuwirken. Ideal ist dabei auch eine externe Begleitung. Wichtig für die Intensität des Lernprozesses ist dabei aber, dass die Interaktion bewusst und reflektiert erfolgt. Zudem ermöglicht dieses Vorgehen konkrete Erfahrungen mit der komplexen Arbeit in Teams und mit der Führung von Teams, die für die angestrebte oder bereits ausgeübte Leitungstätigkeit wertvoll sind. Wie sollen die ohnehin in einer Qualifizierungssituation schwer zu vermittelnden, anspruchsvollen interpersonalen Kompetenzen (wie etwa Herstellen und Aufrechterhalten von Beziehungen, Gestalten von Entscheidungsprozessen, Moderation von Konferenzen und Besprechungen, Umgang mit Konflikten) wirksam entwickelt und „geübt" werden können, wenn nicht dadurch, dass sie, soweit wie möglich, von den Lernenden praktiziert werden und diese dazu Rückmeldungen erhalten. Das Lernsetting ist also gleichsam Modell für die zu erwerbenden Kompetenzen. Zunehmend werden Lerngemeinschaften fester Bestandteil in Qualifizierungsprogrammen. Sind Lehrkräfte oder pädagogische Führungskräfte außerhalb ihres Kollegiums in Lerngemeinschaften und Netzwerke eingebunden, wird ein „Blick über den Tellerrand" eher möglich und damit Veränderung unterstützt (vgl. Erickson et al., 2005; Little, 2002, zit. in Gräsel, Fussangel & Parchmann, 2006, S. 548 sowie den Beitrag von Huber und Schneider zum Netzwerk Erfurter Schulen in diesem Buch). Damit eng verbunden ist die Hoffnung eines Multiplikatoreneffekts.

1.5 Praxis

Manche Qualifizierungsangebote bieten verschiedene Möglichkeiten, die jeweilige Praxis direkt aufzugreifen. Argumentiert wird, dass nur der reale Arbeitskontext die angemessene Komplexität und Authentizität enthält, die zu den notwendigen Lernprozessen führen. Insbesondere in der zweiten und dritten Phase der Lehrerbildung ist die Praxis immer Ausgangs- und Zielpunkt der Angebote – vor allem bei einem hohen Maß an Bedarfsorientierung. In der Arbeit an individuellen Projekten sowie in Hospitationen in Formen des „Shadowing" und „Mentoring" können komplexe Praxisprobleme bearbeitet werden.

Für Teilnehmende von Führungskräfteentwicklungsprogrammen werden in manchen Ländern begleitende Praktika organisiert, in denen sie die örtlichen Schulleiterinnen und Schulleiter in einem „Shadowing"-Verfahren beobachten. Bei diesem Verfahren folgen die Lernenden der Schulleiterin oder dem Schulleiter wie ein Schatten über einen festgelegten Zeitraum hinweg bei der Arbeit – meist einen oder mehrere Tage lang. Sie beobachten die Schulleitung in allen Situationen und machen sich Notizen zu Kommunikations- und Arbeitsabläufen, Begegnungen, besonderen Situationen etc. Oft werden diese Beschattungen am Ende der Beobachtungsphase durch Interviews ergänzt. Die Lernenden erhalten so einen intimen Einblick in die Arbeit in der Schulleitung aus der Perspektive der beschatteten Personen (vgl. Moos 2013, Tulowitzki & Huber 2014).

Beim Mentoring fungieren die Schulleiterinnen und Schulleiter eher als Entwickler; sie stehen den Lernenden für eine bestimmte Zeit als Berater und Förderer zur Verfügung. Auch durch die partielle Übernahme von Leitungsaufgaben oder außerunterrichtlicher Spezial-Funktionen bzw. Verantwortlichkeiten im Mittelmanagement einer Schule sowie durch die Durchführung eigenständiger Projekte werden Führungskompetenzen in der Praxis (weiter-)entwickelt. Besonderes Augenmerk liegt bei all den Maßnahmen, die den „Workplace" einbeziehen, auf dem Transfer, der Reflexion und dem Austausch des Gelernten. Anwendungs- und Handlungsorientierung sind zentrale Aspekte, um die gewünschte Nachhaltigkeit zu erreichen.

Dammann (2013, S. 124) gibt dazu Anregungen für die Reflexion von Arbeitsprozessen mit anderen, zum Beispiel im Kollegium, mit Vorgesetzten, Aus-, Fort- und Weiterbildnern, Mentoren und Coaches:

- Was ist gut gelaufen und warum?
- Was fiel leicht, wo hat die Führungsnachwuchskraft eigene Stärken erlebt?
- Welche Führungskompetenzen waren wichtig für den Erfolg des Auftrags – und in welchem Maße sind diese schon ausgeprägt?
- Wo war es eher mühsam, an welchen Führungskompetenzen sollte noch gearbeitet werden und welche Gelegenheiten kann es dafür geben?

Auch Selbstreflexion ermöglicht es, die eigene Performanz zu hinterfragen zum Beispiel durch Fragen wie (Dammann, 2013, S. 126):

- Wann ist mir die Aufgabe leichtgefallen, was war in diesen Situationen besonders?

- Wann empfand ich die Aufgabe als Druck oder Belastung?
- Wie viel Zeit und Energie habe ich auf einzelne Aufgabenteile verwendet? Bin ich damit zufrieden?

1.6 Portfolio

Mit Beginn der Fort- und Weiterbildung legen die Teilnehmenden vielfach ein Portfolio an. Ein Portfolio ermöglicht es, „Anforderungen und Ziele des Lernprozesses zu erkennen und zu bestimmen sowie das individuelle Lernen selbst zu planen, zu organisieren, zu kontrollieren und zu bewerten" (Pollack & Lüder, 2013, S. 782). Es dokumentiert den Entwicklungsprozess und hilft bei der eigenen systematischen Fort- und Weiterbildungsplanung. Damit übernehmen die Teilnehmerinnen und Teilnehmer aktiv Verantwortung für ihr eigenes Lernen. Sie werden sich über eigene Kompetenzen und Bedürfnisse, über die antreibenden Werte, Einstellungen und Ziele – auch der Organisation und anderer Beteiligter – bewusst.

2.   Entwicklungslandkarte für pädagogische Führung

Aufbauend auf das im Teil I entwickelte Kompetenzmodell erarbeiteten die Mitglieder der Expertengruppe eine Entwicklungskarte. Sie beschreiben damit exemplarisch Möglichkeiten, die Handlungsfelder von Schulmanagement in den drei Phasen der Lehrerbildung aufzugreifen und auf deren Grundlage den Kompetenzerwerb für pädagogische Führung zu fördern. Diese Landkarten sind ein Versuch, Inhalte, Formate und Methoden zu beschreiben, die einen systematischen Kompetenzerwerb skizzieren. Sie stellen dar, wie sich idealerweise in allen Phasen der Lehrerbildung Aus-, Fort- und Weiterbildungsangebote implementieren lassen, die in Bezug auf pädagogische Führung jeweils orientieren, vorbereiten, einführen und begleiten. Es werden sowohl Inhalte als auch mögliche Methoden der Umsetzung beschrieben.

Die dritte Phase der Lehrerbildung bleibt an dieser Stelle bewusst nahezu ausgespart. Auch wenn dort sicherlich noch Optimierungspotenziale existieren, so sind in der dritten Phase bereits Möglichkeiten der Fort- und Weiterbildung in den Bereichen Schulmanagement und Führungskräfteentwicklung etabliert (vgl. den Beitrag von Huber zu Führungskräfteentwicklung und Schulleitungsqualifizierung in diesem Buch).

Besonders herausgegriffen werden die beiden übergreifenden Handlungsfelder Qualitätsmanagement (Qualitätssicherung und Qualitätsentwicklung) und Kooperation (nach innen und nach außen und Repräsentieren). Wie zwei Seiten einer Medaille ziehen sie sich durch alle Lern-, Entwicklungs- und Verbesserungsprozesse: Qualitätsmanagement mit dem Schwerpunkt der Diagnose macht eine Standortbestimmung möglich. Kooperation ist dann das Vehikel für die Optimierung.

2.1 Qualitätsmanagement

Da Qualitätsmanagement ein (Querschnitts-)Handlungsfeld ist, das alle anderen Handlungsfelder umfasst, ist es für alle schulischen Akteure von Bedeutung. Die Entwicklung von Kompetenzen in diesem Handlungsfeld ist somit wichtig. In der Lehrerausbildung mit dem Fokus auf Unterricht ist es bereits Bestandteil der Qualifizierung – zum Beispiel, wenn es um Lernstanddiagnose, Förderpläne oder Leistungsbewertung geht. Was ebenfalls, je nach Standort, bereits etabliert ist oder noch ausgebaut werden könnte, ist ein systematischer Blick auf Unterrichts- und Schulqualität.

Qualitätssicherung		
Inhalte sind u.a. (vgl. Huber, 2013d, S. 306 ff.): Evaluationsmethoden, interne und externe Evaluation, Schülerleistung und -bewertung, Leistungsstandards und Beurteilungsstandards, standardisierte Testverfahren, Beurteilungspraxis, Beurteilung und Bewertung im Sinne einer Förderung „erfolgreichen Lernens", Rechenschaftsverpflichtung gegenüber Eltern, Staat, Öffentlichkeit, Handlungsforschung und Evaluation, organisationales Lernen und Evaluation, Supervision und Evaluation etc.		
1. Phase der Lehrerbildung	2. Phase der Lehrerbildung	3. Phase der Lehrerbildung
Vorlesung, Seminar, kritische Diskussion: • Leistungsvergleichsuntersuchungen: TIMSS, PISA oder VERA • Grundlagen empirischer Bildungsforschung, zum Beispiel: Anwendung, Auswertung von wissenschaftlichen Evaluationsmethoden: interne sowie externe Dokumentenanalyse, Befragung und Beobachtung Projekt/Forschungsarbeit: Erste schulpraktische Erfahrungen im Bereich Qualitätssicherung: • Durchführung von Projekten, die Schulen bei Qualitätssicherungsmaßnahmen unterstützen (zum Beispiel Befragung des Kollegiums, der Schülerinnen und Schüler, Interviews mit Eltern) • Analyse, Interpretation, Diskussion „echter", anonymisierter Evaluationsberichte, systematischer Beobachtungen, Schülerleistungsdaten Erste schulpraktische Erfahrungen: • Nachbesprechung, Reflexion, Diskussion	Projekt/Forschungsarbeit: • Analyse, Interpretation, Diskussion „echter", anonymisierter Evaluationsberichte, systematischer Beobachtungen, Schülerleistungsdaten • Ableitung und Entwurf von Entwicklungsmaßnahmen auf Basis dieser Datenanalysen • ggf. Durchführung eines Umsetzungsprojektes bzw. Reflexion eines Umsetzungsprojektes	Einbindung in Prozesse der Qualitätssicherung: Standards für Qualität für die eigene Schule Amtsvorbereitende/amtseinführende Qualifizierungsreihen: • Prozesse, Verfahren qualitätssichernder Maßnahmen (interne, externe Evaluation) • Prüfung der Machbarkeiten für die eigene Schule • Durchführung eines Umsetzungsprojektes bzw. Reflexion eines Umsetzungsprojektes • Maßnahmen der eigentlichen Führungskräftefort- und weiterbildung

Qualitätsentwicklung		
Inhalte sind u.a. (vgl. Huber, 2013d, S. 306 ff.): Modelle pädagogischer Organisationen, Schule als lernende Organisation, Organisationstheorie, Organisationskultur, Organisationspsychologie, Arbeiten in der lernenden Organisation, Schulqualität und Qualitätsentwicklung, Qualitätsmanagement, Instructional Leadership, Integral Leadership, Transformational Leadership, Einführung von Innovationen, Entwickeln eines gemeinsamen Leitbilds, Erstellen eines Schulleitbilds und dessen Umsetzung in die Praxis, Zielvorstellung von Schule, pädagogische Entwicklung der Schule, Management von Schulprogrammen, Wandel initiieren – Wandel organisieren, Schulverbesserungsprojekte, Projektmanagement, organisationales Lernen, Schulentwicklung und Schulkultur, Verständnis der Kultur einer Schule, systemisches Denken zugunsten „erfolgreichen Lernens", Corporate-Identity-Modelle, TQM-Techniken etc.		
1. Phase der Lehrerbildung	2. Phase der Lehrerbildung	3. Phase der Lehrerbildung
Vorlesung, Seminar, kritische Diskussion: • Was ist guter Unterricht? • Was ist eine gute Lehrkraft? • Was ist eine gute Schule, differenziert nach Schulformen? • Überblick und Einblick: Qualitätsentwicklung(-projekte) in Schulen (Inhalt) • Überblick und Einblick: Phasen des Qualitätszyklus, Change-management und Projekt-management, Wissensmanagement (Methode: Planspiel) Projekt/Forschungsarbeit: • Ableitung und Entwurf von Entwicklungsmaßnahmen auf Basis von Datenanalysen • ggf. Durchführung eines Umsetzungsprojektes bzw. Reflexion eines Umsetzungsprojektes Praktikum: • Praktikum im Bereich der Qualitätsentwicklung von Schule (zum Beispiel im Kultusministerium, bei Evaluationsinstrumenten wie SEIS, QZS oder Fortbildungsinstituten)	• Intensive Thematisierung von Schulentwicklung im Seminarfach: Schulentwicklung und Schulqualität an „meiner" Ausbildungsschule • Einblick und Mitarbeit in schulischen Gremien, zum Beispiel Steuergruppe, Schulkonferenz • ggf. Durchführung eines Umsetzungsprojektes bzw. Reflexion eines Umsetzungsprojektes • Teilnahme an einer externen Evaluation des jeweiligen Bundeslandes	• Einbindung in Prozesse der Qualitätsentwicklung Amtsvorbereitende/amtseinführende Qualifizierungsreihen: • Phasen des Qualitätszyklus, Changemanagement und Projektmanagement, Wissensmanagement • Prozesse, Verfahren von Qualitätsentwicklung, (Maßnahmen der Optimierung) • Prozesse, Verfahren zur Etablierung einer offenen Kultur für die Reflexion des eigenen beruflichen bzw. schulischen Handelns und das der Kolleginnen und Kollegen • Prüfung der Machbarkeiten für die eigene Schule • Durchführung eines Umsetzungsprojektes bzw. Reflexion eines Umsetzungsprojektes • Maßnahmen der eigentlichen Führungskräftefort- und weiterbildung

Bei der Umsetzung des Themas „Qualitätsmanagement" in der Entwicklung von Kompetenzen für pädagogische Führung wird ein schrittweises Vorgehen empfohlen. Je nach Vorkenntnissen und Bedarfen der jeweiligen Zielgruppe bauen diese aufeinander auf bzw. werden integriert (vgl. Huber & Schneider, 2013b).

Wissen und Reflexion der Grundlagen des Qualitätsmanagements

Ein erster wichtiger Schritt ist, dass Lehrkräfte und pädagogische Führungskräfte Grundlagenwissen besitzen. Dazu zählen insbesondere das Wissen um Ziele, Zugänge und typische (zyklische) Prozessverläufe. Pädagogische Führungskräfte sollten zudem verschiedene Qualitätsmanagement-Konzepte und -Modelle kennen. Dazu muss die Lehrerbildung und Führungskräfteentwicklung zum einen die Grundlagen von Qualitätsmanagement darstellen und verdeutlichen. Zum anderen muss Raum vorhanden sein für die Reflexion des Themas und der Meinungsbildung vor dem Hintergrund der jeweiligen persönlichen Erfahrungen und Praxis. Bereits in der Lehrerausbildung sollten Studierende Antworten für sich finden auf die Fragen: „Was ist guter Unterricht?", „Was ist eine gute Lehrkraft?" und „Was ist eine gute Schule?". Hier sollen Lernende die Möglichkeit haben, sich dazu auszutauschen und (kritisch) zu diskutieren.

Wissen und Reflexion der Gelingensbedingungen des Qualitätsmanagements

Ein weiterer Schritt ist die Auseinandersetzung mit den Gelingensbedingungen von Qualitätsmanagement und der Rolle sowie den Aufgaben von Lehrkräften im Unterricht und von pädagogischen Führungskräften für Teileinheiten innerhalb einer Organisation, die Gesamtorganisation und von Systemen mehrerer Organisationen. Im Hinblick auf Lehr-Lernarrangements innerhalb der Lehrerbildung ist es zum Beispiel möglich, erfahrene Lehrkräfte bzw. Schulleiterinnen und Schulleiter einzuladen, die ihre jeweiligen Best Practices oder Promising Practices vorstellen. Entscheidend ist, dass der Fokus auf dem (beispielhaften) Gesamtprozess des Qualitätsmanagements liegt und nicht nur einzelne Ausschnitte daraus besprochen werden. Dabei sollen Fragen der Praktikabilität und Machbarkeit kritisch diskutiert und vor dem Hintergrund der eigenen Erfahrungen und der eigenen Praxis reflektiert werden: Was ist erfolgreich, was nicht; was ist hilfreich, was nicht; was ist produktiv, was nicht? Schlichtweg geht es darum, die unerwünschten Nebeneffekte, Cronbach und Meehl (1955) nennen das Contamination, kennen und verstehen zu lernen. Qualitätsmanagement, speziell Qualitätssicherung wie Evaluation, kann, so könnte man es als These formulieren, viele positive Effekte haben, jedoch durchaus auch wirkungslos bleiben bzw. sogar negative oder kontraproduktive Wirkungen entfalten, zum Beispiel bezüglich des Ressourcenaufwands („Das hat so viel Zeit gekostet und niemandem was gebracht.") oder der Stimmung im Team („Wenn wir das gewusst hätten. Jetzt haben wir Streit im Kollegium.").

Umsetzen von Qualitätsmanagement und Reflexion der Erfahrungen

In einem dritten Schritt setzen Lehrkräfte und pädagogische Führungskräfte für Teileinheiten oder die Gesamtorganisation Qualitätsmanagement um. In verschiedenen praxisnahen Lehr-Lernarrangements wie Fallarbeit, Hospitationen, Haus- oder Transferaufgaben sowie Projektarbeit erproben sie Qualitätsmanagement-Praxis exemplarisch. Dabei können beide Arbeitsbereiche des Qualitätsmanagements, also Qualitätssicherung und Qualitätsentwicklung, jeweils im Mittelpunkt stehen. Geht es zum einen primär um die Praxis der Qualitätssicherung, so liegt das Hauptaugenmerk hierbei auf der Bestandsaufnahme bzw. Diagnose der Qualität von Unterricht bzw. Schulen. Lernende können zum Beispiel selbst Teilaufgaben übernehmen und/oder koordinieren oder andere als Critical Friend begleiten. Ziel soll jeweils sein, Prozesse, Verfahren und Instrumente besser kennen und verstehen zu lernen und deren Anwendung in der Praxis, mit allen Vor- und Nachteilen zu erfahren. Geht es zum anderen primär um die Praxis der Qualitätsentwicklung, kann zum Beispiel geübt werden, Entwicklungsziele und entsprechende Maßnahmen zu formulieren und umzusetzen, dabei die Grundlagen des Projektmanagements anzuwenden, und schließlich auch die Umsetzung der Maßnahmen selbst, also wiederum den Interventionsprozess, zu evaluieren. Dabei muss deutlich werden, wie Qualitätssicherung und Qualitätsentwicklung immer wieder miteinander verschränkt sind, und dass die Integration beider Arbeitsbereiche wichtig ist für ein umfassendes Qualitätsmanagement.

Lehrerbildung und Führungskräfteentwicklung als Modell für Qualitätsmanagement
Nicht zuletzt muss auch die Lehrerbildung bei der Entwicklung von Kompetenzen für pädagogische Führung selbst ein Modell für ein gutes Qualitätsmanagement sein. Für die Lernenden muss erkennbar werden, dass qualitätssichernde und qualitätsentwickelnde Maßnahmen die gesamte Lehrerbildung bei der Entwicklung von Kompetenzen für pädagogische Führung wie eine Art Rahmen umspannen. Diese Modellierung kann u.a. realisiert werden über:

- eine angemessene und regelmäßige Befragung der Lernenden, zum Beispiel zur Veranstaltungsqualität oder zu Wirkungen von Maßnahmen der Lehrerbildung,
- Assessmenttools wie Videovignetten oder Ähnliches,
- eine transparente und akzeptanzstiftende Rückmeldung von Evaluationsergebnissen an die Lernenden durch die Verantwortlichen von Lehrerbildung,
- eine spürbare Verbesserung, da wo sie möglich und sinnvoll ist.

2.2 Kooperation

Kooperation ist das zweite übergreifende Handlungsfeld, das für alle schulischen Akteure von Bedeutung ist. An der Schule sollte kooperatives Arbeiten, und zwar unter allen Beteiligten, Schülern, Kollegium und Schulleitung, vor allem auf den Erfolg der Zieltätigkeit von Schule, nämlich Erziehung und Unterricht, hin ausgerichtet sein. Kooperation im schulischen Kontext ist nicht nur eine Handlungsmöglichkeit mit eher instrumentellem Wert, sondern auch ein dezidiertes Erziehungs- und Bildungsziel (vgl. Huber & Ahlgrimm, 2012; Huber & Hader-Popp, 2013; Rosenbusch, 2013).

Kooperation nach innen

Inhalte sind u.a. (vgl. Huber, 2013d, S. 306 ff.):
Moderation, Konferenzgestaltung, Gesprächsführung, Rhetorik, Problem- und Konfliktlösung, Konfliktmanagement, Umgang mit Konflikten und Mikropolitik, Delegieren von Verantwortung, Kommunikation und Führung, Mitarbeitergespräche, Konferenztechnik – effektive Besprechungen, Entscheidungsfindung, Gruppenprozesse, Schaffen von Beziehungs- und Kommunikationsstrukturen im Dienste „erfolgreichen Lernens", Kommunikation und Wahrnehmung

1. Phase der Lehrerbildung	2. Phase der Lehrerbildung	3. Phase der Lehrerbildung
• Wissen und Anwendung von kooperativen Lernformen wie zum Beispiel Service Learning, forschendes Lernen in Projekten Kooperatives Verhalten wird vor allem durch kooperative Arbeitsformen erlernt und erprobt: • Entwicklung und Reflexion des eigenen Kooperationsverhaltens, zum Beispiel in Gruppenarbeiten, Kooperationsübungen, Arbeit im Team • Kommunikationstraining, zum Beispiel Fragetechniken • Konfliktmanagement • Mitwirkung in universitären Forschungsgruppen • Vermittlung und Erprobung von effektiven und effizienten Präsentations- und Moderationstechniken • Etablierung von und Mitwirkung in Tutorien Vermittlung des Wertes von Kooperation zur Erreichung von Bildungszielen wie Autonomie, Selbstständigkeit und Mündigkeit	• Einbindung von kooperativen Lern- und Arbeitsformen in den Studienseminaren • Möglichkeiten auch bei Unterrichtsbesuchen Methoden wie Teamteaching anzuwenden • Sich an Planung und Umsetzung schulischer Projekte und Vorhaben beteiligen • Kollegiale Beratung als Hilfsmittel kennen und zum Beispiel zur Unterrichtsentwicklung und Arbeitsentlastung nutzen • Anwendung von partizipativem und kooperativem Lernen als Unterrichtsmethode fördern • Aktive Teilnahme an supervisorisch geprägten Gruppen, in denen das eigene Erleben von sozialem Verhalten auf der Grundlage theoriegeleiteter Inputs reflektiert wird	• Mitwirkung in und Moderation von Gremien, Projekt- und Arbeitsgruppen Amtsvorbereitende/amtseinführende Qualifizierungsreihen: • Kenntnisse und Anwendung von Verfahren der Zusammenarbeit: Peer-Assisted Learning, kollegiale Beratung, Teambildung • Wissen um Methoden zur Etablierung einer kooperativen • Arbeits- und Lernkultur • Maßnahmen der eigentlichen Führungskräftefort- und weiterbildung

Kooperation nach außen und Repräsentieren		
Inhalte sind u.a. (vgl. Huber 2013d, S. 306 ff.): Gestaltung der Außenbeziehungen der Schule, Elternarbeit, Gremienarbeit, die Schule und die Gemeinde, Schulleitung und die Gemeinde, der soziale Kontext, Zusammenarbeit mit örtlichen Institutionen (Jugendamt, Polizei, Beratungsstellen etc.), Arbeiten in (regionalen/überregionalen) Netzwerken, Kooperation mit Instanzen der Verwaltung und Politik, Kooperation mit Verbänden, Austauschprogramme für Schulen, Marketing und PR (Pressearbeit, Darstellung der Schule, „Werben" für die Schule, auch Schule im Internet) etc.		
1. Phase der Lehrerbildung	2. Phase der Lehrerbildung	3. Phase der Lehrerbildung
Vorlesung, Seminar, kritische Diskussion: • Grundlagen von Kooperationen und kooperativen Bildungslandschaften • Entwicklung und Reflexion des eigenen Kooperationsverhaltens, zum Beispiel in Gruppenarbeiten, Kooperationsübungen • Vermittlung und Erprobung von Präsentations- und Moderationstechniken • Verfassen wissenschaftlicher Arbeiten und konzeptioneller Papiere • Grundkonzept von Methoden und Verfahren der Öffentlichkeitsarbeit Praktikum: • Bei einem außerschulischen Bildungspartner, zum Beispiel Erziehungsberatung, Lokale Agenda, Ausbildungsbetrieb • Unternehmenspraktika	• Umsetzung einer Veranstaltung mit einem außerschulischen Kooperationspartner, zum Beispiel Tagesausflug • Praxistage bei Bildungspartnern wie Jugendamt, Polizei etc. • Vortragsreihe von Schulleitern zu unterschiedlichen Themen innerhalb dieses Themenbereiches	Amtsvorbereitende/amtseinführende Qualifizierungsreihen: • Vortragsreihe von Schulleitern zu unterschiedlichen Themen innerhalb dieses Themenbereiches • Maßnahmen der eigentlichen Führungskräftefort- und weiterbildung

Bei der Umsetzung des Themas „Kooperation" in der Entwicklung von Kompetenzen für pädagogische Führung ist Folgendes zu empfehlen:

Die Entwicklung von Kommunikation und Kooperation als basale (Führungs-) Kompetenzen sollten noch stärker als bisher bereits Fokus in der gesamten Lehrerausbildung sein:

- Kommunikation: u.a. Wissen zu Kommunikationsmodellen, Feedbackregeln, Training von aktivem Zuhören, Fragenstellen, Gesprächsführung, Moderationstechniken, Konfliktmanagement
- Kooperation: u.a. Wissen zu/Training von Techniken, Erleben von Gruppendynamik, Teamentwicklung, Wissensmanagement und Projektmanagement

In der Lehrerausbildung sollten in den Hochschulen und Studienseminaren mit kooperativen Arbeits- und Lernformen die Kooperationsfähigkeiten der Lernenden gefördert werden, zum Beispiel in Seminarveranstaltungen durch geeignete, anspruchsvolle und problembasierte Arbeitsaufträge, die ein gemeinsames konzeptionelles Denken und Lernen herausfordern, durch konstruktive Wortbeiträge, den Austausch von Materialien, gegenseitige Unterstützung in Lernphasen. Hier sollten die Lernenden aktiv und kollegial in Teams zusammenarbeiten und es sollte sich eine Feedback-kultur zwischen Studierenden sowie zwischen Studierenden und Hochschullehrern bzw. Seminarleitern entwickeln.

In Schulhospitationen und im Schulpraktikum können neben dem Hauptfokus Unterricht und der Gestaltung von Lehr- und Lernprozessen auch Schulentwicklung und Führung Gegenstand der Beobachtung sein. Somit kann ein Verständnis für die zentrale Rolle pädagogischer Führung geschaffen werden und eine Reflexion von unterschiedlichen Führungskonzepten stattfinden.

Weitere Bewährungsfelder sind tutorielle oder mentorielle Arbeiten durch die Begleitung anderer Studierender sowie die Mitarbeit in studentischen Vertretungen (Fachschaften) und die Mitgestaltung der Hochschulpolitik.

Entwicklungsmöglichkeiten für die weiteren Handlungsfelder von Schulmanagement in den drei Phasen der Lehrerbildung werden im Folgenden exemplarisch dargestellt.

2.3 Unterricht und Erziehung

Die Aus- und Weiterbildung bildungswissenschaftlicher, fachwissenschaftlicher und fachdidaktischer Inhalte sind Kern der Lehrerbildung.

Unterricht und Erziehung		
Inhalte sind u.a. (vgl. Huber, 2013d, S. 306 ff.): Curriculum und Unterricht, Gliederung von Lernstoffen, Neuer Lehrplan, Curriculumentwicklung, Schaffen günstiger Lernbedingungen, individuelle Lernförderung, Inklusion, Erziehung zum positiven Umgang mit Unterschiedlichkeiten (Kultur, Geschlecht, Religion, ethnische Zugehörigkeit, sexuelle Identität und Orientierung usw.), Erstellen eines Fächerkanons im Dienste „erfolgreichen Lernens", neue Unterrichts- und Lernformen (zum Beispiel schüleraktivierende Unterrichtsformen, computergestütztes Lernen, kooperatives Lernen, Projektarbeit, klassenübergreifende Projekte), Projekttage, Schulcafé und extracurriculare Aktivitäten, schulische Sozialarbeit (Hort, (Nach-)Mittagsbetreuung, Beratung, Mentoren, Tutoren, schulinterne Sozialarbeit), Schülermitverwaltung, Gewaltprävention, Drogenprävention, Umwelterziehung, disziplinarische Verfahren etc.		
1. Phase der Lehrerbildung	2. Phase der Lehrerbildung	3. Phase der Lehrerbildung
Vorlesung, Seminar, kritische Diskussion: • Schwerpunktsetzung im Bereich Kommunikation, Interaktion, adressatenbezogenes Feedback • Kennenlernen von Strategien des Classroom Managements als Führungsaufgabe jeder Lehrkraft • Kennenlernen von verschiedenen Beratungskonstellationen und konzepten und Einüben von Beratungstechniken	• Einübung in systematische Beobachtung von Unterricht • Kennenlernen und Erproben von Kollegialer Hospitation • Erprobung und Reflexion verschiedener Modelle von Unterrichtsreflexion	Amtsvorbereitende/amtseinführende Qualifizierungsreihen: • Maßnahmen der eigentlichen Führungskräftefort- und weiterbildung

Besonders wichtig sind hier teilnehmerorientierte Formate sowie simulierende und reflektierende Verfahren (vgl. Prototypen, subjektive Theorien) und Echtsituationen (situated cognition). Die Verknüpfung von personaler und sozialer Kompetenz mit fachlicher und fachdidaktischer Kompetenz sollte eine Zielsetzung sein, ebenso die Förderung der Offenheit der Lernenden gegenüber anderen Qualifizierungspartner. Weitere wichtige Punkte, die vermittelt werden sollten, sind das Kennenlernen und das Einüben von Verfahren kooperativer Unterrichtsgestaltung und entwicklung.

2.4 Personal

Personal		
Inhalte sind u.a. (vgl. Huber 2013d, S. 306 ff.): Personalführung und Personalentwicklung, Rekrutierung, Auswahl und Führung neuer Lehrkräfte, Personaleinsatz, Teamarbeit und Teamentwicklung, Fort- und Weiterbildung und Professionalisierung des Kollegiums, Personalentwicklung und Lehrersupervision, Beratung, Beratung und Unterstützung des Kollegiums, Umgang mit schwierigen Personalsituationen (Mobbing, Alkoholmissbrauch etc.), Personalbeurteilung (Beurteilungspraxis, Unterrichtsbeobachtung-Analyse-Beratung-Beurteilung, Betreuung und Beurteilung von Unterricht, Pädagogische Leistungsbeurteilung)		
1. Phase der Lehrerbildung	2. Phase der Lehrerbildung	3. Phase der Lehrerbildung
Vorlesung, Seminare, kritische Diskussion: • Kennenlernen von Themen des Personalmanagements • Kennenlernen von Strategien der Beratung • systematische Reflexions- und Feedbackkultur in theoretischen und schulpraktischen Studien • Kennenlernen von Grundlagen und Reflexion gruppendynamischer Prozesse innerhalb der Seminargruppen • Nutzung und Reflexion erwachsenenpädagogischer Methoden und Verfahren Studienberatung, Unterstützung durch Lehrerbildungszentren: • Verantwortung übernehmen für das eigene Lernen durch Ausbildungs- bzw. Semesterplanung mit Portfolioarbeit	• systematische Reflexions- und Feedbackkultur im Rahmen der Unterrichtsbesuche oder auch des betreuten Unterrichts • Erprobung verschiedener Instrumente, insbesondere kollegiale Formen wie Supervision, kollegiale Beratung usw. zur Reflexion des eigenen Unterrichts • Teilnahme an schulinterner Fortbildung • Verantwortung übernehmen für das eigene Lernen durch Aus- und Fortbildungsplanung mit Portfolioarbeit	• Unterstützende Fort- und Weiterbildungen zur Feedbackkultur • Nutzung der Angebote der Supervision • Einbindung in Hospitationszirkel an Schulen • Nutzung regionaler Austauschplattformen für (Jung-)Lehrer Amtsvorbereitende/amtseinführende Qualifizierungsreihen: • Maßnahmen der eigentlichen Führungskräftefort- und weiterbildung • Verantwortung übernehmen für das eigene Lernen durch Fortbildungsplanung mit Portfolioarbeit

Es sei an dieser Stelle angemerkt, dass Personalverantwortung in der Regel erst in der dritten Phase übernommen wird. Personen in der ersten und zweiten Phase werden daher eher auf sich bezogen mit der Thematik konfrontiert. Dennoch ist es aus Sicht der Verfasser dringend angeraten, sich als (angehende) Lehrkraft bereits frühzeitig vorbereitend mit Aspekten der Personalentwicklung, Personalführung (in Teams),

Teamentwicklung und auch mit dem Thema der Personalverantwortung auseinander zu setzen.

2.5 Organisation

Organisation		
Inhalte sind u.a. (vgl. Huber, 2013d, S. 306 ff.): Schulmanagement, Administration und Schulverwaltung, Verwaltungs- und Ablauforganisation, Verwaltung des Haushalts, Budgetfragen, Kompetenz in Controlling, Finanzierung, Management personaler und finanzieller Ressourcen, Vertragsschließungen, Versicherungen, Personalmanagement, Management von Informationssystemen und -technologien, Management von Gebäuden und Einrichtung, ausgewählte Probleme des Schulmanagements etc.		
1. Phase der Lehrerbildung	2. Phase der Lehrerbildung	3. Phase der Lehrerbildung
Vorlesungen, Seminare, kritische Diskussion: • Ausgewählte Grundlagen der Verwaltung der Einzelschule, Budgetführung • Möglichkeit von Zusatzqualifikationen, zum Beispiel im Bereich Wirtschaftswissenschaften, Statistik, Mathematik, Bildungsmanagement	• Mitarbeit in der Verwaltung der Einzelschule, z.B. Projekt im Handlungsfeld Organisation	Amtsvorbereitende/amtseinführende Qualifizierungsreihen: • Maßnahmen der eigentlichen Führungskräftefort- und weiterbildung

Organisation als Handlungsfeld spielt schon frühzeitig in der beruflichen Entwicklung zukünftiger Lehrkräfte eine große Rolle. Studierende organisieren und strukturieren ihren Weg zum Ausbildungsziel selbstständig. In der Lehrtätigkeit wird eine Lehrkraft permanent gefordert, Organisationsstrukturen einzurichten und zu reflektieren. So organisieren sich alle Beteiligten in ihrem jeweiligen Funktionskontext. Daher sollten bereits in der ersten Phase ausgewählte schulspezifische Aspekte der Organisation und Verwaltung aufgenommen werden. Dies hilft angehenden Lehrern, organisatorische und verwaltungsrelevante Zusammenhänge zu verstehen; zum Beispiel rechtliche und finanzielle Fragen im Rahmen einer Klassenfahrt, eines Schulfestes oder aktuelle Bestimmungen zur Selbstständigkeit bzw. Eigenverantwortlichkeit der Einzelschule (Was heißt das konkret in meinem Bundesland?).

Literatur

Bernhart, D., Wahl, D. & Weible, K. (2013). Handlungstheoretische Betrachtungen zur Kluft zwischen Wissen und Handeln in der Fort- und Weiterbildung. In: S.G. Huber (Hrsg.), *Handbuch Führungskräfteentwicklung. Grundlagen und Handreichungen zur Qualifizierung und Personalentwicklung im Schulsystem.* Köln: Carl Link, S. 257–266.

Cronbach, L.J. & Meehl, P.E. (1955). Construct validity in psychological tests. *Psychological Bulletin, 52,* S. 281–302.

Dammann, M. (2013). Entwicklung von Führungskompetenz am Arbeitsplatz. In: S.G. Huber (Hrsg.), *Handbuch Führungskräfteentwicklung. Grundlagen und Handreichun-*

gen zur Qualifizierung und Personalentwicklung im Schulsystem. Köln: Carl Link, S. 124–133.

Erickson, G., Minnes Brandes, G., Mitchell, I. & Mitchell, J. (2005). Collaborative teacher learning: Findings from two professional development projects. *Teaching and Teacher Education, Vol. 21,* S. 787–798.

Gräsel, C.; Fussangel, K. & Parchmann, I. (2006). Lerngemeinschaften in der Lehrerfortbildung. *Zeitschrift für Erziehungswissenschaft, 9* (4), S. 545–561.

Henninger, M. & Mandl, H. (2000). Vom Wissen zum Handeln – ein Ansatz zur Förderung kommunikativen Handelns. In: H. Mandl & J. Gerstenmaier (Hrsg.), *Die Kluft zwischen Wissen und Handeln. Empirische und theoretische Lösungsansätze.* Göttingen: Hogrefe, S. 198–219.

Huber, S.G. (2001). Vom Wissen zum Handeln – Problemorientiertes Lernen in der Qualifizierung von Schulleiterinnen und Schulleitern. In: H. Altrichter & D. Fischer (Hrsg.), *Journal für LehrerInnenbildung – Praxis in der LehrerInnenbildung.* Innsbruck: Studienverlag, S. 49–55.

Huber, S.G. (2007a). *Lernanlässe in der Fort- und Weiterbildung.* Zug: IBB.

Huber, S.G. (2007b). *Kompetenzprofil Schulmanagement. Inventar zum online-basierten Self-Assessment für Pädagogische Führungskräfte. Bericht zur Pilotdurchführung 2007.* Zug: IBB.

Huber, S.G. (2011a). The impact of professional development: a theoretical model for empirical research, evaluation, planning and conducting training and development programmes. *Professional Development in Education, 37* (5), S. 837–853.

Huber, S.G. (2011b). Leadership for Learning – Learning for Leadership: The impact of professional development. In: T. Townsend & J. MacBeath (Hrsg.), *International Handbook of Leadership for Learning.* Dordrecht, Heidelberg, u.a.: Springer Verlag, S. 635–652.

Huber, S.G. (2011c). Merkmale guter Fortbildung. In: Huber, S.G. (Hrsg.). *Handbuch für Steuergruppen. Grundlagen für die Arbeit in zentralen Handlungsfeldern des Schulmanagements.* Köln: Link-Luchterhand, S. 183–191.

Huber, S.G. (Hrsg.) (2013a). *Handbuch Führungskräfteentwicklung. Grundlagen und Handreichungen zur Qualifizierung und Personalentwicklung im Schulsystem.* Köln: Carl Link.

Huber, S.G. (2013b). Lernmodelle für Erwachsene: multiple Lernanlässe nutzen. In: S.G. Huber (Hrsg.), *Handbuch Führungskräfteentwicklung. Grundlagen und Handreichungen zur Qualifizierung und Personalentwicklung im Schulsystem.* Köln: Carl Link, S. 649–657.

Huber, S.G. (2013c). Das Self-Assessment Kompetenzprofil Schulmanagement (KPSM). In: S.G. Huber (Hrsg.), *Handbuch Führungskräfteentwicklung. Grundlagen und Handreichungen zur Qualifizierung und Personalentwicklung im Schulsystem.* Köln: Carl Link, S. 897–907.

Huber, S.G. (2013d). Inhalte – Schwerpunkt auf Führung als soziales Handeln in komplexen Situationen. In: S.G. Huber (Hrsg.), *Handbuch Führungskräfteentwicklung. Grundlagen und Handreichungen zur Qualifizierung und Personalentwicklung im Schulsystem.* Köln: Carl Link, S. 305–317.

Huber, S.G. & Ahlgrimm, F. (Hrsg.) (2012). *Kooperation: Aktuelle Forschung zur Kooperation in und zwischen Schulen sowie mit anderen Partnern.* Münster: Waxmann.

Huber, S.G. & Hader-Popp, S. (2005). Lernen mit Praxisbezug: problemorientiertes Lernen. In: A. Bartz, J. Fabian, S.G. Huber, Carmen Kloft, H. Rosenbusch & H. Sassenscheidt (Hrsg.), *PraxisWissen SchulLeitung (32.41).* München: Wolters Kluwer.

Huber, S.G. & Hader-Popp, S. (2013). Professionelle Lerngemeinschaften. In: S.G. Huber (Hrsg.), *Handbuch Führungskräfteentwicklung. Grundlagen und Handreichungen zur Qualifizierung und Personalentwicklung im Schulsystem.* Köln: Carl Link, S. 863–872.

Huber, S.G., Hader-Popp, S. & Schneider, N. (2013). Selbststudium: Literaturempfehlungen. In: S.G. Huber (Hrsg.), *Handbuch Führungskräfteentwicklung. Grundlagen und Handreichungen zur Qualifizierung und Personalentwicklung im Schulsystem.* Köln: Carl Link, S. 661–680.

Huber, S.G. & Hiltmann, M. (2008). *Kompetenzprofil Schulmanagement. Inventar zum online-basierten Self-Assessment für Pädagogische Führungskräfte. Bericht zur Evaluation zur Pilotdurchführung 2007.* Zug: IBB.

Huber, S.G. & Hiltmann, M. (2011). Competence Profile School Management (CPSM) – an inventory for the self-assessment of school leadership. *Educational Assessment, Evaluation and Accountability, 23*(1), S. 65–88.

Huber, S.G., Kreienbühl, L., Schwander, M. & Kaufmann, E. (2010). *Evaluation des Kompetenzprofils Schulmanagement (KPSM) 2.0. Projektbericht.* Institut für Bildungsmanagement und Bildungsökonomie, Pädagogische Hochschule Zentralschweiz. Zug: IBB.

Huber, S.G. & Schneider, N. (2013a). Führungskompetenzen weiterentwickeln. Potenziale fördern im Rahmen einer systematisch angelegten schulischen Personalentwicklung. *SchulVerwaltung Spezial, 3.*

Huber, S.G. & Schneider, N. (2013b). Qualitätsmanagement. In: S.G. Huber (Hrsg.), *Handbuch Führungskräfteentwicklung. Grundlagen und Handreichungen zur Qualifizierung und Personalentwicklung im Schulsystem.* Köln: Carl Link, S.496–517.

Little, J.W. (2002). Locating learning in teachers' communities of practice: Opening up problems of analysis in records of everyday of everyday work. *Teaching and Teacher Education, 18* (8), S. 917–946.

Moos, L. (2013). Arbeiten mit Fällen und Shadowing. In: S.G. Huber (Hrsg.), *Handbuch Führungskräfteentwicklung. Grundlagen und Handreichungen zur Qualifizierung und Personalentwicklung im Schulsystem.* Köln: Carl Link, S. 843–846.

Pollack, G. & Lüder, K. (2013). Portfolio. In: S.G. Huber (Hrsg.), *Handbuch Führungskräfteentwicklung. Grundlagen und Handreichungen zur Qualifizierung und Personalentwicklung im Schulsystem.* Köln: Carl Link, S. 782–792.

Rosen, S. & Wahl, D. (2013). Qualifizierungskurse – innovative Designs für den Weg vom Wissen zum Handeln. In: S.G. Huber (Hrsg.), *Handbuch Führungskräfteentwicklung. Grundlagen und Handreichungen zur Qualifizierung und Personalentwicklung im Schulsystem.* Köln: Carl Link, S. 267–274.

Rosenbusch, H.S. (2013). Organisationspädagogische Führungsprinzipien. In: S.G. Huber (Hrsg.), *Handbuch Führungskräfteentwicklung. Grundlagen und Handreichungen zur Qualifizierung und Personalentwicklung im Schulsystem.* Köln: Carl Link, S. 96–103.

Tulowitzki, P. & Huber, S.G. (2014). Shadowing – von erfahrenen Kolleginnen und Kollegen lernen. In: S.G. Huber (Hrsg.), *Jahrbuch Schulleitung 2014. Befunde und Impulse zu den Handlungsfeldern des Schulmanagements.* Köln: Carl Link, S.180–190.

Vygotsky, L. (1978). Interaction between Learning and Development. Mind in Society. (Trans. M. Cole). Cambridge, MA: Harvard University Press, S. 79–91.

Wahl, D. (2001). Nachhaltige Wege vom Wissen zum Handeln. *Beiträge zur Lehrerbildung, 19* (2), S. 157–174.

Wahl D. (2013). *Lernumgebungen erfolgreich gestalten. Vom trägen Wissen zum. kompetenten Handeln.* 3. Auflage, Bad Heilbrunn: Klinkhardt.

Stephan Gerhard Huber, Nadine Schneider, Heike Ekea Gleibs, Kay Adenstedt,
Matthias Böckermann, Martin Drahmann, Sibylle Engelke, Carsten Groene, Torsten Klieme,
Peter Koderisch, Claudia Rugart, Norbert Ryl, Hajo Sassenscheidt, Pierre Tulowitzki,
Inéz-Maria Wellner und Birgit Weyand

Empfehlungen für die Kompetenzentwicklung für pädagogische Führung

Das Kompetenzmodell wie auch die daraus entwickelten Überlegungen zur Entwicklung von Kompetenzen für pädagogische Führung stellen einen Beitrag zur Diskussion über die Verbesserung der Lehrerbildung dar. Im Folgenden werden Empfehlungen für eine systematische, langfristig orientierte und nachhaltige Entwicklung von Kompetenzen für pädagogische Führung für die unterschiedlichen Phasen der Lehrerbildung formuliert. Diese Empfehlungen wurden vor dem Hintergrund der jeweiligen beruflichen Kontexte der Expertinnen und Experten im Projekt zusammengetragen. Teilweise fußen sie auf bereits umgesetzten Konzepten an Hochschulen und in den Fortbildungsinstituten.

1. Phasenspezifische Empfehlungen

1.1 Empfehlungen für die erste Phase der Lehrerbildung

Die erste Phase der Lehrerbildung dauert je nach Lehramt und Lehrerbildungsmodell des jeweiligen Bundeslandes vier bis fünf Jahre und umfasst die Ausbildung an einer Hochschule mit dem Abschluss des Ersten Staatsexamens bzw. dem Master of Education. Sie ist geprägt von hoher Wissenschaftlichkeit und der Vermittlung von berufsspezifisch relevanten bildungswissenschaftlichen, fachwissenschaftlichen und fachdidaktischen Inhalten, wobei der Fokus auf den Fachrichtungen liegt.

Insbesondere werden bereits zu Beginn der Lehrerbiografie Identität, Professionalität und Sicherheit im Unterrichten aufgebaut, die auch maßgeblich sind für die Entwicklung von Führungskompetenzen und die Ausübung von Führungsfunktionen im Schulsystem. Die Klärung der Motivation sowie die Ergründung berufsrelevanter Haltungen, subjektiver Theorien und Überzeugungen vor dem Studium und zum Studieneingang schafft die Basis für eine gelingende, reflektierte professionelle Entwicklung von Anfang an, ggf. über ein „Conceptual Change" (vgl. Dole & Sinatra, 1998) als didaktisches Prinzip. Conceptual Change heißt in diesem Zusammenhang, dass unter Umständen einige Konzeptionen von Studienanfängern über den Lehrerberuf im Laufe des Studiums verändert werden.

Mit Blick auf die Praktiken und Ansätze in einzelnen Bundesländern (Niesken, 2012) wird für die Entwicklung von Führungskompetenzen in der ersten Phase der Lehrerbildung Folgendes empfohlen:

Unerlässlich ist es, dass sich am Lehrberuf Interessierte schon vor Aufnahme eines entsprechenden Studiums mit Fragen der persönlichen Eignung beschäftigen. Verfahren der diagnostischen Selbst- und Fremdeinschätzung, zum Beispiel Career Counseling for Teachers (CCT), „Fit für den Lehrerberuf", Bochumer Inventar zur berufsbezogenen Persönlichkeitsbeschreibung (BIP), Kompetenzprofil Schulmanagement (KPSM, vgl. den Beitrag von Huber et al. zu KPSM in diesem Buch), geben hier Orientierung, damit die Passung von beruflichem Anforderungsprofil und persönlichen Erwartungen, erforderlichen Fähigkeiten und Motivationslagen überprüft werden kann. Bei weitreichender Nicht-Passung und wenig tragfähiger Motivationslage ist eine Beratung in Richtung alternativer Berufsoptionen wünschenswert (Weyand, 2012). Einen empfehlenden inhaltlichen und strukturellen Rahmen geben zum einen die 2008 unter Federführung der ZEIT-Stiftung Ebelin und Gerd Bucerius von einer Expertengruppe formulierten „Hamburger Mindeststandards" (vgl. Lehberger & Lüth, 2012) sowie der im März 2013 von der Kultusministerkonferenz gefasste Beschluss zu „Empfehlungen zur Eignungsabklärung in der ersten Phase der „Lehrerausbildung" (Beschluss der Kultusministerkonferenz (KMK) vom 07.03.2013).

Auch die Hochschulrektorenkonferenz greift die Notwendigkeit der Klärung der Eignung in ihrem Beschluss zur Lehrerbildung vom 15.05.2013 auf: „Eignungsfeststellung, Beratung und Reflexion der Studienwahl, Qualität und Wirksamkeit des Unterrichts hängen maßgeblich von den Kenntnissen, Fähigkeiten und Persönlichkeitsmerkmalen der Lehrkräfte ab. Die Wirksamkeit der hochschulischen Lehrerbildung wiederum ist nicht allein von der Ausbildung, sondern nicht zuletzt auch von der Eignung der Studierenden für das Lehramtsstudium und das schulische Lehramt abhängig. Daher empfiehlt die Hochschulrektorenkonferenz, die Hochschulen bei der Entwicklung und der Nutzung von Instrumenten der Eignungsfeststellung zu unterstützen" (Hochschulrektorenkonferenz, 2013).

Selbstreflexion ist keine punktuelle Angelegenheit, sondern ein Prozess. Self-Assessment-Verfahren, wie zum Beispiel das Career Counseling for Teachers (CCT) oder das Kompetenzprofil Schulmanagement (KPSM), können wiederholt zur Reflexion und Steuerung des Lern- und Entwicklungsprozesses eingesetzt werden. Neben der grundsätzlichen Entscheidung für ein Lehramtsstudium sind Praktika und Übergänge im Studium und von der universitären Ausbildung in den Vorbereitungsdienst weitere sensible Phasen für die Eignungsklärung.

Die ständige Weiterentwicklung der eigenen Kompetenzen sowie die Beteiligung an Schulentwicklung sind zwei zentrale Aufgaben, welche die KMK in den „Standards für die Lehrerbildung: Bildungswissenschaften" (Beschluss der Kultusministerkonferenz (KMK) vom 16.12.2004; vgl. KMK, 2005) postuliert. Schulentwicklung als innovierender, gestaltungsorientierter, systemischer, über Klasse und Unterrichtsmanagement hinausgehender Blick auf Schule gehört frühzeitig zur Ausbildung. Damit

Lehramtsstudierende hierfür frühzeitig ein Bewusstsein generieren und Kompetenzen entwickeln, sind neben der Vermittlung von Grundlagenwissen insbesondere Methoden des eigenverantwortlichen, forschenden Lernens und projektorientiertes Arbeiten geeigneter als rezeptives Lernen. Ebenso sind Modelle bzw. Aufgaben als Tutoren, Lernpaten, Tandems auf Peer-Ebene usw. geeignet, bereits im Studium nicht nur explizit den eigenen Lernprozess zu reflektieren und zu gestalten, sondern Mitverantwortung für Lern- und Entwicklungsprozesse anderer zu übernehmen und zu trainieren.

Schon ab dem ersten Semester können berufspropädeutische Lehr-Lernarrangements wie Unterrichtssimulationen, Übungen und Rollenspiele angeboten werden – nicht nur zur Erprobung des Lehrerverhaltens in Anforderungssituationen, sondern auch zu ersten Probe-Identifikationen in der neuen Rolle und in einer neuen Perspektive auf den Kontext Schule/Lernen. Zentral ist dabei jeweils die Reflexion, also der Abgleich von Fremd- und Selbstbild. Dabei wird auf schulentwicklungs- und systemrelevante Verhaltensmerkmale, wie zum Beispiel proaktives Verhalten, Umgang mit Ambiguität, Umgang mit Gruppen, Bezug genommen. Beispiele hierfür sind das Kasseler Seminarmodell „Psychosoziale Basiskompetenzen im Lehrerberuf" (vgl. den Beitrag von Seip in diesem Buch) sowie das Trierer Assessment-Seminar-Konzept „Parabel" (Weyand, Justus & Schratz, 2012).

Derartige Lehr-Lernarrangements in Kleingruppen fördern zudem Teamkompetenzen und wirken durch frühe Habitualisierung von Arbeiten im Team dem Einzelkämpferbild von Lehrpersonen entgegen. Berufspropädeutische Lehr-Lernarrangements in der ersten Phase der Lehrerbildung fördern für Lehr- und Führungstätigkeiten zentrale und unabdingbare Kompetenzen, wie zum Beispiel Kommunikationsfähigkeiten, Feedback geben und annehmen, Kritikfähigkeit, Konfliktfähigkeit, konstruktive Fehlerkultur, Rollenklarheit, zielorientiertes und lösungsfokussiertes Argumentieren und Arbeiten.

Schulpraktische Studien ermöglichen den Studierenden neben ersten Unterrichtserfahrungen auch systembezogene Perspektiven auf die eigene professionelle Entwicklung. Komplementär und manchmal auch konträr zu den Selbsteinschätzungen werden in den Fremdeinschätzungen durch Ausbilder und Mentoren und in der Zusammenarbeit mit diesen auch über Unterricht hinausgehende Potenziale und Entwicklungsoptionen thematisiert. Die Praktika können also genutzt werden, um den Blick der angehenden Lehrerinnen und Lehrer für Führung und „Schule als Organisation/System/Betrieb" zu öffnen und zu schärfen. Im Praxissemester, Kernpraktikum oder ähnlichen intensiven Formaten nutzen die Studierenden neben Begleitveranstaltungen durch Bildungswissenschaften und Fachdidaktik auch regelmäßige Sitzungen mit Coaching- und Supervisionselementen, die von Personen mit Zusatzqualifikation und Feldkenntnis geleitet werden.

Studierende können sich schon in der Ausbildung mit Hilfe geeigneter und allgemein zugänglicher Materialien über Entwicklungs- und Gestaltungsmöglichkeiten im späteren Lehrerberuf informieren und die für sie passenden und erwünschten Optionen aktiv verfolgen. Institutionen der Studienförderung bieten hier Unterstützung.

Lehrende aus den Berufswissenschaften sowie Ausbilder und Mentoren der ersten Phase haben profundes Überblickswissen zu Schulentwicklung, Schulleitung und schulischen Karriereoptionen. Ihre Rolle ist die des Experten und Coachs und sie unterstützen den eigenverantwortlichen Lernprozess zur Lehrperson bzw. zur Führungskraft.

Potenzial- und führungsrelevante Erfahrungen, Erkenntnisse, Selbsteinschätzungen und Rückmeldungen werden zum Beispiel im Portfolio dokumentiert und reflektiert. Auch spezifische Lern- und Entwicklungsaufgaben können im Portfolio festgehalten und deren Bearbeitung dokumentiert und damit selbst- bzw. eigenverantwortlich gesteuert werden.

Studierende könnten an Fort- und Weiterbildungsangeboten der Studienseminare oder der Landesinstitute teilnehmen, wenn freie Kapazitäten vorhanden sind. Dies bietet Studierenden bereits frühzeitig eine gute Perspektive auf das Schulsystem und die Referendare, Lehrkräfte und Schulleitende sowie insbesondere auch den Organisatoren gute Impulse seitens des „Nachwuchses" sowie Möglichkeit zum kollegialen und kooperativen Austausch.

Die verantwortliche Arbeit in hochschulpolitischen Gruppen und in universitärer Selbstverwaltung muss gefördert werden; ebenso das gesellschaftliche Engagement in Führungsgremien von Vereinen, NGOs etc.

1.2 Empfehlungen für die zweite Phase der Lehrerbildung

Die zweite Phase der Lehramtsausbildung dauert ein bis anderthalb Jahre (vgl. www. monitor-lehrerbildung.de). Die Ausbildung findet an einer Ausbildungsschule und einem Studienseminar statt und schließt mit dem Zweiten Staatsexamen ab. Der Vorbereitungsdienst ist geprägt von der Praxisphase und dem Einstieg in das Kerngeschäft jeder Lehrkraft, das Unterrichten. Dazu gehören neben dem Anwenden erworbenen methodischen und didaktischen Wissens auch das Erproben und Reflektieren der neuen Rolle. Ziel des Referendariats ist der Kompetenzerwerb in den Handlungsfeldern von Schule: Unterrichtsgestaltung und die Initiierung von Lernprozessen stehen im Zentrum dieser Tätigkeiten.

Hier geht es primär darum, als Lehrkraft Sicherheit im Kerngeschäft Unterricht und in der Gestaltung von wirksamen Lehr- und Lernprozessen zu gewinnen und sich weiter zu professionalisieren. Bereits im Referendariat sollten Karriereoptionen im Schuldienst transparent werden.

Für die Entwicklung von Führungskompetenzen in der zweiten Phase der Lehrerbildung wird Folgendes empfohlen:

Referendare werden in Techniken des Classroom Management besonders geschult, um ihre Führungsaufgaben den Schülerinnen und Schülern gegenüber effektiver wahrnehmen zu können, was in dieser Phase im Vordergrund steht.

Referendare werden in Strategien der Beratung besonders geschult. Sie nutzen die Erkenntnisse der ersten Phase als Referenzrahmen, um ihre über die Unterrichtspraxis hinausgehende Entwicklung in der zweiten Phase zu reflektieren und weiter auszubauen.

Die Erkenntnisse können vertieft werden durch eine Potenzialanalyse, die in dieser Entwicklungsphase stärker auf Führungs- und Schulmanagementthemen ausgerichtet ist, wie zum Beispiel das online-basierte Self-Assessment Kompetenzprofil Schulmanagement (KPSM).

Wichtig ist, dass Seminarleiter Instrumente und Methoden der Potenzialanalyse kennen. Sie erkennen und fördern Referendare, die bereits frühzeitig über den Unterricht hinausgehende Führungs- und Gestaltungsaufgaben an Schulen übernehmen können und wollen. Diesen Referendaren kann dann beispielsweise die Teilnahme in besonderen Arbeits- und Austauschgruppen empfohlen werden und Seminarleiter können ihnen Informationen zu Gestaltungsmöglichkeiten bereitstellen und sie dahingehend beraten.

In einem Seminarfach „Schulqualität und Schulentwicklung" werden zentrale schulsystemische Aspekte thematisiert. Auch Aspekte von Führung und der eigenen Führungskompetenz haben hier Raum. Somit kann der systemische Blick auf den Gestaltungsraum Schule bei der Reflexion der Unterrichtspraxis mit einbezogen werden. Die Alltagsroutinen der Ausbildungsschule bieten exemplarisch Gelegenheiten zur Reflexion von Schulentwicklungs- und Schulmanagement-Aspekten, die insbesondere in den begleitenden Ausbildungsveranstaltungen mit anderen Referendaren diskutiert werden können. Auch die Mentoren in den Ausbildungsschulen thematisieren Entwicklungsoptionen im Berufsfeld Schule und ermöglichen eine Annäherung an Führungs- und Gestaltungsaufgaben an Schule, indem sie schulentwickungs- und leitungsnahe Aufgaben in die Ausbildung integrieren.

Teamteaching und Supervision fördern Teamfähigkeit, Feedbackqualität und Kommunikationskompetenz. Referendare dokumentierten Erfahrungen, Rückmeldungen und Selbsteinschätzungen in Lerntagebuch und Portfolio.

Im Referendariat gibt es besondere Möglichkeiten in der Verbindung von wissenschaftlichen Erkenntnissen und reflektierter Praxiserfahrung. Hier bieten sich in besonderem Maße Veranstaltungen mit Coaching- und Supervisionselementen an, in denen der Dreischritt „Erkennen der eigenen subjektiven Theorien – Erweiterung bzw. Veränderung der subjektiven Theorien – Neuorganisation und Anwendung der veränderten subjektiven Theorien" umgesetzt werden kann. Hier werden Inputs, hochaktivierende Arbeitsaufträge, erfahrungsorientierte Rollenspiele mit Vorplanung von neuem Verhalten, systematischer Reflexion und kommunikativer Praxisbewältigung in Gruppen miteinander verbunden.

Bundesweit gibt es erfolgreiche Coaching-Gruppen, die nach dem „Freiburger Modell" (Bauer, Unterbrink & Zimmermann, 2007; vgl. den Beitrag von Koderisch in diesem Buch) stark an Beziehungsgestaltung arbeiten. Bei berufsbegleitenden Fortbildungen für Junglehrer stehen in einigen Ländern die systematische Reflexion von schulischen Erfahrungen und die „kommunikative Praxisbewältigung" im Vordergrund – mit besonderem Fokus auf personalen und sozial-kommunikativen Kompetenzen, auf Klassenführung und auf Lehrergesundheit. Die Schulleitung bietet Informationsgespräche über ihre Tätigkeit und schulische Karriereoptionen an, schafft die Möglichkeit von Shadowing und steht als Mentor zur Verfügung.

Referendare nehmen verantwortlich an den Personalvertretungsaufgaben teil und werden dabei von der Seminarleitung und dem Kollegium unterstützt und begleitet.

1.3 Empfehlungen für die dritte Phase der Lehrerbildung

Die dritte Phase der Lehrerbildung umfasst die Fort- und Weiterbildung im Lehrerberuf und ist ein lebenslanger Professionalisierungsprozess. Innerhalb der dritten Phase der Lehrerbildung findet derzeit Führungskräfteentwicklung und Schulleitungsqualifizierung statt. Einen Überblick über die aktuellen Angebote im Bereich Führungskräfteentwicklung und Schulleitungsqualifizierung bietet der Beitrag von Huber in diesem Buch.

Neben der formalen Führungskräfteentwicklung liegt eine große Chance für die Entwicklung von Führungskompetenzen in den Entwicklungs- und Bewährungsfeldern des Berufsalltags. Lehr- und Führungskräfte in dieser Berufsphase sollten diese für ihre eigene Professionalisierung nutzen. Die Anzahl dieser Entwicklungsoptionen ist sicher von Schule zu Schule unterschiedlich und in großen Schulen ausgeprägter als in kleinen. Hier ist in erster Linie die Schulleitung gefragt, Nachwuchsführungskräfte zu fordern und zu fördern.

Für die Entwicklung von Führungskompetenzen in der dritten Phase der Lehrerbildung wird Folgendes empfohlen:

1.3.1 Lehrerfort- und -weiterbildung

Eine teilnahmeverbindliche Berufseingangsphase unterstützt den Übergang von der Ausbildung zu lebenslangem Lernen. Sie enthält Coaching, Supervision, Fallbesprechungen und Karriereberatung. In der Arbeit an Themen und Anliegen der neuen Lehrkräfte werden systemische, schulentwicklungs- und leitungsrelevante Aspekte prinzipiell angesprochen und reflektiert.

Vor der Übernahme von formalen Leitungsfunktionen bietet die Lehrerfortbildung Informationen (Flyer, Broschüren, Links) zu Karriereoptionen, Beratung und Seminaren. Dazu gehören u.a.:

- Orientierung und Klärung der Motivation
- Wissenserwerb
- Trainieren von Fertigkeiten und Fähigkeiten
- Vorbereitung auf Leitungsaufgaben

Nach der Funktionsübernahme empfiehlt sich eine kontinuierliche Begleitqualifizierung, die unterstützt wird durch Beratungsangebote wie Supervision, Coaching und kollegiale Fallberatung.

1.3.2 Schule als Entwicklungs- und Bewährungsfeld

Führungskräfteentwicklung findet maßgeblich an der Schule statt und wird gefördert und begleitet durch qualifizierte Schulleitungen, die die Instrumente der Personalentwicklung kennen und anwenden. Diese schulinterne Führungskräfteentwicklung

- ist langfristig angelegt und nicht nur episodisch;
- ist in reale, bedeutsame Arbeitsprozesse der Geförderten integriert;
- enthält Phasen von Reflexion und Rückmeldung, sowohl im kollegialen Austausch als auch im regelmäßigen Bilanz- und Entwicklungsgespräch mit dem Vorgesetzten.

Die Schulleitungsmitglieder verfügen über Instrumente und Standards der Diagnose und Förderung von Nachwuchsführungskräften. Für die verschiedenen Funktionsstellen gibt es Kompetenzprofile, diese sind Ergebnis sorgfältiger Anforderungsanalysen. Sie sind kompatibel mit den Schwerpunkten des Schulprogramms und der Schulentwicklungsplanung.

Die Schule hat ein Personalentwicklungskonzept. In diesem Kontext führt die Schulleitung Karriere- und Entwicklungsgespräche. Die Schulleitung fragt zum Beispiel bereits im Auswahlgespräch nach unterrichtsübergreifenden Kompetenzen und Interessen. Sie vertieft ihre Eindrücke in einer systematisch institutionalisierten Einarbeitungsphase.

Schulinterne Möglichkeiten und Strukturen des Mentoring und Coaching, auch in Form von Patenschaften, werden ebenso genutzt wie Kooperationsmöglichkeiten im Kollegium, zum Beispiel Leitung/Moderation von Arbeitsgruppen, professionelle Lerngemeinschaften, kollegiale Fallberatung.

Im Sinne kooperativer Führungskonzepte lässt die Schulleitung Kollegen fähigkeits- und aufgabenentsprechend an Führung teilhaben, beispielsweise:

- Prozesssteuerung (z.B. Qualitätsmanagement, Evaluation, Projektmanagement)
- Inhaltliche Entwicklungsaufgaben (z.B. neue Lerninhalte, Unterrichtskonzepte)
- Kommunikation und Kooperation (z.B. Schule nach außen vertreten, Vertrauenslehrer, Konferenzleitung)
- Menschen entwickeln und fördern (z.B. Erziehen und Beraten, Beratungslehrer)

Schulleitung delegiert Aufgaben an Lehrkräfte, beispielsweise:

- Leitung von Konferenzen oder Teilkonferenzen
- Leitung von Arbeits- und Projektgruppen
- Leitung von Jahrgangsteams
- Mitarbeit oder Hospitation in Gremien
- Verwaltung von Etats

Unterrichtliche Aufgaben:

- Klassenleitung
- Elternarbeit

Außerunterrichtliche Zusatzaufgaben, ggf. aus dem Stundenetat der Schule alimentiert, beispielsweise:

- Sicherheitsbeauftragte/r
- Schulbibliothek
- Studienfahrten, Auslandkontakte
- Implementierung neuer Lehrpläne
- Organisation „Tag der offenen Tür"
- Vertrauenslehrkraft
- Neuerungen aus dem Schulrecht auf die Schule beziehen und für das Kollegium aufarbeiten
- Kooperation mit der Öffentlichkeit/Presse
- Kooperation mit dem Schulträger
- Kooperation mit außerschulischen Partnern

Funktionsdifferenzierungen unterhalb der Leitungsebene mit Personalverantwortung („Mittelmanagement"), i.d.R. verbunden mit Zusatzqualifizierungen, beispielsweise:

- Fachleitungen
- Sprachlernkoordinator/inn/en
- Fortbildungsbeauftragte/r
- Steuergruppenmitglieder
- Evaluationsverantwortliche/r
- Beauftragte/r für Öffentlichkeitsarbeit
- Mentor/inn/en
- Beratungslehrkräfte
- Personalrat

2. Allgemeine Empfehlungen für eine systematische und nachhaltige Entwicklung von Kompetenzen für pädagogische Führung

Neben den phasenspezifischen Empfehlungen können allgemeine Empfehlungen formuliert werden. Diese Empfehlungen bilden eine Grundlage für die Forderung, dass Politik und Praxis ihre Bemühungen um eine systematische und nachhaltige Entwicklung von Kompetenzen für pädagogische Führung in Schulen verstärken müssen. In der Lehrerbildung und im schulischen Alltag müssen die Voraussetzungen für professionelles Führungs- und Gestaltungshandeln zum Wohle der Kinder und Jugendlichen geschaffen werden.

Empfehlung 1:
Schule ist ein Gestaltungsraum, der die an Bildung beteiligten Akteure einbindet und ihnen vielfältige Entwicklungs- und Bewährungsfelder bietet.
Die Qualität des Unterrichts, aber auch die Gesamtqualität des Arbeits- und Lernortes Schule wird gesteigert, wenn Schule als Gestaltungsraum betrachtet wird, in dem viele Akteure (Schulleitungen, Lehrkräfte, Erzieherinnen und Erzieher, Schülerinnen und

Schüler, Eltern) gemeinsam wirken. Pädagogische Führungskräfte und insbesondere Schulleitungen haben die Aufgabe, innerhalb dieses Gestaltungsraumes die Bedingungen für gelingende Bildungsprozesse zu schaffen, diese zu planen und zu steuern.

Die Schule als Gestaltungsraum öffnet Handlungsfelder für alle Akteure, besonders die Lehrkräfte und pädagogischen Führungskräfte sind gefragt. Denn neben Unterrichten und Erziehen gewinnen die Kompetenzen „Diagnostizieren" und „Beraten" stärker an Bedeutung. Als Akteure des Wandels übernehmen sie z.B. Verantwortung für die Qualität des Unterrichts, die Beziehung mit den Eltern oder für ein Teilprojekt im Rahmen der Schulentwicklung. In ihrem Selbstverständnis sollten sie Mitgestaltende schulischer Entwicklung sein, indem sie guten Unterricht und die Förderung des Lernens eines jeden Kindes noch stärker in den Mittelpunkt ihrer Bemühungen rücken. Das heißt für die Schulleitungen, dass sie Führungs- und Gestaltungsverantwortung abgeben und systematisch Bewährungsfelder für pädagogische Nachwuchsführungskräfte schaffen. Wer weiß, dass sein Handeln Wirkung erzielen kann und darf, geht optimistisch an unbekannte und schwierige Situationen heran. Das Vertrauen in die eigenen Fähigkeiten schafft Freude an der Tätigkeit, gerne werden Anstrengungen in die Verfolgung von Zielen investiert. Gemeinsam gelingende Bildungsprozesse zu schaffen, bereitet Freude: den Lehrkräften, den pädagogischen Führungskräften genauso wie den Schülerinnen und Schülern und deren Eltern.

Empfehlung 2:
In der Schule als Institution des Lernens ist Kooperation Ziel und Methode zugleich.
Schulleiterinnen und Schulleiter müssen den Schwerpunkt ihrer Arbeit auf professionelle Personalplanung und -entwicklung sowie auf Organisationsentwicklung legen. Die Leitung einer Schule ist eine hochkomplexe Aufgabe, die vorrangig dann funktioniert, wenn Kooperation im Zentrum des Führungshandelns steht und es gelingt, alle an Schule beteiligten Personen davon zu überzeugen, diese mitzugestalten (vgl. Huber, 2013, S. 25). Konkret heißt das, dass sich für Lehrkräfte neue Aufgabenfelder erschließen: in Steuergruppen, die Qualitätsverbesserungsprozesse an Schule anstoßen und begleiten, in Jahrgangs- oder Fachgruppen, die als kleinere Teileinheiten in der Schule operieren, oder in Projektgruppen, die Schulentwicklungsprojekte umsetzen.

Neben dem Fokus auf Schulentwicklung birgt auch die wachsende Eigenständigkeit von Schulen neue Handlungsspielräume für Lehrkräfte und Schulleitungen. Denn wo Schulen über ihr Personal entscheiden dürfen, Ressourcen bewirtschaften und im Wettbewerb mit anderen Schulen Schul- und Unterrichtsprofile entwickeln müssen, ist die Mitwirkung möglichst vieler Personen entscheidend. Idealerweise bringen diese die nötigen Kompetenzen ein, um Aufgaben wie Projektmanagement, Finanzplanung oder Presse- und Öffentlichkeitsarbeit zu übernehmen.

Empfehlung 3:
Lehrkräfte und Führungskräfte im Gestaltungsraum Schule professionalisieren sich systematisch und nachhaltig.

Der Gestaltungsraum Schule braucht professionelles Personal, das – an den beschriebenen Motiven orientiert – aus- und weitergebildet wird. Für die Lehrerbildung heißt das, dass neben den Fachwissenschaften, Fachdidaktiken und Bildungswissenschaften auch die Stärkung und der Erwerb von Führungs- und Managementkompetenzen Eingang in die Ausbildungscurricula finden muss.

Im Gestaltungsraum Schule nehmen Lehrkräfte neben dem Unterrichten bereits eine Reihe weiterer Aufgaben wahr. Das Lehramtsstudium, aber auch der daran anschließende Vorbereitungsdienst berücksichtigen diese Aufgaben in ihren Ausbildungscurricula bisher noch nicht in angemessenem Maß. Um aber angehende Lehrerinnen und Lehrer auf die Anforderungen von Schule vorzubereiten, sollten sich die Lehramtsstudiengänge an den Universitäten sowie die Inhalte und Methoden des Vorbereitungsdienstes auch an den Leitbildern von Schule ausrichten und weitere Lernfelder in die Ausbildung mit aufnehmen. Wichtig sind zum Beispiel Seminarkonzepte, in denen sich Lehramtsstudierende gezielt mit Inhalten der Schulqualität und Schulentwicklung auseinandersetzen.

Die Entwicklung von Führungskompetenzen erfordert neben Wissen und Übung auch die Reflexion von Erfahrungen. Sinnvoll ist die Nutzung multipler Lernanlässe. Bereits jetzt werden diese in der Führungskräfteentwicklung der dritten Phase der Lehrerbildung genutzt. Sie sollten jedoch verstärkt Bestandteil aller Phasen der Lehrerbildung werden. Praktika und schulpraktische Studien in der ersten Phase der Hochschulbildung sollten so angelegt sein, dass neben dem Unterrichten die Mitarbeit bei Schulentwicklungsprojekten ermöglicht wird. Um den Studierenden das breite Spektrum an Gestaltungsaufgaben an einer Schule deutlich zu machen, sollten Schulpraktika so strukturiert sein, dass sie den Kompetenzbereich Innovieren einbeziehen – beispielsweise durch die Mitarbeit in Projekt- oder Steuergruppen. Nur wo Gestaltungs- und Führungsaufgaben erfahren und erprobt werden können, ist es den Studierenden möglich, ihre Eignung und Motivation für diese Aufgaben zu reflektieren. Diese Verzahnung von Theorie und Praxis erfordert eine enge Zusammenarbeit aller im Prozess beteiligten Akteure und Institutionen.

Empfehlung 4:
Verantwortliche aller drei Phasen der Lehrerbildung kooperieren funktional stärker.

Zentren für Lehrerbildung und Schools of Education sollten gestärkt werden. Das Lehramtsstudium braucht innerhalb der Universität eine Instanz, die die Ausbildung sinnvoll strukturiert und systematisiert, so dass Lehramtsstudierende ein Studienprogramm absolvieren können, das sie auf ihren angestrebten Beruf vorbereitet. Gleichzeitig sollten die Verantwortlichen der Lehrerbildung ihren Blick auf das Ganze richten: Eine systematische Integration aller Phasen der Lehrerbildung macht einen kumulativen Kompetenzaufbau für das Unterrichten genauso wie für das Gestalten von Schule erst möglich. Hierfür müssen alle Akteure und Institutionen der Lehrerbildung sowie die Ministerien enger zusammenarbeiten und eine gemeinsame Kultur für die Lehreraus- und -weiterbildung entwickeln.

Die Übergänge der Ausbildungsphasen sollten enger verzahnt werden. Noch erleben viele Lehramtsanwärter den Vorbereitungsdienst als Praxisschock. Junglehrkräfte sehen sich in dieser Phase in erster Linie mit der Herausforderung konfrontiert, zu unterrichten, d.h. Schülerinnen und Schüler zum Lernen zu motivieren, eine Klasse durch den Unterrichtsstoff zu führen und auf eine heterogene Schülerschaft zu reagieren (vgl. Sliwka & Klopsch, 2012, S. 22). Fragen der Schulqualität und -entwicklung oder die Übernahme von schulübergreifenden Aufgaben treten an dieser Stelle in den Hintergrund. Um die Berufseinstiegsphase zu erleichtern und die angehenden Lehrerinnen und Lehrer auf das ganze Aufgabenspektrum des Lehrerberufs vorzubereiten, sollten die Ausbildungsphasen besser aufeinander abgestimmt sein. Die Hochschulen und Studienseminare sollten Anregungen und Unterstützung geben, dass Studierende und Lehramtsanwärter einerseits ihren Unterricht adäquat gestalten können und andererseits lernen, Schulentwicklung als integralen Bestandteil ihres Berufsprofils zu betrachten.

Empfehlung 5:
Auch die Aus-, Fort- und Weiterbildner professionalisieren sich systematisch und nachhaltig.

Die Qualifizierung und Schaffung von Qualitätsstandards für die Entwicklung von Kompetenzen für pädagogische Führung bezieht sich nicht nur auf die Lernenden. Genauso entscheidend ist die Qualität und Qualifizierung der Aus-, Fort- und Weiterbildenden selbst, also derjenigen, die an den Hochschulen, in den Studienseminaren, in den staatlichen Fortbildungsinstituten oder als externe Anbieter Lehrkräfte und pädagogische Führungskräfte anleiten und begleiten. Im Rahmen der Professionalisierung der Aus-, Fort- und Weiterbildner müssen verbindliche Aufgaben- und Anforderungsprofile entwickelt werden, nach denen die Wirksamkeit und Qualität der Aus-, Fort- und Weiterbildner und ihrer Leistungen überprüft werden kann.

Empfehlung 6:
Systematisches Personalmanagement steht im Zentrum von Führung und Management in Schule.

In den letzten Jahren hat sich die Führungskräfteentwicklung in Deutschland professionalisiert und Qualifizierungsangebote für pädagogische Führungskräfte wurden ausgebaut – in Form sowohl vorbereitender als auch qualifizierender Kurse. Mit dem Paradigmenwechsel hin zur Schule als Gestaltungsraum stellt sich ein Bewusstsein dafür ein, dass Schulleitung als „neuer Beruf" zu betrachten ist, der eine fundierte Ausbildung und Qualifizierung benötigt (vgl. Huber, 2013, S. 215).

Im Zentrum von Führungshandeln im und für den Gestaltungsraum Schule steht das Personalmanagement – strategisch wie operativ –, d.h. die Personalauswahl, -entwicklung, -beurteilung und -führung. Diese Bereiche stehen in einem engen Verhältnis zueinander, finden aber auf unterschiedlichen Ebenen statt und werden von unterschiedlichen Akteuren gestaltet. Führungskräfteentwicklung ist Aufgabe der staatlichen Fortbildungsinstitute und weiterer Anbieter, beginnt jedoch bereits in der Hochschule und am Arbeitsplatz Schule.

Im Sinne der eigenständigen Schule tragen insbesondere Schulleitungen zunehmend Verantwortung bei der Auswahl, Entwicklung, Beurteilung und Führung ihres Personals. Sie müssen daher geeignete Instrumente und Diagnoseverfahren des Personalmanagements kennen und anwenden. Zudem müssen sie in die Lage versetzt werden und willens sein, Nachwuchsführungskräfte zu erkennen und diesen ausreichend Erprobungsmöglichkeiten zu geben.

Empfehlung 7:
Personalmarketing und Nachwuchsförderung für Aufgaben der pädagogischen Führung werden intensiver betrieben.

Engagierte Akteure sollten von der Schulverwaltung, der Schulaufsicht und den Schulleitungen in ihrer professionellen Entwicklung gefördert werden: mit systematisch aufbauenden Qualifizierungs- und Unterstützungsangeboten, die orientieren, vorbereiten, einführen und begleiten.

Personalauswahl und -entwicklung setzen Personalmarketing voraus. Politik und Praxis sollten Maßnahmen entwickeln, um junge Menschen für die Tätigkeitsfelder Schulentwicklung und Schulmanagement zu interessieren. Das Aufzeigen von Gestaltungs- und Führungsaufgaben über den Unterricht hinaus in einem frühen Stadium der Berufsbiografie ist hilfreich für die eigene Schulentwicklung bzw. das eigene Schulmanagement, zudem für eine langfristig angelegte Führungskräftenachwuchsförderung.

Dies gilt umso mehr, als die Schullandschaft an dieser zentralen Stelle oft unterbesetzt ist: Pädagogische Führungskräfte und Schulleitungen werden dringend gesucht und müssen entsprechend langfristig gefördert werden. Der quantitative Mangel an pädagogischem Führungspersonal führt mancherorts zu „leitungslosen" Schulen, oder aber zu einer Überforderung derer, die eine oder gar mehrere Schulen leiten müssen. Im Gestaltungsraum Schule gibt es eine Vielzahl an Bewährungsfeldern, in denen erste Führungs- und Gestaltungsaufgaben übernommen werden können. Es braucht dafür aber auch Schulleitungen, die die Potenziale ihrer Lehrkräfte erkennen und aktiv fördern (vgl. Dammann, 2013). Schulentwicklung, so Rosenbusch (2013), ist die Einladung an Kolleginnen und Kollegen, Schule mitzuentwickeln. Interessierte und engagierte Personen einbinden, wo zielführend und machbar, ist hier sinnvoll, auch um ihnen Erfahrungsmöglichkeiten zu bieten.

Empfehlung 8:
Feedback zur Förderung der Professionalisierung wird frühzeitig in der Lehrerbildung etabliert und durch eine Laufbahnbegleitung unterstützt.

Menschen, die den Lehrerberuf ergreifen und zudem Führungsfunktionen in der Schule übernehmen wollen, sollen und müssen reflektieren, wie sich ihre persönlichen Neigungen und Eignungen zu den Voraussetzungen und Anforderungen dieses Berufes bzw. diesen Führungsfunktionenen verhalten. Entsprechende Instrumente der Eignungsdiagnose sollten passend zum jeweiligen Berufskontext und zu den

Anforderungen der Ausbildungsphase zum Einsatz kommen und Führungs- und Gestaltungsthemen explizit berücksichtigen. Studierende, Lehrkräfte und pädagogische Führungskräfte erhalten mit Hilfe dieser Verfahren die Möglichkeit, ihr eigenes Kompetenzprofil zu reflektieren. Feedback als Rückmeldung zu einem entwicklungsrelevanten Zielverhalten in bestimmten Situationen durch dritte Personen bietet weitere Orientierungen für Entwicklungsmöglichkeiten. Begleitend sollte es Coaching geben, um die systematische Reflexion zu unterstützen.

Empfehlung 9:
Langfristige Anreizsysteme für pädagogische Führung werden ausgebaut.
Die Leistungen und das Engagement im Rahmen von pädagogischer Führung sollten adäquat anerkannt werden – durch Wertschätzung der Arbeit und dem Zurverfügungstellen von zeitlichen Ressourcen im Rahmen der Schulentwicklung und des Schulmanagements. Die Politik, Verwaltung und Aufsicht sollte in diesem Sinne Anreiz- und Anerkennungsoptionen schaffen, damit das Berufsbild insbesondere einer pädagogischen Führungskraft an Attraktivität gewinnt, damit mehr interessierte, engagierte und geeignete Personen Verantwortung übernehmen und Schule gestalten.

Literatur

Bauer, J., Unterbrink, T. & Zimmermann, L. (2007). *Gesundheitsprophylaxe für Lehrkräfte. Manual für Lehrer-Coachinggruppen nach dem Freiburger Modell.* Dresden: Selbstverlag der Universität Dresden. Online verfügbar unter http://www.pr.uni-freiburg.de/pm/2008/Lehrer_Bauer_Manual (letzter Zugriff am 06.07.2015).

Dammann, M. (2013). Entwicklung von Führungskompetenz am Arbeitsplatz. In: S.G. Huber (Hrsg.), *Handbuch Führungskräfteentwicklung. Grundlagen und Handreichungen zur Qualifizierung und Personalentwicklung im Schulsystem.* Köln: Carl Link, S. 124–133.

Dole, J.A. & Sinatra, G.M. (1998). Reconceptalizing change in the cognitive construction of knowledge. *Educational psychologist, 33* (2), S. 109–128.

Hochschulrektorenkonferenz (2013). *Empfehlungen zur Lehrerbildung.* Empfehlung der 14. Mitgliederversammlung der HRK am 14. Mai 2013 in Nürnberg. Online verfügbar unter http://www.hrk.de/uploads/tx_szconvention/Empfehlungen_zur_Lehrerbildung-_final_-_Stand_10_06_2013.pdf (letzter Zugriff am 29.06.2015).

Huber, S.G. (Hrsg.) (2013). *Handbuch Führungskräfteentwicklung. Grundlagen und Handreichungen zur Qualifizierung und Personalentwicklung im Schulsystem.* Köln: Carl Link.

Kultusministerkonferenz der deutschen Bundesländer (2013). Empfehlungen zur Eignungsabklärung in der ersten Phase der Lehrerausbildung (verabschiedet am 07.03.2014). Online verfügbar unter http://www.kmk.org/fileadmin/veroeffentlichungen_beschluesse/2013/2013-03-07-Empfehlung-Eignungsabklaerung.pdf (letzter Zugriff am 29.06.2015).

Kultusministerkonferenz der deutschen Bundesländer (2005). Standards für die Lehrerbildung: Bildungswissenschaften. *Zeitschrift für Pädagogik, 51* (2), S. 280–290. (verabschiedet am 16.12.2004, online verfügbar unter http://www.kmk.org/fileadmin/

veroeffentlichungen_beschluesse/2004/2004_12_16-Standards-Lehrerbildung.pdf (letzter Zugriff am 29.06.2015)).

Lehberger, R. & Lüth, E. (2012). Hamburger Mindeststandards. In: B. Weyand, M. Justus & M. Schratz (Hrsg.), *Auf unsere Lehrerinnen und Lehrer kommt es an. Geeignete Lehrer/innen gewinnen, (aus-)bilden und fördern*. Essen: Edition Stifterverband, S. 80–84.

Nieskens, B. (2012). Einblicke in die Praxis – Trends und Verfahren der Eignungsabklärung, Beratung und Potenzialentwicklung. In: B. Weyand, M. Justus & M. Schratz (Hrsg.), *Auf unsere Lehrerinnen und Lehrer kommt es an. Geeignete Lehrer/innen gewinnen, (aus-)bilden und fördern*. Essen: Edition Stifterverband, S. 124–177.

Rosenbusch, H.S. (2013). Organisationspädagogische Führungsprinzipien. In: S.G. Huber (Hrsg.), *Handbuch Führungskräfteentwicklung. Grundlagen und Handreichungen zur Qualifizierung und Personalentwicklung im Schulsystem*. Köln: Carl Link, S. 96–103.

Sliwka, A. & Klopsch, B. (2012). Auf den Lehrer/die Lehrerin kommt es an. Lehrerbildung und Lehrerprofessionalität in internationaler Perspektive. In: B. Weyand, M. Justus & M. Schratz (Hrsg.), *Auf unsere Lehrerinnen und Lehrer kommt es an. Geeignete Lehrer/innen gewinnen, (aus-)bilden und fördern*. Essen: Edition Stifterverband, S. 14–35.

Weyand, B. (2012). „Drum prüfe, wer sich ewig bindet". Gelingende Passung zwischen Person und Beruf. In: B. Weyand, Justus, M. & Schratz, M. (Hrsg.), *Auf unsere Lehrerinnen und Lehrer kommt es an. Geeignete Lehrer/innen gewinnen, (aus-)bilden undfördern*. Essen: Edition Stifterverband, S. 86–109.

Weyand, B., Justus, M, Schratz, M. (Hrsg.) (2012). *Auf unsere Lehrerinnen und Lehrer kommt es an. Geeignete Lehrer/innen gewinnen, (aus-)bilden und fördern*. Essen: Edition Stifterverband.

Teil 2
Weiterführende Überlegungen und exemplarische Angebote in der Lehrerbildung

Stephan Gerhard Huber, Stiftung der
Deutschen Wirtschaft, Robert Bosch Stiftung (Hg.):
Schule gemeinsam gestalten – Entwicklung von Kompetenzen
für pädagogische Führung. © 2015, Waxmann

Lejf Moos

Teachers as leaders – Reflections on Leadership in Teaching

A major trend in contemporary fashion of educational policy is performance management: Teaching and learning has to be governed through detailed, national aims and standards for the acquisition of basic skills and proficiencies, and through outcomes of learning that can be measured with national or international tests. This trend focuses on the individual learner and evidence based teaching programmes that are often named "best practice". When the perspective is focussed on groups of learners, like class groups, there is a strong interest in managing student behaviour through classroom management.

A basic inspiration for those trends is the Anglo-American scientific curriculum trend blended with an increased interest in political governance of every step in education. The scientific curriculum and accountability trend underscores the central/national management interest and the split between personal, social and academic capacities and aims.

In many places, like Continental and Northern Europe, the fashion trends meet a long lasting tradition of didactic thinking and a belief in comprehensive 'Bildung', which used to include space for the interpretations of the aims, means and opportunities and where the furthering of academic, personal and social capacities are seen as comprehensive processes. The 'Bildung' discourse underlines not only the need for acquisition of academic or subject matter skills and knowledge, but also strives for the subjective/personal development through social interactions with others.

Those two discourses are being explored a bit more in this reflective piece, leading up to a short discussion on the need to look at teachers as leaders of teaching and learning as well as leaders of classroom relations and as members of schools' overall leadership.

1. 'Bildung': The core of education and schooling

Educational intentions are rooted in the culture of societies, in the formal objectives of the school or the education and they are discussed in educational theories (Moos,

2003). As an example from Denmark, one can read the intentions for the Educational System in the Act. Article 1 of the Folkeskole[1] Act (1993, 2000) states:

> *The school shall prepare the students for participation, sharing of responsibilities, rights and duties in a society with freedom and democracy. The education in the school as well as the daily life of the school therefore must build on intellectual liberty, equality and democracy.*

This kind of intentions asks teachers to be attentive to the whole daily life of school, the environment and learning conditions: e.g. students should not only be taught how a democratic society is functioning on a structural level (parliament, government, system of justice, police ... and so on). They should themselves gain experience and live at school, characterised by democracy, equality and intellectual liberty. This means amongst other things that not all methods of teaching are considered appropriate and not all teacher behaviour is appropriate.

Educational theory devised and discussed on the Continent since the historical epoch called Modernity (from late 18th Century) underlines that education is basically the responsibility of every generation that must educate the next generation into being able to live in their society (Jean-Jacques Rousseau, Immanuel Kant, Friedrich Schleiermacher, Johann Friedrich Herbart and Dietrich Benner – to mention a few French and German key figures. This discussion builds on Alexander von Oettingen (2001)). Children depend on parents to be educated. As they are born imperfect, they are born into a not-yet-condition: They are not able to grow and survive without assistance by the older generation. Humanity depends on one generation of human beings educating the next generation of human beings.

This upbringing and education includes the acquisition of skills and proficiencies, the assimilation and construction of knowledge and the development of motives and values. It is a matter of what in English is traditionally called liberal education, in German: 'Bildung'. Children must learn to become human beings and therefore must be educated in order to be able to function productively on their own in the culture and society. They cannot live with their parents for ever but must leave the childhood home, make a living and have a family of their own. As those theories were devised in the 'Age of Enlightenment', they build on a concept of society – or rather a vision of society – that forms an enlightened, democratic community (in German: Gemeinschaft). Therefore, the ideal of a human being that education should aim at was the participating, democratic minded citizen, who was able and willing to be a qualified participant in both community and society.

The ideal of 'Bildung' is to educate human beings to be authoritative, competent and autonomous. This ideal created a fundamental paradox, that has occupied theorists and practitioners ever since:

> *How is it possible – through external influence – to bring human beings to a state where they are not controlled by external influences?" (Leonard Nelson, 1970 in von Oettingen 2001, p. 9)*

---

1 The Folkeskole is a Danish basic school for students at the age of 6-16 years.

This has been a fundamental question to all of the educational theorists mentioned and to many more: We know from experience that children are not able to take care of themselves. They must be educated. Parents educate children and they leave it to schools and other institutions to educate them on their behalf. Education is at any rate an external influence. Then, how is it possible for this external influence to bring about a liberal education, a 'Bildung' or an educational-socialisation?

Von Oettingen (2001) shows that Rosseau, Kant, Schleiermacher, Herbart and Benner point to two fundamental principles in overcoming the paradox: The 'Bildsamkeit' of the child and the request for 'self-reflection'. 'Bildsamkeit' is understood to be the fundamental, innate ability to be open-minded and to participate in a shared praxis. The concept acknowledges the child's not-yet-condition – it hasn't yet become what it is going to be – but it must participate in the educational interaction in order to become human.

'Self-reflection' means that the self is able to focus its attention on something in the outer world and at the same time on itself. It should become educated through interaction with the outer world. This ability enables the human being to act and to reflect on an action and thereafter initiate other actions. Educators therefore should request students to engage in self-reflection. Focusing on these principles should facilitate the aim of all educational praxis, which ultimately is to render itself superfluous.

This outline of an educational introduction/discussion shows how fundamentally democratic educational problems and questions are: They are always a question of what kind of citizens a society or a culture wants to educate in families, communities and in institutions (Biesta, 2009). Therefore, we cannot curtail our discussions on education in schools to matters of subject content and curriculum. We must engage in research in and discussions on the entire school life, the relations between pupils/students and teachers, the relations between teachers and school leaders, and the relations to the local and national communities.

By bringing the educational theories closer to practice, Dewey's writing has been a great inspiration. In Democracy and Educational Administration (1937) he wrote:

> What the argument for democracy implies is that the best way to produce initiative and constructive power is to exercise it. Power, as well as interest, comes by use and practice. [...] The delicate and difficult task of developing character and good judgement in the young needs every stimulus and inspiration possible. [...] I think, that unless democratic habits and thought and action are part of the fibre of a people, political democracy is insecure. It cannot stand in isolation. It must be buttressed by presence of democratic methods in all social relationships. (pp. 345-346)

2. 'Bildung': A model of classroom leadership?

Describing classroom leadership as a parallel to 'Bildung' of children should not be carried too far, but I think it can open our eyes to important aspects of leadership: If the intention of schooling is 'Bildung', then the intentions of leadership – of schools and class groups – must be to create a climate and a community that is supportive to the educational intention. Then the community should not be governed by hidden structures and discourses of power, but should move towards transparency of relations, democracy and autonomy. Teachers must support children in becoming democratic agents, therefore one can reformulate the educational leadership paradox:

How can students be led in ways that enable them to become autonomous?

Teachers are vested with formal means of power over students in classrooms (Bourdieu, 1977). But other means are actually much more important. They can be called informal power, based on the legitimacy of the teacher: Leadership is a special relation to other agents where all parties exercise power on the basis of the positions they take. The means with which the agents position themselves in the field are cultural or social capital, the dispositions forming the agents' practice. The relations are determined by both structural power and by the meaning attributed to practice by the agents.

> *Those who act according to the rule have the group on their side and at the same time ostensibly place themselves on the group's side through a public act of recognition of a communal norm, which is universal because it is universally approved within the limits of the group. They declare their agreement to conform to the group's point of view, valid for all potential agents, for a universal X. (Bourdieu, 1998, p. 142)*

Bourdieu describes the two aspects of the relations between agents in a field: The structures and the norm. The structures are open as well as hidden conditions, meeting the agents when entering a field: The financial, social and legal provisions, stipulations and regulations that are active in this field. The communal norm that teachers must try to establish and maintain is the consensus, the norm that is universally approved of within the group. This approval is made on the basis of the cultural capital that all agents bring to the field and which they develop in the relations in the field.

This description of Bourdieu's theory tends towards a very strict vision about consensus, as it advocates the construction of organisations being transformed into communities based on a shared understanding, shared values and shared responsibility. The American leadership researcher, Robert Starrat, cautions us:

> *Instead of seeking to become a community in which we share uniform commitments to common goals, values, and cultural expression, we might seek a more modest goal of accommodation and acquiescence so that we can collectively get on with our public lives. (Starrat, 2001, p. 337)*

Starrat argues that schools should not seek to become uniform: The education/Bildung of children and young people cannot and should not be uniform, because schools are attended by people of many different cultures. The individual benefits from diversity: It is in the meeting, the discussions, the dialogues and the sharing that people are able to learn and be educated. Therefore, schools should be communities that can accommodate a pluralistic and wide range of different cultures and people.

On the other hand, there should be an understanding or a contract that makes living in these communities human for everybody. Therefore, leadership must take care and see to it that there is no violence – neither physical nor psychic – and that the boundaries to the outer world are restored. The law of the jungle cannot govern schools. It is a leadership responsibility to make the power relations and the cultural developments visible, public and subject to open discussion.

> *The post-modern critique would suggest an ironic attitude toward all leadership initiatives, namely, that leaders recognize ahead of time the unavoidable fallibility and fragility of institutional arrangements, including the very exercise of leadership, and the likelihood that they will need continuous further adjustment for the foreseeable future. (Starrat 2001, p. 348)*

A powerful illustration of this position can be read in Karen Seashore Louis' quote on the semi-permanent disagreement in organisations:

> *Many contemporary democratic theorists argue that the most essential element of democratic communities today is their ability to engage in civilized but semi-permanent disagreement. Articulating a humanist voice that calls for respecting and listening to all positions – but then being able to move forward in the absence of consensus – will be the critical skill that school leaders need to develop when the environment makes consensus impossible. (Louis, 2003, p. 105)*

3. Traditional thinking meets Neo-Liberalism

Societal and cultural conditions have changed profoundly over the last 30–40 years. One major trend is globalisation: The free flow of finances, ideas, goods and workers seem to be the basis for a large proportion of transformations. The contingency and risk of the hyper complex society and the shift that decentralisation and New Public Management-like kinds of public governance have brought to public institutions like schools leave school leaders in new conditions. The central and even local regulations have been abolished when it comes to the administrative and financial management of schools. This process is is often referred to as neo-liberal trends. At the same time, the central and local governance in respect to curriculum and evaluation has increased. That is often referred to as neo-conservatism. The collision of those trends leaves schools and teachers with an unclear basis for their praxis and unclear consequences of their decisions and praxis. This risky situation is likely to produce more stress (Moos, 2009, 2011).

The German philosopher and sociologist Jürgen Habermas noted that societies engaged in the process of financial globalisation tend to possess four characteristics:

- An anthropological view of human beings as rational instruments willing and able to make informed decisions and to offer their labour freely in the market place;
- An image of a post-egalitarian society that tolerates social marginalization, expulsion and exclusion;

- An image of a democracy where citizens are reduced to consumers in a market-society, and where the role of the state is redefined to that of a service agency for clients and consumers;
- Finally, a view that policy should be aimed at dismantling state regulation. (Habermas, 2001)

According to Habermas, those are building bricks for a neo-liberalistic picture of the world. The latter element would seem to challenge the very basis of democracy. If Habermas is correct in his somewhat polemic and therefore crude depiction of the neo-liberal effort to transform policy-driven societies into marked-driven societies, there have got to be fundamentally new conditions for democracy. The classical concept of democracy is linked to a society where one can talk of three basic elements: The state, the market and the civil society.

Communication and community, the moral and ethics, the trust and the reciprocity between subjects regulate the civil society. The Market is regulated by money, competition and contracts between consumers. And the state is regulated by the political power and rules, the social contract and the political discussions between (ideally) equal citizens.

4. Organising teaching and learning

Teachers and educational researchers have known for at least half a century that the ways life in classrooms is arranged, the ways teaching is delivered and the ways student learning processes are organised all have a profound impact on what is learnt. In his seminal study of what he termed the 'hidden curriculum', Philip W. Jackson (1968) showed how students learned to be patient while waiting for the teacher to find the time to communicate, to control themselves as members of a big group of peers, to distinguish between work and leisure activities, or to get used to being bored etc., while being taught literacy and other subjects in classrooms in ways that were commonly used in the 1960s in the USA (Moos, 2014).

Today classroom observations and analyses show similar results: when students are asked to write assignments individually, or to do tests individually, they get used to working and thinking individually. This individualistic trend is not only seen in classrooms. It is a very common societal and cultural trend as well (Bauman, 1999) which is reinforced in schools.

Research in Danish schools (Bayer & Brinkkjær, 2011) shows that the increasing use of national tests makes a majority of teachers narrow the learning methods down to learning material in books, while other methods of including student activity, multiple ways of perception, activities and material are used less frequently.

Being effective in contemporary education means focusing on how students individually attain the aims and goals set out in national or local regulations and curricula and measured in exams and tests. Many educational systems have written social aims into their curricula (education for innovation, creativity and citizenship, social responsibility or communication, for instance). However, if these aims are not measured, we know that schools have a tendency to give them low priority in their daily work.

The analysis of these social technologies could be put into perspective by a different accountability logic: the professional accountability trend (Moos, 2005). Professional standards and ethics are developed in an on-going interplay between teachers' education and experiences with cultural and political expectations. In some instances we see strong teacher influence on that interplay, while in others the political and cultural influence is stronger. At the moment it seems that teachers are losing some of their influence, with policy and management taking over and having a major influence on classroom practices.

Schools and teachers have always made use of social technologies. In some cases they develop them themselves, while in other cases they are injected from the outside. The tightening of the links between state authorities and schools through detailed learning goals and frequent testing seems to work efficiently and effectively in forming practices in schools.

5. Summing up: Education in diverse discourses

The global influences of neo-liberal ideas, like the OECD discourse, can also be seen in the dominant discourses on education, teaching and learning: The international comparisons, like the PISA (Program for International Student Assessment), TIMMS (Trends in International Mathematics and Science Study) and PIRLS (Progress in International Reading Literacy Study) have influenced the move in education and educational governance from focusing on input and process to focusing on outcomes, on the results of learning. The focus has improved the governance by numbers and comparisons across schools, municipalities and nations greatly. This section is adapted from Blossing, Imsen, and Moos (2013).

One very important root for this move has been the American idea about scientific curriculum and curriculum objectives, originating from, among others, Franklin Bobbitt (1924); second, the conception of learning outcomes as an entity that can be measured objectively; and third, the technological means-end model formulated by Ralph Tyler (1949). They have all contributed to a focus on education as an end and not as the process Dewey argued for. These three elements serve as important tools in the neo-liberal governance systems that have been developing since the 1990s, both in the US and in the rest of the world. They are very important foundations for the emergence of global competition in education-based comparisons, transnational indicators and political demand of accountability, measured on outcomes.

Based on theories on education from the European continent, one can describe the Nordic approach as a 'Bildung' approach, understanding the purpose of education as comprehensive democratic 'Bildung'. According to this concept, children need to understand themselves as parts of bigger communities and, at the same time, as authoritative individuals by acquiring common knowledge, insight and historical, cultural and global understanding. Understanding states as being competitive, like in the UK or the US, underscores the need for acquiring competencies, readiness for action, which can be understood as tools for action. Human beings are seen as resources, and the need of education is linked with the need of developing employable students. The continental and Nordic discourse used to be closely linked to building the Welfare state following World War 2. The pivotal educational goal was to have students develop their abilities and commitment to participate actively as citizens in democratic societies.

6. Teacher education for leadership

Leaders of learning: Based on the Bildung-discussion it can be claimed that the core functions of teachers in respect to student learning is to focus student's attention on learning-issues and to facilitate the learner in working her/his ways towards the goals by supplying relevant learning material, advice and information through all phases of the learning process: Goal setting, working and evaluating (Klafki, 2001).

Leaders in classrooms: The main responsibility of teachers is to further the establishment and maintenance of critical discussions (Bernstein, 2000) in learning communities (Wenger, 1999) through influencing values, norms, direction, focus, and relation building.

Leaders in schools: As no school leader can oversee the activities in all classes at one time, they have to distribute aspects of leadership to teachers. Those aspects will be the activities closest to teaching and learning, as well as collaborating amongst professionals, with parents and other external stakeholders (Moos, 2006).

Leadership in teacher education: Teacher education should of course focus on subject matters and didactics – the reflections on how to teach for learning – but should also be closely linked to education about social relations and the communities in which 'Bildung' takes place as well as organising students within the classroom. Furthermore, students of teaching need to be educated in how the whole school is composed and works, which means they should acquire organisational knowledge.

References

Consolidation Act No. 730 od June 21, 2000 (2000).

Bauman, Z. (1999). *Globalisering: de menneskelige konsekvenser [Human Consequenses of Globalization].* København: Hans Reitzel.

Bayer, M. & Brinkkjær, U. (2011). PISA på hjernen? Læreres karriere gennem ote år [PISA on the Brain? Teachers' carreer over eight years]. *Unge Pædagoger, 2011* (3), 36–43.

Bernstein, B. (2000). *Pedagogy, Symbolic Control and Identity: Theory, research and critique.* Lanham: Rowman and Littlefield.

Biesta, G. (2009). *Good Education in an Age of Measurement.* Boulder, CO: Paradigm Publishers.

Blossing, U., Imsen, G. & Moos, L. (2013). Progressive education and new governance in Denmark, Norway and Sweden. In: U. Blossing, G. Imsen & L. Moos (Eds.), *The Nordic Education Model: 'A School for All' encounters neo-liberal politics*. Dordrecht: Springer.

Bobbitt, F. (1924). *How to make a curriculum*. Boston: Houghton Mifflin.

Bourdieu, P. (1977). *Outline of a Theory of Practice*. Cambridge: Cambridge University Press.

Bourdieu, P. (1998). *Af praktiske grunde [For Practical Reasons]*. København: Hans Reitzel.

Dewey, J. (1937). Democracy and Educational Administration. In: J. Ratner (Ed.), *Education today*. New York: G.P. Putman's sons.

Habermas, J. (2001). Warum braucht Europa eine Verfassung? *Die Zeit, June 26, 2001*.

Jackson, P. W. (1968). *Life in classrooms*. New York: Teachers College.

Klafki, W. (2001). *Dannelsesteori og didaktik – nye studier [Educational Theory and Didactics – new Studies]*. Århus: Klim.

Louis, K. S. (2003). Democratic Schools, Democratic Communities. *Leadership and Policy in Schools, 2* (2), 93–108.

Moos, L. (2003). Educational Leadership: Leading for/as 'Dannelse'? *International Journal of Leadership in Education, 6* (1), 19–33.

Moos, L. (2005). How do schools bridge the gap between external demands for accountability and the need for internal trust? *Journal of Educational Change, 6* (4), 307–328.

Moos, L. (2006). Leadership for Learning: Reflection on democratic purposes *Leading & Managing, 12* (2), 64–72.

Moos, L. (2009). Hard and Soft Governance: the journey from transnational agencies to school leadership. *European Educational Research Journal, 8* (3), 397–406.

Moos, L. (2011). Governance of educational systems – contextualizing and conceptualising influence. In: F. Dietrich, M. Heinrich, & N. Thieme (Eds.), *Neue Steuerung – alte Ungleichheiten?* (pp. 23–34). Münster: Waxmann

Moos, L. (2014). Leadership for Creativity. *International Journal of Leadership in Education 18* (2), 178-196.

Starrat, R. J. (2001). Democratic leadership theory in late modernity: an oxymoron or ironic possibility? *International Journal of Leadership in Education, 4* (4), 333–354.

Tyler, R. R. (1949). *Basic principles of curriculum and instruction*. Chicago: University of Chicago Press.

von Oettingen, A. (2001). *Det pædagogiske paradoks* [The Pedagogical Paradoxe]. Århus: Klim.

Wenger, E. (1999). *Communities of Practice. Learning, Meaning and Identity*. Cambridge: Cambridge University Press.

Stephan Gerhard Huber, Stiftung der
Deutschen Wirtschaft, Robert Bosch Stiftung (Hg.):
Schule gemeinsam gestalten – Entwicklung von Kompetenzen
für pädagogische Führung. © 2015, Waxmann

Anne Sliwka, Britta Klopsch und Cristian D. Magnus

„Careers in Education": Internationale Entwicklungen in den Professionalisierungsanreizen und der Karriere-Entwicklung von Lehrkräften

Die komplexen Anforderungen des Lehrberufs erfordern zunehmend eine systematische Orientierung an professionellen Standards, die nicht nur für das Lehramtsstudium und das Referendariat sondern auch für die Phase der Berufsausübung formuliert werden. Kohärenz und Orientierung in Professionalisierungswegen machen es erforderlich, dass professionelle Standards für die drei Phasen der Lehrerbildung aufeinander abgestimmt werden. Die damit verbundene Möglichkeit, sich in der beruflichen Praxis als Lehrkraft fortwährend zielgerichtet weiterzuentwickeln, und dies auch in entsprechenden Anreizsystemen und Karriereschritten abzubilden, ist ein wichtiges Qualitätsmerkmal leistungsfähiger Schulsysteme und bedingt die offene Ausschreibung und eine maximal transparente und strikt meritokratische Vergabe von Stellen auf unterschiedlichen Karrierestufen. Nur so können Karrierestrukturen echte Anreize für Leistungen in der Unterrichts- und Schulentwicklung schaffen und der Weiterentwicklung des Bildungssystems dienen.

Die empirische Evidenz für einen engen und unmittelbaren Zusammenhang zwischen Schülerleistungen und Lehrerprofessionalisierung wird durch internationale Studien kontinuierlich gestärkt (vgl. Burns & Darling-Hammond, 2014, S. 20–28). Schule und Unterricht kann von einer kontinuierlichen professionellen Entwicklung von Lehrkräften in der ersten, zweiten und dritten Phase profitieren. Der Blick auf unterschiedliche Praktiken erfolgreicher Schulsysteme bietet wichtige Anregungen für den auch in Deutschland unbedingt erforderlichen Diskurs über Anreize für professionelles Lernen und Karriereentwicklung im Lehrerberuf.

1.   Professionelle Standards als Fundament der Lehrerprofessionalität

Die Entwicklung der Professionalität von Lehrkräften lässt sich in stufenbezogenen professionellen Standards abbilden, die über die Entwicklungsstufen der ersten und zweiten Ausbildungsphase von Lehrkräften hinausgehen und die berufliche Entwicklung miteinschließen. Die Einführung solcher Standards, die in der „sehr komplexen Ausbildung große und zielgenaue Hilfen" (Oelkers, 2000, S. 128) für angehende wie für im Beruf stehende Lehrkräfte bieten können, hat im deutschen Bildungssystem mit den KMK-Standards begonnen (vgl. KMK, 2004; KMK, 2014) und wurde im Bereich der inhaltlichen Anforderungen für fachwissenschaftliche und fachdidaktische Aspekte der Lehrerbildung erweitert (vgl. KMK, 2014). Allerdings werden die entwickelten Standards derzeit nur in der ersten und zweiten Ausbildungsphase angewendet und sind zwischen diesen beiden Phasen nur in groben Zügen aufeinander abgestimmt. Dazu trägt bei, dass insbesondere in der zweiten Phase besonders im Vergleich zu den Fachprofilen der ersten Phase nur rudimentäre Standards vorhanden sind und in der dritten Phase gänzlich fehlen (KMK, 2014, S. 4). Internationale Beispiele zeigen, dass klare Anreize für eine sich über die Ausbildungs- und Berufszeit entwickelnde Professionalität, d.h. insbesondere in die dritte Phase hineinreichend, gesetzt werden können, wenn die Standards der einzelnen Phasen aufeinander bezogen und abgestimmt sind und mit klaren Karrierewegen (vgl. OECD, 2004, S. 36) und Leistungsanreizen verknüpft sind. Einige Studien deuten darauf hin, dass leistungsorientierte Karriere- und Besoldungsstrukturen für Lehrerinnen und Lehrer zu verbesserten Schülerleistungen führen (vgl. als Überblick Hopf, 2010, S. 17–20). Es steht zu vermuten, dass klarere Leistungsanreize längerfristig auch dazu führen, dass Lehrkräfte vermehrt ihre individuellen Stärken weiterentwickeln, professionelle Schwächen überwinden und ihrer Transferverantwortung von wissenschaftlich geprüftem Wissen zu praktischem Handeln gerecht werden. Der Vorteil von phasenübergreifenden Standards besteht, neben einer Erhöhung der Zieltransparenz der verschiedenen Aus- und Weiterbildungsphasen, auch in der Verankerung und empirischen Überprüfbarkeit unterschiedlicher Kompetenzen (vgl. Terhart, 2002, S. 5). Es fällt auf, dass besonders Schulsysteme, die in den internationalen Schulleitungsstudien wie PISA in ihren Ergebnissen an der Weltspitze liegen und besser abschneiden als das Schulsystem der Bundesrepublik Deutschland, in den vergangenen Jahrzehnten intensiv an der Entwicklung von professionellen Standards und dazu passenden Anreizstrukturen der Karriere-Entwicklung im Lehrerberuf gearbeitet haben (Stewart, 2012). Länder wie Finnland, Australien und Singapur zeigen, wie professionelle Standards für die Entwicklung von Lehrkräften im Beruf definiert und als Anreize zur Karriere-Entwicklung, beispielsweise im Weiterbildungsbereich, genutzt werden können.

Die Einführung der professionellen Standards basiert dabei auf bestimmten Annahmen über den Zusammenhang von Persönlichkeit und professioneller Eignung für den Lehrerberuf. Es fällt auf, dass viele sehr erfolgreiche Schulsysteme in der Auswahl von geeigneten Studierenden für den Lehrerberuf auf die Eignungshypothese setzen. Diese bezieht sich auf die Annahme, dass neben kognitiven Fähigkeiten bestimmte persönliche Merkmale, wie „Offenheit, emotionale Stabilität oder persönliche Motive" (Kunter et al., 2011, S. 56) als notwendige Voraussetzungen zu einer erfolgreichen Ausübung des Lehrerberufs zählen. Die Auswahl der Lehramtsstudierenden wird bei diesem Modell gesteuert, indem von Anfang an nur geeignet erscheinende Personen zum Studium zugelassen werden (vgl. Sliwka & Klopsch, 2012, S. 19). Beispielhaft sei hier das finnische Schulsystem genannt, innerhalb dessen eine aufwändige Selektion aus einem großen Bewerberpool durch „harte" Zulassungs- oder Auswahlverfahren wie Assessments und Interviews stattfindet (vgl. OECD, 2005). Auch das Schulsystem von Singapur wählt seine Lehramtsstudierenden in aufwendigen Verfahren aus und legt dabei neben kognitiven Kriterien auch sozial-emotionale und motivationale Kriterien zugrunde.

Schulsysteme, die wie die Bundesrepublik Deutschland auf die Qualifikationshypothese setzen, gehen davon aus, dass die Qualität der Ausbildung in der ersten, zweiten und dritten Phase prägend für die Kompetenz der Lehrkräfte ist. So bietet das deutsche Bildungssystem, im Vergleich zu Schulsystemen wie Finnland oder Singapur, einen relativ offenen Zugang zum Lehramtsstudium. Zur Zulassung bzw. Auswahl der Studierenden kommen typischerweise „weiche" Verfahren, wie Beratungsangebote, zum Einsatz. Es fällt auf, dass andere Systeme, die ebenfalls auf die Qualifikationshypothese setzen, wie zum Beispiel Australien, in einem viel stärkeren Maße als die Bundesrepublik Deutschland auf Anreize zur professionellen Entwicklung setzen und Karrieren wie Besoldung im Lehrerberuf an meritokratisch vergebenen Qualifizierungsstufen ausrichten.

2. Australien – Professionelle Standards als Entwicklungsanreiz und Karrierestruktur

Als Beispiele der Auseinandersetzung mit Lehrkräften vor dem Hintergrund der Qualifizierungshypothese dient im Folgenden Australien, das einen starken Schwerpunkt auf die tertiäre Phase legt, d.h. die systematische professionelle Weiterentwicklung bereits angestellter Lehrkräfte, für die umfangreiche Standards und Kompetenzraster entwickelt wurden. Australien hat in den vergangenen zehn Jahren durch eine Reihe von Reformen (vgl. Mayer, Pecheone & Merino, 2012) wichtige Schritte zur Professionalisierung des Lehrerberufs eingeleitet. Der Entwicklung professioneller Standards lag die Frage zugrunde, welches Kompetenzniveau eine Lehrkraft zu bestimmten Zeitpunkten ihrer Ausbildung und Professionsausübung innehaben sollte. Das „Australian Institute for Teaching and School Leadership (AITSL)"[1] und das „New South Wales Institute of Teachers (NSW)"[2,3] entwickelten dazu sieben professionelle Standards, die den drei folgenden Kategorien zugerechnet werden: *professional knowledge* (professionelles Expertenwissen), *professional practice* (Handlungskompetenzen mit dem Schwerpunkt des Unterrichtens) und *professional engagement* (persönliches Engagement, Beteiligung an Schulentwicklung und Fortbildung).

Die entsprechenden „professional standards" (vgl. Australian Professional Standards for Teachers, 2014) betreffen die Themenbereiche:
1) *know students and how they learn* (Kenntnisse über unterschiedliche Lernvoraussetzungen und deren professionelle Förderung)

---

1 Das AITSL ist als nationales Zentrum verantwortlich für die Etablierung von Maßnahmen auf allen politischen Ebenen, die die Qualitätsentwicklung in Unterricht und Schulentwicklung vorantreiben (vgl. www.aitsl.edu.au/).

2 Für Zugang zu einer Vielzahl an empirischer Belege und Quellen vgl. http://www.ncee.org/programs-affiliates/center-on-international-education-benchmarking/.

3 Das Institut unterstützt die Qualitätsentwicklung an Schulen auf regionaler Ebene in New South Wales (vgl. www.nswteachers.nsw.edu.au/).

2) *know the content and how to teach it* (fachwissenschaftliche und fachdidaktische Kenntnisse)
3) *plan to implement effective teaching and learning* (Kompetenz in der Umsetzung effektiver Lehr-Lernprozesse)
4) *create and maintain supportive and safe learning environment* (Gestaltung einer unterstützenden und sicheren Lernumgebung)
5) *assess, provide feedback and report on student learning* (Leistungsmessung, formative Leistungsrückmeldung und Lerndokumentation)
6) *engage in professional learning* (professionelles Lernen)
7) *engage professionally with colleagues, parents/carers and the community* (professionelle Zusammenarbeit mit Kollegen, Eltern und Partnern der Schule)

Die Breite dieser Standards spiegelt das umfassende Verständnis der australischen Vorstellungen einer erfolgreichen Lehrperson, ihrer unterschiedlichen Aufgaben und Rollen wider. Die Standards bieten dabei einen Rahmen für die lehrerorientierte Selbstevaluation:[4] Ihre gestufte Ausarbeitung gibt Hinweise, welche weiteren Qualifikationen und Kompetenzen benötigt bzw. welche Weiterbildungsangebote wahrgenommen werden sollten, um eine weitere Stufe der Professionalisierung zu erreichen. Das Kompetenzprofil ist dabei für unterschiedliche Phasen der professionellen Entwicklung ausdefiniert und bildet den Kompetenzrahmen für die vier unterschiedlichen Karrierestufen („Career Stages"), die eine Lehrkraft in Australien bei fortlaufender professioneller Entwicklung durchlaufen kann: *Graduate, Proficient, Highly Accomplished* und *Lead Teacher* (vgl. Australian Professional Standards for Teachers, 2014).

Interessant an diesem Modell ist, dass über die Gestaltung des Lehrergehalts und des entsprechenden Verantwortungsbereichs eine Karriereleiter über die Berufszeit gelegt wird, die auch in der Mitte der Berufszeit („mid-career") klare Anreize zur professionellen Weiterentwicklung schafft. Wer sich also professionell entwickelt, Fortbildungen absolviert und seine eigene Entwicklung dokumentiert, der steigt nach einem transparenten und meritokratischen Karriere-Modell auf, wächst in einen Expertenstatus hinein und übernimmt dabei immer stärker Vorbildfunktion für Neulinge im Lehrerberuf. Das Lernen der Lehrerinnen und Lehrer endet in Australien somit nicht mit einem universitären Abschluss, sondern setzt sich während der Berufstätigkeit entlang eines Gerüsts an Qualifizierungsstufen fort, die durch professionelle Standards geformt wurden und einen Rahmen für die berufsbegleitende Professionalisierung ermöglichen.

---

4   Vgl. http://toolkit.aitsl.edu.au/category/self-assessment-reflection.

3. Finnland – Selektiver Professionszugang als Voraussetzung für hohen Sozialstatus und professionelle Berufsautonomie

Das finnische Lehrerbildungssystem verfügt über genuine Stärken, die im Laufe der Jahre zu einer konsistent hohen Qualität der finnischen Lehrerschaft und zu einem hohen Sozialprestige der Lehrerprofession führten (vgl. Sahlberg, 2012). Dies spiegelt sich in der jährlichen Bewerbung von deutlich mehr als 12.000 Studieninteressierten auf die landesweit weniger als 900 Lehramtsstudienplätze (vgl. Ministry of Education and Culture, 2014, S. 2). Die konkrete Anzahl an Studienplätzen orientiert sich hierbei am Bedarf künftiger Lehrkräfte im Schulsystem. Finnland unterscheidet dabei zwei Typen von Lehrkräften, die in kleinen Kohorten engmaschig betreut ausgebildet werden:

1) Klassenlehrerinnen und -lehrer, die an der sechsjährigen Grundschule und in den Klassen 7–9 der finnischen Gemeinschaftsschule mehrere Fächer unterrichten und eine enge und auf Entwicklungsförderung ausgerichtete Beziehung zu den Kindern aufbauen und

2) Fachlehrerinnen und -lehrer, die in den Klassen 7–9 und 10–12 in der Regel zwei Fächer auf einem hohen fachlichen Niveau unterrichten und jeweils über einen Master-Abschluss in ihren Lehramtsfächern verfügen.

Bewerber und Bewerberinnen beider Lehramtstypen durchlaufen zwei Stufen eines anspruchsvollen Bewerbungsverfahrens: Die erste Auswahl erfolgt landesweit und umfasst einen jährlich durchgeführten zentralen schriftlichen Test („VAKAVA"[5]). Dieser Test basiert auf einer jährlich wechselnden Sammlung an bildungswissenschaftlichen Fachtexten, die vier Wochen vor seiner Durchführung öffentlich gemacht werden. Nach der erfolgreichen Absolvierung dieses ersten Schrittes können sich die Studieninteressierten an einer von neun lehrerbildenden Universitäten um einen Studienplatz bewerben. Zur Auswahl der besten Bewerber konzipierten die Universitäten umfangreiche Assessments, die sowohl Interviews als auch psychologischen Testverfahren umfassen.

Alle Ausbildungsbausteine des Studiums, das bis zum Master-Abschluss führt, orientieren sich am Ethos des finnischen Lehrerberufs, dass kein Kind verloren gehen darf und jedes Kind ein so hohes Maß an Förderung verdient, dass es erfolgreich lernen kann.[6] Das Studium enthält deshalb neben einer qualitativ hochwertigen fachwissenschaftlichen Ausbildung tiefgreifende fachdidaktische und bildungswissenschaftliche Inhalte sowie umfangreiche, in das Studium integrierte Praxisphasen. Diese erfolgen an speziellen Ausbildungsschulen und legen einen Schwerpunkt auf wirksame Formen der direkten Rückmeldung und Beratung am jeweiligen Studienort. Eine reflexive Professionalität wird zusätzlich im Studium durch forschendes Lernen und Intervision so intensiv gefördert, dass finnische Lehrkräfte in ihren Kollegien ganz selbstverständlich in professionellen Lerngemeinschaften eng an Unterrichts- und

5   Vgl. http://www.helsinki.fi/vakava/english.
6   Vgl. http://www.ncee.org/programs-affiliates/center-on-international-education-benchmarking/
    top-performing-countries/finland-overview.

Schulentwicklung zusammenarbeiten und für das Qualitätsmanagement der Schule Verantwortung übernehmen (vgl. Sahlberg, 2011).

4. Singapur – meritokratische Karriere-Entwicklung in differenzierten professionellen Handlungsfeldern

Der südasiatische Stadtstaat Singapur zeichnet sich durch eine hohe Wertschätzung von Bildung und entsprechenden Investitionen in diesem Sektor aus. In den vergangenen fünfzehn Jahren wurde systematisch daran gearbeitet, den Lehrerberuf attraktiv zu machen und Karrierewege im Bildungsbereich zu schaffen, die mit Angeboten aus der Wirtschaft konkurrieren können (vgl. Goodwin, 2012; Sclafani, 2008). Durch die Einrichtung des National Institute of Education (NIE) etablierte sich unter dem Dach der renommierten Nanyang Technical University ein international anerkanntes Zentrum für die Lehreraus- und -weiterbildung sowie die Bildungsforschung. Alle angehenden Lehrkräfte Singapurs werden dort ausgebildet.

In Singapur rekrutieren sich die Lehrkräfte aus den 30 Prozent der leistungsstärksten Sekundarschulabsolventinnen- und absolventen. Für das Lehramt Interessierte legen ihrer Bewerbung um einen Ausbildungsplatz, der durch das Ministry of Education (MOE) bewilligt wird, sowohl die ausführlichen Zeugnisse als auch ein Motivationsschreiben bei. Mit Hilfe sich anschließender, ausführlicher Panel-Interviews, bei denen die Lehramtskandidaten von Schulleiterinnen und Schulleitern, besonders qualifizierten Lehrkräften und Experten des Ministeriums interviewt werden, erfolgt die Auswahl geeignet erscheinender Bewerberinnen und Bewerber. Diese erhalten einen Ausbildungsvertrag des Ministeriums, der mit einem Gehalt (vergleichbar dem Referendariatsgehalt) verknüpft ist,[7] und die Bewerber verpflichtet, das Studium am NIE zu absolvieren sowie während des gesamten Studiums ausgiebige Praxisphasen an einer Ausbildungsschule zu absolvieren. Diese dauern jeweils acht Wochen im Anschluss an jedes universitäre Semester und umfassen damit insgesamt über ein Jahr der gesamten Studienzeit.

Als Grundlage der Ausbildung von Lehrkräften erstellten NIE und MOE ein ausführliches Leitbild für den Lehrerberuf, das alle Elemente der Ausbildung, Praxisphasen und Weiterbildung rahmt (zu den umfassenden Bemühungen des NIE um ein tragfähiges Leitbild für den Lehrerberuf siehe insbesondere NIE, 2009[8]). Im internationalen Vergleich als vorbildlich angesehen und viel beachtet sind die „Policy-Initiativen" zur Karriere-Entwicklung im Lehrerberuf (vgl. ebd.). Alle Lehrkräfte werden regelmäßig beurteilt. Die Ergebnisse der Beurteilung bilden die Grundlage einer einmal jährlich erteilten Bonus-Zahlung an die Lehrkräfte. Die Beurteilungen und damit verbundenen Personalentwicklungsgespräche dienen darüber hinaus dazu, Entwicklungs-

---

7 Vgl. www.ncee.org/programs-affiliates/center-on-international-education-benchmarking/top-performing-countries/singapore/.
8 Vgl. www.nie.edu.sg/files/spcs/Te21_online_ver.pdf.

potenziale und Begabungen zu erkennen und die passenden Lehrkräfte für ausgewiesene Karrierewege in die

a) Schulleitung („*Leadership track*"),
b) wissenschaftlich fundierte Curriculum-Entwicklung („*curriculum design*"),
c) Laufbahn als ausgewiesener Unterrichtsexperte („*master teacher*")

zu gewinnen.[9] Für jeden der drei Karrierewege stehen modulare Fortbildungsangebote am NIE zur Verfügung. Das Absolvieren dieser Fortbildungsbausteine und die ausführliche Dokumentation der eigenen professionellen Entwicklung bilden die Voraussetzungen für das Erreichen höherer und entsprechend besser dotierter Stellen im Bildungswesen (vgl. ebd.):

- Anwärterinnen und Anwärter für Leitungsstellen an Schulen absolvieren berufsbegleitend einen Master in „Educational Leadership" mit einem starken Fokus auf die Gestaltung wirksamer Lernprozesse und die Personalentwicklung pädagogischer Fachkräfte. Nach dieser Qualifizierung arbeiten sie zunächst in Stellvertreterpositionen und können bei entsprechender Leistung und Beurteilung zu Schulleiterinnen und Schulleitern aufsteigen.

- Curriculum-Experten bilden sich gezielt in der Fachdidaktik eines Faches weiter und erhalten die Möglichkeit, berufsbegleitend mit einem fachdidaktischen Projekt zu promovieren. Sie werden dann gezielt in die regelmäßige Weiterentwicklung des Bildungsplans von Singapur, der nicht nur Bildungsinhalte sondern auch methodische Zugänge enthält, eingebunden.

- Zum „Master teacher" können sich Lehrkräfte entwickeln, die über ein hohes Maß an Professionalität im Bereich Didaktik und Classroom Management verfügen. Auch für diesen Karriereweg, der mehrere Stufen umschließt, gibt es modulare Fortbildungsangebote. Aspirantinnen und Aspiranten müssen ihre Erfahrung in der Unterrichts- und Schulentwicklung in einem Portfolio dokumentieren. „Master teacher", die den Karriereweg abgeschlossen haben, werden mit einem Teil ihrer Stelle als Ausbildungslehrkraft für Lehramtsanwärter eingesetzt oder sie arbeiten als Coach von Lehrkräften, die Unterstützung benötigen.

5. Fazit

Die vorgestellten Beispiele aus Finnland, Australien und Singapur zeigen, dass international teilweise erhebliche Anstrengungen unternommen wurden, um geeignete Personen für den Lehrerberuf auszuwählen, professionelle Standards für die unterschiedlichen Phasen der Lehrerprofessionalisierung zu entwickeln, die Angebote der Qualifizierung konsequent an den Standards auszurichten und Anreize für eine transparente und meritokratische Karriere-Entwicklung im Lehrerberuf zu schaffen.

Auch im deutschen Kontext könnte die Weiterentwicklung professioneller Standards über alle drei Phasen der Lehrerbildung als gemeinsam getragenes Vorhaben der Bundesländer einen zentralen Beitrag zur Stärkung der Lehrerprofession leisten.

---

9 Vgl. www.ncee.org/programs-affiliates/center-on-international-education-benchmarking/top-performing-countries/singapore/.

Dies ist insbesondere vor dem Hintergrund der Qualifizierungshypothese, auf der die Auswahl der Lehrkräfte für das deutsche Schulsystem basiert, notwendig. Ähnlich, wie dies Australien gemacht hat, sollte dazu eine Delphi-Befragung zur Klärung von Kernbereichen der Professionalität von Lehrkräften im Kreis der Schlüsselpersonen des Schulsystems, also Lehrer- und Schulleiterverbände, der staatlichen Schulämter, der Regierungspräsidien, der staatlichen Seminare für Didaktik und Lehrerbildung sowie der Hochschulen und Universitäten, durchgeführt werden. Auf dieser Grundlage kann dann ein Kompetenzraster entstehen, das zentrale Bereiche der Professionalität von Lehrkräften an unterschiedlichen Zeitpunkten der Lehrerbiografie operationalisiert (z.B. bei Zulassung zum Master, am Masterabschluss/1. Staatsexamen, nach dem Referendariat/2. Staatsexamen, „mid-career", z.B. nach 10-15 Jahren im Beruf).

Zur Stärkung der Professionalisierungsanreize könnten die Fortbildungsangebote für Lehrkräfte dem Kompetenzraster zugeordnet und nicht nur für die erste Phase, sondern auch für die zweiten und dritte Phase im Rahmen des Europäischen Qualifizierungsrahmens mit ECTS-Punkten versehen werden. Dabei gilt es ein System zu etablieren, in dem die Punkte aus absolvierten Fortbildungen kumulativ anrechenbar sind und Relevanz für Zulagen und Karriereschritte erhalten, so dass eine kontinuierliche und strukturierte Personalentwicklung zur Voraussetzung für das Vorankommen der Lehrkräfte im Beruf wird.

Ein solches System würde dann insbesondere auch die Möglichkeit zur gezielten Professionalisierung für bestimmte Tätigkeitsfelder in Schule und Unterricht beinhalten. So könnte eine Modernisierung der Lehrer-Profession durch die Definition transparenter Karrierewege erfolgen, in der Lehrerinnen und Lehrer an einem bestimmten Punkt ihrer beruflichen Laufbahn durch Weiterqualifikation klare Schwerpunkte setzen, die dann in definierte weitere Karriereschritte münden. Im Vergleich mit den internationalen Professionalisierungsmöglichkeiten scheint zunächst zielführend, die Arbeitsfelder einer solchen gezielten Professionalisierungsstrategie in Deutschland in der 3. Phase, ähnlich dem in Singapur praktizierten Modell, an den drei Domänen Schulleitung, unterrichtsbezogene Forschung und Entwicklung und Unterrichtspraxis zu orientieren:

In einem auf Führung in Schule und anderen Bildungseinrichtungen fokussierten Qualifikationsprogramm sollten Lehrer gezielt darauf vorbereitet werden, die anspruchsvollen und bisher in keiner Ausbildungsphase systematisch thematisierten Aufgaben in der Schulleitung zu übernehmen. Die in mehreren Bundesländern vorhandenen Führungskräftequalifizierungen weisen zwar auf die besonderen Aufgaben der Schulleitungen hin, werden aber oftmals nur für bereits besetzte Schulleitungen angeboten und bieten keine langfristige, kompetenzorientierte Auseinandersetzung mit Management und Schulentwicklungsaufgaben für alle Lehrkräfte, die sich für Leitungsfragen interessieren und sich einem meritokratischen Wettbewerb um Führungspositionen stellen möchten.

Eine zweite Schiene der Weiterqualifikation sollte Lehrerinnen und Lehrern Gelegenheit geben, aus der Praxis selbst in den Bereichen Fachdidaktik und Bildungswissenschaft forschend tätig zu werden (ggf. unter Einbeziehung einer Möglichkeit zur berufsbegleitenden Promotion). Die bislang vorliegende Möglichkeit, Lehrkräfte zu

Promotionszwecken an Hochschulen abzuordnen, wie sie in einigen deutschen Bundesländern verfolgt wird (bspw. Sachsen, Bayern, Nordrhein-Westfalen oder Baden-Württemberg), kann hier als erster Schritt angesehen werden, greift aber ob der kleinen Anzahl an Abordnungen und der mangelnden Transparenz und Regelmäßigkeit in der Ausschreibung solcher Stellen nicht weit genug, um als Karriereanreiz zu dienen und wissenschaftliche Erkenntnisse großflächiger zu implementieren.

Als dritter Qualifikationsschritt ist ein Ausbildungsprogramm zum „Master-Teacher" vorzusehen, in dessen Verlauf eigene Unterrichtsentwicklung reflektiert wird und forschungsbasiert Kompetenzen zu Classroom-Management und Unterrichtsdesign erworben werden können. Als „Master-Teacher" bleibt die Lehrkraft dann mit einem Teil ihrer Stelle im Unterricht, wo sie explizit Unterrichtsentwicklung betreibt und dokumentiert. Mit dem anderen Teil der Stelle ist sie Ausbildungslehrkraft, die andere Lehrkräfte in ihrer Qualifizierung begleitet und professionelle Rückmeldung gibt.

Im Sinne einer zeitgemäßen und den wissenschaftlichen Erkenntnisstand zu beruflicher Entwicklungsmotivation und Anreizsteuerung widerspiegelnden Gestaltung der Lehrerprofession wäre dann auch das Besoldungsmodell stärker an leistungsorientierten Merkmalen auszurichten als bisher. Dabei sollte zwar ein Grundgehalt auf der Höhe des jetzigen Einstiegsgehalts gewährleistet bleiben. Zulagen sollten allerdings nicht mehr aufgrund von angehäufter Dienstzeit („Prinzip der Anciennität") erreicht werden, sondern zum einen (zeitlich befristet) an die Übernahme von Funktionen und besonderen Dienstaufgaben gekoppelt werden, zum anderen auf absolvierten Schritten zur Weiterqualifizierung basieren.

Literatur

Australian Professional Standards for Teachers (2014). http://www.aitsl.edu.au/australian-professional-standards-for-teachers/standards/list. [21.11.2014].

Burns, D. & Darling-Hammond, L. (2014). *Teaching Around the World: What Can TALIS Tell Us?* https://edpolicy.stanford.edu/sites/default/files/publications/teaching-around-world-what-can-talis-tell-us_3.pdf. [25.02.2015].

Goodwin, A.L. (2012). Quality teachers, Singapore Style. In: Darling-Hammond, L. und Lieberman, A. (Hrsg.), *Teacher Education around the World – Changing policies and practices*. London: Routledge, S. 22-43.

Hopf, D. (2010). *Anreize zu erfolgreichem Lehren in der Schule.* http://www.dds.uni-hannover.de/fileadmin/schulentwicklungsforschung/DDS_PDF-Dateien/H3_10_09_Hopf_Erfolgreiches_Lehren_Langfassung_Web_2.pdf. [25.02.2015].

KMK – Ständige Konferenz der Kultusminister der Länder in der Bundesrepublik Deutschland (2004). *Standards für die Lehrerbildung: Bildungswissenschaften.* Beschluss der Kultusministerkonferenz vom 16.12.2004. http://www.kmk.org/fileadmin/veroeffentlichungen_beschluesse/2004/2004_12_16-Standards-Lehrerbildung.pdf. [11.02.2015].

KMK – Ständige Konferenz der Kultusminister der Länder in der Bundesrepublik Deutschland (2014). *Ländergemeinsame inhaltliche Anforderungen für die Fachwissenschaften und Fachdidaktiken in der Lehrerbildung.* Beschluss der Kultusministerkonferenz vom 16.10.2008 i.d.F. vom 11.12.2014. http://www.kmk.org/fileadmin/

veroeffentlichungen_beschluesse/2008/2008_10_16-Fachprofile-Lehrerbildungb.pdf. [25.02.2015].

Kunter, M., Kleickmann, Th., Klusmann, U. & Richter, D. (2011). Die Entwicklung professioneller Kompetenz von Lehrkräften. In: M. Kunter, J. Baumert, W. Blum, U. Klusmann, S. Krauss & M. Neubrand (Hrsg.), *Professionelle Kompetenz von Lehrkräften. Ergebnisse des Forschungsprogramms COAKTIV*. Münster: Waxmann, S. 56–68.

Mayer, D., Pecheone, R. & Merino, N. (2012). Rethinking teacher education in Australia: The teacher quality reforms. In: L. Darling-Hammond & A. Lieberman (Hrsg.), *Teacher Education around the World – Changing policies and practices*. London: Routledge, S. 110–129.

Ministry of Education and Culture (2014). *Teacher Education in Finland*. www.oph.fi/download/154491_Teacher_Education_in_Finland.pdf. [21.11.2014].

National Center on Education and the Economy. Im Internet: www.ncee.org.

NIE (2009) [National Institute of Education Singapore]. *TE21: A Teacher Education Model for the 21st century*. www.nie.edu.sg/files/spcs/Te21_online_ver.pdf. [19.11.2014].

OECD (2004) [Organisation for Economic Co-operation and Development]. *Attracting, Developing and Retaining Effective Teachers – Country Note: Germany*. http://www.oecd.org/germany/33732207.pdf. [25.02.2015].

OECD (2005) [Organisation for Economic Co-operation and Development]. *Teachers matter. Attracting, Developing and Retraining Effective Teachers*. OECD Publishing: Paris.

Oelkers, J. (2000). Probleme der Lehrerbildung: Welche Innovationen sind möglich? In: E. Cloer, D. Kilka & H. Kunert (Hrsg.), *Welche Lehrer braucht das Land? Notwendige und mögliche Reformen der Lehrerbildung*. Weinheim/München: Juventa, S. 126–141.

Sahlberg, P. (2012). The most wanted: Teachers and teacher education in Finland. In: L. Darling-Hammond, & A. Lieberman (Hrsg.), *Teacher Education around the World – Changing policies and practices*. London: Routledge, S. 1–21.

Sclafani, S. (2008). *Rethinking Human Capital in Education: Singapore As A Model for Teacher Development*. www.aspeninstitute.org/sites/default/files/content/docs/education/SingaporeEDU.pdf. [19.11.2014].

Sliwka, A. & Klopsch, B. (2012). Auf den Lehrer/die Lehrerin kommt es an. In: B. Weyand, M. Justus & M. Schratz (Hrsg), *Auf unsere Lehrerinnen und Lehrer kommt es an. Geeignete Lehrer/-innen gewinnen, (aus-)bilden und fördern*. Essen: Stifterverband für die Deutsche Wissenschaft, S. 14–35.

Stewart, V. (2012). *A World-Class Education: Learning from International Models of Excellence and Innovation*. Alexandria/V.A.: ASCD.

Terhart, E. (2002). *Standards für die Lehrerbildung. Eine Expertise für die Kultusministerkonferenz*. http://miami.uni-muenster.de/servlets/DerivateServlet/Derivate-1151/Standards_fuer_die_Lehrerbildung_Eine_Expertise_fuer_die_Kultusministerkonferenz.pdf. [15.06.2013].

Stephan Gerhard Huber, Stiftung der
Deutschen Wirtschaft, Robert Bosch Stiftung (Hg.):
Schule gemeinsam gestalten – Entwicklung von Kompetenzen
für pädagogische Führung. © 2015, Waxmann

Martin Drahmann, Kay Adenstedt und Inéz-Maria Wellner

Potenziale und Grenzen des Studienkollegs der Stiftung der Deutschen Wirtschaft (sdw) in den drei Phasen der Lehrerbildung

„Gesamtgesellschaftlich gesehen ist der Lehrerberuf einer der wichtigsten überhaupt. Aber wir brauchen mehr, andere und bessere Lehrer. Deshalb ist es unumgänglich, dass wir unser Augenmerk viel stärker auf die Lehrerausbildung richten" (A. Oetker, Präsident des Stifterverbands für die Deutsche Wissenschaft, 2013, S. 19).

1. Einführung

Die jahrzehntelang „stiefmütterlich" behandelte Lehrerbildung ist in der vergangenen Dekade nicht nur im wissenschaftlichen Diskurs und in der politischen Diskussion in den Fokus des Interesses gerückt. Wie das vorangestellte Zitat des Präsidenten des Stifterverbandes für die deutsche Wissenschaft zeigt, räumen inzwischen auch zivilgesellschaftliche Akteure der Lehrerbildung einen höheren Stellenwert ein. Insbesondere das Engagement von Stiftungen schlägt sich in vielseitigen Förderansätzen nieder. Auf der institutionellen Ebene, wie die seit 2012 gegründete „Lehrer-Initiative" der Heinz Nixdorf Stiftung und des Stifterverbandes der deutschen Wissenschaft exemplarisch zeigt, wird die Lehrerausbildung direkt an Hochschulen gefördert. Auf der individuellen Ebene fördert das 2007 gegründete Studienkolleg der Stiftung der Deutschen Wirtschaft in Kooperation mit der Robert Bosch Stiftung „begabte, hochmotivierte Lehramtsstudierende auf ihrem Karriereweg" (Stiftung der Deutschen Wirtschaft, 2008, S. 24) und bereitet die zukünftigen Lehrkräfte auf Gestaltungs- und Führungsaufgaben vor (ebd.). Das Studienkolleg ist Bestandteil der Begabtenförderung des Studienförderwerkes Klaus Murmann der Stiftung der Deutschen Wirtschaft und stellt mit seiner lehramtsspezifischen Förderung ein Novum in der Begabtenförderungslandschaft dar. Es leistet nicht nur einen Beitrag zur Stärkung und Professionalisierung der Lehrerausbildung während des Hochschulstudiums, sondern beabsichtigt mit weiteren Projekten in die gesamte Lehrerbildung hinein zu wirken. Welchen Beitrag das Studienkolleg genau in den einzelnen Phasen der Lehrerbildung leistet bzw. leisten kann und welche Anschlussfähigkeit es in den jeweiligen Phasen aufweist, soll im Folgenden dargestellt und diskutiert werden.

2. Kompetenzerwerb durch das Förderprogramm des Studienkollegs

Ziel des Studienkollegs ist die Förderung von hochmotivierten und begabten Lehramtsstudierenden in den Bereichen von Gestaltungs- und Führungsaufgaben im schulischen Kontext (vgl. sdw, 2008), seit 2012 auch für Promovierende mit einer lehramtsspezifischen Ausrichtung (vgl. sdw, 2012). Dabei bietet das Förderprogramm des Studienkollegs unterschiedliche Angebote, um schulgestalterische Kompetenzen im Sinne von Kompetenzen für pädagogische Führung (vgl. Huber et al., 2013) für zukünftige Herausforderungen im Kontext Schule aufzubauen.

Der Erwerb schulgestalterischer Kompetenzen beruht im Rahmen des ideellen Förderprogramms auf drei Säulen:

1. Im Rahmen der handlungsorientierten *Wochenendseminare* wird besonderer Wert auf die Vermittlung von Kompetenzen in den Bereichen Kommunikation, Management-Methoden und zu aktuellen Herausforderungen von Schule, wie beispielsweise der Umgang mit Heterogenität oder Inklusion, gelegt.
2. Die *einwöchigen Akademien* sind durch die Auseinandersetzung mit den Themen „Qualitätsentwicklung an Schulen" und „Führen im schulischen Kontext" geprägt.
3. Die *eigenständige Projektarbeit* als dritte Säule bietet den Stipendiaten die Möglichkeit, eigenständig Seminare zu schul- und bildungspolitischen sowie anderweitigen Themen zu erarbeiten und zu realisieren. Projekttage an Schulen, schulpolitische Podiumsdiskussionen, Berufsberatung von Schülerinnen und Schülern oder Projektseminare zu sexualisierter Gewalt, Erlebnispädagogik oder digitalem Lernen sind nur einige Beispiele für die vielfältige Projektarbeit der Stipendiaten. Hierbei wird nicht nur (schul- und bildungsspezifisches) Wissen akkumuliert und ein interdisziplinärer Austausch ermöglicht, sondern die erworbenen Kompetenzen aus den anderen Säulen angewandt und vertieft.

3. Potenziale des Studienkollegs in den drei Phasen der Lehrerbildung

In Anlehnung an die Veröffentlichung von Huber et al. (2013) sind wir der Auffassung, dass es Aufgabe aller drei Phasen der Lehrerbildung ist, die Entwicklung von Kompetenzen für schulgestalterische Aufgaben zu fördern: 1) Hochschulausbildung, 2) Vorbereitungsdienst und 3) Berufseinstieg sowie lebenslange berufsbegleitende Fort- und Weiterbildung.

Das Studienkolleg fördert zum einen Lehramtsstudierende während der ersten Phase mit dem Ziel, diese auf zukünftige schulgestalterische Aufgaben vorzubereiten und stellt zum anderen die Begleitung der Geförderten nach Abschluss der Förderung durch die Alumniarbeit sicher.

In der ersten Phase der Lehrerbildung steht die fachwissenschaftliche und -didaktische universitäre Ausbildung im Vordergrund. Hierzu ergänzend können die Stipendiaten durch das Förderprogramm des Studienkollegs schulgestalterische Kompetenzen aufbauen. So werden in den handlungsorientierten Seminaren u.a. die Themen „Classroom Management", „Umgang mit Heterogenität" oder „Umgang mit Konflikten und Widerständen im Kollegium" angeboten. Diese Seminare und ebenso die einwöchigen Akademien bieten die Möglichkeit über das universitäre Lehramtscurriculum hinaus, Kompetenzen in den Bereichen Führungsgestaltung und Qualitätsentwicklung an Schulen zu erwerben. Die dabei gewonnenen Erfahrungen und Kompetenzen können die Stipendiaten schon während der ersten Phase der Lehrerbildung in regulären universitären Veranstaltungen einbringen. Der Einsatz von neu erworbenen kommunikativen Fähigkeiten, Projekt- und Zeitmanagementmethoden sowie Kenntnisse im Bereich der Schulentwicklung können exemplarisch in universitäre Veranstaltungen einfließen und diese bereichern. Darüber hinaus kann im Rahmen von Praktika Gelerntes aus der ideellen Förderung angewendet werden, sodass grundsätzlich eine Anschlussfähigkeit auch schon während der ersten Phase der Lehrerbildung möglich ist. Beispielhaft können Stipendiaten Inhalte aus dem Seminar „Classroom Management" bei der Planung und Durchführungen erster Unterrichtseinheiten im Rahmen eines Praktikums anwenden.

Im Rahmen der zweiten Phase der Lehrerbildung können die erworbenen theoretischen Kenntnisse und der begonnene Kompetenzaufbau in der Praxis erstmalig in größerem Umfang angewendet werden. Jedoch zeigen erste Erfahrungen ehemaliger Stipendiaten, dass Schul- und Führungsgestaltung durch die hohe Arbeitsintensität des Vorbereitungsdienstes in den Hintergrund treten. Als hilfreich werden vielmehr die erworbenen Kompetenzen aus den handlungsorientierten Seminaren angesehen, die in der unmittelbaren Schul- und Unterrichtspraxis, wie bei der Gesprächsführung mit Eltern oder beim Umgang mit Konflikten, eingesetzt werden können. Trotz der hohen Arbeitsbelastung im Vorbereitungsdienst haben Alumni während der zweiten Phase der Lehrerbildung Gruppen zur kollegialen Fallberatung gegründet sowie Referendariats-Einsteigerseminare organisiert. Allein dieses Engagement zeigt, dass erworbene Kompetenzen in einem aktiv-reflexiven Prozess angewendet werden und das Bemühen, diese auch für bestehende Strukturen der Lehrerbildung anschlussfähig zu machen.

Aufgrund der heterogenen Struktur der dritten Phase der Lehrerbildung im föderalen Bildungssystem fällt es schwer, die Anschlussfähigkeit des Studienkollegs und die aktive Nutzung der Potenziale global oder gar exakt zu beschreiben. Ferner befinden sich erst wenige Stipendiaten im Berufseinstieg, wodurch die Beantwortung der Frage nach Potenzial und Anschlussfähigkeit zusätzlich erschwert wird.

Es ist jedoch zu vermuten, dass die Prägungen durch die Förderung des Studienkollegs und die weitreichende Vernetzung im Alumni-Verein nicht ohne Wirkungen sein werden.

Insgesamt ist festzuhalten, dass sich das Potenzial des Studienkollegs bislang in den drei Phasen der Lehrerbildung unterschiedlich darstellt, wobei gerade Aussagen über die dritte Phase aufgrund geringer Erfahrungswerte kaum möglich sind. Anschlussfähig können die erworbenen Kompetenzen in jeder Phase der Lehrerbildung sein, wobei sich die Passung und der Nutzen aufgrund der curricularen Freiheit der verschiedenen Hochschulen und des föderalen Bildungssystems stark unterscheiden und bisweilen individuell durch die Stipendiaten ausgestaltet sowie von den einzelnen Akteuren innerhalb der drei Phasen unterschiedlich angenommen werden.

4. Grenzen des Studienkollegs in den drei Phasen der Lehrerbildung

Im Rahmen der durch das Bundesministerium für Bildung und Forschung unterstützten Begabtenförderungswerke, ist das Ziel des Studienkollegs als Teil der Stiftung der Deutschen Wirtschaft die Förderung von besonders hochmotivierten und begabten Lehramtsstudierenden (vgl. BMBF, 2009; sdw, 2008). Hierdurch wird deutlich, dass die Förderung durch das Studienkolleg nur einem sehr kleinen, in besonderer Weise ausgewählten Kreis an Lehramtsstudierenden vorbehalten ist, obgleich die vermittelten Themen von großer Relevanz für alle zukünftigen Lehrkräfte sind. Diese Begrenzung des Adressatenkreises wird durch einzelne Kooperations-projekte wie diejenigen mit der Universität Nürnberg-Erlangen, der Universität Trier oder der Pädagogischen Hochschule Ludwigsburg (vgl. den Beitrag von Höhmann, Pfeufer, Weyand & Schnabel-Schüle in diesem Band) aufgebrochen. Der Wirkungs-kreis des Studienkollegs wird somit vergrößert, kann aber kaum flächendeckend auf alle Lehramtsstudierenden ausgedehnt werden.

Das Studienkolleg der Stiftung der Deutschen Wirtschaft kann als zivilgesell-schaftlicher Akteur Impulse setzen, indem es neue Angebote und Formen in der Lehrerbildung gestaltet und umsetzt. Es ist jedoch kaum möglich eine umfassende Anschlussfähigkeit der vermittelten schul- und führungsgestaltenden Kompetenzen für alle Hochschulen in der Lehrerausbildung in Deutschland sowie für die diversen Akteure in der zweiten und dritten Phase der Lehrerbildung herzustellen. Ein erster Versuch wird mit dem Forum Leadership in der Lehrerbildung unternommen. Während des Forums begegnen sich Akteure aller Ausbildungsphasen, um sich auszu-tauschen und um das Potenzial und die Anschlussfähigkeit des Studienkollegs zu optimieren.

5. Herausforderungen und Ausblick

Das Studienkolleg fördert besonders motivierte Lehramtsstudierende, begleitet ehe-mals geförderte Lehramtsstudierende im Rahmen der Alumniarbeit in der zweiten und dritten Phase der Lehrerbildung und fördert den Austausch und die Netzwerkbil-dung von Akteuren in allen Phasen der Lehrerbildung exemplarisch durch das Forum Leadership in der Lehrerbildung. Besonderes Anliegen dieses vielschichtigen Engage-ments des Studienkollegs ist die Förderung von zukünftigen Schulgestalterinnen und Schulgestaltern.

Der vorliegende Beitrag hat die vermittelten schul- und führungsgestaltenden Kompetenzen, ihre Potenziale und Anschlussfähigkeit sowie Grenzen in den einzelnen Phasen der Lehrerbildung skizziert.

Für die Zukunft ist insbesondere aus unserer Sicht als Stipendiatinnen und Sti-pendiaten und Alumni des Studienkollegs die langfristige Verankerung des ideellen, berufsspezifischen Förderprogramms des Studienkollegs im Rahmen der Begabten-förderung der Stiftung der Deutschen Wirtschaft, der Ausbau und die Begleitung der Alumniarbeit sowie eine intensive Netzwerk- und Öffentlichkeitsarbeit mit allen Akteuren in den drei Phasen der Lehrerbildung notwendig. So kann das Potenzial der vermittelten schul- und führungsgestaltenden Kompetenzen nachhaltig ausgeschöpft werden.

Das Ziel, Schulgestalter von morgen zu fördern, kann nur im Zusammenspiel mit allen Akteuren der Lehrerbildung erfolgen, in dessen Kooperationsgeflecht das Studienkolleg weiterhin wertvolle Impulse, besonders zur Entwicklung von Kompetenzen für pädagogische Führung setzt und diese stetig weiterentwickelt.

Literatur

Bundesministerium für Bildung und Forschung (BMBF) (2009). *Mehr als ein Stipendium. Staatliche Förderung im Hochschulbereich*. Berlin: Bertelsmann.

Huber, S.G., Schneider, N., Gleibs, H.E. & Schwander, M. (2013). *Leadership in der Lehrerbildung*. Berlin: Stiftung der Deutschen Wirtschaft.

Stiftung der Deutschen Wirtschaft (sdw) (2008). *Jahresbericht 2008*. Berlin: Stiftung der Deutschen Wirtschaft.

Stiftung der Deutschen Wirtschaft (sdw) (2012). *Studienforderwerk Klaus Murmann*. Berlin: Stiftung der Deutschen Wirtschaft.

Stifterverband für die Deutsche Wissenschaft (2013). Was wäre Deutschland ohne Bildung? Stifterverbands-Präsident Arend Oetker über Bildungsreformen, gute Lehrer und die Ziele der Bildungsinitiative. In: *Carta 2020, Magazin zur Stiftungsinitiative des Stifterverbandes*. Essen: Stifterverband, S. 18–22.

Nadine Schneider und Stephan Gerhard Huber[1]

Beispiele aus der Lehrerbildung zur Entwicklung von Kompetenzen für pädagogische Führung und Schulentwicklung

Ausgewählte Ergebnisse einer explorativen Befragung

In der ersten Phase der Lehrerbildung spielen der Erwerb und die Entwicklung von Kompetenzen für pädagogische Führung bislang eher eine untergeordnete Rolle. Dies ist fast ausschließlich Thema der Phase der Fort- und Weiterbildung von Lehrkräften und pädagogischen Führungskräften.

Umfangreiche Bemühungen liegen in der ersten Phase vor allem im Selbstverständnis und Kompetenzerwerb für die Unterrichtätigkeit. Jedoch gewinnen Kompetenzen für pädagogische Führung über den Begriff „Innovieren" als einer der vier Bereiche der KMK-Standards für die Lehrerbildung (KMK, 2005) an Aufmerksamkeit (vgl. Gröschner, 2011). In den letzten Jahren wurde zudem in der Fachliteratur der Bereich der professionellen Kooperation aufgegriffen (vgl. u.a. Huber & Ahlgrimm, 2012), und zwar im Hinblick auf den Beitrag von Kooperation zur Kompetenzentwicklung schulischer Akteure (z.B. durch professionelle Lerngemeinschaften oder Schul- und Bildungsnetzwerke) und zur Förderung der Qualität schulischer Arbeit.

Diverse Überblicke und Untersuchungszugänge liegen vor. In den deutschsprachigen Ländern beispielsweise befassen sich im Rahmen der Bildungsforschung die Gesellschaft für Empirische Bildungsforschung (GEBF, www.gebf-ev.de), diverse Kommissionen, Sektionen bzw. Arbeitsgruppen der Deutschen Gesellschaft für Erziehungswissenschaften (DGfE, www.dgfe.de), der Österreichischen Gesellschaft für Forschung und Entwicklung im Bildungswesen (ÖFEB, www.oefeb.at) sowie der Schweizer Gesellschaft für Bildungsforschung (SGBF, www.sgbf.ch) mit Fragestellungen der Unterrichtsqualität und Unterrichtsentwicklung und wie diese (weiter-)entwickelt und gefördert werden können. Auch die Lehrerbildungspraxis beschäftigt sich im Rahmen ihrer professionellen, organisierten Netzwerke mit diesen Themen, u.a. der Kooperationsverbund der deutschen Lehrerbildungszentren, die Schweizerische Gesellschaft für Lehrerinnen- und Lehrerbildung (SGL, sgl-online.ch) die Bundes- und Ländervorstände des Bundesarbeitskreises der Seminar- und Fachleiterinnen und -leiter (BAK, www.bak-online.de), das Bundesnetzwerk Führungskräfteentwicklung sowie Vereine zur Förderung der Lehrerinnen- und Lehrerbildung in Deutschland, Österreich und

---

1 Unter Mitarbeit von Pierre Tulowitzki und Jasper Maas.

der Schweiz, ebenso wie die Schulaufsicht, zum Beispiel die Deutsche Gesellschaft für Bildungsverwaltung (DGBV, www.dgbv.de) und die Konferenz der Schulaufsicht in der Bundesrepublik Deutschland (KSD, www.ksdev.de).

Auch verschiedene Stiftungen engagieren sich für die Verbesserung der Lehrerbildung zur Steigerung der Qualität von Schule, beispielsweise die Stiftung der Deutschen Wirtschaft (www.sdw.org) und die Robert Bosch Stiftung, die Eberhard von Kuenheim Stiftung (www.kuenheim-stiftung.de, eine Stiftung der BMW AG), der Stifterverband für die Deutsche Wissenschaft (www.stifterverband.info) und die Heinz Nixdorf Stiftung, die Bertelsmann Stiftung (www.bertelsmann-stiftung.de) oder die Deutsche Telekom Stiftung (www.telekom-stiftung.de). Als ein gemeinsames Projekt der Bertelsmann Stiftung, des Centrums für Hochschulentwicklung (CHE), der Deutschen Telekom Stiftung und des Stifterverbands für die Deutsche Wissenschaft bietet der Monitor Lehrerbildung (www.monitor-lehrerbildung.de) einen Überblick über die Vielfalt der Lehramtsstudiengänge an deutschen Hochschulen. Aus über 9000 Daten aus 16 Ländern sowie aus 67 von 70 im Winter 2014 befragten Hochschulen stellt er aktuell und kostenfrei Ergebnisse zu Schwerpunktthemen wie Praxisbezug, Mobilität, Studieninhalte und – seit 2015 erstmals – Inklusion dar. Als so genanntes „Experten-Tool" richtet sich der Monitor Lehrerbildung insbesondere an Akteure im Bildungswesen und in der Politik, die an Entwicklungen in der ersten Phase der Lehrerbildung beteiligt sind.

In der vorliegenden Publikation zielt der Begriff „pädagogische Führung" nicht nur auf Personen, die klassische Führungsfunktionen ausüben, wie z.B. Schulleiterinnen und Schulleiter. Der Begriff wird breiter gefasst und schließt auch Lehrkräfte ein, die sich über ihre Führungsaufgaben in Unterricht und Erziehung (Klassenführung und Classroom Management) hinaus für die Qualität von Schule engagieren. Gemeint sind Lehrkräfte, die Schule (mit-)gestalten, indem sie z.B. die Leitung oder Mitgliedschaft in einer Steuergruppe, einer Projektgruppe oder einem Arbeitskreis innehaben. Sie alle tragen im Rahmen des Schulmanagements und der Schulentwicklung zur Weiterentwicklung der Schulqualität bei, was Kompetenzen für pädagogische Führung erfordert.

Dass sich der 8. Bundeskongress der deutschen Lehrerbildungszentren im März 2015 an der Universität Bamberg dem Thema „Leadership in der Lehrerbildung" widmete, verdeutlicht ebenfalls die wachsende Bedeutung von Fragen der Schulführung und des Bildungsmanagements wie auch von Fragen zu Führungsaufgaben im Unterricht schon in der Lehrerausbildung der ersten Phase.

1. Ziel und methodisches Vorgehen der Befragung

Im Jahr 2014 wurde innerhalb des Kooperationsprojekts der Stiftung der Deutschen Wirtschaft, der Robert Bosch Stiftung und des Instituts für Bildungsmanagement und Bildungsökonomie der Pädagogischen Hochschule Zug/Schweiz eine explorative Befragung durchgeführt, die vorwiegend einen qualitativen Zugang hatte, aber auch quantitative Daten erhob.

Grundlage der Befragung war das in Teil I beschriebene Kompetenzmodell pädagogischer Führung, insbesondere die den tätigkeitsbezogenen Kompetenzen pädagogischer Führung zugrunde liegenden Handlungsfelder des Schulmanagements. Dabei wurde das Handlungsfeld Qualitätsmanagement differenziert in Qualitätssicherung und Qualitätsentwicklung und das Handlungsfeld Kooperation und Repräsentieren in Kooperation nach innen und Kooperation nach außen und Repräsentieren. Die Handlungsfelder Unterrichtsentwicklung und Erziehung wurden in der Befragung nicht berücksichtigt, da diese immanente Inhalte der gesamten Lehrerbildung sind (vgl. Abb. 1).

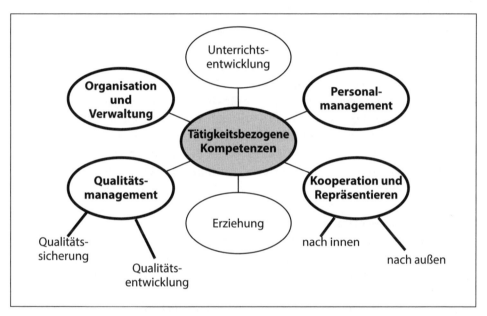

Abb. 1:   In der explorativen Befragung berücksichtigte tätigkeitsbezogene Kompetenzen pädagogischer Führung in den Handlungsfeldern des Schulmanagements

Ziel der Befragung war es, zu erfassen, welche Beispiele zur Förderung von Kompetenzen pädagogischer Führung und Schulentwicklung in den Programmen aller drei Phasen der Lehrerbildung existieren. Dabei ging es um die Förderung von Kompetenzen, die über die des Unterrichtens und damit verknüpfte Fähigkeiten und Fertigkeiten hinausgehen und die vielmehr für die Sicherung und Entwicklung der Qualität der Arbeit der ganzen Schule von Bedeutung sind. Ziel war eine erste Bestandsaufnahme von Maßnahmen, Ausbildungsinhalten, Formaten etc. durch die Sammlung deskriptiver Daten. Um diesen Fragen nachzugehen, wurden Verantwortliche aller drei Lehrerbildungsphasen in allen deutschen Bundesländern befragt. Die Einschätzung der Qualität und des Nutzens der Programme war indes nicht Ziel der Befragung.

2. Stichprobe und Rücklaufquote

Die Befragung fand im August und September 2014 in einem Zeitraum von sieben Wochen statt.

Um so viele Institutionen und deren Verantwortliche wie möglich erreichen zu können, wurde die Befragung zum einen per E-Mail über einen Gesamtverteiler verschickt, zum anderen über Multiplikatoren verteilt. Der Verteiler enthält 413 Adressen von Verantwortlichen aller drei Phasen der Lehrerbildung. An wie viele Personen die Befragung über Multiplikatoren verteilt wurde, ist nicht bekannt, da die Befragungen anonym weitergeleitet wurden. Folgendes Bild ergibt sich in Bezug auf die drei Phasen der Lehrerbildung:

- Für die erste Phase wurde die Befragung über das Bundesnetzwerk der Zentren der Lehrerbildung verteilt.
- Für die zweite Phase wurde die Befragung postalisch an 498 Studienseminare, schulpraktische Seminare, Zentren für schulpraktische Lehrerausbildung, Ausbildungszentren und Seminarschulen der deutschen Bundesländer versandt sowie per E-Mail an die 21 Bundes- und Ländervorstände des Bundesarbeitskreises der Seminar- und Fachleiterinnen und -leiter mit der Bitte um Weiterleitung verteilt.
- Für die dritte Phase wurde die Befragung an 37 Mitglieder im Bundesnetzwerk Führungskräfteentwicklung in den Landesinstituten für Lehrerfortbildung mit der Bitte um Weitergabe verteilt.

Per E-Mail sind insgesamt 472 Befragungen verschickt worden. Hinzu kommen 498 postalische Einladungen zur Befragung sowie eine weitere nicht bekannte Zahl an Weiterleitungen per E-Mail durch die Multiplikatoren. Durch Nutzung verschiedener Informationskanäle haben möglicherweise einige Personen die Einladung zur Befragung mehrfach erhalten.

Insgesamt haben sich 205 Personen an der Befragung beteiligt. Zum Ende der Befragung ist eine steigende Dropout-Quote zu verzeichnen. Die Stichprobengröße fällt deshalb unterschiedlich aus.

	Erste Phase	Zweite Phase	Dritte Phase	Schulaufsicht/ Schulverwaltung
	70 Hochschulen (davon 47 Zentren der Lehrerbildung/School of Education, und weitere 12 ähnliche Einrichtungen)	498 Studienseminare	16 Landesinstitute für Lehrerfortbildung	16 Ministerien
413 E-Mail-Adressen Gesamtverteiler	213	97	65	38
59 E-Mail-Adressen Multiplikatoren	1 Bundesnetzwerk der Zentren der Lehrerbildung	21 Bundes- und Ländervorstände des Bundesarbeitskreis der Seminar- und Fachleiterinnen und leiter	37 Bundesnetzwerk Führungskräfteentwicklung	
498 Postadressen	–	498 Studienseminare	–	
Rückgemeldete Institutionen				
Hochschulen	34	–	2	
Zentren für Lehrerbildung	14	–	–	
Seminare	–	56	1	
Zentren für schulpraktische Lehrerausbildung (NRW)	–	4	1	
Landesinstitute	–	1	26	
Ausbildungsschulen	–	13	3	
Schulaufsicht	1	–	4	5
Private Anbieter	–	–	1	
Keine Angaben	19	20	5	
205 Antworten total	68	94	43	5

Abb. 2:   Stichprobengröße

Von der Gesamtstichprobe gaben 68 Befragten an, in der Hochschulausbildung tätig zu sein, 94 im Vorbereitungsdienst und 43 in der Fort- und Weiterbildung (inkl. Führungskräfteentwicklung).

An der Befragung beteiligten sich Vertreter der Lehrerbildung aller deutschen Bundesländer mit Ausnahme des Saarlands; am höchsten war die Rücklaufquote in den Ländern Baden-Württemberg, Bayern, Niedersachsen und Nordrhein-Westfalen.

	Erste Phase	**Zweite Phase**	**Dritte Phase**
Baden-Württemberg	13	32	4
Bayern	19	11	7
Berlin	3	4	2
Brandenburg	5	–	5
Bremen	–	1	3
Hamburg	3	–	2
Hessen	3	10	–
Mecklenburg-Vorpommern	1	–	3
Niedersachsen	2	17	4
Nordrhein-Westfalen	8	7	5
Rheinland-Pfalz	5	4	2
Saarland	–	–	–
Sachsen	3	1	3
Sachsen-Anhalt	2	–	2
Schleswig-Holstein	–	1	–
Thüringen	1	6	1
Total	**68**	**94**	**43**

Abb. 3:   Rücklauf nach Bundesländern

Die Befragten der ersten Phase der Lehrerbildung sind tätig an Hochschulen (Universitäten, Pädagogischen Hochschulen), Zentren der Lehrerbildung, Fachdidaktiken sowie Behörden (Senatsverwaltung). Die Befragten sind dort sowohl in leitender bzw. koordinierender Funktion (z.B. als Geschäftsführer/in, Prorektor/in für Lehre und Studium, Studiendekan/in, Studiengangleiter/in, Studienkoordinator/in, Studienberatung) als auch in lehrender Funktion (z.B. als Professor/in, Lehrstuhlinhaber/in, akademische/t Mitarbeiter/in, Projektmitarbeiter/in, Hochschullehrer/in, Dozent/in, Lehrbeauftragte/r) tätig.

Die Befragten der zweiten Phase der Lehrerbildung sind tätig an Studien-, schulpraktischen, staatlichen, Landes- und Lehrerseminaren, Zentren für schulpraktische Lehrerausbildung, Seminarschulen, jeweils für verschiedene Schulformen, sowie an Landesinstituten. Sie üben ihre Tätigkeit ebenfalls sowohl in leitender bzw. koordinierender Funktion aus, z.B. als (stellvertretende/r) Leiter/in, Bereichsleiter/in, Direktor/in, Konrektor/in, Vorstand, Ausbildungsbeauftragte/r, Seminarleiter/in, Fachleiter/in, Oberstudiendirektor/in, Referentin/Referent, als auch in lehrender Funktion, z.B. als Seminarlehrer/in, Ausbilder/in und Lehrbeauftragte/r.

Die Befragten der dritten Phase der Lehrerbildung sind tätig an Landesinstituten der Lehrerfortbildung, Hochschulen, Zentren für schulpraktische Lehrerausbildung und Schulseminaren, Schulen, Ministerien und nachgeordneten Behörden der Schulaufsicht sowie privaten Fortbildungseinrichtungen. Hier zeigt sich ein sehr breites Spektrum an Programmanbietern. Auch hier sind die Befragten ebenfalls sowohl in leitender bzw. koordinierender Funktion, z.B. als (stellvertretende/r) Direktor/in, Geschäftsführer/in, (Referats-, Schul-)Leitung, Vorstand, Dezernent/in, Referent/in, Koordinator/in, Mitarbeiter/in, Lehrgangsentwickler/in, Fortbildungsschulrätin/Fortbildungsschulrat, akademische/r Oberrätin/Oberrat, Prüfungskommission, als auch in lehrender Funktion, z.B. als Fortbildner/in und Dozent/in, tätig.

3. Ausgewählte quantitative Ergebnisse zu Relevanz, Ausmaß und zeitlichem Umfang der Kompetenzentwicklung pädagogischer Führung in den Programmen

3.1 Relevanz der Handlungsfelder pädagogischer Führung in den Programmen

Eingeschätzt wurde die Relevanz der folgenden Handlungsfelder pädagogischer Führung (vgl. Teil I in diesem Buch) in den Programmen der Lehrerbildung:
• Qualitätssicherung
• Qualitätsentwicklung
• Kooperation nach innen
• Kooperation nach außen und Repräsentieren
• Personalmanagement
• Organisation und Verwaltung

Wie die Abbildung 4 zeigt, werden all diese Handlungsfelder als wichtiger Inhalt im jeweiligen Programm eingeschätzt. Den höchsten Grad an Zustimmung haben die Handlungsfelder Qualitätsentwicklung, Kooperation nach innen und Qualitätssicherung; Kooperation nach außen und Repräsentieren, Personal sowie Organisation und Verwaltung haben den niedrigsten.

Im Vergleich der drei Phasen der Lehrerbildung sind die Unterschiede in der Einschätzung der Relevanz nur marginal. Sie fällt in der zweiten Phase der Lehrerbildung leicht ab. Besonders deutlich wird dies beim Handlungsfeld Personal. In der dritten Phase der Lehrerbildung werden die Handlungsfelder ähnlich relevant eingeschätzt, ihre Bedeutung steigt, vermutlich aufgrund des starken Praxisbezugs, hier wieder an.

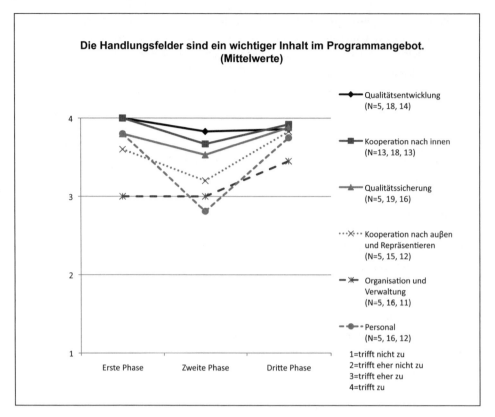

Abb. 4:   Relevanz der Handlungsfelder pädagogischer Führung in den Programmen

3.2 Ausmaß der Berücksichtigung von Möglichkeiten zur Kompetenzentwicklung in den Handlungsfeldern pädagogischer Führung in den Programmen

Bei der Frage, in welchem Ausmaß Kompetenzen in den Handlungsfeldern päda-gogischer Führung im eigenen Programm entwickelt werden, ergibt sich für die große Mehrheit der Befragten ein ähnliches Bild. Ein Großteil erachtet die Kompetenzent-wicklung in den Handlungsfeldern pädagogischer Führung als ausreichend umgesetzt bzw. berücksichtigt, insbesondere in den Handlungsfeldern Kooperation nach innen sowie Qualitätsentwicklung. Auch hier findet sich ein leichter „Zustimmungs-Knick" in der zweiten Phase. In der dritten Phase der Lehrerbildung steigen die Werte für die Zustimmung wieder an (vgl. Abb. 5).

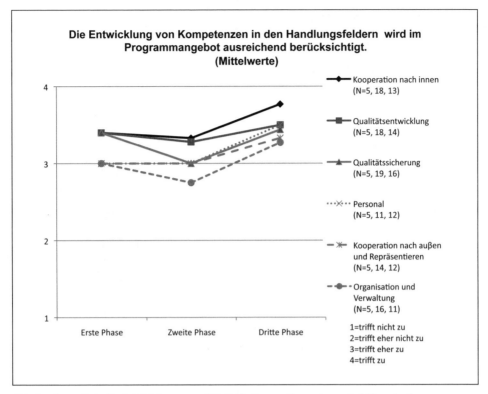

Abb. 5: Ausmaß der Berücksichtigung von Möglichkeiten zur Kompetenzentwicklung in den
Handlungsfeldern pädagogischer Führung in den Programmen

Als mögliche Erklärung für das geringe Ausmaß in der zweiten Phase der Lehrerbildung liegt nahe, dass für Referendarinnen und Referendare, und damit für die Zielgruppe der zweiten Phase, Unterricht und Erziehung im Zentrum ihrer beruflichen
Tätigkeit stehen. Deshalb überrascht das geringere Ausmaß der Berücksichtigung von
Möglichkeiten der Kompetenzentwicklung in den Handlungsfeldern, die über den
Unterricht hinausgehen, nicht wirklich. Referendarinnen und Referendare üben jedoch im Unterricht ebenfalls – auf Schülerebene – eine Führungtätigkeit aus. Deshalb würden sich auch hier verschiedene Reflexionsmöglichkeiten für Führungshandeln und grundlegende Kompetenzen pädagogischer Führung anbieten.

3.3 Zeitlicher Umfang der Handlungsfelder pädagogischer Führung in den Programmen

Untersucht wurde, in welchem zeitlichen Umfang die Handlungsfelder pädagogischer
Führung tatsächlich in den Programmen und Curricula repräsentiert sind. Hier ist
grundsätzlich festzustellen, dass die Handlungsfelder in den Programmen zeitlich nie
mit mehr als 20 Stunden repräsentiert sind. Die einzelnen Handlungsfelder und deren

Inhalte werden nach Angaben der Befragten im Zeitfenster von einer bis zehn bzw. von elf bis 20 Stunden berücksichtigt (vgl. Abb. 6).

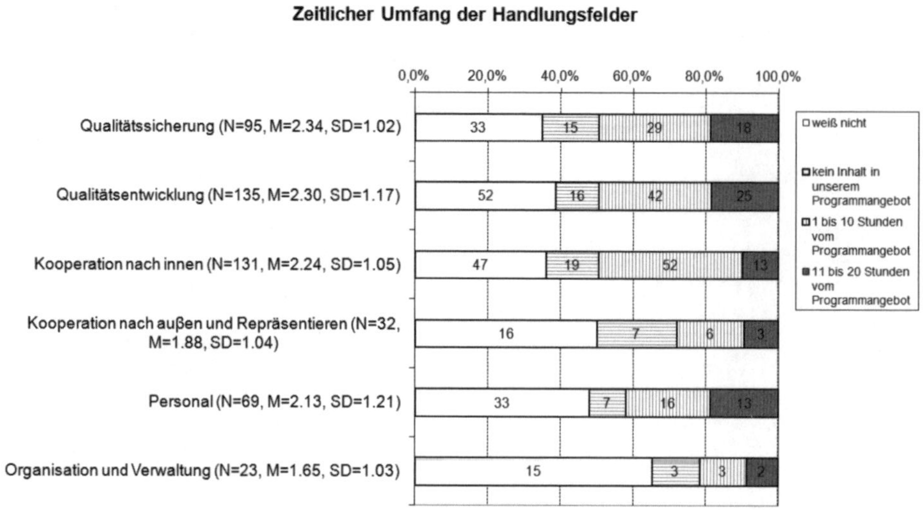

Zeitlicher Umfang der Handlungsfelder

Abb. 6: Zeitlicher Umfang der Handlungsfelder pädagogischer Führung in den Programmen

Rund die Hälfte der Befragten gibt an, dass Inhalte der Handlungsfelder Qualitätssicherung (49 %), Qualitätsentwicklung (50 %) sowie Kooperation nach innen (50 %) in den Programmen in einem zeitlichen Umfang von 1 bis 20 Stunden repräsentiert sind. Die Inhalte in den Handlungsfeldern Personal (42 %), Kooperation nach außen und Repräsentieren (28 %) sowie Organisation und Verwaltung (22 %) sind in den Programmen weniger häufig repräsentiert.

Zwischen zehn (bei Personal) und 22 % (bei Kooperation nach außen und Repräsentieren) der Befragten geben jeweils an, dass die Inhalte in dem entsprechenden Handlungsfeld kein Bestandteil im Programmangebot sind. Auffällig ist, dass über alle Handlungsfelder hinweg viele Befragte (35 % oder mehr) angeben, nicht beurteilen zu können/wollen, in welchem zeitlichen Umfang die Inhalte der Handlungsfelder in ihren Programmen repräsentiert sind.

Grund hierfür könnten grundsätzlich fehlende Konzepte und Modelle pädagogischer Führung sein. Auch ist es möglich, dass die der Befragung zugrunde liegende Systematik, die vom Modell zur Entwicklung von Kompetenzen pädagogischer Führung (vgl. Teil I in diesem Buch) und insbesondere von den Handlungsfeldern von Schulmanagement ausgeht, nicht der Systematik der Modelle der jeweiligen Befragten und deren Programmen entspricht. Da die Programmangebote in Deutschland keiner einheitlichen Systematik folgen, erscheint ein für alle passendes Modell aktuell schwer umsetzbar. Allenfalls in der ersten Phase könnten die Standards für Lehrerbildung (KMK, 2005) einen gemeinsamen Nenner bieten und Verständigungsgrundlage sein.

Ausgewählte Inhalte jedes Handlungsfeldes und deren zeitlicher Umfang im jeweiligen Programmangebot wurden ebenfalls erfragt. Exemplarisch werden die Ergebnisse dazu für das Handlungsfeld Qualitätssicherung vorgestellt (vgl. Abb. 7).

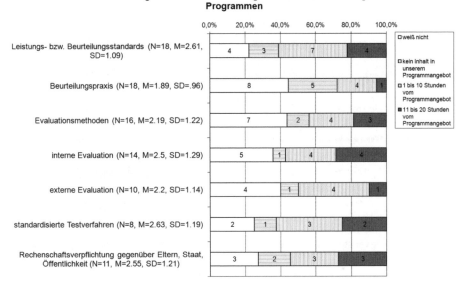

Abb. 7: Zeitlicher Umfang der Inhalte aus dem Handlungsfeld Qualitätssicherung in den Programmen

Am zeitlich umfangreichsten werden die Inhalte Leistungs- und Bildungsstandards, interne Evaluation und standardisierte Testverfahren einbezogen. Hierauf entfallen nach Angaben der Befragten in rund 60 % der Programme jeweils 1 bis 20 Stunden darauf. Beurteilungspraxis sowie Evaluationsmethoden scheinen als Inhalte in den Programmen eine untergeordnetere Rolle zu spielen. Bei der Beurteilungspraxis geben ca. 28 % an, dass dies kein Inhalt im Programm ist; rund 45 % machen keine Angaben dazu. Evaluationsmethoden sind in 12,5 % der Programme kein Inhalt; über 40 % machen keine Angaben. Ähnlich ist es bei der externen Evaluation und der Rechenschaftspflicht gegenüber Eltern, Staat und Öffentlichkeit. Erneut fällt auf, dass rund ein Drittel der Befragten kein Wissen darüber hat, ob ein Inhalt Bestandteil des Programms ist.

3.4 Methodische Lernanlässe in den Programmangeboten und zeitlicher Umfang ihrer Anwendung

Antworten auf die Frage, mit welchem zeitlichen Umfang die Handlungsfelder pädagogischer Führung und deren Inhalte über welchen Lernanlass bzw. methodischen Zugang vermittelt werden, lassen den Schluss einer gewissen Methodenvielfalt in den

Programmen der Lehrerbildung zu, wenn es um die Vermittlung von Kompetenzen pädagogischer Führung geht. Auch hier gibt es Unterschiede beim zeitlichen Umfang der angewandten methodischen Zugänge (vgl. Abb. 8).

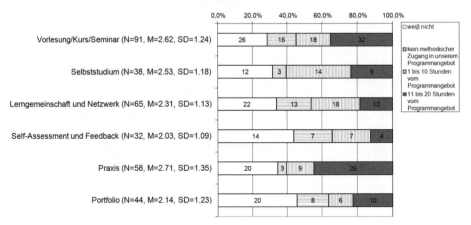

Abb. 8: Methodische Lernanlässe in den Programmangeboten und zeitlicher Umfang ihrer Anwendung

Mehr als die Hälfte der Befragten gibt an, dass die Inhalte der Handlungsfelder pädagogischer Führung in einem Umfang von 1 bis 20 Stunden in ihren Programmen über Selbststudium (60,5 %), praxisorientierte Methoden (60 %) sowie klassische Kurs- und Seminarveranstaltungen (55 %) vermittelt werden. Auch kooperative Methoden werden nach Angaben von 46 % der Befragten genutzt. Eine geringere Bedeutung im Vergleich scheinen Portfolio- (36 %) und Feedback-Methoden (34 %) zu haben; wenngleich mindestens ein Drittel der Befragten angibt, diese zu nutzen. Andererseits geben aber auch 18 % (Portfolio) bzw. 22 % (Self-Assessment und Feedback) der Befragten an, dass diese Lernanlässe nicht für die Vermittlung von Inhalten in den Handlungsfeldern pädagogischer Führung im eigenen Programmangebot genutzt werden. Auch Lerngemeinschaften und Netzwerke als kooperative Methoden (20 %), klassische Kurs- und Seminarveranstaltungen (16,5 %), Selbststudium (8 %) und die Praxis (5 %) werden gemäß einem gewissen Teil der Befragten nicht als Lernanlass angeboten.

Auch hier ist die hohe Anzahl an Befragten auffällig, die angibt, kein Wissen darüber zu haben, über welchen methodischen Zugang und in welchem zeitlichen Umfang die Inhalte der Handlungsfelder pädagogischer Führung in ihren Programmen vermittelt werden.

4. Ausgewählte qualitative Ergebnisse zu Ideen, Vorschlägen, Wünschen, Führungsverständnis sowie exemplarische Angebote

4.1 Ideen, Vorschläge, Wünsche der Befragten

Im qualitativen Teil der Befragung gab es die Möglichkeit, Ideen, Vorschläge oder Wünsche zur Konzeption von Angeboten, mit denen die Entwicklung von Kompetenzen für pädagogische Führung für ihre Zielgruppe(n) unterstützt werden könnte, frei zu formulieren. Die Rückmeldungen der Befragten lassen sich gut einordnen in den wissenschaftlichen Diskurs zu wirksamen und nachhaltigen Angeboten der Fort- und Weiterbildung (vgl. u.a. Huber, 2009, 2011, 2013) sowie zu Empfehlungen für eine systematische und nachhaltige Entwicklung von Kompetenzen für pädagogische Führung (vgl. den Beitrag von Huber et al. zu den Empfehlungen für die Kompetenzentwicklung für pädagogische Führung in diesem Buch). Sie lassen sich in drei große Bereiche bündeln:

System der Lehrerbildung und Schulsystem
- Neben einer stärkeren Wahrnehmung, Würdigung und Berücksichtigung von Aufgaben und Kompetenzen für pädagogische Führung insgesamt regen die Befragten einen stärkeren Austausch sowie eine Netzwerkbildung der Verantwortlichen für Lehrerbildung zu Fragen rund um Kompetenzen pädagogischer Führung an, sowohl innerhalb der Phasen als auch zwischen den Phasen sowie mit Partnern außerhalb der Lehrerbildung. Dies könnte z.B. über länderübergreifende Entwicklungsgruppen realisiert werden, so eine Anregung in den Rückmeldungen. Im Mittelpunkt sollte die Etablierung eines Qualitätsmanagement-Systems der Lehrerbildung stehen, das insbesondere Evaluationsergebnisse und Erfahrungen aus der Praxis zusammenführt und die Entwicklung von gemeinsamen Konzeptionen fördert.
- Auch die Professionalisierung der Aus-, Fort- und Weiterbildner im Sinne von Train-the-Trainer-Programmen wurde in den Rückmeldungen thematisiert. Gewünscht werden sowohl der quantitative Ausbau von Qualifizierungsangeboten als auch deren Qualitätssteigerung, z.B. mit der Qualifizierung von Aus-, Fort- und Weiterbildnerteams, umfassenden Schulungen mit Wissensvermittlung, Trainingsphasen sowie Coaching und Beratung.
- Eng damit verknüpft ist die Bereitstellung entsprechender Rahmenbedingungen, beispielsweise ausreichend Lehrkräfte, Freistellung für Praktikantinnen und Praktikanten.

Makrodidaktik: Systematische Professionalisierung über die gesamte Berufsbiografie hinweg
- Diverse Rückmeldungen thematisieren den Wunsch nach einer Professionalisierung in Form einer kontinuierlichen Entwicklung von Kompetenzen pädagogischer Führung. Die Programmangebote aus der ersten, zweiten und dritten Phase der Lehrerbildung sollten deutlicher systematisiert und stärker verzahnt werden. Im

Mittelpunkt sollte dabei, so der Wunsch der Befragten, vor allem die Persönlichkeitsbildung stehen, die personale Kompetenzen wie Kommunikations- und Reflexionsfähigkeit entwickelt und ein Professionsbewusstsein ausbildet. Wichtig hierbei ist, dass die Lernenden weniger fremdbestimmt und stärker eigenverantwortlich und selbstorganisiert agieren können. Portfolioarbeit erscheint dabei als eine gute Methode, eigene Stärken und Schwächen zu reflektieren und vertiefend an persönlichen Zielstellungen zu arbeiten.

- Qualifizierungsangebote sollten anforderungs- und bedarfsorientiert gestaltet sein und je nach Zielgruppe informativen und orientierenden, vorbereitenden, einführenden und begleitenden Charakter haben.
- Für die Befragten ist der Theorie-Praxis-Bezug von zentraler Bedeutung. In den Qualifizierungsangeboten sollten wissenschaftliche Grundlagen, Übungen und vertiefende Trainings sowie Reflexions- und Beratungsmöglichkeiten in einem ausgewogenen Verhältnis stehen.
- Als weitere makrodidaktische Bedingungen wurden genannt:
  - Anregendes Umfeld
  - Ausreichende Lernzeit
  - Potenzialdiagnose
  - Nachwuchsführungskräfte-Pool
  - Information zu Laufbahnmöglichkeiten
  - Begleitung und Beratung (Mentoring)
  - Vernetzung
- Wiederholt aufgeworfen wurde die Frage nach dem idealen Zeitpunkt zur Förderung von Kompetenzen pädagogischer Führung. Einige Befragte vertreten den Standpunkt, dass in der ersten Phase der Lehrerbildung Pädagogik, Didaktik und die Fächer im Zentrum stehen sollten und nicht die Entwicklung von Kompetenzen pädagogischer Führung. Andere sehen es wiederum als Problem an, dass Lernende aktuell in der ersten Phase (so gut wie) gar nicht mit Fragen pädagogischer Führung konfrontiert werden. Hier herrscht der Grundtenor, dass in der Hochschulausbildung durchaus eine (erste) Sensibilisierung für diese Themen erfolgen könnte und grundlegende Kompetenzen vermittelt und entwickelt werden sollten.
- Mehrfach wird zudem der Wunsch geäußert, kooperative Führungsstrukturen in der Schule zu fördern. Dies könnte einerseits durch entsprechende Aus- und Fortbildungsangebote geschehen, andererseits durch Unterstützung bei der Einrichtung von Führungsteams seitens der den Schulen übergeordneten Instanzen.

Mikrodidaktik: multiple Lernanlässe, Methoden und besondere Förderung
- Diverse Rückmeldungen enthalten Anregungen zu mikrodidaktischen Aspekten, insbesondere zu Lernanlässen und zur Methodik; diese werden z.T. bereits eingesetzt und als Erfolg versprechend angesehen (vgl. den Beitrag von Huber und Schneider zu den Entwicklungsmöglichkeiten für Führungskompetenzen in diesem Buch). Für die zweite und dritte Phase werden insbesondere Coachings, Supervisionen sowie kollegiale Beratungen und kollegiale Hospitation von den Befragten angeregt. Es wird darüber hinaus empfohlen, motivierte und engagierte Personen

in der zweiten Phase der Lehrerbildung besonders zu fördern und/oder einzubinden, beispielsweise über Mentoring-Programme. Auch E-Learning und Projektarbeit wurden von den Befragten als methodisch hilfreich benannt.

- Die Befragten nannten darüber hinaus vielfältige Themen, die gut phasenübergreifend als Querschnittsthemen bearbeitet werden können:
  - Projektmanagement und Projektentwicklung: Projekte voranbringen in Steuergruppen – Schulentwicklung an Schulen – Selbstevaluation durchführen
  - Stressmanagement
  - kriteriengestützte Unterrichtsbeobachtung
  - Unterrichtsvideografie
  - Vorbereitung auf Klassenführung, Zusammenarbeit mit Eltern
  - Auswirkungen der Mediatisierung – Einbezug digitaler Medien in sinnvoller Weise
  - Umgang mit wachsender Heterogenität
  - gesellschaftlicher Wandel und dessen Konsequenzen
  - Umgang mit dem Thema Macht (im Klassenzimmer)
  - Selbstwahrnehmung
  - Kommunikationstraining (u.a. für die Arbeit in Schulteams)
  - pädagogische Leadership
  - Qualitätsmanagement
  - vermehrte Aufgaben und schlechter werdende Rahmenbedingungen → Aufgreifen des Themas in der Berufseingangsphase
  - Umgang mit modernen Medien/Verlust an Lese- und Sozialkompetenzen

4.2 Aussagen zum Führungsverständnis

Im qualitativen Teil wurde auch nach dem Führungsverständnis gefragt, das den Programmen zugrunde liegt. Die Rückmeldungen lassen sich zu drei Bereichen bündeln:
- Führung als kooperative Führung
- Führung als reflektiertes, situatives und kontext-sensitives Handeln
- Führung als Leadership

Im Folgenden sind die Rückmeldungen nach den Phasen der Lehrerbildung aufgelistet:

Erste Phase
- Eigenes Wesen ausloten, Fehler zulassen und daraus lernen, personentypischer Merkmale integrieren: Aus dem Erleben des Theorie-Praxis Dilemmas reflektieren die Studenten ihre Führungswirksamkeit, um diese individuentypisch weiterzuentwickeln.
- Selbstführung, Selbstwahrnehmung, Erleben von Selbstwirksamkeit
- Ausbildung von Führungskompetenz im Zusammenwirken von Organisations- und Persönlichkeitsentwicklung

Zweite Phase

- Grundlage ist die Kompetenzvermittlung im Sinne der Verordnung über die Ausbildung und Prüfung von Lehrkräften im Vorbereitungsdienst (APVO-Lehr) (hier besonders Kompetenzbereich 2 – Erziehen, Kompetenzbereich 3 – Beraten und Unterstützen, Kompetenzbereich 4 – Weiterentwickeln der eigenen Berufskompetenz und Kompetenzbereich 5 – Personale Kompetenzen).
- Ziel ist es, dass die Teilnehmenden im Prozess der Qualitätsentwicklung an den regionalen Kompetenzzentren für berufliche Bildung aktiv mitwirken.
- teamorientierte Führung
- Schärfung der Wahrnehmung, Bedeutung von pädagogischen Fragen für den Berufsalltag
- Beitrag zum Rollenverständnis und Selbstverständnis künftiger Lehrkräfte; Schulung der Kooperationsfähigkeit; Grundkenntnisse in den Bereichen Schulentwicklung und Selbstständige Schule
- Alle mit der Ermöglichung des Lernens bei Schülerinnen und Schülern beauftragten Personen müssen pädagogisch führen können, indem sie Impulse bei den Lernenden setzen, das eigene Lernen selbst in die Hand zu nehmen und dafür Verantwortung zu übernehmen.
- Verantwortungsübernahme für Schulentwicklung über die (bloße) Wissensvermittlung hinaus, Lehrerinnen und Lehrer sind informierte Lernbegleiter und müssen im Sinne der Selbstähnlichkeit von Lernprozessen der Schülerinnen und Schüler als Vorbild vernetzt und aktiv das Schulleben gestalten.
- Vorbereitungsdienst als begleitete Selbstausbildung, humanistisches Menschenbild im Grundsatz
- Wir verstehen uns als eine lernende Organisation. Bei Führung, Beurteilung, Zusammenarbeit, Kommunikation und Entwicklung leiten uns folgende Grundsätze: Führen mit Zielen; Ergebnisorientierung; Transparenz der Anforderungen.
- Stärkung der Selbstwirksamkeit im Handeln des Einzelnen und des kollegialen Teams

Dritte Phase

- Moderne, demokratische Führung unter Berücksichtigung spezieller Teambildung wie z.B. erweiterte Schulleitung
- Richtung: Distributed Leadership
- Die aktuelle demografische Entwicklung erfordert eine mittelfristige Personalentwicklung; schulische Führungskräfte sollten auf ihre Führungsaufgabe vorbereitet und begleitet werden.
- Leitungsfunktionen in Schulen stellen eine von der Lehrerfunktion distinkte eigene Profession dar. Von daher benötigen Lehrkräfte, die sich auf Leitungsfunktionen bewerben, die Gelegenheit, neue Kompetenzen zu erwerben, sich zu erproben und Feedback zu erhalten.
- Die Schulleitungen werden selbstständig leiten. Der Schwerpunkt liegt künftig stärker auf Leadership. Wir arbeiten in verschiedenen Handlungsfeldern in festen

Gruppen, z.T. auch modular. Wir suchen Talente, gehen aber davon aus, dass vieles zu erlernen ist.

- Verständnis von systemischer Schulentwicklung/kooperativem Führungsstil
- kooperativer Führungsstil, multiprofessionelle Teams
- systemisch-konstruktivistisches Grundverständnis; humanistisches Menschenbild
- Individuelle Auseinandersetzung mit pädagogischer Führung auf der Basis zentraler Standards
- langfristig angelegter Erwerb und Ausbau führungsbezogener Handlungskompetenzen, die für die Tätigkeit als Leiterin/Leiter einer Schule von grundlegender Bedeutung sind, Selbstreflexion, Leadership, Entwicklung eines individuellen Führungskonzepts
- Führungskompetenz als Summe aller Kenntnisse, Fähigkeiten, Einstellungen und Haltungen, die erforderlich sind, um eine Schule erfolgreich zu leiten, Betonung der verinnerlichten Werte

4.3 Exemplarische Programmangebote

In der Befragung wurden konkrete Umsetzungsbeispiele aus den Programmangeboten beschrieben, die aus der Sicht der Befragten die Entwicklung pädagogischer Kompetenz fördern oder begleiten. Diese Beispiele umfassen Modul-/Curriculum-/Veranstaltungs-/Programmbeschreibungen sowie extra-curriculare Aspekte. Im Folgenden werden pro Phase der Lehrerbildung exemplarisch zwei der von den Befragten genannten Umsetzungsbeispiele angeführt; alle Umsetzungsbeispiele stehen als Download zur Verfügung unter www.Bildungsmanagement.net/EKPF.

4.3.1 Erste Phase der Lehrerbildung

PH Ludwigsburg

Titel	Bildungsmanagement in der Lehrerinnen- und Lehrerausbildung
Internetpräsenz	http://www.ph-ludwigsburg.de/11650+M501364fd797.html
Veranstalter	Pädagogische Hochschule Ludwigsburg In Kooperation mit dem Anbieterverbund Bildungsmanagement
Zielsetzung	Die Lehramtsstudierenden lernen Schulentwicklung als Gemeinschaftsaufgabe an Schule kennen und führen im Rahmen des Praxissemesters ein Schulentwicklungsprojekt durch. Sie erwerben Kompetenzen im Bereich des ganzheitlichen, selbstgesteuerten Lernens und sind in der Lage, Leitungs- und Führungsaufgaben im Bildungsbereich zu übernehmen. In dem zweijährigen berufsbegleitenden Master- Studiengang qualifizieren sich Teilnehmerinnen und Teilnehmer aus der Wirtschaft, der schulischen und außerschulischen Bildung für die Übernahme von Leitungs- und Führungsaufgaben im Bildungsbereich. Im Zentrum steht der Erwerb von Führungskompetenz durch ganzheitliches, selbstgesteuertes Lernen, das eng abgestimmt ist auf die eigene Berufspraxis und Berufsbiografie. Mit dem Masterabschluss wird das Promotionsrecht erworben.
Zielgruppe	Lehramtsstudierende der Bachelorstudiengänge Lehramt für Grundschulen, Werkreal-, Haupt- und Realschulen im Praxissemester. Außerdem Teilnehmerinnen und Teilnehmer aus der Wirtschaft und der außerschulischen Bildung.
Inhalt	Einführung in Schulentwicklung Einführung in Qualitätsentwicklung am Beispiel der sechs Qualitätsbereiche des Deutschen Schulpreises Methoden: - Kommunikationskultur in der Schulentwicklung - Veränderungsprozesse gestalten - Prozessorientiertes Projektmanagement - Zeitmanagement - Erarbeitung eigener Schulentwicklungsprojekte, die im Rahmen des Praxissemesters umgesetzt werden
Methodischer Zugang, Lernanlässe (Mikrodidaktischer Zugang)	Seminar und Praxis während der schulpraktischen Studien
Organisation, methodische Gesamteinbettung (Makrodidaktischer Zugang)	Drei Wochenendseminare bilden den Rahmen des Praxisseminars, Schulbesuche zur Beratung gehören ebenfalls zum Seminar. Teilnehmende: 18 Personen
Sonstiges/Hinweise	Es bestehen Zulassungsvoraussetzungen.

Universität Köln

Titel	Leadership im Lehramt
Internetpräsenz	http://zfl.uni-koeln.de
Veranstalter	Zentrum für LehrerInnenbildung Universität zu Köln
Zielsetzung	Der Professionalisierungsprozess stellt im Wesentlichen auch eine berufsbiografische Aufgabe für die (zukünftigen) Lehrkräfte dar. Eine fundierte Handlungskompetenz ist ohne Selbstreflexion und zielgerichtete Rückmeldung nicht denkbar. Dementsprechend ist ein Interaktions- und Kommunikationsansatz in der Seminararbeit von großer Bedeutung. Studierende werden damit von Beginn ihrer universitären Ausbildung an dafür sensibilisiert, dass Professionalität nicht nur an die Bereitschaft zu lebenslangem Lernen geknüpft ist, sondern immer auch die Bereitschaft und Fähigkeit zu Reflexion und Austausch voraussetzt. 1) Leadership verstanden als allgemeine Aufgaben der Klassenführung, welche über Classroom-Management hinausgehende Aspekte berücksichtigen 2) Leadership verstanden als Kompetenzen für Führungsaufgaben in Schulen
Zielgruppe	Lehramtsstudierende
Inhalt	Die Studierenden entwickeln während der Vorbereitung theoriegeleitet Erkundungs- und Beobachtungsaufgaben, die sie anschließend im Praxisfeld erproben und durchführen. Die Praxisphase selbst wird dadurch gekennzeichnet sein, dass sie in Feldern erfolgt, in denen „Leadership" in der Schule wirksam wird. Praktikumsbetreuer/innen sollen Leiter/innen von Fachkonferenzen, Stufenkonferenzen, Ausbildungsbeauftrage aber auch Schulleitungen selbst sein. Obligatorische Inhalte des Seminars werden die Module „Kommunikation", „Menschen fördern und entwickeln", „Kooperieren und vernetzen", „Ziel und ergebnisorientiert handeln" sowie „Organisieren" sein.
Methodischer Zugang, Lernanlässe (Mikrodidaktischer Zugang)	Das Seminarformat sieht unterschiedliche Settings und Szenarien vor, die den Studierenden vielfältige Möglichkeiten bieten, sich in Reflexion und strukturiertem Feedback zu üben. Im Semester vor dem Berufsfeldpraktikum besuchen die Studierenden ein obligatorisches Vorbereitungsseminar an der Universität. In der anschließenden vorlesungsfreien Zeit finden parallel zum Praktikum verpflichtend begleitende Veranstaltungen statt. Über die Phasen der Vorbereitung, des Praktikums und der Begleitung führen die Studierenden ein E-Portfolio. Den Abschluss des Praktikums bildet ein Feedbackgespräch mit den jeweiligen Dozierenden.
Organisation, methodische Gesamteinbettung (Makrodidaktischer Zugang)	Seminarkonzept im Rahmen der universitären Praxisphasen der Lehrerbildung (konkret für das Berufsfeldpraktikum vor dem Abschluss des Bachelor) Das Berufsfeldpraktikum ist dem bildungswissenschaftlichen Modul „Erziehen" zugeordnet. Es wird durch ein integriertes Praktikumskonzept begleitet. Externe Referenten werden für die einzelnen Seminarsitzungen hinzugezogen.
Sonstiges/Hinweise	Dr. Sebastian Barsch Leiter Team Praxisphasen Zentrum für LehrerInnenbildung (ZfL)

4.3.2 Zweite Phase der Lehrerbildung

Seminar Nürtingen

Titel	Lernaufgabe Elterngespräche
Internetpräsenz	http://www.seminar-nuertingen.de/
Veranstalter	Seminar Veranstaltung Pädagogik
Zielsetzung	Individuelle Professionalisierung/Kompetenzentwicklung (jede Learning Community formuliert Ziele selbst. Basis: Standards für Lehrerbildung, Literatur
Zielgruppe	Lehramtsanwärterinnen und Lehramtsanwärter
Inhalt	Ziele klären, formulieren, dokumentieren; Vorwissen/Vorerfahrungen klären; Gelingensfaktoren erfassen und dokumentieren; Simulation – Reflexion und Dokumentation der Erfahrungen; Weiterlernen/Neulernen (Kommunikationsmodelle, Methoden der Gesprächsführung)
Methodischer Zugang, Lernanlässe (Mikrodidaktischer Zugang)	Selbsteinschätzung/Fremdeinschätzung zur individuellen Kompetenzentwicklung z.B. über Ausbildungsgespräche, Beratungsgespräche, Feedback in Veranstaltungen, Erlebnisse in der Schulpraxis, etc.
Organisation, methodische Gesamteinbettung (Makrodidaktischer Zugang)	Learning Communities (nach Mandl)
Sonstiges/Hinweise	Am Seminar gibt es noch zahlreiche andere Beispiele zu Form und Inhalt von Lernsettings, deren Darstellung in diesem Kontext zu umfangreich wäre.

Staatliches Seminar für Didaktik und Lehrerbildung Baden-Württemberg

Titel	Führungskonzepte
Internetpräsenz	http://www.seminare-bw.de
Veranstalter	Seminar für Didaktik und Lehrerbildung Baden-Württemberg Fachbereich Pädagogik
Zielsetzung	Lehramtsanwärter/innen verfügen über unterschiedliche Führungskonzepte.
Zielgruppe	Lehramtsanwärter/innen
Inhalt	Führungsverständnis und Führungskonzepte Klassenmanagement Selbst- und Zeitmanagement
Methodischer Zugang, Lernanlässe (Mikrodidaktischer Zugang)	Theoretische Grundlagen werden verknüpft mit den Erfahrungen der Lehramtsanwärter/innen. Diese bringen Beispiele aus ihrem eigenen Unterricht und reflektieren ihr persönliches Führungsverhalten.
Organisation, methodische Gesamteinbettung (Makrodidaktischer Zugang	Pflichtinhalt der Ausbildungsstandards Pädagogik der Seminare GWHS in BW mit ca. 6 Unterrichtseinheiten
Sonstiges/Hinweise	Die Lehramtsanwärter/innen absolvieren 140 Unterrichtseinheiten Pädagogik während des Vorbereitungsdienstes – davon sind jedoch nicht alle ausschließlich auf Führung fokussiert, sondern haben auch andere päd. Schwerpunkte

4.3.3 Dritte Phase der Lehrerbildung

Landesinstitut für Schule und Medien (LISUM) Berlin-Brandenburg

Titel	Unterrichtsentwicklung als Organisationsentwicklung Grundkurs Prozesskompetenz
Internetpräsenz	http://bildungsserver.berlin-brandenburg.de/modulare_qualifizierung. html
Veranstalter	Landesinstitut für Schule und Medien (LISUM) Berlin-Brandenburg
Zielsetzung	Umgang mit Interdependenzen, Prozesserfassung, Unterstützung von Veränderungsprozessen, Weiterentwicklung der Unterrichtsqualität, Kommunikations- und Kooperationsförderung, Unterstützung schulinterner Vorhaben
Zielgruppe	Schulberaterinnen und Berater für Schul- und Unterrichtsentwicklung der Länder Berlin und Brandenburg
Inhalt	In der Veranstaltung befassen wir uns mit den Grundlagen von Schul- und Organisationsentwicklung: Wie verändern sich komplexe Systeme? Welche Konzepte systemischen Denkens und Handelns liegen zugrunde? Wir verschaffen uns einen Überblick über Veränderung
Methodischer Zugang, Lernanlässe (Mikrodidaktischer Zugang)	Fallbeispiele, kollegiale Beratung, Interventionsdesigns
Organisation, methodische Gesamteinbettung (Makrodidaktischer Zugang)	Gesamtkonzept der Modularen Qualifizierung 57 ganztägige Module (inkl. Wiederholungsangebote)
Sonstiges/Hinweise	

Pädagogisches Landesinstitut Rheinland-Pfalz

Titel	Qualifizierung für neu ernannte Schulleiterinnen und Schulleiter
Internetpräsenz	zfs.bildung-rp.de
Veranstalter	Pädagogisches Landesinstitut Rheinland-Pfalz Zentrum für Schulleitung und Personalführung
Zielsetzung	Die Teilnehmenden setzen sich mit ihrer veränderten Rolle auseinander und entwickeln ein (neues) Verständnis ihrer Führungsrolle – sie entwickeln ihre Führungskompetenzen weiter. Sie erfahren Stärkung und Unterstützung im Schulleitungshandeln.
Zielgruppe	neu ernannte Schulleiterinnen und Schulleiter
Inhalt	1. Leadership und Management 2. Rechtliche Grundlagen von Schule 3. Unterrichtsentwicklung als zentrale Aufgabe von Schulleitung 4. Personalentwicklung 5. Organisationsentwicklung 6. Organisation und Verwaltung von Schule

Methodischer Zugang, Lernanlässe (Mikrodidaktischer Zugang)	- 1–3-tägige Module - Web Based Training Schulrecht mit anschl. Präsenzveranstaltung - regionale Transfergruppen zwischen den Modulen - Tagungen aus dem Bereich Organisation und Verwaltung nach Wahl
Organisation, methodische Gesamteinbettung (Makrodidaktischer Zugang)	Die Veranstaltungsreihe beginnt jährlich im Herbst und wird jeweils für Primarstufen und Sekundarstufen angeboten. Sie kann nur als Reihe gebucht werden, eine Einzelbuchung der Module ist nicht möglich. Insgesamt umfasst die Reihe 11 Veranstaltungstage.
Sonstiges/Hinweise	

5. Fazit

Ähnlich wie bei den Ergebnissen des Monitors Lehrerbildung zeigt auch diese explorative Befragung die hohe Varianz an Bedingungen der Phasen der Lehrerbildung. Die Vergleichbarkeit ist damit eingeschränkt.

Eine Herausforderung der Befragung war es, mit einheitlichen Begrifflichkeiten und Systematiken Vertreterinnen und Vertreter aller Phasen der Lehrerbildung in allen befragten Ländern anzusprechen. Zwar gibt es viele Überschneidungen, jedoch werden Begriffe wie z.B. Evaluationsmethoden (ein Inhalt im Handlungsfeld Qualitätssicherung) oder Organisationskultur (ein Inhalt im Handlungsfeld Qualitätsentwicklung) unterschiedlich genutzt und aus unterschiedlicher Perspektive (wissenschaftstheoretisch versus praxisorientiert) bearbeitet.

Bereits bei der Konzeption der Befragung wurden diese Herausforderungen in der Expertengruppe mit Vertreterinnen und Vertretern aller drei Phasen der Lehrerbildung diskutiert. Es wurde versucht, eine Befragung zu konzipieren, die als „kleinster gemeinsamer Nenner" von einer heterogenen Zielgruppe bearbeiten werden kann, mit dem Ziel, erstmals phasenübergreifend Aussagen zu Konstrukten pädagogischer Führung zu erhalten.

Obwohl der Begriff „pädagogische Führung" sehr breit verstanden wird und die Begriffsdefinition in der Befragung transparent gemacht wurde, ist aus den Rückmeldungen der Befragten zu entnehmen, dass es dennoch Schwierigkeiten gab. Insbesondere scheinen die Begrifflichkeiten, die das Konstrukt pädagogischer Führung weiter differenzierten, z.B. die Handlungsfelder pädagogischer Führung, nicht für alle Befragten anschlussfähig zu sein.

Es ist grundsätzlich festzustellen, dass alle Handlungsfelder pädagogischer Führung und damit von Schulmanagement von der großen Mehrheit der Befragten als wichtige Inhalte im jeweiligen Programm eingeschätzt werden. Auch gab die große Mehrheit der Befragten an, dass die Handlungsfelder pädagogischer Führung in den Programmen bereits ausreichend Berücksichtigung finden. Die Handlungsfelder Qualitätssicherung, Qualitätsentwicklung und Kooperation nach innen haben, was ihre Relevanz und das Ausmaß ihrer Berücksichtigung betrifft, den höchsten Grad an Zustimmung; Kooperation nach außen und Repräsentieren, Personal sowie Organisation und Verwaltung den niedrigsten. Erwartungsgemäß ist die Zustimmung zur Bedeutung und zur Berücksichtigung in der zweiten Phase der Lehrerbildung am geringsten. In der dritten Phase gelten die Handlungsfelder als ähnlich wichtig, dies vermutlich aufgrund des starken Praxisbezugs.

Auch finden nach Angaben der Befragten alle abgefragten Lernanlässe Berücksichtigung in den Programmen, am häufigsten Selbststudium, Kurs/Seminar, Praxis. Am wenigsten werden die Lernanlässe Self-Assessment und Feedback, Lerngemeinschaften und Netzwerke sowie Portfolio genutzt.

Auffällig ist, dass durchweg, also für jedes Handlungsfeld, ca. 10–20 % der Befragten keine Angaben machen (können). Hier kann vermutet werden, dass einige Programme (noch) nicht auf ein systematisches und differenziertes Verständnis von Handlungsfeldern von pädagogischer Führung und Schulmanagement zurückgreifen bzw. Begrifflichkeiten nicht eindeutig und trennscharf verwendet werden. Gerade wenn Akteure und Institutionen der verschiedenen Phasen der Lehrerbildung aber intensiver, im Sinne einer systematischen Personalentwicklung, kooperieren sollen, müssen Begrifflichkeiten und Konzepte eindeutig sein, um Anschlussfähigkeit zu erzeugen. Eine gemeinsame Sprache ist eine zentrale Gelingensbedingung.

Zusammenfassend kann festgehalten werden, dass das Modell für die Entwicklung von Kompetenzen pädagogischer Führung (vgl. den Beitrag von Huber und Schwander zum Kompetenzmodell für pädagogische Führung in diesem Buch) einen Nutzen für die gesamte Lehrerbildung hat. Es dient der Sensibilisierung, der Verständigung und dem Austausch innerhalb der drei Phasen der Lehrerbildung und zwischen diesen. Das Modell trägt dazu bei, Begrifflichkeiten, Systematiken, Differenzierungen und Konstrukte im Bereich pädagogischer Führung zu schärfen und gemeinsame Vorstellungen zu entwickeln.

Für eine systematische und nachhaltige Personalentwicklung könnten insbesondere die Handlungsfelder Qualitätssicherung, Qualitätsentwicklung und Kooperation nach innen wichtige Querschnittsthemen sein, die eine Anschlussfähigkeit zwischen den Phasen der Lehrerbildung ermöglichen. Auf mikrodidaktischer Ebenso sollten multiple Lernanlässe noch stärker genutzt werden, insbesondere Self-Assessment und Feedback, Lerngemeinschaften und Netzwerke sowie Portfolio. Hier können das Modell für die Entwicklung von Kompetenzen pädagogischer Führung und das Modell der multiplen Lernanlässe wichtige Anregungen bieten.

Literaur

Gröschner, A. (2011). *Innovation als Lernaufgabe. Eine quantitativ-qualitative Studie zur Erfassung und Umsetzung von Innovationskompetenz in der Lehrerbildung.* Münster u.a.: Waxmann.

Huber, S.G. (2009). Wirksamkeit von Fort- und Weiterbildung. In: O. Zlatkin-Troitschanskaia, K. Beck, D. Sembill, R. Nickolaus & R. Mulder (Hrsg.), *Lehrprofessionalität. Bedingungen, Genese, Wirkungen und ihre Messung.* Weinheim und Basel: Beltz Verlag, S. 451–463.

Huber, S.G. (2011). The impact of professional development: a theoretical model for empirical research, evaluation, planning and conducting training and development programmes. *Professional Development in Education, 37* (5), S. 837–853.

Huber, S.G. (2013). Multiple Learning Approaches in the Professional Development of School Leaders – Theoretical Perspectives and Empirical Findings on Self-assessment and Feedback. *Educational Management Administration & Leadership, 41* (4), 527–540.

Huber, S.G. & Ahlgrimm, F. (2012). *Kooperation. Aktuelle Forschung zur Kooperation in und zwischen Schulen sowie mit anderen Partnern.* Münster: Waxmann.

Kultusministerkonferenz der deutschen Bundesländer (2005). Standards für die Lehrerbildung: Bildungswissenschaften (verabschiedet 2004). *Zeitschrift für Pädagogik, 51* (2), S. 280–290.

Stephan Gerhard Huber, Guri Skedsmo und Marius Schwander

Förderung professioneller Reflexion über pädagogische Führung durch Feedback und Coaching – Das Self-Assessment „Kompetenzprofil Schulmanagement (KPSM)"[1]

In der Lehrerbildung sind reflexive Methoden wie Self-Assessment und Feedback, die passend zum jeweiligen Berufskontext und zu den Anforderungen der Ausbildungsphase zum Einsatz kommen, noch recht neu, werden aber zunehmend eingesetzt (vgl. den Beitrag von Huber und Schneider zu den Entwicklungsmöglichkeiten für Führungskompetenzen sowie den Beitrag von Huber et al. zu den Empfehlungen für die Kompetenzentwicklung für pädagogische Führung in diesem Buch). Solche Verfahren der diagnostischen Selbst- und Fremdeinschätzung für (angehende) Lehrkräfte sind beispielsweise die Programme „Career Counselling for Teachers" (CCT) oder „Fit für den Lehrerberuf". In Bezug auf Kompetenzen pädagogischer Führung hat sich in den vergangenen Jahren das onlinebasierte Self-Assessment „Kompetenzprofil Schulmanagement" (KPSM) etabliert. Es wurde mittlerweile von über 3.500 Teilnehmenden in allen Phasen der Lehrerbildung genutzt, darunter 400 Studierende vor allem aus der Begabtenförderung des Studienkollegs der Stiftung der Deutschen Wirtschaft (unterstützt u.a. durch die Robert Bosch Stiftung), von Lehrkräften, die sich in der dritten Phase der Lehrerbildung über Führungstätigkeit im schulischen Kontext informieren sowie von angehenden, neu ernannten und erfahrenen Schulleiterinnen und Schulleitern zur Orientierung und Reflexion.

Das KPSM unterstützt die Selbstreflexion der Teilnehmerinnen und Teilnehmer mithilfe einer Kompetenzanalyse, die individuelle Stärken und Schwächen identifiziert. Ein personalisierter Feedbackbericht, der für alle Teilnehmenden erstellt wird, orientiert sich an den Kernkompetenzen von Führungspersonen. Die Kompetenzanalyse kann in einem weiteren Schritt in Seminaren oder Workshops intensiver untersucht werden, aber auch einen Schwerpunkt für Gruppencoachings darstellen, die eine Reflexion über bestimmtes Führungsverhalten ermöglichen.

---

1 Dieser Beitrag beruht auf dem Beitrag von Huber, Skedsmo & Schwander (2015) sowie dem Beitrag von Huber und Skedsmo (2015).

1. Feedbacksysteme für (angehende) pädagogische Führungskräfte

Im beruflichen Alltag erscheint es (angehenden) pädagogischen Führungskräften oft eher schwierig, sich Feedback-Möglichkeiten mit hoher Güte zu erschließen. Dennoch können sie sich auf vielfältige Weise Rückmeldung verschaffen. Hilfreich ist Sassenscheidts (2015) Unterscheidung von Feedback zwischen den Polen „spontan, alltäglich, im Arbeitsprozess" einerseits und „standardisiert, strukturiertes Ritual, bewährte Routine" andererseits. Das jeweilige Verfahren der Rückmeldung, so Sassenscheidt, hänge von den zu beantwortenden Fragen und den gewünschten Effekten ab („form follows function").

So bieten Fort- und Weiterbildungsveranstaltungen, Supervision, Coaching oder kollegiale Fallberatung in unterschiedlichem Maße Möglichkeiten, Feedback einzuholen. Ziel ist dabei immer einen Sachverhalt zu klären und neue bzw. alternative Impulse zu erhalten. Feedback ist dabei nie normativ (vgl. Hameyer, 2013). Ihre eigene Wahrnehmung und Einschätzung können (angehende) Führungskräfte mittels Checklisten, Selbsteinschätzungsbögen etc. dokumentieren, z.B. bezüglich des eigenen Führungsverhaltens oder der Nutzung adäquater Führungsinstrumente. Das Self-Assessment „Kompetenzprofil Schulmanagement" (KPSM), das im vorliegenden Beitrag detailliert vorgestellt wird, bietet als standardisiertes Verfahren eine sehr systematische Möglichkeit, Stärken und Schwächen in den verschiedenen Kompetenzbereichen, die für eine Tätigkeit als (angehende) pädagogische Führungskraft relevant sind, auf einer objektiven Grundlage mit denen anderer Personen aus dem schulischen Bereich zu vergleichen. Dadurch können (angehende) pädagogische Führungskräfte wertvolle Informationen zur eigenen beruflichen Weiterentwicklung erhalten.

Neben einer solchen Selbsteinschätzung bieten Verfahren der Fremdeinschätzung ebenfalls die Chance zur Reflexion und damit zur Weiterentwicklung. Im besten Fall gibt der Ver- bzw. Abgleich von Selbst- und Fremdeinschätzung Aufschluss über die eigenen Stärken und Entwicklungsfelder. Bei der Fremdeinschätzung sind ebenfalls ganz unterschiedliche Verfahren in Gebrauch. Beim Vorgesetzten-Feedback (vgl. Rolff, 2013) z.B. schätzen die Mitarbeiter der hierarchisch untergeordneten Ebene ihre Führungskraft ein. Bei einem 360-Grad-Feedback werden Führungskräfte zudem von Kolleginnen und Kollegen der gleichen Ebene und den eigenen Vorgesetzten, also der hierarchisch übergeordneten Ebene, eingeschätzt. Ziel ist es, ein ganzheitliches Fremdbild der Führungskraft zu erhalten. Zum Ende des Beitrags wird darauf nochmals eingegangen.

Neben expliziten Feedback-Verfahren können Führungskräfte auch Möglichkeiten impliziter Rückmeldung für sich nutzen, z.B. interne und externe Schulevaluationen. Hier sind Schulmanagement- und Schulleitungsaufgaben oft Gegenstand der Evaluation. Aber auch wenn die Qualität von Strukturen und Prozessen der Organisation evaluiert wird, können indirekt Rückschlüsse auf Verantwortlichkeitsbereiche und die Arbeit der pädagogischen Führungskraft gezogen werden.

Sassenscheidt (2015) fokussiert verschiedene Ebenen von Feedback im Leitungsteam und dazu passende Instrumente. Sobald mehrere Personen einer Organisation in das Feedback einbezogen werden, ob als Feedback-Geber, z.B. wenn eine Lehrkraft von der Schulleitung eingeladen ist, ihr Feedback zu geben, oder als Mitglied eines Leitungsteams, das regelmäßig sowohl Arbeitsergebnisse als auch Arbeitsprozesse im Team gemeinsam reflektiert und daraus Optimierungen ableitet, hat dies eine nicht unbedeutende Modell-Wirkung. Wenn Führungskräfte Modell sind für Feedback-Einholen, kann das auch andere schulische Akteure, z.B. Lehrkräfte oder Vertreter der Schulaufsicht, dazu ermutigen, sich in ähnlicher Weise einschätzen zu lassen (vgl. Rolff, 2013, S. 885). Der Auf- bzw. Ausbau einer schuleigenen Feedback-Kultur wird unterstützt.

Zentrale Gelingensbedingung dabei ist die generelle Bereitschaft zur eigenen Reflexion. Sich regelmäßig zu hinterfragen, dazulernen und sich weiterentwickeln zu wollen, ist unabdingbar. Für das Zulassen von Fremdeinschätzungen braucht es weiterhin Offenheit und Vertrauen gegenüber den „kritischen Freunden". Oftmals müssen anfangs Ängste überwunden werden, andere könnten Negatives ansprechen oder persönlich werden, sowie Hemmungen abgebaut werden, bei anderen Kritik zu üben und Verbesserungsvorschläge zu machen. Nicht unterschätzt werden darf auch die Fähigkeit zum Geben und Nehmen von Feedback. Feedback-Geber neigen häufig leicht dazu, Pauschalurteile zu einer Person abzugeben, anstatt deren konkretes Verhalten zu reflektieren. Auch Ich-, anstatt Du-Botschaften zu senden, fällt sehr vielen sehr schwer. Zudem braucht es einige Übung, beim Feedback-Nehmen, nur zuzuhören und nicht unmittelbar in Rechtfertigungen zu verfallen.

2. Ziele und Perspektiven des Self-Assessments KPSM

Self-Assessments basieren auf psychologischen Testverfahren und können ganz unterschiedliche personale Aspekte erfassen (Huber & Hiltmann, 2007). Der berufliche Erfolg und die Passung zum Beruf gehen nicht allein auf Aspekte des Wissens und Könnens zurück. Ebenso bedeutsam ist, dass Personen Schulleitungstätigkeiten auch ausüben wollen bzw. dass ihre Neigungen und Motive zu den Anforderungen der Aufgabe passen. Die dem Self-Assessment zugrunde liegenden Kompetenzen sollten daher Leistungstests zur Erfassung bestimmter Fähigkeiten sowie verschiedene Arten von Verfahren zur Erfassung berufsrelevanter Motive und Verhaltensneigungen umfassen. Potenzialeinschätzungen und Kompetenzanalysen lassen sich weder allein auf rein kognitive Aspekte noch auf allein nichtkognitive Aspekte der Motivation, der Neigung und des Wollens reduzieren.

Das Self-Assessment-Kompetenzprofil Schulmanagement (KPSM) (vgl. Huber, 2013; Huber & Hiltmann, 2011) wird zu Orientierungszwecken und zur Auseinandersetzung mit den (neuen) beruflichen Anforderungen einer Schulleitungstätigkeit eingesetzt. Sein Ziel ist eine Standortanalyse. Es eignet sich sowohl als Potenzialdiagnose für an einer Führungstätigkeit interessierte Lehrerinnen und Lehrer wie auch für neu ernannte und erfahrene Schulleitungskräfte zur Auseinandersetzung mit der eigenen Bewältigung von neuen bzw. bereits erlebten beruflichen Anforderungen. Auch für Mitglieder von Projekt- oder Steuergruppen kann ein Feedback zu den Kompetenzdimensionen des KPSM aufschlussreich sein – sei es als Gruppe oder für Einzelne.

Das Ergebnis des Self-Assessments KPSM kann als Spiegel des Selbstbilds einer Person aufgefasst werden, in manchen Bereichen als Spiegel ihrer Fähigkeiten (bei Leistungstests). Dem Ergebnisprofil ist also vor allem zu entnehmen, wie sich eine Person im Vergleich zu anderen Personen ihrer Bezugsgruppe hinsichtlich der erfassten Kompetenzdimensionen sieht. Damit sind die Grundfunktionen des Feedbacks – Reflexion und Orientierung – erfüllt. Das Ergebnis enthält immer einen Vergleichsmaßstab, da die Angaben der Person in Relation zu einer relevanten Bezugsgruppe gesehen werden. Das Self-Assessment bietet Teilnehmenden somit die Möglichkeit, eigene Stärken und Schwächen in den verschiedenen Kompetenzbereichen, die für eine Tätigkeit als pädagogische Führungskraft relevant sind, auf einer objektiven Grundlage mit denen anderer Personen aus dem schulischen Bereich zu vergleichen. Die Ergebnisse bieten Anhaltspunkte für Antworten auf die Frage: Wo schneide ich im Vergleich zu anderen besonders gut ab, wo weniger gut? Eine solche Standortbestimmung kann Ausgangspunkt für die weitere eigene Professionalisierung und Entscheidungshilfe für Weichenstellungen in der eigenen beruflichen Laufbahn sein.

3. Kompetenzbereiche und Kompetenzdimensionen des Self-Assessments KPSM

Den theoretischen Rahmen für die Kompetenzbereiche und -dimensionen des Self-Assessments KPSM bilden die drei Elemente des hier vorgestellten Kompetenzstrukturmodells für pädagogische Führung (vgl. Teil I in diesem Buch). Das Modell zeigt auf, was pädagogische Führungskräfte idealerweise wissen, können und wollen sollten, um Schule erfolgreich zu gestalten (vgl. Huber, Schneider, Gleibs & Schwander, 2014, 2013). Dazu gehören:

- verhaltensbezogene Kompetenzen, die auf konkretem, anforderungsbezogenem Handeln pädagogischer Führungskräfte in zentralen Handlungsfeldern des Schulmanagements basieren
- führungsrelevante und tätigkeitsübergreifende Dispositionen, die das pädagogische Führungshandeln beeinflussen
- Führungskonzepte, die in ihrer Anwendung als Strategie zur Entwicklung einer erfolgreichen Schule als Organisation gelten

Das Kompetenzprofil Schulmanagement umfasst in der mittlerweile fünften Auflage (Version 5.0) zwei übergeordnete Kompetenzbereiche mit insgesamt 29 Kompetenzdimensionen, die alle im Zusammenhang mit dem aktuellen Anforderungsprofil an eine pädagogische Führungstätigkeit im schulischen Kontext stehen:

a) Allgemeine Kompetenzen pädagogischer Führung
Hier werden 20 führungsrelevante und tätigkeitsübergreifende Dispositionen (Motive, Haltungen, Fähigkeiten) abgebildet, die das pädagogische Führungshandeln beeinflussen: Leistungsmotivation, Umgang mit Misserfolgen, Einsatzbereitschaft, Planungskompetenz, Problemlösefähigkeit, Stressresistenz, Vertrauen in eigene Fähigkeiten, Gestaltungsmotivation, Umgang mit mehrdeutigen Situationen, Aktives Innovations-

streben, Kontaktfreude, Teamorientierung, Einfühlungsvermögen, Kritikbereitschaft, Führungsmotivation, Umgang mit der Einflussnahme durch andere, Begeisterungsfähigkeit, Durchsetzungsvermögen, Streben nach sozialer Akzeptanz sowie Machbarkeitsgrenzen erkennen. Allgemeine Kompetenzen pädagogischer Führung gliedern sich in sechs Kompetenzfelder, siehe Abbildung 1.

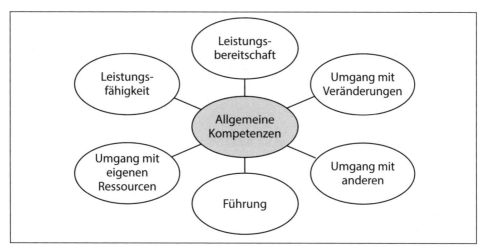

Abb. 1:   Allgemeine Kompetenzen pädagogischer Führung

b) Tätigkeitsbezogene Kompetenzen pädagogischer Führung

Hier werden neun verhaltensbezogene Kompetenzen abgebildet, die auf konkretem, anforderungsbezogenem Handeln pädagogischer Führungskräfte in zentralen Handlungsfeldern des Schulmanagements basieren: Unterrichtsentwicklung, Erziehung, Personalmanagement, Organisation und Verwaltung, Qualitätssicherung, Qualitätsentwicklung, Zusammenarbeit innerhalb der Schule, Kooperation mit dem schulischen Umfeld sowie Repräsentieren. Tätigkeitsbezogene Kompetenzen pädagogischer Führung gliedern sich in sechs Kompetenzfelder, siehe Abbildung 2.

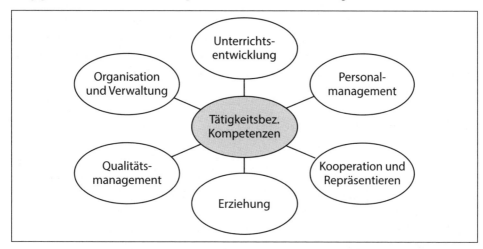

Abb. 2:   Tätigkeitsbezogene Kompetenzen pädagogischer Führung

4. Internationale Adaption des Self-Assessments KPSM

Im Rahmen des EU-Projekts „Professional Learning through Feedback and Coaching" (PROFLEC) wurde das onlinebasierte Self-Assessment-Kompetenzprofil Schulmanagement (KPSM) für ausgewählte Länder der EU adaptiert und in Qualifizierungsprogrammen für pädagogische Führungskräfte sowie als Grundlage für Coaching genutzt. Das Projekt wird vom Institut für Bildungsmanagement und Bildungsökonomie (IBB) der Pädagogischen Hochschule Zug koordiniert und bezieht neben Deutschland, Österreich, Liechtenstein und der Schweiz die europäischen Länder Dänemark, England, Norwegen, Spanien, Schweden, Tschechien und Zypern ein. Darüber hinaus beteiligen sich die USA und Australien.

5. Durchführung des Self-Assessments KPSM

Die Durchführung des Self-Assessments KPSM erfolgt online. Die Anmeldung erfolgt über ein personalisiertes Login, das die einmalige Bearbeitung des Self-Assessments erlaubt. Während der Bearbeitung werden alle Eingaben sicher verschlüsselt übertragen. Die Online-Version erlaubt es den Teilnehmenden, das Self-Assessment in einem datengeschützten Bereich zu einem selbstgewählten Zeitpunkt durchzuführen. Die schriftliche Rückmeldung geht nur den Teilnehmenden allein zu. Der Datenschutz ist also stets streng und zuverlässig gewahrt. Die durchschnittliche Bearbeitungszeit beträgt je nach individuellem Bearbeitungstempo zwischen einer und maximal drei Stunden.

6. Initiieren von Reflexionsprozessen in der Nachbereitung des Self-Assessments KPSM

Zur Nachbereitung des Self-Assessments spielt zunächst der Feedbackbericht eine wichtige Rolle. Daran schließt sich ein Auswertungs- bzw. Reflexionsworkshop an, in dem es vor allem darum geht, aus einem persönlichen Feedback eine persönliche Bewertung zu entwickeln sowie Überlegungen zu konkretisieren, welche persönlichen Ziele mit welchen Maßnahmen verfolgt werden. Idealerweise ist das der Ausgangspunkt für ein Einzel- und/oder Gruppencoaching (mit oder ohne professionellen Coach).

6.1 Feedbackbericht

Nach Abschluss erhält der Teilnehmende per E-Mail die Information, wie er seinen persönlichen Feedbackbericht abrufen kann. Der Bericht stellt dar, wie sie oder er sich hinsichtlich der 29 Kompetenzdimensionen im Vergleich zu anderen pädagogischen Führungsnachwuchskräften einschätzt bzw. wie gut ihr oder ihm im Vergleich zu diesen die Bearbeitung der kognitiven Aufgaben gelungen ist. Der Bericht umfasst zudem auch Erläuterungen zum Verfahren mit Hinweisen zum Zustandekommen und zur Interpretation der Ergebniswerte, Definitionen und Erläuterungen aller Kompetenzdimensionen, Beschreibungen des eigenen individuellen Wertes zu jeder Kompetenzdimension und Hinweise zu seiner Relevanz für pädagogisches Führungshandeln sowie eine zusammenfassende grafische Ergebnisdarstellung des individuellen KPSM-Profils.

6.2 Reflexionsworkshop

Für Personen, die das Self-Assessment durchgeführt haben, wird die Möglichkeit eines Reflexionsworkshops angeboten. Der Workshop besteht aus Vorträgen, Gruppenarbeiten, Diskussions- und Fragerunden und bietet eine Ergänzung und Vertiefung zum personalisierten Feedbackbericht. Teilnehmende können hier Rückfragen zum Zustandekommen des Ergebnisprofils und zur Lesart der einzelnen Ergebniswerte stellen. Im Workshop werden die zentralen Anforderungen pädagogischer Führungstätigkeit oder Befunde zum wirksamen Führungshandeln vertiefend vorgestellt und das Kompetenzprofil diskutiert. Je nach Länge des Workshops (ein- oder zweitägig) werden fünf bis neun verschiedene Vertiefungsaufgaben in Form von Einzel-, Tandem- oder Gruppenarbeit bearbeitet, die die Reflexion über pädagogische Führung fördern. Für die Reflexion des eigenen Kompetenzprofils sind die Fragen wesentlich, die (angehende) pädagogische Führungskräfte sich selbst stellen. Besprochen werden auch mögliche Folgeschritte, beispielsweise wie man sich gezieltes weiteres Feedback einholen kann und welche Möglichkeiten sich für die eigene Fortbildungsplanung bieten. Anregungen dazu geben folgende Reflexionsübungen.

Reflexionsübung 1: Meine Werte
Was hätten Sie genauso vermutet?
Was überrascht Sie?
Was sind die Ergebnisse bzw. Kompetenzdimensionen, über die ich nachdenken möchte?

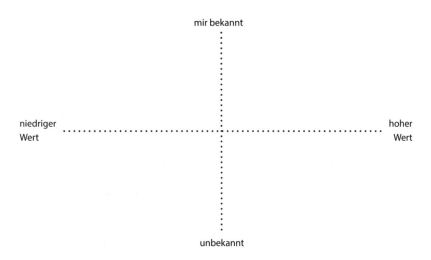

Reflexionsübung 2: Chancen und Risiken von hohen und niedrigen Werten
Reflektieren Sie für die ausgewählten Kompetenzdimensionen jeweils die Vor- und Nachteile: Wofür sind Ihre Ergebnisse förderlich, wofür hinderlich?

Reflexionsübung 3: Meine Werte im Zusammenhang –
Stärken und Entwicklungspotenzial
Betrachten Sie nun Ihr eigenes KPSM-Profil.
1. Wählen Sie die für Sie bedeutsamen Werte aus. Worin erkennen Sie für sich Vorteile und Nachteile von (hohen/niedrigen) Werten der ausgewählten Dimensionen in Ihrem Kontext (analog zur Gruppenübung)?
2. Spezifizieren Sie Ihre Aussagen, worin die ausgewählte Dimension mit der entsprechenden Ausprägung erkennbar sein könnte. Was gilt es für Sie in welcher Situation zu beachten?
3. Was erkennen Sie in der Gesamtschau? Worin sehen Sie die Zusammenhänge? Welche Kombinationen von Ergebniswerten erkennen Sie, die förderlich, und welche, die hinderlich sein könnten?

Stärken		
Dimension	Erkennbar an	Zu beachten

Entwicklungspotenziale		
Dimension	Erkennbar an	Zu beachten

Förderliche Zusammenhänge	Hinderliche Zusammenhänge

Reflexionsübung 4a: Attraktivität der Schulleitertätigkeit (für Lehrkräfte, die sich für eine Schulleitungsstelle interessieren)
Wie attraktiv ist eine Schulleitungstätigkeit für mich? Was finde ich an der Schulleitungstätigkeit reizvoll?

Reflexionsübung 4b: Passung zu meinem Arbeitskontext (für amtierende Schulleitungskräfte)

Welche Ergebnisse wirken sich erleichternd auf die Erfüllung meiner Aufgaben in meiner Schule aus?

Welche Ergebnisse können Anhaltspunkt für eine Begründung dafür sein, dass mir manche Schulleitungsaufgaben Schwierigkeiten bereiten?

Wie kann ich dem begegnen?

Kann ich mich durch eine geeignete Fortbildung weiterentwickeln?

Welche Aufgaben lassen sich an Mitarbeiter/innen delegieren, die komplementäre Kompetenzen haben und mich damit in meinen Fähigkeiten ergänzen?

Reflexionsübung 5: Wissen, Können, Wollen

WISSEN: Meine Wissensbasis

In welchen Schulleitungsthemen habe ich eine gute Wissensbasis?

In welchen Schulleitungsthemen fehlt mir Wissen?

KÖNNEN: Meine Fähigkeiten

Was fällt mir leicht? Was kann ich gut?

Was fällt mir eher schwer? Was kann ich weniger gut?

WOLLEN: Meine Neigungen

Was macht mir Freude? Welche Situationen machen mir Spaß? Wozu bin ich bereit?

Was widerstrebt mir? In welchen Situationen/bei welchen Aufgaben muss ich mich immer wieder überwinden?

Reflexionsübung 6: Nächste Schritte – Ziel und Maßnahmen auf Basis meiner Ergebnisse

Was sind meine zentralen Stärken?

Was sind meine zentralen Entwicklungsfelder?

Was sind meine Ziele?

Was sind die dazugehörigen Maßnahmen?

6.3 Coaching

Im EU-Projekt PROFLEC wurde ein Coachingmodul entwickelt, das in den verschiedenen Ländern leicht variiert wird. In der Regel handelt es sich um ein Gruppencoaching mit einem Expertencoach.

Das Modell basiert auf fünf entwicklungsorientierten Fragen von Withmore (2004):

1. „Wo bin ich jetzt?" Eine Antwort auf diese Frage beschreibt die Wahrnehmung der gegenwärtigen Situation.
2. „In welche Richtung möchte ich gehen?" Eine Antwort auf diese Frage skizziert eine Vision der weiteren persönlichen Entwicklung.
3. „Warum soll ich mich verändern?" Diese Frage dient der Motivation. Sowohl intrinsische als auch extrinsische Motive werden reflektiert.

4. „Wie erreiche ich dieses Ziel?" Eine Antwort auf diese Frage zeigt konkrete Planungsschritte der weiteren Handlungen auf.
5. „Wie kann dieser Entwicklungsprozess unterstützt werden?" Eine Antwort auf diese Frage macht Möglichkeiten deutlich, wie die Person weiter unterstützt und gefördert werden kann.

Für die deutschsprachigen Länder ähnelt das Verfahren dem Vorgehen, das Rowold und Schley (1998, S. 70–78; 2003, S. 58–64) als Kollegiales Team Coaching (KTC) bezeichnen (KTC-Prozess: siehe Abbildung 3).

---

1. Auswahl des Problems und Verteilung der Rollen (etwa 15 Min.)

1.1 Vorstellung der einzelnen Problemstellungen der Mitglieder und Einigung auf den zu bearbeitenden Fall
1.2 Verteilung der Rollen und Aufgaben
   – Coachee: Person, deren Fall bearbeitet wird, andere sind Coaches
   – zusätzliche Verantwortlichkeiten unter den Coaches
      – Moderation
      – Visualisierung
      – Zeitmanagement
      – Prozessbeobachtung

2. Prozess des Gruppencoachings (etwa 75 Min.)

2.1 Vorstellung des Problems (10–15 Min.)
   – Coachee stellt ihren/seinen Fall vor
   – Coaches stellen Rückfragen zum Verständnis
2.2 Konferenz der Coaches, Finden des Schlüsselthemas (10 Min.)
   – Coaches brainstormen über das Schlüsselthema, stellen beschreibende Vermutung an
   – Coaches brainstormen über mögliche Lösungen
   – Coaches brainstormen über die Stärken der Person, Ressourcen, die helfen können
   – Coachee hört nur zu, hat den Rücken zu den Coaches
2.3 Sammeln von Ideen und Vorschlägen zur Problemlösung (10–20 Min.)
   – Coaches stellen ihre Lösungsvorschläge vor
   – Coachee hört zu und darf kurze Rückfragen stellen
2.4 Entwicklung einer Lösungsstrategie, eventuell Durchspielen einer Strategie (10 Min.)
   – Coachee nimmt zum gefundenen Schlüsselthema Stellung und äußert sich zu den Lösungsvorschlägen (5 Min.)
   – Coaches hören zu und dürfen kurze Rückfragen stellen
   – Coaches and Coachee entwickeln zusammen aus den Ideen und Vorschlägen eine Lösungsstrategie
   – Coachee verabredet mit den Coaches Ziele und einen Maßnahmenplan
   – Coachee erprobt gegebenenfalls ein schwieriges Gespräch oder Ähnliches in einem Rollenspiel (zusätzliche 5–15 Min.)

3. Prozessreflexion (etwa 15–30 Min.)

3.1 Gemeinsame Reflexion des Coachingprozesses und der Coachingergebnisse
3.2 Metareflexion über neue Erkenntnisse zur Gruppe und zum Prozess

---

Abb. 3:   Ablaufplan des Gruppencoachings

Insbesondere in der 2. Phase im Prozess der Fallberatung (2.2. Finden des Schlüsselthemas und 2.3 Sammeln von Ideen und Vorschlägen zur Problemlösung) liegt der Fokus auf den Stärken und den Ressourcen der Fallgeberin bzw. des Fallgebers, die die Berater/innen aufgrund der Schilderungen des Falls wahrnehmen. Nachdem die Fallgeberin bzw. der Fallgeber ihren/seinen Fall vorgestellt hat, diskutieren die Coaches die Stärken und Ressourcen, und die Fallgeberin bzw. der Fallgeber hört beim Sammeln von Ideen zur Problemlösung nur zu. Sie/er ist damit nicht aktiv an der Kommunikation der Berater/innen beteiligt.

Zudem gab in einzelnen Gruppen in den deutschsprachigen Ländern Einzelcoachings. Diese bieten die Möglichkeit zu individuellen Reflexionen.

In den Coachings werden die Ergebnisse aus dem Self-Assessment vertiefend besprochen. Die Ergebnisse aus dem Self-Assessment werden vor dem Hintergrund der persönlichen beruflichen Situation und Laufbahnplanung beleuchtet. Ziel ist es, sein eigenes Handeln in Situationen zu reflektieren und Möglichkeiten alternativer Handlungsoptionen zu erarbeiten, Stärken und mögliche Entwicklungsfelder abzuleiten und auf dieser Basis Möglichkeiten für die nächsten Schritte in der beruflichen Entwicklung oder für konkrete Personalentwicklungsmaßnahmen auszuloten. In den Coachings können spezifische situative Kontextaspekte erörtert und reflektiert werden, die mit der Beschaffenheit des persönlichen Arbeitsumfelds in der jeweiligen Schule in Verbindung stehen (externe Organisationsmerkmale) und die Belastungs-Beanspruchungs-Komponenten beinhalten.

7. Wahrnehmungen der Qualität und des Nutzens des Self-Assessments KPSM

Die Qualität des KPSM-Verfahrens wird kontinuierlich überprüft und weiterentwickelt. Ein Aspekt ist dabei die stetige Optimierung hinsichtlich der wissenschaftlichen Gütekriterien von Reliabilität und Validität. Für sämtliche KPSM-Testskalen ist durch die standardisierte Vorgabe und automatisierte Auswertung bei sachgerechter Nutzung gewährleistet, dass die Ergebnisse eine hohe Durchführungs-, Auswertungs- und Interpretationsobjektivität besitzen. Die Testskalen zu den 29 Kompetenzdimensionen zeigen gute Reliabilitätskennwerte, meist zwischen .70 und .86.

Ferner werden Evaluationen zum empfundenen Nutzen und zur Akzeptanz durchgeführt. Auch im Rahmen des EU-Projekts wurden alle (angehenden) pädagogischen Führungskräfte mittels Fragebogen befragt. Der Rücklauf für die Evaluation beträgt 43 %. Die Befragung zielte darauf ab, die Annahmen und Hypothesen zu den Einflüssen des Self-Assessments, des Workshops und des Coachings zu beantworten.

Das allgemeine Feedback der Teilnehmenden im EU-Bericht ist sehr gut: 92,5 % gaben an, dass sie die Fragen gut verstanden hätten (59,3 % in einem hohen Maße, 35,9 % mäßig). 92,7 % der Teilnehmerinnen und Teilnehmer gaben an, dass sie die Beschreibungen des Feedback-Reports gut verstanden hätten (52,6 % in einem hohen Maße, 40,1 % mäßig).

Weitere Ergebnisse zeigen, dass 95 % der Teilnehmenden das Verfahren positiv bewerten und es Kolleginnen und Kollegen weiterempfehlen würden. Rund 90 % haben aufgrund der Ergebnisse und deren Interpretation weitere Schritte eingeleitet. So beobachten sich beispielsweise 69 % in bestimmten Situationen selbst genauer. Weiterhin haben die Teilnehmer/innen ihr Ergebnis aus dem Self-Assessment mit Kolleg/innen (48 %) oder mit der Schulleitung (12 %) besprochen. Etwa 38 % haben aufgrund der Ergebnisse für sich persönliche Entwicklungsziele oder Teilziele formuliert. KPSM unterstützt zudem Entscheidungen der Berufsbiografie: 24 % haben die Entscheidung getroffen, ob sie eine Führungsaufgabe anstreben wollen. Lediglich 2 % der Teilnehmer/innen haben nach dem Absolvieren des Tests keine weiteren Schritte unternommen bzw. Maßnahmen eingeleitet.

Von den Teilnehmenden, die nur das Self-Assessment bearbeitet hatten, ohne am Workshop oder Coaching teilzunehmen, würden 59,1 % (n = 149) ihre Kolleginnen und Kollegen dazu ermutigen, ebenfalls nur das Self-Assessment mit Feedbackreport durchzuführen. Weitere 11,4 % würden das Self-Assessment mit Modifikationen empfehlen. Betrachtet man die Gruppe, welche den Workshop besucht hat, würden 50,6 % (n = 79) das Self-Assessment nicht ohne den Workshop empfehlen, 69,5 % sprechen sich aktiv für das Self-Assessment in Begleitung des Workshops aus. Wenn Teilnehmende, die das Self-Assessment mit Modifikationen empfehlen, mit eingeschlossen werden, liegt die Zustimmungsrate sogar bei 84,1 % (n = 82). Ein ähnliches Bild zeigt sich für die Teilnehmenden, die ein Coaching erhalten haben. 80,7 % würden das Self-Assessment weiterempfehlen, wenn es von einem Coaching begleitet wird; wenn diejenigen Teilnehmenden eingeschlossen werden, die sie mit Modifikationen empfehlen würden, liegt die Zustimmungsrate bei 97,4 % (n = 144).

Unser Eindruck ist: Je aktiver die Teilnehmenden waren und je intensiver sie reflektierten (Beendigung des Self-Assessments, Lesen und Reflektieren des Feedbackberichts, Teilnahme an den Workshops und Coachings), desto nutzbringender war für sie ihre Teilnahme. Auch in den Bereichen der persönlichen Reflexion, der kontinuierlichen professionellen Weiterentwicklung sowie der persönlichen Weiterentwicklung und Veränderung in den organisationalen Strukturen, Prozessen und Beziehungen sehen wir dieselben positiven Effekte. Folglich lässt sich sagen: Je mehr verschiedene Arten von Lernmöglichkeiten aufeinandertrafen, desto höher war die positive Bewertung der Einflussnahme dieser Instrumente durch die Teilnehmerinnen und Teilnehmer.

Die Bewertung des Ausmaßes an positiver Veränderung zeigte dasselbe Bild in allen Ländern auf verschiedenen Ebenen, namentlich in Bezug auf die Zufriedenheit (siehe oben), die kontinuierliche professionelle Entwicklung, das persönliche Wachstum, das persönliche Führungsverhalten und die organisationalen Strukturen, Prozesse und Beziehungen sowie in Bezug auf die Laufbahnplanung.

8. Weitere Entwicklungen des Self-Assessments KPSM

Neben der kontinuierlichen Weiterentwicklung des Instruments werden mittels der gesammelten anonymisierten Daten einschlägige Forschungsfragen zum Bereich pädagogischer Führung verfolgt.

Abgesehen von der eigenen Standortanalyse, die das KPSM ermöglicht, kann es darüber hinaus unterstützend sein, das eigene Bild mit Fremdbildern zu vergleichen. Dabei handelt es sich um die Wahrnehmungen und Sichtweisen, die andere von der eigenen Person im Hinblick auf ausgewählte Kompetenzdimensionen haben. Das KPSM stellt bereits heute ein Fremdbild-Inventar bereit. Zu dessen Bearbeitung können die Teilnehmenden Personen ihrer Wahl oder – wie im 360-Grad-Feedback – verschiedene Gruppen (z.B. alle Lehrkräfte der Schule) als „kritische Freunde" einladen. Durch dieses speziell entwickelte Verfahren lassen sich auch Vergleiche mit den Wahrnehmungen der „kritischen Freunde" darstellen. Dieser Abgleich von Selbst- und Fremdbild kann weiteren Aufschluss über die eigenen Stärken und Entwicklungsfelder geben.

9. Fazit

Das Self-Assessment stellt einen niederschwelligen Einstieg in Feedbackverfahren und damit einen Impuls zur Reflexion über die eigenen Stärken und Potenziale sowie über den eigenen oder einen zukünftigen möglichen Arbeitskontext dar und leistet dadurch einen Beitrag zur persönlichen und beruflichen Weiterentwicklung von (angehenden) pädagogischen Führungskräften.

Es eignet sich zudem aufgrund der Erfahrungen im Rahmen des EU-Projekts hervorragend als Ausgangspunkt für Coaching von (angehenden) pädagogischen Führungskräften.

Zusammenfassend lässt sich festhalten, dass das Self-Assessment mit einem Feedbackbericht ein akzeptiertes Feedback-Instrument ist, welches am besten von einem Workshop begleitet werden sollte. Zusätzliches Coaching vergrößert den Nutzen auf allen Einflussebenen. Gemäß der Befragungsergebnisse bietet diese Kombination aus Self-Assessment, Feedback, Workshop und Coaching die beste Möglichkeit der professionellen Reflexion über pädagogische Führung.

Literatur

Hameyer, U. (2013). Feedback, wohin man sieht. In: S.G. Huber (Hrsg.), *Jahrbuch Schulleitung 2013. Befunde und Impulse zu den Handlungsfeldern des Schulmanagements.* Köln: Carl Link, S. 171–178.

Huber, S.G. (2013). Das Self-Assessment Kompetenzprofil Schulmanagement (KPSM). In: S.G. Huber (Hrsg.), *Handbuch Führungskräfteentwicklung. Grundlagen und Handreichungen zur Qualifizierung und Personalentwicklung im Schulsystem.* Köln: Carl Link, S. 897–907.

Huber, S.G. & Hiltmann, M. (2007). Potenziale von Führungsnachwuchskräften erkennen – Einsatz psychologischer Testverfahren. In: A. Bartz, J. Fabian, S.G. Huber, C. Kloft, H. Rosenbusch & H. Sassenscheidt (Hrsg.), *PraxisWissen SchulLeitung (130.03)*. München: Wolters Kluwer.

Huber, S.G. & Hiltmann, M. (2011). Competence Profile School Management (CPSM) – an inventory for the self-assessment of school leadership. *Educational Assessment, Evaluation and Accountability, 23* (1), pp. 65–88.

Huber, S.G., Schneider, N., Gleibs, H.E. & Schwander, M. (2013). *Leadership in der Lehrerbildung. Entwicklung von Kompetenzen für pädagogische Führung.* Stiftung der Deutschen Wirtschaft und Robert Bosch Stiftung: Berlin.

Huber, S.G., Schwander, M., Schneider, N. & Gleibs, H.E. (2014). Ein Kompetenzmodell für pädagogische Führung. In: S.G. Huber (Hrsg.), *Jahrbuch Schulleitung 2014. Befunde und Impulse zu den Handlungsfeldern des Schulmanagements. Schwerpunkt „Inklusion – Umgang mit Vielfalt".* Köln: Carl Link, S. 3–30.

Huber, S.G. & Skedsmo, G. (2015). Self-Assessment und Coaching zur Förderung professioneller Reflexion über pädagogische Führung. *journal für schulentwicklung, 2/2015.*

Huber, S.G., Skedsmo, G. & Schwander, M. (2015). Self-Assessment basiertes Coaching zur Förderung professioneller Reflexion über pädagogische Führung. In: K. Kansteiner & C. Stamann (Hrsg.), *Zwischen Fremdsteuerung und Selbstentwicklung – Erwartungen, Realitäten, Bedarfe und Entwicklungspotenzial der Personalentwicklung in der Schule.* Bad Heilbrunn: Klinkhardt, S. 252–266.

Rolff, H.-G. (2013). Vorgesetzten-Feedback. In: S.G. Huber (Hrsg.), *Handbuch Führungskräfteentwicklung. Grundlagen und Handreichungen zur Qualifizierung und Personalentwicklung im Schulsystem.* Köln: Carl Link, S. 885–889.

Rowold, G. & Schley, W. (1998). Kollegiales Team Coaching (KTC). *journal für schulentwicklung, 4/1998*, S. 70–78.

Rowold, G. & Schley, W. (2003). Die Situation als das eigentliche Thema der KTC-Reflexion. *journal für schulentwicklung, 1/2003*, S. 58–64.

Sassenscheidt, H.-J. (2015). Feedback im Schulleitungsteam. In: C. Buhren (Hrsg.), *Handbuch Feedback in der Schule.* Weinheim, Basel: Beltz Verlag, S. 301–317.

Whitmore, J. (2004). *Coaching for performance: GROWing people, performance, and purpose.* London: Nicholas Brealy Publishing.

Link zur KPSM-Homepage des Institutes für Bildungsmanagement und Bildungsökonomie (IBB) der Pädagogischen Hochschule Zug, Zentralschweiz: www.Bildungsmanagement.net/KPSM

Stephan Gerhard Huber, Stiftung der
Deutschen Wirtschaft, Robert Bosch Stiftung (Hg.):
Schule gemeinsam gestalten – Entwicklung von Kompetenzen
für pädagogische Führung. © 2015, Waxmann

Elisabeth Benz

Die Lehr:werkstatt – Ein Impuls der Eberhard von Kuenheim Stiftung für neue Wege in der Lehrerbildung

Schulentwicklung hängt genauso wie guter Unterricht von guten Lehrkräften ab. Dies zeigen zentrale Ergebnisse der Bildungsforschung der letzten Jahre. An Lehrkräfte werden hohe Anforderungen gestellt: Sie sollen fachlich genauso wie didaktisch-methodisch fundiert ausgebildet sein, gutes Classroom Management betreiben, das unterrichtliche Geschehen reflektieren, differenziert auf die unterschiedlichen Bedürfnisse der Schüler eingehen und sie beraten, sich neuen Methoden öffnen und sich in den Schulentwicklungsprozess einbringen. Allerdings zeigen Studien, dass für rund ein Viertel aller Studierenden der angestrebte Lehrerberuf lediglich eine Notlösung ist (vgl. Weiß, Lerche & Kiel, 2011; Rauin, 2007; Institut für Demoskopie Allensbach, 2012), da sie eine nur schwach ausgeprägte pädagogische Motivation haben, Kinder und Jugendliche zu fördern und zu unterrichten, ihr fachbezogenes Interesse gering ist und sie sich selbst auch berufsbezogene Persönlichkeitsmerkmale absprechen.

Ziel des Projekts Lehr:werkstatt ist es zum einen, diesen Studierenden die Möglichkeit zu geben, ihre Berufswahl noch einmal kritisch zu hinterfragen. Zum anderen sollen die engagierten, motivierten Studierenden und Lehrkräfte Unterstützung in ihrer Ausbildung und Weiterentwicklung erhalten. Die Lehr:werkstatt ist ein Projekt der Eberhard von Kuenheim Stiftung, einer Stiftung der BMW AG. Für die operativ tätige Stiftung ist seit ihrer Gründung im Jahr 2000 das Engagement im Bereich der Bildung zentral. Unter dem Motto *freude am neu:wagen* entwickelt die Stiftung Lösungsansätze für aktuelle gesellschaftliche Probleme in den Bereichen Bildung, Arbeit und nachhaltiges Handeln. Nach Abschluss der Pilotphase werden die Projekte in die Selbstständigkeit überführt, mit dem Anspruch, im Alltagseinsatz Wirkung zu zeigen.

1.   Die Idee der Lehr:werkstatt

Eine 360-Grad-Befragung sämtlicher Anspruchsgruppen im Kontext „Schule" in Bayern – darunter Lehramtsstudierende, Referendare, Lehrkräfte, Schulleiter, Universitäts-, Schüler- und Elternvertreter – im Jahr 2011 ließ erkennen, dass sich die Lehrkräfte aufgrund der zunehmenden Heterogenität im Klassenzimmer und der weiteren Herausforderungen stark beansprucht sehen. Gleichzeitig klagten die Studierenden über unzureichende Möglichkeiten, während des Studiums realistische Praxiserfahrung sammeln zu können. Unter dem Leitgedanken „Mehr Mensch pro Schüler" entwickelte die Eberhard von Kuenheim Stiftung daraufhin zusammen mit Lehrkräften, Studierenden und Ministerialvertretern das Konzept der Lehr:werkstatt, bei dem ein Lehramtsstudierender (Lehr:werker) eine Lehrkraft (Lehr:mentor) über ein Schuljahr hinweg begleitet – im Unterricht, aber auch bei allen anderen Aufgaben, die der Beruf mit sich bringt. Der zeitliche Aufwand für die Studierenden entspricht dem von zwei Pflichtpraktika, die durch das alternative Ableisten der Lehr:werkstatt anerkannt werden können.[1]

Der Vorteil des Konzepts ist es, dass die Studierenden bereits früh im Studium einen sehr realitätsnahen Einblick in ihre künftigen Aufgaben erhalten und damit ihre Berufswahlentscheidung fundiert und reflektiert treffen können. Die Lehrkräfte, die die Studierenden in den Schulen betreuen, profitieren von der zweiten pädagogischen Kraft in ihrem Alltag, indem sie einerseits Entlastung und Begleitung im Unterrichtsgeschehen, andererseits aber auch neue Perspektiven und Impulse durch die Rückkopplung mit dem Lehr:werker erfahren. In diesem Jahr bieten sich vielfältige Gelegenheiten zum Auf- und Ausbau von Kompetenzen für pädagogisches Handeln. Letztendlich profitieren auch die Schülerinnen und Schüler von den Tandems, da sie durch zwei unterschiedliche Personen und Persönlichkeiten begleitet und damit wesentlich differenzierter betreut werden können.

2. Die Lehr:werkstatt in ihrer Umsetzung

Seit dem Schuljahr 2011/12 bieten aktuell vier bayerische Universitäten das Programm an: die Friedrich-Alexander-Universität Erlangen-Nürnberg, die Julius-Maximilians-Universität Würzburg, die Ludwig-Maximilians-Universität München und die Universität Passau. Die Lehr:werkstatt lässt sich mit einem Umfang von rund 220 Stunden gut in den regulären Universitäts- und Schulbetrieb integrieren und kann von Studierenden ab dem 3. Fachsemester abgeleistet werden.

Die Tandems arbeiten über das Schuljahr verteilt in zwei Blockphasen während der Semesterferien und in zwei studienbegleitenden Phasen während der Semester zusammen (vgl. Abb. 1). Sie sind in der inhaltlichen und zeitlichen Ausgestaltung ihrer Zusammenarbeit flexibel, was ihnen ermöglicht, individuelle Schwerpunkte in der Zusammenarbeit zu setzen. Eine wichtige Rahmenbedingung ist jedoch der Anspruch, dass die Lehr:werker von Beginn an eine aktive Rolle übernehmen und die Intensität ihrer Einbindung in den Unterricht und das außerunterrichtliche Geschehen im Lauf der Zeit zunimmt. Somit steigt auch der Mehrwert für den Lehr:mentor, für den sich durch die steigende Entlastung Freiräume eröffnen, um im Team neue Methoden auszuprobieren oder eine neue Perspektive auf die Schüler zu gewinnen. Um den Tandems den Einstieg in das gemeinsame Wirken im Unterricht zu erleichtern, steht der Beginn des Schuljahres im Zeichen der Teamarbeit: In einem gemeinsamen, von

---

1 Dieses Angebot nehmen jedoch nur rund 45 % aller bisherigen Studierenden in Anspruch – gut die Hälfte der Studierenden nehmen zusätzlich zu den von ihnen bereits abgeleisteten Pflichtpraktika an dem Programm teil.

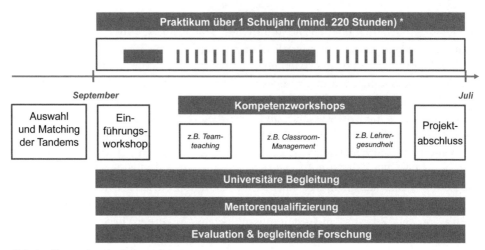

Abb. 1: Konzeption der Lehr:werkstatt

den Universitäten und der Eberhard von Kuenheim Stiftung angebotenen Workshop werden Methoden und Ideen vermittelt, wie im Team gearbeitet werden kann, um Synergien aus der doppelten Präsenz im Klassenzimmer optimal zu nutzen. Weitere Workshops während des Jahres geben zusätzliche Impulse für die Zusammenarbeit, Gelegenheit zur Vernetzung und zum Erfahrungsaustausch mit anderen Tandems.

Doch nicht nur das Tun ist wichtig, auch die Reflexion darüber ist Teil des Projekts. Die Tandems sind angehalten, sich gegenseitig regelmäßig Feedback zu geben und den Unterricht und ihr eigenes Handeln zu überdenken. Dies hilft beiden Partnern in ihrem persönlichen professionellen (Weiter-)Entwicklungsprozess, aber auch bei der Gestaltung von Lern- und Entwicklungsprozessen der Schülerinnen und Schüler. Für die Studierenden ist besonders wertvoll, dass sie erste Praxiserfahrungen ohne Notendruck sammeln und reflektieren können.

Bei den halbjährlich stattfindenden Entwicklungsgesprächen zwischen den Tandempartnern sollte der Fokus auf der Eignungsüberprüfung des Lehr:werkers und gegebenenfalls dem Ausloten möglicher Alternativen zum Lehrerberuf liegen.

Eine Studierende des Jahrgangs 2013/14 bestätigt: *„Ich bin mir nun sicher, dass ich mit meiner Berufswahl den richtigen Weg eingeschlagen habe und ihn beibehalten werde."*

Ein Lehr:werker des Jahrgangs 2011/12 fasst seine Eindrücke so zusammen: *„Es hat sich gezeigt, dass der Lehrerberuf nichts für mich ist. Gott sei Dank gab mir dieses Praktikum die Chance, das frühzeitig zu erkennen. [...] Nichtsdestotrotz hat mir das Projekt unglaublich viel Spaß gemacht und ich kann es jedem Lehramtsanwärter nur empfehlen, denn man kann seine Berufswahl entweder dadurch bekräftigen und viel praktische Erfahrung sammeln oder diese noch einmal ändern bevor alles zu spät ist. Und wenn man mal ehrlich ist, kommt es auch den Kindern zugute, denn wer will schon einen frustrierten, unglücklichen und unmotivierten Lehrer?"*

Die Öffnung des eigenen Unterrichts für eine weitere Person, aber auch der regelmäßige Austausch über eigene und fremde Beobachtungen sind wichtige Elemente, um die pädagogische Professionalisierung zu fördern. Im Tandem werden etablierte Handlungsmuster und neue Methoden besprochen, was von beiden Seiten Offenheit für Rückmeldungen und Veränderung voraussetzt. Im ersten Schritt geschehen der Kompetenzaufbau und die Veränderung im Kleinen, im Tandem. Doch es ist zu beobachten, dass die Lehr:werkstatt und die Arbeit der Tandems einen Abstrahleffekt auf die gesamte Schule haben. Idealerweise setzen sich der Austausch über den eigenen Unterricht und Unterrichtsqualität sowie die Zusammenarbeit und Begleitung im Kollegium fort. Für viele Schulleiter ist der Impuls zur Schulentwicklung, der durch die Lehr:werkstatt auf mehreren Ebenen im Kollegium entsteht, evident. In der Folge profitieren nicht nur die Tandempartner persönlich, sondern auch die Organisation Schule von dem Zuwachs an Gestaltungskompetenz. Außerdem berichten viele Lehrkräfte, dass sie eine Steigerung ihrer Selbstwirksamkeit erfahren dürfen.

„Das Wechseln der Perspektive, das wir sonst nicht haben, ist höchst interessant und bringt mich selbst ein ganzes Stück weiter, trotz meiner langen Berufserfahrung." (Lehr:mentor Jahrgang 2012/13)

„Für mich heißt das, dass ich meine Erfahrung an meine Lehr:werkerin weitergeben kann. Ich merke, wie interessiert und neugierig sie auf alles ist und was sie daraus macht. […] Es bedeutet schon Arbeit und Aufwand für mich, aber wenn ich dann die Stunden verfolgen darf oder einzelne Sequenzen, die meine Lehr:werkerin übernimmt, dann freue ich mich für sie und auch darüber, dass diese Arbeit und mein Engagement wirklich richtig und gut ankommt." (Lehr:mentorin Jahrgang 2012/13)

Außerhalb der Schule und der Lehr:werkstatt setzt sich das Engagement fort: Ehemalige Lehr:werker engagieren sich als Alumni in gerade entstehenden Netzwerken, sie begeistern ihre Kommilitonen für eine Teilnahme an der Lehr:werkstatt, fungieren als „Botschafter" als fachliche Berater und stehen den aktuellen Lehr:werkern mit ihren persönlichen Erfahrungen und Tipps zur Verfügung.

3. Evaluation der Lehr:werkstatt zeigt den Erfolg

Der Lehr:werker-Jahrgang 2013/14 war Gegenstand einer Evaluation[2] des Staatsinstituts für Schulqualität und Bildungsforschung (ISB) im Auftrag des Bayerischen Staatsministeriums für Bildung und Kultus, Wissenschaft und Kunst. Ziel der Untersuchung war einerseits, Aufschluss über die Zielerreichung des Projektansatzes zu erhalten,

---

2 Die Befragung erfolgte im April und Mai 2014 über standardisierte Online-Fragebögen. Als Vergleichsgruppe wurden Lehramtsstudierende befragt, die im relevanten Zeitraum ihr pädagogisch-didaktisches Schulpraktikum absolvierten (einfache Zufallsstichprobe pro Lehr:werkstatt-Standort). Die Zusammensetzung beider Gruppen bietet die notwendigen Voraussetzungen für einen Vergleich, da sie hinsichtlich der demografischen Eckdaten (z.B. Alter, Semesterzahl, Abiturnote, Geschlechterverhältnis) und der individuellen (z.B. pädagogische Vorerfahrungen, Berufswahlmotive) nahezu identisch zusammengesetzt sind.

und andererseits, Kenntnis über die Lernzuwächse der Lehr:werker im Vergleich zu regulären Praktikanten zu erlangen.

Die Ziele der Lehr:werkstatt – intensive und vertrauensvolle Zusammenarbeit durch 1:1-Matching, frühzeitiger und realistischer Einblick in den Schulalltag über die Dauer eines Schuljahres und Weiterentwicklung der Teilnehmer durch regelmäßige Reflexion und Austausch zwischen Wissenschaft und Praxis – wurden uneingeschränkt bestätigt: Die Zufriedenheit der Lehr:werker mit den Lehr:mentoren und mit der Vor- und Nachbereitung von Unterrichtsversuchen war hoch ausgeprägt. Die Lehr:werker beobachten weniger Unterrichtsstunden als die Praktikanten im regulären pädagogisch-didaktischen Schulpraktikum, sind aber dafür in den Unterrichtsstunden aktiver und machen viel mehr eigene Unterrichtsversuche als reguläre Praktikanten. Diese Unterschiede zwischen den Studierenden der beiden Praktikumsformen sind signifikant. Außerdem berichten die Lehr:werker von signifikant mehr Reflexion bezüglich des beobachteten und durchgeführten Unterrichts und der Berufswahl und von signifikant mehr Anwendung des theoretischen Wissens in der Praxis.

Auch bei der Betrachtung der Lernzuwächse der Lehr:werker – gemessen an den von der Kultusministerkonferenz formulierten Kompetenzstandards – werden signifikant höhere Lernerfolge der Lehr:werker in den Bereichen Erziehen, Beurteilen und Innovieren im Vergleich zu den Praktikanten im pädagogisch-didaktischen Schulpraktikum festgestellt. Ein weiterer Unterschied zeigt sich in der Beurteilung der allgemeinen Erfolge des Praktikums (z.B. Stärken und Schwächen, Rollenklärung, Unterrichtsstil), die ebenfalls signifikant höher eingeschätzt werden.[3]

Auch die jährliche Teilnehmerstatistik und Rückmeldungen der Tandems bestätigen die positiven Evaluationsergebnisse: In den vergangenen vier Jahren haben an den vier bayerischen Standorten knapp 430 Tandems an 130 Schulen teilgenommen, davon rund 20 % an Realschulen[4] und ca. 80 % an Gymnasien. Rund 45 % aller Lehrkräfte engagieren sich wiederholt als Lehr:mentor, mehr als 75 % aller Schulen nehmen mehrere Jahre nacheinander teil. Von vielen Schulleitern wird die Lehr:werkstatt als Personalentwicklungsinstrument gesehen. Oft wird von der Schulleitung festgelegt, welche Lehrkräfte teilnehmen bzw. in welchen Fächern die Lehr:werkstatt an der Schule angeboten wird. Meist ist die Teilnahme der Lehrkräfte auch durch die eigene Stundenverteilung oder die Nachfrage der Fächerverbindung durch die Studierenden bedingt. Zudem entscheiden sich Schulleiter häufig für eine Teilnahme an der Lehr:werkstatt, da die Lehr:werker konstant über ein Schuljahr an der Schule sind.

---

3   Zudem deuten einige bivariate Zusammenhänge darauf hin, welche der untersuchten Variablen den gemessenen bzw. berichteten Lernerfolg der Lehr:werker respektive der Praktikanten im pädagogisch-didaktischen Schulpraktikum erklären können. Aus ihnen werden Abhängigkeiten und Einflüsse erkennbar: a) Je höher der durchschnittliche Aktivitätsanteil, desto größer sind die Lernerfolge beim Unterrichten, Erziehen, Beurteilen, Innovieren, b) Je mehr Unterrichtsstunden ausschließlich beobachtet werden, desto niedriger sind die Lernerfolge bei Erziehen, Innovieren, Beurteilen, c) Je mehr Unterrichtsversuche in verschiedenen Klassen stattfinden, desto höher ist der Lernerfolg beim Unterrichten. Diese Ergebnisse bestätigen die wesentlichen Kernelemente der Lehr:werkstatt.

4   Das Verhältnis von Realschul- und Gymnasialtandems spiegelt einerseits das Verhältnis der Studierendenzahlen in Bayern wider, ist aber andererseits auch durch das um zwei Semester kürzere Studium zu erklären, das mitunter weniger Zeit für außeruniversitäres Engagement lässt.

Schüler und Kollegium werden somit nicht so stark wie durch die an vielen Schulen oft große Fluktuation Auszubildender – aufgrund der verschiedenen kurzzeitigen Praktika und der wechselnden Referendare – belastet.

„Meiner Meinung nach ist es für die Schule vor allem interessant, dass das Projekt auch eine Personalentwicklungsmaßnahme für die Lehrer ist – eine andere Form des Unterrichtens, im Team, mit ganz neuen Herausforderungen." (Schulleiter Jahrgang 2011/12)

„Ich freue mich immer auf den „Lehr:werkertag", denn ich fühle mich mit meiner Lehr:werkerin an der Seite entlastet. Gleichzeitig weiß ich, dass meine Lehr:werkerin den ungeschminkten Lehreralltag miterlebt und so eine ganz bewusste Berufswahl treffen wird, die sie ganz sicher nicht bereut. Vielleicht rekrutiere ich dadurch sogar eine Fachkraft für unsere Schule, wenn es ihr bei uns gut gefallen hat und ihr weiterer Lebensweg eine Rückkehr zu uns erlaubt. Ich freue mich, dass ich noch ein knappes halbes Jahr Frau G. mittwochs an meiner Seite habe und wüsste keine Verbesserungsmöglichkeiten." (Lehr:mentorin Jahrgang 2012/13)

4. Fazit

Das Engagement der Teilnehmer wird weder finanziell noch durch Ermäßigungsstunden honoriert. Es erfolgt rein aus Eigenmotivation und in dem Wissen, dass aus dem Austausch mit dem Tandempartner und den weiteren Impulsen persönliche Professionalitätsentwicklung, Erweiterung des Methodenrepertoires und eine differenziertere Förderung der Schülerinnen und Schüler erwächst. Den Studierenden wird von der betreuenden Lehrkraft bzw. Schulleitung am Ende des Schuljahres ein qualifiziertes Zeugnis ausgestellt, das sie bei Bedarf auf dem außerschulischen Arbeitsmarkt verwenden können.

Der Mehrwert für beide Seiten ist hoch, und in ihrem Engagement und der Verantwortungsübernahme für sich und andere wird deutlich, dass diese Lehrkräfte und Studierende ihre Führungskompetenzen auf- und ausbauen und einen wichtigen positiven Beitrag zur Weiterentwicklung der gesamten Schule leisten. Für die Stiftung erfüllt sich damit das Ziel, als Manufaktur für gesellschaftliche Verantwortungsräume mit ihrer Arbeit nachhaltig bleibende Werte zu schaffen, aus der Grundüberzeugung heraus: Freude an Verantwortung bewegt Menschen.

Literatur

Studie des Instituts für Demoskopie Allensbach, im Auftrag der Eberhard von Kuenheim Stiftung der BMW AG in Kooperation mit der Stiftung der Deutschen Wirtschaft e.V. (2012). *Geeignet für den Lehrerberuf? Repräsentativbefragung der Bevölkerung zum Lehrerberuf im Vergleich zur eigenen Beschäftigung. Zwei Lösungsmodelle für neue Wege in der Lehrerbildung.* München/Berlin. Online verfügbar unter: http://www.sdw.org/fileadmin/sdw/projekte/doc/studienkolleg/studienkolleg_studie-lehrerberuf.pdf.

Rauin, U. (2007). Im Studium wenig engagiert – im Beruf schnell überfordert. Studierverhalten und Karrieren im Lehrerberuf – Kann man Risiken schon im Studium prognostizieren? *Forschung Frankfurt. Das Wissenschaftsmagazin der Goethe-Universität, 3/2007*, S. 60–64. Online verfügbar unter: http://www.forschung-frankfurt.uni-frankfurt.de/36050068/Im_Studium_wenig____12_.pdf.

Weiß, S., Lerche, T. & Kiel, E. (2011). Der Lehrerberuf: Attraktiv für die Falschen? *Lehrerbildung auf dem Prüfstand, 4* (2), S. 349–365.

Roth & Shapley. www.nobelprize.org/nobel_prizes/economic-sciences/laureates/2012/popular-economicsciences2012.pdf.

Stephan Gerhard Huber, Stiftung der
Deutschen Wirtschaft, Robert Bosch Stiftung (Hg.):
Schule gemeinsam gestalten – Entwicklung von Kompetenzen
für pädagogische Führung. © 2015, Waxmann

Stephan Gerhard Huber und Nadine Schneider[1]

Studienangebote im Themenbereich „Bildungsmanagement" und „Schulmanagement" in der Schweiz, Österreich und Deutschland

Im Sinne eines Wissensmanagements wurden mittels Online-Recherche die im Internet zur Verfügung stehenden Informationen zu folgenden Studienangeboten im Themenbereich „Bildungsmanagement" und „Schulmanagement" in der Schweiz, Österreich und Deutschland zusammengetragen (Stand November 2014).

Übersicht der Studienangebote im Themenbereich „Bildungsmanagement" und „Schulmanagement":

1. Schweiz
Pädagogische Hochschule St. Gallen: MAS „Supervision und Organisationsberatung"
Zürcher Hochschule für Angewandte Wissenschaften: MAS Ausbildungsmanagement
Netzwerk Schulführung: MAS „Bildungsmanagement"*
Eidgenössisches Hochschulinstitut für Berufsbildung: MAS „Bildungsmanagement und
  Leadership"
Pädagogische Hochschule FHNW: MAS „Change Management im Schulbereich"*
Pädagogische Hochschule Bern: MAS „Bildungsmanagement"*
Universität St. Gallen: Ausbildung in „Wirtschaftspädagogik"
Pädagogische Hochschule FHNW: MAS „Erwachsenenbildung und
  Bildungsmanagement"
Universität Bern: Weiterbildungsprogramm „Evaluation"*
Interkantonale Hochschule für Heilpädagogik: MAS „Heilpädagogische Institutionen
  leiten und entwickeln"
Pädagogische Hochschule Luzern: MAS „Schulmanagement: Leiten und Entwickeln von
  Bildungsorganisationen"*
Netzwerk Schulführung: CAS „Schulleitung"
Netzwerk Schulführung: DAS „Schulleitung"
Netzwerk Schulführung: CAS „Personelle Führung"
Netzwerk Schulführung: CAS „Betrieblich Führung"
Netzwerk Schulführung: CAS „Pädagogische Führung"
Eidgenössisches Hochschulinstitut für Berufsbildung: DAS „Schule führen und
  entwickeln"
Universität St. Gallen: CAS „Schule als System leiten"
Universität St. Gallen: Weiterbildungsdiplom „Professional Learning Executive"
Pädagogische Hochschule FHNW: CAS „Kompetenzmanagement"

---

1   Unter Mitarbeit von Martin Kerski, Rebecca Hochstrasser und Jasper Maas.

Pädagogische Hochschule Bern: CAS-Lehrgang „Schulen Leiten"
Pädagogische Hochschule Bern: DAS-Lehrgang „Schulen Leiten"
Pädagogische Hochschule Bern: CAS-Lehrgang Schulqualität und Schulentwicklung
PH Zug, HS Luzern, PH FHNW: CAS „Educational Governance – Bildungssteuerung
    und Bildungsplanung"
Pädagogische Hochschule Luzern: CAS „Kooperative Schulführung"
Pädagogische Hochschule Luzern: CAS „Mit Führungserfahrung eine Schule leiten"
Pädagogische Hochschule Luzern: DAS „Schulleiter/in EDK"
Pädagogische Hochschule Luzern: CAS „Unterrichts- und Schulentwicklung"
Pädagogische Hochschule Luzern: „Individuelles Entwicklungsprojekt für Schulleitende
    (INSL)"
Hochschule Luzern: CAS „Educational Governance"*
Interkantonale Hochschule für Heilpädagogik: CAS „Management und Leadership"
Interkantonale Hochschule für Heilpädagogik: CAS Projekt- und Changemanagement
Universität St. Gallen: Zertifikatsprogramm „Bildungsmanagement"
Schweizerisches Institut für Betriebsökonomie (SIB): Studiengang „Dipl.
    Schulverwaltungsleiter/in"
AEB Akademie für Erwachsenenbildung: „Schulleitungsausbildung"
Fachhochschule Nordwestschweiz: Zertifikatslehrgang CAS (modular) „Schulleitung"
Fachhochschule Nordwestschweiz: Zertifikatslehrgang CAS (curricular) „Schulleitung/
    Schulmanagement"
Fachhochschule Nordwestschweiz: Zertifikatslehrgang CAS „Schulqualität"
Pädagogische Hochschule Zürich: Nachdiplomstudium (NDS) „Bildungsmanagement"
    (Executive Master of Education – School Management)
Pädagogische Hochschule Zürich: Zertifikatslehrgang (ZLG) „Führen einer
    Bildungsorganisation" (Schulleitungsausbildung)
Pädagogische Hochschule Zürich: weitere Zertifikatslehrgänge (ZLG)

2. Österreich
Pädagogische Hochschule Kärnten: Masterlehrgang „Schulmanagement. Professionell
    führen – Nachhaltig entwickeln"*
Hochschule für Agrar- und Umweltpädagogik: Masterlehrgang „Bildungsmanagement im
    ländlichen Raum"
Pädagogische Hochschule Vorarlberg: Masterlehrgang „Schulentwicklung"*
Donau Universität Krems: MA „Educational Leadership – Schulmanagement"*
Pädagogische Hochschule Tirol: MA „Schulmanagement"*
Pädagogische Hochschule Oberösterreich: Masterstudienlehrgang "Bildungsmanagement
    und Schulentwicklung"*
Private Pädagogische Hochschule der Diözese Linz, Privatuniversität Schloss Seeburg:
    „European Master of Educational Management"
Donau-Universität Krems: MA „Bildungsmanagement"
Pädagogische Hochschule Oberösterreich: Hochschullehrgang „Schulmanagement"*
ARGE Bildungsmanagement Wien: Masterlehrgang „Supervision, Coaching und
    Organisationsentwicklung"
ARGE Bildungsmanagement Wien: Universitätslehrgang „Mediation und
    Konfliktregelung"
ARGE Bildungsmanagement Wien: Universitätslehrgang „Coaching,
    Organisationsentwicklung und Personalentwicklung"
ARGE Bildungsmanagement Wien: Universitätslehrgang „Projektmanagement"
ARGE Bildungsmanagement Wien: Universitätslehrgang „Leadership und Soziales
    Management"

Pädagogische Hochschule Burgenland: „Schulmanagement-Lehrgang"
Pädagogische Hochschule Kärnten: „Lehrgang für schulische Führungskräfte und
    Management in allen Schultypen"
Pädagogische Hochschule Oberösterreich: „Lehrgang Schulmanagement für Schulleiter/
    innen"
Pädagogische Hochschule Wien: Lehrgang „Schulmanagement AHS & BBS"
Pädagogische Hochschule Wien: Lehrgang „Schulmanagement APS"
Pädagogische Hochschule Steiermark: Lehrgang „Schulmanagement"

3. Deutschland

Pädagogische Hochschule Weingarten: Studiengang „Schulentwicklung"*
Technische Universität Berlin: „Bildungswissenschaft – Organisation und Beratung"
Universität Tübingen: Masterstudiengang „Schulforschung und Schulentwicklung"
Universität Bamberg: Masterstudiengang „Bildungsmanagement und Schulführung"*
Universität Oldenburg: Masterstudiengang „Bildungs- und Wissenschaftsmanagement"*
Ludwig-Maximilians-Universität München: „Masterstudiengang Pädagogik mit
    Schwerpunkt Bildungsforschung und Bildungsmanagement"
Hochschule für Angewandtes Management: „European Master of Educational
    Management"
Katholische Fachhochschule Freiburg: Bachelor of Arts im Studienbereich „Management
    von Erziehungs- und Bildungseinrichtungen"*
Fachhochschule Koblenz: „Bildungs- und Sozialmanagement mit Schwerpunkt frühe
    Kindheit"
Deutsche Universität für Weiterbildung: Masterstudiengang „Bildungs- und
    Kompetenzmanagement"
Deutsche Akademie für Pädagogische Führungskräfte (DAPF): Masterstudiengang
    „Führung und Management in Bildungseinrichtungen"*
Universität Duisburg-Essen: Studiengang „Educational Leadership –
    Bildungsmanagement & -innovation"
Freie Universität Berlin: Masterstudiengang „Schulentwicklung und
    Qualitätssicherung"*
Universität Düsseldorf: Masterstudiengang Weiterbildung und Bildungsmanagement
Martin-Luther-Universität Halle-Wittenberg: „Bildungsmanagement Management von
    Bildungseinrichtungen"*
Technische Universität Kaiserslautern: Fernstudiengang „Schulmanagement"*
Universität Kiel: Weiterbildendes Studium „Master für Schulmanagement und
    Qualitätsentwicklung"
Pädagogische Hochschule Ludwigsburg: Master-Aufbaustudiengang
    „Bildungsmanagement"*
Pädagogische Hochschule Ludwigsburg: "International Education Management"
Universität Oldenburg: Master „Business Administration in Bildungsmanagement"
Duale Hochschule Baden-Württemberg: „Personal- und Bildungsmanagement"
Katholische Hochschule Nordrhein-Westfalen: „Schulleitungsmanagement" M.A.
Universität Potsdam: Zertifikatsstudiengang „Schulmanagement"
Universität Oldenburg: Weiterbildungsangebote „Bildungs- und
    Wissenschaftsmanagement"
Universität Hildesheim: Masterstudiengang „Organization Studies mit Schwerpunkten
    Organisationsmanagement, Schulmanagement und Bildungsmanagement"
Universität Kassel: Studienprogramm „Bildungsmanagement"
Pädagogische Hochschule Weingarten: BA/MA Medien- und Bildungsmanagement
Hochschule Osnabrück: MBA „Hochschul- und Wirtschaftsmanagement"

Fliedner Fachhochschule Düsseldorf: „Bildungsmanagement"
Universität Jena: Weiterbildendes Studium „Schulentwicklung/Schulberatung"

4. Thematisch angrenzende Qualifizierungsangebote (Auswahl)
Universität Hildesheim: Masterstudiengang „Organisations- und Sozialpädagogik"
Universität Jena: Aufbaustudiengang „Pädagogische Organisationsberatung"
Fachhochschule Potsdam: „KITA-Management"
Universität des Saarlandes: Master-Studiengang „Evaluation"

5. Internationale Qualifizierungsangebote (Auswahl)
University of Manchester: MEd Educational Leadership and School Improvement

Wie das folgende Beispiel des Zertifikatslehrgangs CAS „Educational Governance" (Bildungssteuerung und Bildungsplanung), eines Studienangebots der Hochschule Luzern Wirtschaft in Kooperation mit der Pädagogischen Hochschule Zug, der Fachhochschule Nordwestschweiz, des Eidgenössischen Hochschulinstituts für Berufsbildung, unterstützt von der Schweizerischen Zentralstelle für die Weiterbildung der Mittelschullehrpersonen (vgl. den Beitrag von Weber, Buerkli und Huber in diesem Buch), zeigt, wurden in der Berichterstellung systematisch wichtige Informationen und Modulbeschreibungen der Studienangebote bzw. die Darstellung von deren Inhalten aufgenommen:

- Ziel
- Zielgruppe
- Aufbau und Inhalte
- Arbeitsweisen
- Voraussetzungen
- Abschlüsse
- Umfang und Kosten
- Träger

Nicht systematisch erfasst sind derzeit Beschreibungen zu makro- und mikrodidaktischen Lehr-/Lernarrangements, Zulassungsvoraussetzungen, Zertifizierungsbedingungen, Kosten sowie (personellen) Verantwortlichkeiten.

Die Zusammenstellung aller recherchierten Studienangebote ist online abrufbar unter www.Bildungsmanagement.net/Studiengänge-Bildungs-und-Schulmanagement. Sie erhebt keinen Anspruch auf Vollständigkeit.

Hochschule Luzern: CAS „Educational Governance"

https://www.hslu.ch/de-ch/wirtschaft/weiterbildung/cas/ibr/educational-governance/

Ziel	Die Teilnehmenden werden durch den Besuch des CAS und in aktiver Auseinandersetzung mit Themen, Inhalten und im Diskurs mit hochkarätigen Referierenden sowie den Forumsgästen befähigt zu: - professioneller Steuerung, Planung, Entwicklung, Begleitung, Beratung, Controlling – bei/ von strategischen und operativen Prozessen im Bildungsbereich auf verschiedenen Ebenen, in unterschiedlichen Funktionen und mit unterschiedlichen Aufgabenbereichen. - Erkennen von Vorgängen, Abläufen und Zuständigkeiten in einem föderalistischen Bildungssystem, das von verschiedenen Partnern und Akteuren gesteuert, getragen und geprägt wird und sich in einem gesellschaftlich und bildungspolitisch dynamischen kantonalen, nationalen und internationalen Umfeld befindet.
Zielgruppe	Das CAS Educational Governance richtet sich an Führungspersonen im Bildungsbereich (sowie in verwandten Bereichen), d.h. an im Bildungsbereich tätige bzw. sich für eine Führungsposition oder Fachleitung vorbereitende Personen, die: - in der strategischen und operative Bildungssteuerung und Bildungsplanung - an der Schnittstelle zwischen Expertenwissen und Öffentlichkeit (Bildungspolitik) - in Bildungs- und evtl. Sozialdepartementen (Bund, Kanton, Stadt) - in Generalsekretariat und Rechtsdienst sowie in Ämtern der Verwaltung - in der Leitung von Schulen, insbesondere der Sekundarstufe II und Tertiärstufe (Berufsbildung, Mittelschulen, Höhere Fachschulen, Hochschulen) - im Stab und in der Entwicklung sowie in der Weiterbildung - als Berufsbildungs- und Hochschuldozierende - in der Privatwirtschaft sowie in Organisationen der Arbeitswelt und in Berufsverbänden - im Projektmanagement sowie in Schulevaluation und in der Schulaufsicht/ Schulverwaltung - als Fachverantwortliche und als Beratende sowie Leitungspersonen von Schuldiensten oder anderen Fachstellen (z.B. im Sozialbereich) Kompetenzen über Steuerung, Planung, Führung und die Bearbeitung von strategischen und bildungspolitischen Fragestellungen im Bildungsbereich auf allen Bildungsstufen erwerben oder aktualisieren, Zusammenhänge erkennen, sich vernetzen, und ihren Horizont sowie ihre Führungsfähigkeiten erweitern möchten.
Aufbau und Inhalte	Der Lehrgang ist aufgeteilt in fünf thematische Module (Bildungssteuerung, Bildungsplanung, Bildungsmanagement, Internationale Entwicklungen, Entwicklungen und Trends auf allen Bildungsstufen) mit insgesamt 11 Lern-einheiten, eine Einführung sowie einen Abschluss. Am Einführungstag werden u.a. Methoden der Recherche und Intervision vermittelt. An den zwei Abschlusstagen werden die Projektarbeiten präsentiert sowie der eigene Kompetenzerwerb und der Lehrgang evaluiert. Als Teil des Moduls Bildungsmanagement wird das Internationale Bildungs- und Schulleitungs-symposium der Pädagogischen Hochschule Zug besucht. Das Modul Internationale Entwicklungen wird in Form einer Studienreise ins Ausland durchgeführt.
Arbeitsweisen	Kursveranstaltungen, Selbststudium, Projektarbeit, Tagungsteilnahme, Studienreise ins Ausland
Voraussetzungen	Die Kursteilnahme setzt ein abgeschlossenes Hochschulstudium voraus. Beim Nachweis einer gleichwertigen Qualifikation ist auch die Zulassung auf Grund eines „Sur Dossier"-Verfahrens möglich. Über die definitive Aufnahme entscheidet die Studienleitung.

Abschlüsse	Die Teilnehmenden erhalten aufgrund des Nachweises des Besuchs der Lerneinheiten (80 % der Lerntage) sowie der erfolgreich erbrachten Leistungsnachweise das Zertifikat der Hochschule Luzern mit der Bezeichnung Certificate of Advanced Studies CAS in Educational Governance (Bildungssteuerung und Bildungsplanung) der Hochschule Luzern, Wirtschaft.
Umfang und Kosten	Das CAS Educational Governance dauert 12 Monate und entspricht einem Zeitaufwand von rund 450 Stunden bzw. 15 ECTS (1 ECTS = 30h). Der Lehrgang beinhaltet 36 Präsenztage à 6 Stunden bzw. 8 Lektionen sowie 90 Stunden Selbststudium (Vor- und Nachbereitung der Lernanlässe sowie eigene Beiträge). Für die Projektarbeit sowie für die begleitende Lerngruppe stehen 100 Stunden zur Verfügung.
Träger	vier Kooperationspartner: Hochschule Luzern Wirtschaft, Pädagogische Hochschule Zug, Fachhochschule Nordwestschweiz, Eidgenössisches Hochschulinstitut für Berufsbildung

Stephan Gerhard Huber, Stiftung der
Deutschen Wirtschaft, Robert Bosch Stiftung (Hg.):
Schule gemeinsam gestalten – Entwicklung von Kompetenzen
für pädagogische Führung. © 2015, Waxmann

Fanny A. Günthel, Heike Igel und Heike E. Gleibs

Das Studienkolleg der Stiftung der Deutschen Wirtschaft (sdw): Ein Stipendienprogramm für Lehramtsstudierende

Seit 2007 fördert das Studienkolleg des Studienförderwerks Klaus Murmann der Stiftung der Deutschen Wirtschaft (sdw) leistungsbereite und engagierte junge Menschen, die Schule gestalten wollen. Jährlich nehmen gut 350 Lehramtsstudierende an einem extracurricularen Veranstaltungsprogramm teil, das den Stipendiatinnen und Stipendiaten Themen wie Schulentwicklung und Führung an Schule nahe bringt. Das Programm des Studienkollegs steht unter der Prämisse, dass pädagogische Führungsthemen bereits in die erste Ausbildungsphase gehören und den Grundstein für eine systematische und nachhaltige Entwicklung von Kompetenzen pädagogischer Führung legen.

1. Das Veranstaltungsprogramm

Mit dem Studienkolleg sollen Schulgestalter von morgen unterstützt und gefördert werden. Dementsprechend liegt der Schwerpunkt des Veranstaltungsprogramms auf Themen aus den Bereichen Qualitätssicherung und -entwicklung an Schulen sowie Führung im schulischen Kontext. Das Jahresprogramm ist auf Grundlage des Kompetenzmodells aus der 2013 erschienenen Publikation „Leadership in der Lehrerbildung: Entwicklung von Kompetenzen für pädagogische Führung" (Huber et al., 2013) konzipiert. Darin werden „Qualitätsmanagement" sowie „Kooperation" als „übergreifende (Querschnitts-)Handlungsbereiche" des Schulmanagements benannt, die sich durch die anderen Handlungsfelder pädagogischer Führung und Schulmanagements „Unterricht und Erziehung", „Organisation", „Personal" sowie „Führungs- und Managementorganisation" ziehen.

Neben diesem Fokus auf Handlungsfelder zielt das Veranstaltungsprogramm des Studienkollegs auf Kompetenzentwicklung gemäß der sogenannten „Entwicklungslandkarte für pädagogische Führung" ab, wie sie in der in o.g. Publikation beschrieben wird. Zwei Themenbereiche strukturieren die verschiedenen Veranstaltungen, prägen die inhaltliche Ausrichtung des gesamten Programms und bilden den Rahmen für die Entwicklung neuer Angebote. Der Themenbereich „Schulqualität und Schulentwicklung" vermittelt größtenteils Wissen über methodisches Werkzeug für schulische Verbesserungsprozesse. Er umfasst die Handlungsfelder „Qualitätsentwicklung und Qualitätssicherung" sowie „Unterricht und Erziehung". Der Themenbereich „Führung und Kooperation" fokussiert auf die Entwicklung persönlicher Fähigkeiten und Kompetenzen der Stipendiaten, die für die aktive Mitarbeit an und Leitung von schulischen Qualitätsverbesserungsprozessen nötig sind.

Im Folgenden werden die Schwerpunkte des jeweiligen Themenbereichs dargestellt. Diese Themensammlung bildet die Leitlinie für die jährliche Erstellung des Veranstaltungsprogramms. Nicht alle Themen können in einem einzelnen Jahresprogramm abgedeckt werden.

1.1 Themenbereich „Schulqualität und Schulentwicklung"

Organisationentwicklung und Qualitätssicherung
- Qualitätssicherung und Qualitätsentwicklung an Schulen, z.B. Qualitätszyklus, Qualitätskriterien guter Schule, Evaluationsmethoden
- Schulentwicklung und Change Management
- Projektmanagement
- Systemische Grundlagen

Unterricht und Erziehung (im Kontext von Qualitätsverbesserungsprozessen)
- Umgang mit Heterogenität
- Multikulturelle Erziehung
- Lösungsstrategien gegen Mobbing
- Ganztägig lernen
- Selbstorganisiertes Lernen
- Neue Unterrichts- und Lernformen, z.B. kooperatives Lernen, phänomenologische MINT-Didaktik

1.2 Themenbereich „Führung und Kooperation"

Führungsaufgaben und -kompetenzen
- Führungsaufgaben, -kompetenzen und -stile im schulischen Kontext
- Aufgabenprofil Schulleitung
- Karrierewege an Schulen
- Kenntnisse im Bereich Leadership und Management
- Schulrecht und andere administrative Aufgaben an Schulen
- Selbstreflexion durch KPSM – Kompetenzprofil Schulmanagement: Self-Assessment für pädagogische Führungskräfte (Online-Assessment und Auswertungsworkshop im Rahmen der Akademie)
- Ressourcenorientiertes Selbstmanagement/Entwicklung von Resilienz
- Kommunikative Kompetenzen, z.B. Gesprächsführung, Konfliktmanagement, Auftreten & Präsenz, Moderationstechniken
- Classroom Management (als Führungsaufgabe jeder Lehrkraft)

Kooperation nach innen:
- Kollegiale Fallberatung
- Teamentwicklung
- Gruppendynamik

Kooperation nach außen und Repräsentieren:
- Grundkonzept von Methoden und Verfahren der Öffentlichkeitsarbeit
- Grundlagen des Fundraising
- Grundlagen von Kooperationen und kooperativen Bildungslandschaften
- Übergangsmanagement (Kita > Grundschule; Grundschule > weiterführende Schule; Schule > Ausbildung bzw. Studium)

2. Veranstaltungsformate und -methodik

Zwei Veranstaltungsformate prägen das Förderprogramm:

Akademien

In den jeweils einwöchigen Akademien beschäftigten sich rund 50 Stipendiaten mittels unterschiedlicher Lernanlässe, wie Modell- und Erfahrungslernen, Möglichkeiten zur Reflexion, aber auch über Vorträge und Referate damit, welche Kriterien über die Qualität von Schulen entscheiden (in der Akademie „Qualitätsentwicklung an Schulen") und was Führung im schulischen Kontext bedeutet (in der gleichnamigen Akademie).

Im Zusammenhang mit den Akademien „Qualitätsentwicklung an Schulen" und „Führen im schulischen Kontext" werden das vorbereitende Selbststudium sowie die eigenständig organisierte Nachbereitung angeregt. Zum einen werden den Teilnehmenden für eine vorbereitende Selbstlernphase Texte zur Verfügung gestellt, die das Vorwissen vertiefen, sie auf die Inhalte einstimmen und deren Referenzrahmen abstecken. So steht ihnen während der Akademie ein breiterer Reflexionshorizont für die Erarbeitungen neuer Inhalte zur Verfügung. Zum anderen erhalten sie durch die Akademie vielfältige Impulse für eine vertiefende Nachbereitung und weitergehende Arbeit zu ausgewählten Aspekten. Häufig entstehen in der Folge neue Fachgruppen, in denen sich die Stipendiaten selbstorganisiert mit eigenständig gesetzten Schwerpunkten auseinandersetzen.

Seminare

Die Wochenendseminare ergänzen das Akademieprogramm. Sie sind sehr anwendungsorientiert angelegt und sollen in der Regel in einer kleinen Gruppe Zeit und Raum bieten, um Methoden und Werkzeuge für die Bewältigung von Schulentwicklungsaufgaben kennen und anwenden zu lernen.

Die Seminare sind in großen Blockterminen gebündelt, um den Teilnehmenden nicht nur in den Akademien, sondern auch über das Einzelseminar hinaus eine breite Plattform zur Vernetzung untereinander zu bieten.

Grundsätzlich sind die Akademien und Seminare des Studienkollegs methodisch und didaktisch so konzipiert, dass zentrale Kompetenzen für Führungstätigkeiten gestärkt und entwickelt werden. Die Teilnehmenden bauen ihre allgemeinen kommunikativen Fähigkeiten aus und üben sich z.B. in den Bereichen Konfliktfähigkeit, konstruktive Fehlerkultur, Rollenklarheit sowie lösungsorientiertes Argumentieren und Arbeiten. Kooperative Arbeits- und Lernformen in den Veranstaltungen zielen darauf ab, die Kooperationsfähigkeit der Teilnehmer zu erhöhen, z.B. durch anspruchsvolle, problembasierte Arbeitsaufträge für Kleingruppen, die ein konzeptionelles Denken erfordern und gemeinsames Lernen ermöglichen. Zugleich etabliert sich durch die Arbeit in wechselnden Teams eine rege Feedbackkultur.

3. Weitere Programmbausteine

Über das Veranstaltungsprogramm hinaus unterstützt das Studienkolleg die Stipendiaten in der Erarbeitung und Gestaltung selbstorganisierter Veranstaltungs- und Vernetzungsangebote.

Stipendiatengruppen

Das Studienkolleg ist in ganz Deutschland präsent: In derzeit 42 Stipendiatengruppen des Studienförderwerks Klaus Murmann arbeiten Lehramtsstudierende aktiv mit und setzen sich gemeinsam mit Stipendiaten anderer Studienrichtungen mit aktuellen Entwicklungen in Schule und Bildung wie auch in Politik und Gesellschaft allgemein auseinander. Die Gestaltung eines aktiven, thematisch vielfältigen Gruppenlebens ist integraler Bestandteil des Förderkonzepts des Studienförderwerks. Unterstützt von jeweils einem Referenten aus der Geschäftsstelle organisieren die Stipendiatengruppen ganz unterschiedliche Aktivitäten, wie z.B. Unternehmens- oder Schulexkursionen, Themenabende oder Podiumsdiskussionen.

Fachgruppen

In überregional organisierten Fachgruppen arbeiten Stipendiaten des Studienkollegs an bildungs- und schulpolitischen Fragestellungen. Sie tragen auf diese Weise zur thematischen und methodischen Vielfalt der Förderung bei und ergänzen das von der Geschäftsstelle organisierte Angebot. Neben der Arbeit innerhalb der jeweiligen Fachgruppe werden immer wieder größere Veranstaltungen organisiert, die über die Grenze der Gruppe hinaus interessierten Stipendiaten eine Plattform für die gemeinsame Auseinandersetzung mit spezifischen Aspekten eines größeren Themas bieten.

Derzeit sind sechs Fachgruppen (FG) zu Schul- und Bildungsthemen aktiv: FG „Lehrergesundheit", FG „Schulhospitation", FG „Hauptschule – Keine Sackgasse!", FG „Management und Entwicklung von Schulqualität", FG „Gründungsinitiative für Bildungskonzepte" sowie „FG Methodenpool".

Wettbewerb für stipendiatische Seminarprojekte

Darüber hinaus veranstaltet das Studienförderwerk Klaus Murmann zweimal im Jahr einen Wettbewerb für stipendiatische Seminarprojekte. Regelmäßig reichen Stipendiaten- oder Fachgruppen neben Seminarvorschlägen zu gesellschaftspolitischen Fragestellungen auch Vorschläge ein, die sich spezifisch mit Schul- und Bildungsthemen beschäftigen.

Gruppenleitung

Durch die Mitarbeit oder Leitung einer Fachgruppe oder einer Projektgruppe der Seminarprojekte üben sich die Gruppenmitglieder wirkungsvoll im selbstorganisierten Lernen. Neben dem Wissenszuwachs, der aus der intensiven Auseinandersetzung mit einem selbstgewählten Thema resultiert, erwerben sie Schlüsselkompetenzen, wie sie auch in verschiedenen Seminaren im Themenbereich „Führung und Kooperation" entwickelt und trainiert werden. In den Projektteams des Projektwettbewerbes arbeiten Stipendiaten des Studienkollegs gemeinsam mit Stipendiaten des allgemeinen Programms an der Organisation eines mehrtägigen Seminars für andere Stipendiaten beider Programme. Der Blick über den Tellerrand fördert einen breiten Kompetenz- und Wissenserwerb sowie den für alle Seiten gewinnbringenden interdisziplinären Austausch.

4. Wirkung

Ende 2014 hatten rund 300 Lehramtsstudierende die Studien- oder Promotionsförderung beendet. Eine Kurzbefragung im September 2014 ergab, dass 53 Prozent ($N = 100$) der Gesamtstichprobe zum Zeitpunkt der Befragung im Schuldienst tätig waren. Von ihnen absolvierten 54 Prozent den Vorbereitungsdienst, 46 Prozent befanden sich in der Berufseinstiegsphase. Von diesen 100 Befragten übernahmen knapp die Hälfte (49 %) über ihre Unterrichtätigkeit hinausgehend zusätzliche Tätigkeiten. Ein Großteil davon ($N = 42$; 86 %) kann als Führungs- und Gestaltungsaufgaben klassifiziert werden, wie z.B. übergreifende Koordinierungstätigkeiten oder die Leitung eines Fachbereichs. Unter den 42 Personen waren fünf (im Rahmen einer Steuergruppe) unmittelbar in die Schulentwicklung involviert. Es gab zudem einen Alumnus, der Mitglied des Schulleitungsteams war, sowie eine Ehemalige, die als Schulleiterin agierte.

Erste Evaluationsergebnisse (Schumacher & Petzel, 2013) aus dem Jahr 2013 geben zudem Aufschluss über die Wirkung des Studienkollegs und die Frage, ob das Studienkolleg die intendierte Stärkung von Führungs- und Gestaltungskompetenzen in Anlehnung an das Kompetenzmodell und die Entwicklungslandkarten für pädagogische Führung (Huber et al., 2013) erreicht. Demnach schätzen die ehemaligen Stipendiaten ihre Kenntnisse und Kompetenzen hinsichtlich schulgestalterischer Tätigkeiten fast in allen Bereichen deutlich höher ein als die befragten Lehrkräfte aus der Vergleichsgruppe. Es zeigt sich, dass sich die ehemaligen Stipendiaten im Vorbereitungsdienst besser gerüstet fühlen, um Gestaltungsherausforderungen an Schulen zu begegnen als

Lehrkräften, die keine äquivalente Förderung durch ein Stipendium im regulären Studium erhalten haben. Die Ergebnisse lassen den Schluss zu, dass das Studienkolleg eine frühzeitige Förderung von Nachwuchskräften erzielt und diese auf Basis der ersten Absolventenbefragung durchaus sinnvoll einzuschätzen ist.

5. Ausblick

Um den positiven Trend in der Wirkung des Studienkollegs aufrecht zu erhalten und zu bestärken, wird neben dem Förderprogramm für Lehramtsstudierende auch die Alumni-Arbeit systematisch aufgebaut und als integraler Bestandteil des Förderkonzepts verstanden. Neben hohen Übertrittzahlen in das Alumni-Netzwerk zielt die Alumni-Arbeit auf die Entwicklung eines starken professionellen Beziehungsnetzwerks im Referendariat und in der Berufseinstiegsphase ab. Von den Absolventen organisierte Seminare bilden das Kernstück der Alumni-Arbeit, von der Geschäftsstelle organisierte Formate ergänzen das Programm. Inhaltlich ist die Alumni-Arbeit bestrebt, unter gezielter Berücksichtigung der beruflichen Praxis der Absolventen und gemäß der „Entwicklungslandkarte für pädagogische Führung" an die Themen des Förderprogramms aus dem Studium anzuknüpfen. Auf diese Weise wird die Bedeutung der Themen für das eigene professionelle Lehrerhandeln unterstrichen und das im Studienkolleg Gelernte nachhaltig gefestigt.

Das Potenzial der Zusammenarbeit ehemaliger Stipendiaten des Studienkollegs („Community of Practice"; Lerngemeinschaft) ist hoch und in der Fortbildungslandschaft für Lehrkräfte einmalig. Im Kreis der Alumni sind Lehrkräfte aller Schulformen und aller 16 Bundesländer vertreten, was eine bundesweite schul-, und schulformübergreifende Vernetzung ermöglicht. Die Studienkollegs-Alumni bilden eine starke Lerngemeinschaft, die bereits über systemisches Vorwissen verfügen und erste Gestaltungs- und Führungsaufgaben an den Schulen übernommen haben.

Zudem zeigen die Absolventen des Studienkollegs großes Interesse im Förderprogramm selbst aktiv zu werden, z.B. durch Referenten- oder Mentorentätigkeit, Jurorentätigkeit im Assessment Center bzw. Referententätigkeit im Förderprogramm für Studierende. Dieses Potenzial wird das Studienkolleg künftig immer stärken nutzen können und somit eine enge Verzahnung zwischen Stipendiatinnen und Stipendiaten und in der Schule tätigen Alumni herzustellen.

Literatur

Huber, S.G., Schneider, N., Gleibs, H. & Schwander, M. (2013). *Leadership in der Lehrerbildung. Entwicklung von Kompetenzen für pädagogische Führung.* Berlin: Stiftung der Deutschen Wirtschaft und Robert Bosch Stiftung.

Schumacher, L. & Petzel, T. (2013). *Evaluation des Studienkollegs der Stiftung der Deutschen Wirtschaft (sdw) – Absolvent/innenbefragung.* Zwischenbericht für den Zeitraum 01.01.2012 bis 04.03.2013 (unveröffentlicht).

Stephan Gerhard Huber, Stiftung der
Deutschen Wirtschaft, Robert Bosch Stiftung (Hg.):
Schule gemeinsam gestalten – Entwicklung von Kompetenzen
für pädagogische Führung. © 2015, Waxmann

Katrin Höhmann, Matthias Pfeufer, Birgit Weyand und Helga Schnabel-Schüle

Drei Beispiele für Leadership in der Lehrerbildung an der Hochschule

Mit der Formulierung der Standards für die Lehrerbildung durch die Kultusminister-konferenz (Vereinbarung zu den Standards für die Lehrerbildung: Bildungswissen-schaften (Beschluss der KMK vom 16.12.2004 i.d.F. vom 12.06.2014, S. 7–14)) haben die Themen Schulqualität und Schulentwicklung als innovierender, gestaltungsorien-tierter, systemischer Blick auf Schule prinzipiell Eingang in die universitäre Lehrer-bildung erhalten. Damit einher geht ein verändertes Lehrerbild, das nun stärker aus-gerichtet ist auf die Verantwortungsübernahme für das Entwickeln und Innovieren von Beziehungen, Kulturen und Systemen innerhalb der Schule. Die Entwicklung von Kompetenzen für pädagogische Führung sowie Schulentwicklung sollten daher inte-graler Bestandteil der gesamten Lehrerbildung sein. Mehr Leadership in die Lehrer-bildung zu tragen, ist auch Ziel des „Studienkollegs – Stipendien für Lehramtsstudie-rende", der Stiftung der Deutschen Wirtschaft und der Robert Bosch Stiftung, die als zivilgesellschaftliche Akteure Impulsgeber für Veränderungen in der Lehrerbildung sind. Das in Deutschland einzigartige Förderprogramm richtet sich an leistungsbe-reite Lehramtsstudierende aller Schulformen, die das Potenzial mitbringen, Schulge-stalter zu werden. Um die Lehrerbildung zu verändern, braucht es jedoch mehr als ein Stipendienprogramm. Was modellhaft in der Begabtenförderung erarbeitet wird, sollte langfristig in die reguläre Lehrerbildung transferiert werden. Aus diesen Über-legungen ist die Transferinitiative „Leadership in der Lehrerbildung" erwachsen. Ein Expertenkreis unter der wissenschaftlichen Leitung von Prof. Dr. Stephan Gerhard Huber der Pädagogischen Hochschule Zug/Zentralschweiz entwickelte in einem ers-ten Schritt ein Kompetenzmodell für pädagogische Führung sowie Empfehlungen für deren systematische und nachhaltige Entwicklung in der gesamten Lehrerbildung. Da-von ausgehend entstanden in Kooperation mit Hochschulen Seminarformate, die er-proben, wie sich Themen aus den Bereichen Führung und Management an Schulen erfolgreich implementieren lassen.

Im Wintersemester 2013/14 wurde das erste Projekt mit dem Zentrum für Lehre-rinnen- und Lehrerbildung (ZfL) der Friedrich-Alexander Universität Erlangen-Nürn-berg (FAU) als Pilot gestartet. Zwei weitere Hochschule folgten: Die Pädagogische Hochschule Ludwigsburg realisierte im Sommersemester 2014 ein das Praxissemester begleitende Seminar mit dem Schwerpunkt Schulentwicklung, das Zentrum für Leh-rerbildung der Universität Trier startete im Wintersemester 2014/2015 ein Angebot im

Bereich Service Learning. Die Konzepte der drei Hochschulprojekte werden nachfolgendend vorgestellt.

1. Praxisseminare zur Schulentwicklung an der Friedrich-Alexander-Universität Erlangen-Nürnberg

Die postulierten Standards der KMK für die theoretischen Ausbildungsabschnitte – sprich: die universitäre Phase – sind bis zum heutigen Tag nicht umfassend im System verankert. Insbesondere im Teilbereich „Innovieren", der sich auf die besonderen Anforderungen des Lehrberufs und die Schule als Organisation mit je unterschiedlichen Bedingungen, Herausforderungen, Kooperationen etc. bezieht, sind weiterhin strukturelle und inhaltliche Defizite auszumachen.

Dies war der Ausgangspunkt für die Überlegungen an der Friedrich-Alexander-Universität Erlangen-Nürnberg (FAU), „Praxisseminare zur Schulentwicklung" zu konzipieren. Unterstützt durch die Stiftung der deutschen Wirtschaft (sdw) wurden die Seminare als Pilotprojekt zum Thema „Leadership in der Lehrerbildung" entwickelt und seit dem Wintersemester 2013/2014 einmal pro Semester durchgeführt. Zentrales Anliegen ist es, mit Blick auf die von allen künftigen Lehrkräften geforderten Kompetenzen die systemische Sicht auf Schule in den Mittelpunkt zu stellen. Durch Einblicke in die Gestaltungsaufgaben und Gestaltungsverantwortung an Schulen als Organisation sollen damit für alle Lehrkräfte notwendige Führungskompetenzen angebahnt werden.

Organisatorische Einbindung und angesprochene Klientel

Das Zentrum für Lehrerinnen- und Lehrerbildung (ZfL) der FAU ist eine zentrale wissenschaftliche Einrichtung auf der Grundlage des Art. 19 (5) des Bayerischen Hochschulgesetzes. Seine wesentliche Aufgabe ist es, alle mit der Lehrerinnen- und Lehrerbildung zusammenhängenden fakultäts- und phasenübergreifenden Angelegenheiten zu koordinieren. Als Netzwerk und Kooperationsplattform der für die Lehrerbildung verantwortlichen Personen und Institutionen verfolgt das ZfL u.a. auch das Ziel, in Fragen der Lehrerbildung Initiativen zu entwickeln. Darunter fallen auch die Aktivitäten im Rahmen des Projekts „Leadership in der Lehrerbildung".

Die Praxisseminare sind in das Curriculum der Bildungswissenschaften eingebunden als Modul „Schulpädagogik II: Vertiefung schulpädagogischer Fragestellungen" (Wahlpflichtmodul mit 5 ECTS) und können unabhängig vom studierten Lehramtstyp belegt werden. Die Veranstaltungen richten sich an Studierende der höheren Semester aller Lehramtsstudiengänge, die bereits das verpflichtende pädagogisch-didaktische Schulpraktikum absolviert haben. Ziel ist es, engagierte Lehramtsstudierende – im Sinne einer Förderung der leistungsbereiten und -fähigen Studierenden – dabei zu unterstützen, sich Kompetenzen im Bereich Schulentwicklung anzueignen. Leitend ist die Überzeugung, dass es Schulen nur dann gelingt, sich unter den gegebenen äußeren Bedingungen und stetigen nichtvorhersehbaren Veränderungen positiv weiterzuentwickeln, wenn Schulleitungen und Lehrkräfte diesen Prozess gestalten wollen und sie auch die Fähigkeit besitzen, Schulentwicklung von innen heraus zu betreiben.

Struktur der Praxisseminare

Entwickelt wurde ein Praxisseminar mit:
- dreitägiger Blockphase (bestehend aus einem Einführungstag und zwei Hospitationstagen an Schulen),
- Besprechungsterminen und
- einer Abschlusspräsentation.

Zusätzlich wird ein begleitendes Coaching für die Präsentationen und die Hausarbeiten zu Forschungsfragen angeboten, die während der Hospitationen an den Schulen entwickelt werden. Fakultativ ist zudem die Teilnahme an weiteren Veranstaltungen (z.B. Mittelfränkischer Schulentwicklungstag, Pädagogische Tage an Schulen) vorgesehen.

Als Angebotsturnus hat es sich bewährt, in jedem Semester ein Praxisseminar mit jeweils wechselnden thematischen Schwerpunkten durchzuführen.

Zentrale Aspekte des Projekts

Fokussiert wird im Projekt insbesondere der Bereich „Innovieren", der sich deutlich von den eher auf den Kontext „Ich und meine Klasse" zugeschnittenen übrigen Kompetenzbereichen unterscheidet und hinführt auf eine systemische Sicht der künftigen Tätigkeit im Sinne eines „Wir und unsere Schule".

Dies ist umso notwendiger, als die über den planmäßigen Unterricht und die damit in Zusammenhang stehenden dienstlichen Verpflichtungen hinausgehenden Aufgaben von Lehrkräften an staatlichen Schulen in Bayern in der 2014 veröffentlichten Neufassung der Lehrerdienstordnung (LDO)[1] noch einmal erweitert und präzisiert wurden. Lehrkräfte haben demnach u.a. folgende außerunterrichtliche Aufgaben wahrzunehmen (Bekanntmachung des Bayerischen Staatsministeriums für Bildung und Kultus, Wissenschaft und Kunst vom 5. Juli 2014 Az.: II.5-5 P 4011.1-6b.52 562):
- die Weiterentwicklung und Sicherung der fachlichen und pädagogischen Qualität der Schule;
- die Planung, Durchführung und Evaluation von Maßnahmen im Rahmen der inneren Schulentwicklung;
- die Zusammenarbeit mit anderen Schulen und Schularten;
- die ständige Weiterentwicklung der Zusammenarbeit mit den Erziehungsberechtigten;
- die Zusammenarbeit mit außerschulischen Partnern;
- die Gestaltung des Schullebens.

---

1   § 9b: „[1]Zur Wahrnehmung des Bildungs- und Erziehungsauftrags der Schule hat die Lehrkraft über den planmäßigen Unterricht und die damit in Zusammenhang stehenden dienstlichen Verpflichtungen hinaus in angemessenem Umfang außerunterrichtliche aufgaben wahrzunehmen. [2]Die außerunterrichtlichen Aufgaben richten sich auch nach dem Profil der Schule (z.B. Ganztagsangebote, Inklusion); [...]". Die Aufgaben werden in § 9b in der Folge einzeln benannt; eine Auswahl wird hier im Text wiedergegeben.

Die aktuell in Bayern für die universitäre Ausbildungsphase maßgebliche Lehramts-prüfungsordnung I (LPO I) ist nach wie vor im Denken „Ich und meine Klasse" ver-haftet. Die in der LDO genannten außerunterrichtlichen Aufgaben bleiben nahezu völlig unberücksichtigt.

Um auf die besonderen Anforderungen des Lehrberufs vorzubereiten, müssen aber bereits in der ersten Ausbildungshase diese Aufgaben wahrgenommen und die dafür notwendigen Kompetenzen angebahnt werden. Dies soll in den Seminaren wie folgt umgesetzt werden:

- durch die Anbahnung von Führungskompetenzen durch Einblicke in Gestaltungs-aufgaben und Gestaltungsverantwortung[2] an Schulen als Organisation (Schulent-wicklung allgemein, Ganztag, Inklusion, Migration, Digitalisierung, Erziehungs- und Bildungspartnerschaft);
- durch die Sensibilisierung für gesellschaftliche Herausforderungen und bildungspo-litische Vorgaben im Sinne der anzubahnenden Kompetenz, sich „in unbekannten bzw. neuartigen Situationen selbstorganisiertes Wissen und Fähigkeiten anzueig-nen, um diese Situationen problemlösend und handlungsorientiert zu bewältigen", (Schaper 2009, S. 173) und
- durch die Kooperation von Universität und Schulen zur Förderung eines forschen-den Habitus bei den Lehramtsstudierenden und Lehrkräften verbunden mit dem Ziel der kontinuierlichen Qualitätsentwicklung der Lehrerinnen- und Lehrerbil-dung.

Stärken des Projekts

Ausgehend von den Rückmeldungen der bisherigen Teilnehmerinnen und Teilnehmer kann mit einigem Recht ein Mehrwert für Studierende beschrieben werden, der sich unter systematischen Aspekten wie folgt zusammenfassen lässt:

- Reflexion der Schulsituation(en) und Diskussion über Erfahrungen im unmittelba-ren Anschluss an die Hospitationen (systemische Betrachtung der Schule als Orga-nisation);
- selbstständiges Erarbeiten der Themen für Präsentationen und Hausarbeiten (for-schendes Lernen),
- Kennenlernen von Instrumenten, neuen Ideen und Lösungsansätzen für Herausfor-derungen der Schulentwicklung (Qualitätsmanagement an Schulen),
- gemeinsame Gespräche mit der Schulleitung, den Lehrkräften und dem weiteren pädagogischen Personal an den Schulen (Grundlegung eines Verständnisses für die Notwendigkeit der Zusammenarbeit in multiprofessionellen Teams).

---

2   Gestaltungsverantwortung speist sich in Bayern für die Schulen insbesondere aus drei „Quel-len": (1) aus den Zielvereinbarungen an den Schulen auf der Grundlage des Abschlussberichts der externen Evaluation (in Absprache mit der Schulaufsicht), (2) aus bildungspolitischen Vor-gaben (z.B. Ganztag, Inklusion) und (3) aus den internen Zielen der Schule (ggf. in Abstim-mung mit dem Schulforum). Alle drei Bereiche sollen bis spätestens Ende des Schuljahres 2015/2016 in ein verpflichtendes Schulentwicklungsprogramm münden.

Als weitere Stärken des Seminarkonzepts lassen sich benennen:

- innovative Kooperation von Universität und Schulen, sowohl in inhaltlichen als auch in organisatorischen Fragestellungen,
- intensive und konzentrierte Arbeit im Sinne von professionellen Lerngemeinschaften, die aufgrund der geringen Seminargrößen von weniger als 20 Teilnehmenden als Instrument universitärer Personalentwicklung verstanden wird,[3]
- kontinuierliche Weiterentwicklung des Seminarkonzepts und der inhaltlichen Schwerpunktsetzungen auf der Basis der Rückmeldungen der Studierenden und der Schulen,
- Anschlussfähigkeit an weitere Projekte des ZfL an der FAU (u.a. Lehr:werkstatt, Eberhard von Kuenheim Stiftung),
- Rückwirkung auf Inhalte und Methoden universitärer Lehre,
- (potenzielle) Unterstützung durch weitere außeruniversitäre Partner (z.B. Institut für Schulqualität und Bildungsforschung (ISB), Stiftung Bildungspakt Bayern e.V., Freie Arbeitsgemeinschaft Moderatoren Schulentwicklung e.V. (FAMOS), Akademie für Lehrerfortbildung und Personalführung (ALP Dillingen), Lehrkräfte mit Migrationsgeschichte (LeMi e.V.)).

Ausblick

„Schulentwicklung als innovierender, gestaltungsorientierter, systemischer, über Klasse und Unterrichtsmanagement hinausgehender Blick auf Schule" (Huber et al., 2013, S. 73) gehört frühzeitig zur Lehrerinnen- und Lehrerbildung und muss daher in der universitären Phase einen festen Platz erhalten. Für die vielfältigen Herausforderungen und Aufgaben des Lehrberufs ist eine umfassende Beratung einschließlich einer intensiven Reflexion der persönlichen Eignung unabdingbar. Mit den Praxisseminaren Schulentwicklung soll ein weiterer Lernanlass etabliert werden, der unterschiedliche Lernformen miteinander kombiniert und über systemisch orientierte schulpraktische Einblicke etwaig notwendige „Conceptual Changes" (Dole & Sinatra 1998) unterstützt. Es ist zu hoffen, dass Studierende dabei Kompetenzen im Sinne der „Standards für die Lehrerbildung: Bildungswissenschaften" der KMK erwerben.

2. Bildungsmanagement in der Lehrerinnen- und Lehrerausbildung an der Pädagogischen Hochschule Ludwigsburg

„Schulgestalter werden", unter diesem Titel wurde an der Pädagogischen Hochschule in Ludwigsburg das Zusatzangebot „Bildungsmanagement in der Lehrerinnen- und Lehrerausbildung" (BiLL) für Studierende des Integrierten Praxissemesters (ISP) entwickelt. Es wendet sich an Studierende, die sich besonders für Fragen der Organisationsentwicklung interessieren.

---

3   Das Arbeiten in Kleingruppen fördert zudem auch Teamkompetenzen und wirkt durch eine „frühe Habitualisierung von Arbeiten im Team dem Einzelkämpfertum von Lehrpersonen entgegen" (Huber et al. 2013, S. 73).

Einbettung des Seminars an der Pädagogischen Hochschule Ludwigsburg

Die Pädagogische Hochschule Ludwigsburg (PH Ludwigsburg) wurde 1966 gegründet. Sie hat mehr als 5.000 Studierenden und über 430 Mitarbeiterinnen und Mitarbeiter und ist damit die größte der sechs Pädagogischen Hochschulen in Baden-Württemberg. So wie die anderen pädagogischen Hochschulen in Baden-Württemberg ist die PH Ludwigsburg eine eigenständige universitäre Einrichtung. Der größere Teil des Studienangebots umfasst die Lehramtsstudiengänge.

Neben der Lehrerinnen- und Lehrerausbildung bietet die PH Ludwigsburg auch Bachelor- und Masterstudiengänge für außerschulische, überwiegend ebenfalls pädagogische Berufsfelder an. Zusätzlich gibt es über die Akademie für Wissenschaftliche Weiterbildung interessante Weiterbildungsangebote für Pädagoginnen und Pädagogen in allen Bereichen.

Die Zielgruppe

Das Zusatzangebot Bildungsmanagement in der Lehrerinnen und Lehrerausbildung (BiLL) wendet sich an Studierende des Integrierten Praxissemesters (ISP), die sich für Organisationsentwicklung interessieren. Insofern ist es auch ein Angebot zur Begabtenförderung. Im ISP sind Studierende des 6. Semesters ein Semester lang an einer Schule und arbeiten dort vier Tage die Woche. Sie werden im Unterricht von den PH-Dozenten besucht und begleitet.

Das BiLL-Seminar öffnet den Studierenden die Perspektive auf die Gesamtorganisation Schule. Die Studierenden werden darin geschult, Schule als Organisation differenziert wahrzunehmen und sich mit Fragen der Schulentwicklung auseinanderzusetzen. In jedem Durchgang wurden 18 Studierende in das Seminar aufgenommen. Beworben hatten sich jeweils rund 25 Studentinnen und Studenten. Das Projekt ist gezielt für besonders leistungsfähige und leistungsstarke Studierende konzipiert und möchte bei ihnen den Wunsch und die Freude, Schule zu gestalten und zu leiten, grundlegen. Die Studierenden bewerben sich auf den Seminarplatz mit einem Motivationsschreiben, das Grundlage für die Auswahl ist.

Projektstruktur und Methodenwahl

Das Projekt basiert auf drei Säulen: 1.) Kennenlernen von Konzepten, Theorien und guter Schulpraxis, 2.) Handlungsorientiertes Lernen in Projekten, 3.) Selbstreflexion und Feedback.

1.) Kennenlernen von Konzepten

Vor Seminarbeginn gibt es eine Informationsveranstaltung. Das BiLL-Seminar findet dann an drei Wochenenden innerhalb des Semesters statt. Der erste Veranstaltungsblock ist etwa eine Woche nach ISP-Beginn, der zweite in der Mitte des Semesters und der dritte in der letzten Woche des ISP. Neben der Seminarleitung stehen zwei externe Organisationsentwickler, Marita Hanold und Roland Kubitza als Experten für Beratungen zur Verfügung.

2.) Handlungsorientiertes Lernen in Projekten

- Projektgrundlagen: Das erste Kompaktseminarwochenende legt vor allem die theoretischen Grundlagen. Es gibt von den externen Experten Vorträge zu zentralen Aspekten der Schul- und Organisationsentwicklung. Zusätzlich werden anhand der sechs Kriterien des Deutschen Schulpreises – Leistung, Umgang mit Vielfalt, Unterricht, Verantwortung, Schulklima und Schulentwicklung – Qualitätskriterien für eine Gesamtsicht auf Schule vorgestellt. Das Einstiegswochenende des BiLL-Projektes endet mit einer ersten Ideensammlung zu möglichen Projekten, die von den Studierenden in der Schule umgesetzt werden können. Aufgabe zur nächsten Sitzung ist die Konkretisierung dieses Projektes in der Schule.

- Projektkonzeption: Das zweite Kompaktseminarwochenende hat die Darstellung der Schulen, die Betrachtung der organisatorischen Besonderheiten und die ersten Erfahrungen bei der Umsetzung der Projektidee zum Thema. Da zu diesem Zeitpunkt viele Studierende des Seminars bereits Erfahrungen mit Schulleitung und Gremien gemacht haben, geht es an diesem Wochenende auch um das Thema Umgang mit Widerständen. Bei diesem und dem folgenden Wochenende wird auch mit Lernlandkarten gearbeitet. Diese kreative Form, den eigenen Arbeitsprozess anschaulich zu machen und zu reflektieren, wird auch in der letzten Projektphase wieder aufgegriffen. Bis zum letzten Wochenende haben die Studierenden die Aufgabe, ein Plakat zu entwickeln, mit dem die Grundzüge des Projekts dargestellt werden. Als Neuerung im zweiten Durchgang wurden Schulbesuche eingeführt. Jeder und jede BiLL-Teilnehmer/in wurde an ihrer/seiner Schule besucht.

- Projektreflexion: Beim dritten Kompaktseminarwochenende stehen die Aufbereitung der Projekte und die Reflexion des Projektverlaufs im Mittelpunkt. Jeder Teilnehmer und jede Teilnehmerin erhält abschließend eine halbstündige persönliche Beratung durch einen externen Experten. Bei dieser Beratung wird sowohl ein Feedback zum Projekt und dem Entwicklungsprozess wie auch zur individuellen Herangehensweise und dem Agieren in der Schule gegeben. Die Studierenden bereiten mit ihren Projektergebnissen eine Ausstellung vor, die am Nachmittag vor der Zertifikatsverleihung öffentlich zugänglich ist. Zur Zertifikatsverleihung referieren Vertreter nichtschulischer Organisationen über ihre Organisationsentwicklung. Beim ersten Durchgang gaben beispielsweise Peter Metzler von der Firma Hilti, beim zweiten Durchgang Dr. Alexander Urban von der Heidehofstiftung den Studierenden Einblicke in ihre Organisation.

Während ihres integrierten Semesterpraktikums entwickeln, konzipieren, realisieren, dokumentieren und präsentieren die Studierenden im BiLL-Seminar ein eigenes Schulentwicklungsprojekt. Angehende Lehrerinnen und Lehrer sollen frühzeitig ein Bewusstsein für schulische Gestaltungsmöglichkeiten bekommen, mit pädagogischen Führungsaufgaben vertraut gemacht werden und sich als Mitverantwortliche für das Gelingen der Gesamtorganisation Schule verstehen. Um dies zu erreichen, genügt es nicht, gute Schulbeispiele anzuschauen und sich theoretisch mit diesen auseinanderzusetzen. Um erkennen zu können, wie Schulentwicklung funktioniert, müssen Studierenden konkrete Erfahrungen im System ermöglicht werden.

3.) Selbstreflexion und Feedback

Studierende haben im BiLL-Projekt überwiegend erstmalig die Erfahrung gemacht, dass außerunterrichtliche Projekte und Veränderungen komplexe Abstimmungsprozesse in einer Schule benötigen, dass es z.B. Befindlichkeiten, Konkurrenz und Neid geben kann, die sich als Widerstände im Entwicklungsprozess äußern und die nicht einkalkuliert werden können, und dass es auch darum geht, Machtkonstellationen und den Umgang mit Hierarchieebenen kennenzulernen.

Das BiLL-Seminar lenkt den Blick der Studierenden von „Ich und mein Unterricht" und „Ich und meine Klasse" hin zu einem systemischen Blick auf Schule. Die Studierenden haben bezogen auf ihr Projekt Überzeugungsarbeit an den Schulen geleistet und ihren Projektprozess strukturiert. Sie haben gelernt, ihre Projekte vor Gremien vorzustellen und zu argumentieren. Viele mussten mit Rückschlägen umgehen, haben aber auch gelernt, dass Stolpern oder Scheitern dazugehören und Positives einleiten können, z.B. wenn ein Projekt erst nach einem Rückschlag neu aufgestellt und erfolgreich werden kann. Und vereinzelt mussten sie erfahren, dass an einem völlig unerwarteten und völlig unberechenbaren Punkt Widerstände in einem System sichtbar werden, die mit der Geschichte der Schule zu tun haben und die so stark sein können, dass sie nicht überwunden werden können, so sinnvoll eine Organisationsentwicklungsmaßnahme auch erscheinen mag.

Selbstwirksamkeit, Selbstreflexion und Selbsteinschätzung: Wer etwas verändern möchte, muss auch viel über sich selbst wissen. Das betrifft die Arbeitsbelastung, die man sich zumutet, den Umgang mit Konflikten oder die Fähigkeit, an seinem Ziel festzuhalten und bei Widerständen nach neuen Wegen zu suchen. Das betrifft auch die Fähigkeit, seine Kompetenzen zu kennen, seine Stärken realistisch einzuschätzen und auf Erfolge stolz zu sein.

Stärken des Projekts

Zu den wichtigsten Zielen des BiLL-Projektes gehört es, zentrale Themen wie „Führen und Gestalten von Schule" als integralen Bestandteil in der Lehrerbildung zu etablieren sowie theoriegestütztes und erfahrungsintensives Lernen an der Praxis, für die Praxis und durch die Praxis weiter auszubauen. Rückblickend heben die Teilnehmerinnen und Teilnehmer an dem BiLL-Projekt vor allem folgende drei Erkenntnisse hervor:

- Kommunikation: Gelernt wurde, wie wichtig es ist, alle Faktoren einzubeziehen, die für den Erfolg einer Schulentwicklungsmaßnahme wichtig sein könnten und sich Zeit für die Kommunikation zu einem geplanten Schulentwicklungsvorhaben zu nehmen. Was hier am Anfang investiert wird, zahlt sich später aus.
- Transparenz: Gelernt wurde, dass es wichtig ist, ein Vorhaben transparent und berechenbar zu gestalten. Veränderung löst unter Umständen Ängste aus und verlangt, bequeme Positionen zu verändern.
- Ziele: Gelernt wurde, wie wichtig es ist, realistische Ziele zu setzen und kleine Schritte zu gehen und ein Projekt vom Ziel her zu planen, damit es erfolgreich sein kann.

Ausblick

Als besonderes Angebot für ISP-Studierende wird das Projekt ohne Förderung durch einen externen Geldgeber so wie bisher nicht weitergeführt werden können. Eine Übernahme und somit eine Verstetigung in den regulär angebotenen erziehungswissenschaftlichen Seminaren, die jeder ISP-Studierende belegt, ist wünschenswert. Lehrerinnen und Lehrer sollen – so die Forderungen in den neuen Lehrplänen von Baden-Württemberg – auch Schulentwickler sein. Aufbau, Methodenwahl und inhaltliche Gestaltung der BiLL-Seminare können ein Modell dafür bieten, wie Studierende darauf vorbereitet werden können, ihre Verantwortung für Schule als Gesamtorganisation zu erkennen und wahrzunehmen.

3.   Das Projekt „Perlentaucher" an der Universität Trier

Die Universität Trier bemüht sich seit Jahren, Lehramtsstudierende während des Studiums durch Beratungsangebote zu begleiten und sie zu kritischer Reflexion über ihre Lernfortschritte im Hinblick auf ihren späteren Beruf anzuhalten. Dabei zeigt sich immer wieder aufs Neue, dass Lehramtsstudierende keineswegs – was das klare Berufsprofil ihres Studiums nahelegen könnte – eine homogene Gruppe darstellen, sie vielmehr höchst differenzierte Motivationslagen und Eingangsdispositionen mitbringen. Wenn dem Umgang mit dieser Heterogenität Aufmerksamkeit zu Teil wurde, dann meist mit Konzepten zur Kompensation von allgemeinen oder besonderen berufsbezogenen Defiziten. Beratungsangebote werden – nicht nur an der Universität Trier – eher problemorientiert verstanden und so kommuniziert.

Projektidee und Zielgruppe

Die Gruppe der für ein Lehramtsstudium durch sehr günstige Eingangsvoraussetzungen besonders Begabten stand in der Regel nicht im Fokus besonderer Lehr-, Lernoder Beratungsangebote. Zwar freut sich jede/r Lehrende über besonders motivierte und begabte Studierende, eine besondere Art der positiven Rückmeldung war bislang für diese Studierenden aber nicht vorgesehen. Dies erschien den Leiterinnen des Projektes „Perlentaucher" zunehmend als gravierender Mangel. Bei dem hohen gesellschaftlichen Interesse an guten Lehrern und Lehrerinnen sollten die für diesen Beruf besonders begabten Studierenden erhöhte Aufmerksamkeit erfahren und darin unterstützt werden, ihre hohen Potenziale auch ausschöpfen zu können. Sie sollten befähigt werden, ihre Stärken zu erkennen und die damit verbundene Verantwortung für die Gestaltung von Lehr- und Lernprozessen – im Verständnis von Leadership als Übernahme von Leadership-Funktionen – zu reflektieren.

Um Erfahrungen zu sammeln, wie diese Ideen in der Lehramtsausbildung an der Universität Trier nachhaltig implementiert werden können, wurde vom Zentrum für Lehrerbildung (ZfL) der Universität Trier in Zusammenarbeit mit dem Studienkolleg der Stiftung der Deutschen Wirtschaft (sdw) das Pilotprojekt „Perlentaucher" konzipiert. Dessen Idee ist es, ein Zusatzprogramm (Enrichment) zum normalen Curriculum zur Stärkung von Leadership-Kompetenzen bei besonders engagierten und begabten Lehramtsstudierenden zu entwickeln. Dieses optionale Zusatzprogramm schließt mit einem von der Universität Trier und der Stiftung der Deutschen Wirtschaft ausgestellten Zertifikat ab.

Unser Verständnis von Leadership

Die Entwicklung von Kompetenzen für pädagogische Führung sowie Schulentwicklung hat nach Auffassung der Projektleiterinnen zur Voraussetzung, dass bereits in der universitären Ausbildungsphase die Motivation zur Übernahme von Verantwortung für die Gestaltung und das Gelingen von Lehr- und Lernprozessen gestärkt wird und die Reflexion über die Rahmenbedingungen angeleitet wird. Somit wird der Begriff „Leadership" im Projekt konsequent auf alle Bereiche des Lehrens und Lernens in allen Phasen der Lehrerbildung angewendet und nicht nur als pädagogische Führung im Sinne von Schulgestaltung verstanden. Die Teilnehmer am Projekt sollen frühzeitig lernen, dass Leadership-Kompetenzen in ihrem Kern darauf zielen, nicht nur *im* System sondern immer auch *am* System zu arbeiten, wie Michael Schratz beim Expertenworkshop (s.u.) deutlich machte.

Der Hirnforscher Gerald Hüther beschreibt das Ziel der Schulbildung im 21. Jahrhundert damit, dass es für (junge) Menschen „heute nicht mehr darauf ankommt, möglichst gut zu funktionieren, sondern sein Leben eigenverantwortlich und mit Lust zu gestalten. Junge Menschen sollen sich in dieser Gesellschaft Plätze suchen, wo sie ihre besonderen Talente und Begabungen einbringen" (Hüther, 2013). Eine Lehrperson müsse „Kinder und junge Menschen inspirieren, einladen und ermutigen und sie als Subjekte ihres Lernens unterstützen".

In dieselbe Richtung argumentiert auch der Europarat (Council of Europe 2014, S. 26) in seinem „Teacher Manifesto for the 21st Century", welches sich mit dem „Professional Image and Ethos of Teachers" auseinandersetzt:

„The entry of substantial numbers of new teachers with up-to-date skills and fresh ideas has the potential to substantially renew schools. However, if teaching is not perceived as an attractive profession, and teaching does not change in fundamental ways, there is a risk of losing this opportunity". Er fordert darin u.a. „flexible, adaptable and cooperative professionals able and willing to maintain a high level of competence throughout their career to play their role as ‚mediators/facilitators for learning' with their students" (ebd.).

Hüther plädiert für diejenigen, die „Kindern nichts beibringen wollen, sondern ihnen helfen wollen, das, was in ihnen steckt, zu entfalten" und nennt sie „Schatzsucher" (vgl. Hüther, 2013). Mit dem Projekt „Perlentaucher" wollen wir als Schatzsucher bei den Lehramtsstudierenden wirken, damit diese sich entfalten und ihre Schätze später bei ihren Schülerinnen und Schülern und im System Schule wirksam werden lassen können. Ebenso sollen sie für eine ressourcenorientierte und mit Empowerment agierende lernförderliche Haltung ihren späteren Schülerinnen und Schülern gegenüber sensibilisiert und motiviert werden, indem sie diese in ihrem eigenen Lernen und Lehren positiv erfahren.

Ziele des Pilotprojektes

Das Projekt „Perlentaucher" knüpft an diesen Wandel und den aktuellen Erkenntnissen der Bildungsforschung an und verfolgt Ziele auf drei Ebenen:

- Für die teilnehmenden Studierenden: Hier geht es um die Reflexion des eigenen Potenzials, des Lernens und der professionellen Entwicklung im Studium. Durch die eigenverantwortliche Gestaltung der Service-Learning-Projekte werden nicht nur in der Theorie und in der Praxis Kompetenzen erworben, sondern es werden hierdurch wertvolle Empowerment- und Selbstwirksamkeitserfahrungen möglich. In und durch die Arbeit an schulbezogenen Projekten erleben sich die teilnehmenden Studierenden als aktive Gestalter und Gestalterinnen in ihrem zukünftigen Berufsfeld. Durch die Schulung, Begleitung und Betreuung kann ein theoriegestütztes und erfahrungsintensives Lernen in der Praxis stattfinden und die Lehramtsstudierenden erleben sich als eigeninitiative, eigenverantwortliche Subjekte ihrer professionellen Entwicklung.
- Für die teilnehmenden Schulen: Die Kooperation mit der Universität und den Studierenden ist ein Beitrag zur Unterrichts- und/oder Schulentwicklung sowie zu einer stärkeren Einbindung in die Lehrerbildung insgesamt.
- Für die Weiterentwicklung der Lehrerbildung: Das Projekt Perlentaucher möchte der Diversität der Studierenden stärker Rechnung tragen und besondere Begabungen bei Lehramtsstudierenden frühzeitig erkennen und fördern.

Service Learning als Projektmethode

Die zentrale Methode zur Förderung von Leadership-Kompetenzen im Projekt „Perlentaucher" ist das „Service Learning". Service Learning hat seinen Ursprung in den USA, wo es als Unterrichtsmethode fest im Schulprogramm integriert ist, und kombiniert Lernen (learning) mit der Übernahme von Verantwortung in der Gemeinschaft (service). An Hochschulen werden durch Service Learning praktische Aspekte von theoretischen Inhalten aufgegriffen und praxisorientiert verarbeitet (vgl. Baltes et al., 2007). Zudem wird durch die Projektarbeit im Rahmen von „Perlentaucher" in und für die Schulen gesellschaftliches Engagement gezielt mit Lerninhalten und Lernprozessen zu Leadership verknüpft.

Die Studierenden führen im Pilotprojekt als Kleingruppe (vier bis fünf Studierende) jeweils ein eigenes Service-Learning-Projekt (SLP) in Kooperation mit einer Schule durch. Hierbei kann es z.B. um die Entwicklung von ausgewählten Lehr-Lern-Materialien, um eine (empirische) Feldanalyse für Schulentwicklungsanliegen, um die Führung und Begleitung einer besonderen Schülerinitiative oder ähnliche Projekte gehen. Der Pool an möglichen Projekten kann sich aus konkreten Bedarfsanmeldungen der Schulen (Schulinitiative sucht studentische Begleitung) oder aber auch aus Ideen der Studierenden heraus (Studierendeninitiative sucht Schule) ergeben. Die Kleingruppe hat den Vorteil, dass ein kontinuierlicher Austausch der Studierenden, also auf Peer-Ebene, möglich ist und zugleich die Teamkompetenzen aller Mitglieder der Gruppe gefördert werden.

Die Kleingruppen erstellen jeweils ein multimediales Prozess- und Produktportfolio zu ihrem Service-Learning-Projekt. Auf der individuellen Ebene reflektieren und dokumentieren alle Teilnehmer und Teilnehmerinnen ihren Lern- und Entwicklungs-prozess in einem Lerntagebuch.

Auswahl der teilnehmenden Studierenden

Die Frage der Auswahl geeigneter Studierender wurde intensiv diskutiert. Grundsätz-lich standen zwei Optionen im Raum: a) eine Bewerbung durch Studierende und da-nach eine Auswahl aus diesem Bewerberpool, b) eine direkte Auswahl durch die Leh-renden. Da zum einen ein schlankes Verfahren sowie geeignete Kriterien für eine Auswahl in der Variante a) fehlten und das Pilotprojekt zeitnah durchgeführt werden sollte, fiel die Entscheidung zugunsten der Variante b). So wurden von den Lehrenden der 17 Lehramtsfächer Studierende benannt, die ihnen als besonders engagiert, begabt und im Sinne des Projektes förderungswürdig erschienen. Sie sollten die erforderli-che Zeit und vor allem Interesse an der Gestaltung von schulbezogenen Projekten ha-ben, besondere persönliche Voraussetzungen für Leadership mitbringen und motiviert sein, diese weiterzuentwickeln.

Mit diesem Rekrutierungsverfahren konnten insgesamt 20 Lehramtsstudierende aus unterschiedlichen Fächern für das Pilotprojekt gewonnen werden.

Obwohl dieser Weg aufgrund des raschen Projektbeginns auch aus pragmati-schen Gründen gewählt wurde, erwies er sich im Nachhinein zur Konstituierung ei-ner Gruppe von 20 bis 25 Studierenden als besonders geeignet. Zum einen konnte es durch den – in der Regel unterstellten – mangelnden Mut zur Bewerbung bei solchen Programmen für Studierende aus nicht bereits akademisierten Elternhäusern nicht zu einer Verzerrung in der Zusammensetzung der Gruppe kommen. Zudem ist für die betreffenden Studierenden die direkte Auswahl ein erstes und nicht zu vernachlässi-gendes Zeichen der Wahrnehmung und Wertschätzung. In seinem Beitrag „Und wo bleiben die Guten?" zitiert Martin Spiewak in der Zeit online eine Studentin: „Am besten fand ich, dass sich die Universität für mich und meine Leistungen interessiert" (Spiewak, 2014, S. 1). Ähnlich äußerte sich eine Projektteilnehmerin beim Auftakt-workshop „Ich war stolz, dass mich der Dozent angesprochen und auf das Projekt auf-merksam gemacht hat." Und schließlich identifizieren sich die Lehrenden durch den aktiven und verantwortungsvollen ersten Part schneller mit dem Projekt und ihrer ak-tiven Rolle darin.

Zur Vorbereitung ihrer Auswahl- und Betreuungstätigkeit – sie fungieren im Pro-jekt als Mentoren und Mentorinnen bzw. Academic Advisors – nahmen die Lehren-den an einem einführenden Workshop teil. Dieser wurde von Michael Schratz, De-kan der School of Education der Universität Innsbruck und ausgewiesener Experte für Leadership, gestaltet. Das Rahmenthema des Workshops lautete „Leadership in der Lehrerbildung – aber wie?"

Geplanter Projektverlauf

Im Rahmen eines einführenden Auftakt-Workshops im Februar 2015 lernten die Stu-dierenden die betreuenden Personen sowie sich untereinander kennen und wurden mit der Idee, der Konzeption und dem Programm des Projektes vertraut gemacht. Im Rahmen dieses Seminartages bearbeiteten sie zudem individuell das Bochumer Inventar zur berufsbezogenen Persönlichkeitsbeschreibung (BIP). Mit diesem potenzial-diagnostischen Instrument für Führungskräfte sollten ihre individuellen Potenziale systematisch erfasst werden. Der daraus resultierende Profilbogen war auch die Grundlage eines individuellen Beratungsgespräches, welches im Anschluss mit jedem Studierenden geführt wurde. Aufbauend auf den identifizierten Stärken wurde dabei über mögliche Lern- und Entwicklungsfelder gesprochen, für die das Projekt genutzt werden kann.

Da sich in den Beratungsgesprächen bei vielen teilnehmenden Studierenden eine Tendenz zur Selbst-Überlastung zeigte, was bei hochmotivierten und engagierten Menschen häufig vorkommt, wurde ein weiterer Workshop zum Selbst- und Zeitmanagement geplant, der am Ende des Sommersemesters angeboten wurde und eine präventive Schulung darstellen soll.

In einem zweiten Workshop mit Prof. Dr. Stephan Gerhard Huber, PH Zug, nahmen die Studierenden an einem weiteren Self-Assessment, dem Kompetenzprofil Schulmanagement (KPSM, vgl. den Beitrag von Huber in diesem Buch), teil. Das Instrument hierfür wurde auf den Bereich pädagogische Führung abgestimmt und dient als Potenzialdiagnose der Reflexion von Potenzialen, Interessen und Motiven sowie sich daraus ergebenden Lern- und Entwicklungsaufgaben, insbesondere in Bezug auf Leadership-Kompetenzen. Auch auf die Ergebnisse dieses Self-Assessments und den daraus resultierender Lern- und Entwicklungsaufgaben wurde in den Beratungsgesprächen eingegangen.

In einem dritten Workshop mit Prof. Dr. Anne Sliwka, Universität Heidelberg, im Mai 2015 sollten die Studierenden eine Einführung in die Methode Service Learning erhalten. Dabei sollten sie Methoden zur Planung und Durchführung ihrer individuellen Schulprojekte kennenlernen und gemeinsam Möglichkeiten und Grenzen des Service erörtern. Dieser Workshop musste krankheitsbedingt leider ausfallen.

Weiterhin wurde den Studierenden in einem vierten Workshop ein spezielles, auf Führungsaufgaben in Schule zugeschnittenes Kommunikationstraining angeboten. Dieses wurde von externen Experten des preisgekrönten Bildungsprojektes „Just ask!" durchgeführt. Hinzu kam ein Workshop zum produktiven Einsatz von Tablets im Unterricht sowie im Lehreralltag allgemein.

Danach begann die Praxisphase, d.h. die jeweiligen Service-Learning-Schulprojekte, die parallel zum Sommersemester 2015 durchgeführt wurde. Neben der Arbeit am jeweiligen Service-Learning-Projekt wurden in gemeinsamen Treffen Erlebnisse, Erfahrungen, Vorgehensweisen sowie Ideen ausgetauscht und Schwierigkeiten und Probleme besprochen.

Während dieser Phase standen den Teilnehmenden sowohl die zentrale Betreuung des ZfL als auch, als Mentorinnen und Mentoren, die Lehrenden aus den Fachbereichen zur Seite.

Am Ende der Praxisphase, voraussichtlich im Oktober/November 2015, folgt ein Auswertungs- und Abschluss-Workshop, in dem die Studierenden ihre Projekte und ihre Erfahrungen diskutieren und bilanzieren. Um das Projekt ebenso wertschätzend abzuschließen, sollen die teilnehmenden Studierenden ihre Projektarbeit in einem geeigneten öffentlichen Rahmen vorstellen.

Literatur

Baltes, A.M., Hofer, M. & Sliwka, A. (Hrsg.) (2007). *Studierende übernehmen Verantwortung. Service Learning an deutschen Universitäten.* Weinheim: Beltz.

Bekanntmachung des Bayerischen Staatsministeriums für Bildung und Kultus, Wissenschaft und Kunst vom 5. Juli 2014 Az.: II.5-5 P 4011.1-6b.52 562.

Council of Europe (2014). *Education for Change – Change for Education. Teacher Manifesto for the 21st Century.* Strasbourg: Council of Europe. Online verfügbar: http://www.coe.int/t/dg4/education/pestalozzi/Source/Documentation/T21/FinalManifesto_En.pdf [14.12.2014].

Dole, J.A. & Sinatra, G. (1998). Reconceptualizing Change in the Cognitive Construction of Knowledge. *Educational Psychologist 33* (2/3), S. 109–128.

Huber, S.G., Schneider, N., Gleibs, H.E. & Schwander, M. (2013). *Leadership in der Lehrerbildung. Entwicklung von Kompetenzen für pädagogische Führung.* Berlin: sdw.

Hüther, G. (2013). Intelligenz ist eine Fähigkeit, Begabung ist ein Potenzial. Experten sprechen über die Zukunft des Bildungssystems. *Begegnung, Heft 3/2013*, 34. Jahrgang, S. 26-31.

Kultusministerkonferenz der deutschen Bundesländer (2004). *Standards für die Lehrerbildung: Bildungswissenschaften* (Beschluss der Kultusministerkonferenz vom 16.12.2004 i.d.F. vom 12.06.2014.

Schaper, N. (2009). Aufgabenfelder und Perspektiven bei der Kompetenzmodellierung und -messung in der Lehrerbildung. *Lehrerbildung auf dem Prüfstand 2* (1), S. 166–199.

Spiewak, M. (2014). Und wo bleiben die Guten? Ein Plädoyer für eine Elitenbildung an der Massenuniversität. *ZEIT ONLINE, Nr. 44 vom 24.10.2014.* Online verfügbar: http://www.zeit.de/2014/44/elite-universitaet-bestenauslese [07.04.2015].

Sebastian Barsch und Myrle Dziak-Mahler

Das Berufsfeldpraktikum an der Universität Köln

Klassenführung situativ erfahren – Natural Leadership pferdegestützt

> „Wer Großgruppen im Geist von Leadership anregt
> und navigiert, tut gut daran Atmosphären wahrzunehmen"
> (Schley & Schratz 2012, 208).

Während in zahlreichen Unternehmen und Einrichtungen die Vielfalt der Beschäftigten als eine Bereicherung angesehen und durch Maßnahmen im Bereich des Diversity Managements gezielt daran gearbeitet wird, homogene Personalstrukturen zu durchbrechen, wird Vielfalt im schulischen Kontext oftmals mit Begriffen wie „Herausforderungen", „Problemen" oder „Belastungen" konnotiert. Im Zuge von sich immer stärker diversifizierenden Lerngruppen (Stichwort Inklusion) müssen neben methodischen Fragestellungen verstärkt auch so genannte Haltungsfragen Gegenstand des professionellen Selbstverständnisses von Lehrerinnen und Lehrern werden. Die Herausforderung ist, Lernprozesse auf der einen Seite auf Grundlage der individuellen Fähigkeiten der Lernenden zu initiieren und auf der anderen Seite das schulische Lernen nahezu ausschließlich in Gruppen zu realisieren. Die Fähigkeiten, Vielfalt überhaupt lesen bzw. einschätzen zu können, ist daher eine notwendige Kernkompetenz von Lehrerinnen und Lehrern, um daraus individualisierende Maßnahmen abzuleiten. Daraus folgt, dass professionelles und führungsorientiertes Lehrerhandeln flexibel und situativ sein muss und Klassenführung einem situativen Leitbild folgen sollte.

Der Beitrag stellt einen Modellversuch des Zentrums für Lehrerinnen- und Lehrerbildung (ZfL) der Universität zu Köln vor, welcher derzeit erprobt wird. Es handelt sich um eine Vorbereitung und Begleitung des Berufsfeldpraktikums im Bachelorstudium mit dem Schwerpunkt Leadership, worunter sowohl Classroom-Management als auch allgemeine Aufgaben von Führungshandeln verstanden werden. Die Studierenden erfahren und reflektieren situatives Führen u.a. in einem Workshop, in dem sich die Teilnehmenden mit Pferden als Feedbackgebern konfrontiert sehen: Das Führen von Pferden und das Eingehen auf ihre Individualitäten ist hierbei Reflexionsanlass für (nonverbale) Kommunikation und situativ-leitendes Handeln. Auf dieser erfahrungsorientierten Ebene setzen sich die Studierenden mit Fragen im Spannungsfeld zwischen „Führen wollen" und „Führen können" auseinander und reflektieren ihre Potenziale hinsichtlich ihrer (Klassen-)Führungskompetenz.

Wurde pferdegestütztes Training lange Zeit eher im erlebnispädagogischen oder therapeutischen Bereich eingesetzt, so erlebt es seit einigen Jahren einen enormen Aufwind im Bereich des Trainings von Führungskräften und in der Personalentwicklung. Alle Ansätze basieren auf der Annahme, dass das nonverbale Interaktionsschema zwischen Mensch und Tier einen unmittelbareren reflektierenden Zugriff auf Aktion-Reaktion erlaubt, da etwa Double-Bind-Situationen (Widerspruch zwischen Körper- und Verbalsprache) ausgeschlossen seien (Hibbeler 2005). Des Weiteren basieren die Konzepte auf der Erfahrung, dass Pferde auch innerhalb sich neu bildender „Kleinherden" stets nach Führung suchen, ohne sich von menschlichem Statusverhalten beeinflussen zu lassen. Sie reagieren unmittelbar auf (Körper-)Haltung und Körperausdruck, somit auf Authentizität (Stoffl 2003).

Das ZfL arbeitet konzeptionell und in der Umsetzung dieses innovativen Ansatzes an der Nutzbarmachung von „Natural Leadership" in der Lehrerinnen- und Lehrerbildung mit einer zertifizierten Pferdekommunikationstrainerin und einem Personal- und Organisationsentwickler im Sinne des cross-culture-Ansatzes interdisziplinär zusammen.[1]

1. Das Berufsfeldpraktikum im Lehramtsstudium in NRW

Das Berufsfeldpraktikum (BFP) wird in NRW im Bachelor-Lehramtsstudium durchgeführt. Im Idealfall führen Studierende diese Praxisphase in ihrem zweiten Studienjahr durch. Zuvor haben sie bereits ein Orientierungspraktikum absolviert, das an einer Schule des jeweils studierten Lehramtsprofils durchgeführt wird.

Die Praxiserfahrung im BFP wird durch ein integriertes Praktikumskonzept begleitet: Im Semester *vor* dem Berufsfeldpraktikum besuchen die Studierenden ein Vorbereitungsseminar an der Universität. In der anschließenden vorlesungsfreien Zeit finden parallel zum Praktikum begleitende Veranstaltungen statt. Den Abschluss des Praktikums bildet ein Beratungsgespräch mit den jeweiligen Dozierenden.

Basis der Arbeit des Zentrums für Lehrerinnen- und Lehrerbildung der Universität zu Köln ist das grundlegende Verständnis, dass der Prozess „LehrerIn werden" (neben der wissenschaftlichen Qualifizierung und praktischen Ausbildung) ganz wesentlich eine berufsbiografische Professionalisierungsaufgabe für die (zukünftigen) Lehrkräfte darstellt. Eine fundierte Handlungskompetenz ist ohne Selbstreflexion und zielgerichtete Rückmeldung nicht denkbar (Schön 1984). Das Seminarformat sieht daher unterschiedliche Settings und Szenarien vor, die den Studierenden vielfältige Möglichkeiten bieten, sich in Reflexion, strukturiertem Feedback und in Beratungssituationen zu üben.

---

1 www.herdenchef.de

2. Der Modellversuch „Natural Leadership – Klassenführung situativ"

Wie Günther Hoegg festhält, können Lehrkräfte sich dem Thema Führung nicht ent-
ziehen. Die meist noch minderjährigen Schülerinnen und Schüler etwa benötigten
Führung, da sie oft andere Interessen als schulische hätten. Aber auch die Gesprächsführung mit Eltern zählt laut Hoegg zu klassischen Führungsaufgaben (Hoegg 2012,
S. 7). Unter zunehmender Berücksichtigung und Akzeptanz schulischer Vielfalt sind
Lehrkräfte auch immer mehr mit den Ansätzen und Methoden situativen Führens
konfrontiert. In Schule werden Führungskompetenzen darüber hinaus bei „Gestaltungsaufgaben und Gestaltungsverantwortung" neben der eigentlichen Unterrichtstä-
tigkeit gefordert (vgl. Huber, Schneider, Gleibs & Schwander 2013).

2.1 Das Konzept

Im Modellversuch werden diverse Facetten von „Führung" thematisiert. Das Seminar-
konzept sieht mehrere Bausteine vor:
1. In einer vorbereitenden Blockveranstaltung werden u.a. folgende Themen behandelt: (nonverbale) Kommunikation, Motivation, Feedback(strategien), Rolle von
   Intuition und Empathie, Führungsstile/Situatives Führen.
2. Ein erstes Eintauchen in die Praxis und Reflexion von Führung ist ein pferdege-
   stützter Workshop (ausführliche Beschreibung siehe unten).
3. Anschließend werden die Erfahrungen in einer nachbereitenden Blockveranstaltung reflektierend bearbeitet. In dieser Phase befassen sich die Studierenden auch
   mit theoretischen Aspekten von Persönlichkeitsprofilen und reflektieren diese hinsichtlich schulischer Vielfalt.
4. In einer zweimal einwöchigen Praxiszeit begleiten die Studierenden a) eine Klas-
   senlehrerin oder einen Klassenlehrer und b) (ggf.) verschiedene Führungskräfte in
   Schulen, wozu Praktikumsbetreuerinnen und -betreuer, Leitende von Fach- und
   Stufenkonferenzen, Ausbildungsbeauftragte und Schulleitungen zählen. In diesem
   Baustein wird auf pädagogisches Führungshandeln fokussiert.
5. Dieser Baustein endet mit einem Face-to-Face Beratungsgespräch mit der Seminarleitung.
Alle Bausteine werden durch begleitete (Selbst-)Reflexionsanlässe gerahmt. Hier werden die Erfahrungen hinsichtlich ihres Einflusses auf die eigenen Einstellungen zu
Vielfalt, (Klassen-)Führung und schulische Praxis übertragen und in einem Portfolio
dokumentiert sowie in Reflexionsgesprächen thematisiert.

2.2 Die Pilotierung

Über die Wirkung pferdegestützten Trainings von Führungskräften gibt es bislang
keine gesicherten wissenschaftlichen Erkenntnisse. Möglicherweise zeigen sich in solchen Trainings jedoch ähnliche Effekte wie in der tiergestützten Psychotherapie, bei

der das „Pferd [...] mit seiner Beziehungskompetenz und emotionalen Intelligenz lebendiges ‚Medium', Kotherapeut, triangulierendes oder ‚Übergangsobjekt' und nicht zuletzt Empfänger und Träger zahlreicher Projektionen und Übertragungen" ist (Heintz & Weiger, 2005). So sprechen Expertinnen und Experten für derartige Trainings auch von Pferden als „Trainingspartner".

Um dieses innovative zentrale Element des Modellversuchs zu erproben, wurde mit sieben Lehramtsstudierenden[2] das oben beschriebene pferdegestützte Training durchgeführt. Schwerpunkte des Trainings waren die Themen Persönlichkeit, situatives Führen und nonverbales Feedback. Die Probanden befanden sich im Masterstudium bzw. der letzten Phase ihres Staatsexamensstudiums mit den Studienprofilen Gymnasium, Haupt-, Real und Gesamtschule und Grundschule. Alle Studierenden wurden bereits im Studium mit den Themen Inklusion und Heterogenität konfrontiert, eine Studierende des Lehramts Gymnasium studierte neben einem Fach den sonderpädagogischen Förderschwerpunkt Körperliche und Motorische Entwicklung.

2.3 Der Trainingstag

Zu Beginn des Tages erhielten die Studierenden durch die Pferdetrainer allgemeine Informationen zum Verhalten von und zum Umgang mit Pferden. Anschließend erfolgte eine erste praktische Übung, bei der die Teilnehmenden eine Gruppe von drei Pferden (zwei der Pferde kannten sich bereits) beobachtet werden sollten. Der Fokus wurde hierbei auf die Frage gerichtet, welches Pferd wann und durch welche körpersprachlichen Signale in den „Lead" ging. Anschließend erhielten die Studierenden den Auftrag, jeweils ein Pferd einmal an der langen Leine und dann ohne Führstrick durch Vorweg-Gehen zu führen, es über eine knisternde Plane zu leiten und zum Rückwärtsgehen zu bewegen.

In einer anschließenden Reflexionsrunde wurden die Studierenden aufgefordert, ihre Erfahrungen zu beschreiben. Die Äußerungen zeigten, dass die Erfahrungen teilweise direkt auf schulische Zusammenhänge übertragen wurden. Ein Studierender (25 J.) äußerte: „Diese zwei Stunden haben mir Heterogenität bewusster gemacht als alle Seminare. Da hört man die Theorie, aber hier wird deutlich, dass ich ganz anders auf die Pferde zugehen muss, um mit ihnen zu interagieren." Er beschrieb die Pferdeherde als „heterogenes Lernfeld" und die Methode, um diese zu führen, mit: „Ziele runterbrechen, reduzieren, kleinschrittiger machen. Das ist wichtig."

Auch die Beziehungsebene zwischen Mensch und Pferd wurde reflektiert. Eine Studierende (22 J.) beschrieb dies so: „Als ich das Pferd führen sollte, wusste ich erst nicht was ich machen soll, wenn es stehen bleibt. Aber dann hat das geklappt. [...] Das Pferd darf keinen Zweifel an mir bekommen: einfach fest weitergehen. Das Pferd hat Vertrauen zu mir entwickelt. [...] Lob ist auch sehr wichtig: Nachdem das Pferd mitgegangen ist, habe ich es gelobt. Das hat Vertrauen geschafft." Eine andere Studierende (28 J.) ergänzte: „Menschen sind ja auch Herdentiere. Und es ist normal, dass Menschen unterschiedlich sind."

---

2 Durchgeführt im Januar 2015 als ganztägige Veranstaltung.

Anschließend entwickelte sich eine Diskussion darüber, was situatives Führen bedeute und wie Führung und Führungsstil mit Persönlichkeitstypen zusammenhinge. Im Rahmen dieser Diskussion ließen die Trainer die Studierenden ein eigenes Profil mit Hilfe der DISG-Methode nach William Marston entwickeln. Trotz widersprüchlicher wissenschaftlicher Bewertung ist dies eine schnell durchführbare Methode, um den Einfluss von (unterschiedlichen) Persönlichkeiten auf Gruppenprozesse zu reflektieren (vgl. Duck 2006, S. 358).

In dieser Phase entwickelte sich eine Diskussion, bei der sich die Studierenden mit dem Einfluss von Persönlichkeitsmerkmalen auf das eigene Verhalten, aber auch auf Prozesse in Kollegien und Schulklassen und die Zusammensetzung von Teams in Schulen, auseinander setzten. Ein Ergebnis war, dass trotz vorhandener Persönlichkeitsdispositionen professionelles Verhalten auch bedeute, auf unterschiedliche Situationen mit unterschiedlichen Repertoires zu reagieren: „Das hat man bei den Übungen mit dem Pferd auch gemerkt. Als dieses Zurücktreten gemacht werden sollte, habe ich auch gemerkt, dass ich meine Handlungsmuster irgendwie durchbrechen muss, weil sie nicht funktionieren. […] Ich musste mich überwinden etwas Ungewöhnliches zu tun" (Studentin, 28 J.),

Die nächste praktische Übungen bestand darin, Pferde zu treiben, d.h. sie ohne Leine voraus zu gehen zu lassen. Die Studierenden standen dazu seitlich hinter dem Pferd und hatten die Aufgabe, es durch körpersprachliche Signale in eine bestimmte Richtung zu lenken. Zunächst wurde die Übung mit einem, später mit zwei Pferden durchgeführt. Auch diese Übungseinheit wurde anschließend reflektiert: „Man muss die Dynamik nutzen: wenn der eine läuft, läuft der andere hinterher." (Studentin, 25 J.). Auf Schule bezogen äußerte eine Studierende (22 J.), dass „Schlüsselpersonen und -situationen in der Klasse erkannt werden [müssen], um nicht zu viel Energie zu investieren." Eine andere Ansicht lautete: „Spannend, dass man sehr eindeutig sein musste. Man konzentriert sich vollkommen auf sich selbst. Wichtig ist auch für die Schule später, dass man Neues ausprobiert."

Es wurden durch die Übungen auch eigene Verhaltensrepertoires hinterfragt: „Hier arbeite ich nur mit Gestik, in Schule viel mit Stimme. Darüber Körpersprache bewusst einzusetzen hatte ich vorher noch nie nachgedacht." Und weiter: „Ich bin über mich hinausgewachsen. Ich habe meine Angst überwunden. Selbstbehauptung – das habe ich heute gelernt." „Man muss eindeutig sein und braucht eine klare Fokussierung auf sich selbst." „Ich hatte keine Probleme mit den eher ängstlichen Pferden, aber die rebellischen … da habe ich ein ‚To do'."

3. Ausblick

Die Pilotierung zeigt, dass pferdegestütztes Training gewinnbringend genutzt werden kann, um Studierende in eine reflektierende Auseinandersetzung mit dem Thema (Klassen-)Führung zu versetzen. Allerdings lassen sich zum jetzigen Zeitpunkt noch keine Aussagen über die Nachhaltigkeit der reflektierten Erfahrungen und den Einfluss auf die Handlungspraxis machen. Die komplette hier vorgestellte Veranstaltung mit allen Bausteinen wird an der Universität zu Köln zum Wintersemester 2015/16 erstmalig im regulären Veranstaltungsprogramm durchgeführt sowie wissenschaftlich begleitet und evaluiert.

Literatur

Duck, J. (2006). Making the connection: Improving virtual team performance through behavioral assessment profiling and behavioral cues. *Developments in Business Simulation and Experiential Learning, 33*, S. 358–359.

Heintz, B. & Weiger, M. (2005). Psychotherapie mithilfe von Pferden: Eine tragende Beziehung. *Deutsches* Ärzteblatt, PP, Heft 10, S. 464–465.

Hibbeler, M. (2005). *Erlebnispädagogik mit Pferden: Erlernen Sozialer Kompetenzen.* Saarbrücken: VDM-Verl. Müller.

Hoegg, G. (2012). *Gute Lehrer müssen führen.* Weinheim: Beltz.

Huber, S.G., Schneider, N., Gleibs, H.E. & Schwander, M. (2013). *Leadership in der Lehrerbildung. Entwicklung von Kompetenzen für pädagogische Führung.* Berlin: sdw. Online verfügbar unter https://www.sdw.org/fileadmin/sdw/projekte/doc/studienkolleg/SKG_Leadership_in_der_Lehrerbildung_web.pdf

Schley, W. & Schratz, M. (2012). Die Zukunft gemeinsam entstehen lassen. Professionalisierung von Führungspersonen als Systemwandel. In: C. Kraler, H. Schnabel-Schüle, M. Schratz & B. Weyand (Hrsg.), *Kulturen der Lehrerbildung: Professionalisierung eines Berufsstands im Wandel.* Münster: Waxmann, S. 195–212.

Schön, D.A. (1984). *The reflective practitioner: how professionals think in action.* New York: Basic Books.

Stoffl, R. (2003). *Mit Pferden erziehen: Wissenschaftliche Begründung und Evaluation des heilpädagogischen Reitens in der Kinder- und Jugendhilfe.* Köln. Online unter: http://kups.ub.uni-koeln.de/962/.

Stephan Gerhard Huber, Stiftung der
Deutschen Wirtschaft, Robert Bosch Stiftung (Hg.):
Schule gemeinsam gestalten – Entwicklung von Kompetenzen
für pädagogische Führung. © 2015, Waxmann

Benjamin Dreer, Ernst Hany, Sigrid Heinecke und Regina Pannke

Das Komplexe Schulpraktikum an der Universität Erfurt

Anforderungen in Schule und Unterricht erfahren und kompetent bewältigen

1. Gestaltung der Lehrerbildung in Erfurt

Nicht erst seit den Metaanalysen von Hattie (2009) ist die wesentliche Rolle der Lehrperson bei der Sicherung der „Bildungsproduktivität" (Walberg, 1981) anerkannt. Damit Lehrkräfte die Lernprozesse ihrer Schülerinnen und Schüler kompetent steuern und organisieren können, brauchen sie nicht nur theoretisches Rüstzeug und praktische Erfahrungen, sondern auch ein Ausbildungsformat, das ihnen hilft, Klassenmanagement zu üben (Marzano, 2003) und pädagogisiertes Fachwissen aufzubauen (Baumert & Kunter, 2006).

An der Universität Erfurt absolvieren seit dem Wintersemester 2014/15 die ersten Studierenden in den Lehramtsstudiengängen das einsemestrige Komplexe Schulpraktikum (KSP). Anlass für diese Veränderung in der Studienstruktur sind auch letzte Anpassungen bei der konsequenten Umstellung auf die Bachelor-Master-Systematik in der Erfurter Lehrerbildung.

Das KSP bildet den Höhepunkt und Abschluss der schulpraktischen Ausbildung in Erfurt. Nach orientierenden, bildungswissenschaftlichen und fachdidaktischen Tages- und Blockpraktika ist das mit dem KSP eingerichtete Praxissemester ein weiteres praxisbezogenes Studienelement mit einer klar bestimmten Funktion. So wird mit diesem Praktikum, das am Ende des Masterstudiums zu absolvieren ist, der Übergang in die zweite Ausbildungsphase eingeleitet. Dem Anspruch der konzeptionellen Entwicklung und inhaltlichen sowie organisatorischen Ausgestaltung stellen sich gegenwärtig nahezu 200 Praktikumsschulen und die Beteiligten der Universität Erfurt unter organisatorischer Gesamtverantwortung der Erfurt School of Education, dem Lehrerbildungszentrum der Universität Erfurt.

Die Erfurter Form des Praxissemesters ist in besonderer Weise geeignet, bei angehenden Lehrkräften Führungsqualitäten zu entwickeln. Dies ist vor dem demografischen Hintergrund besonders bedeutsam. Nach einer langen Zeit zahlenmäßig nur geringer Einstellungen in den Schuldienst der ostdeutschen Bundesländer und der damit verbundenen Überalterung der Lehrerkollegien ist zu erwarten, dass die derzeitigen Einsteiger in den Schuldienst sehr bald Führungspositionen übernehmen werden müssen. Nach den neuen Konzepten des „shared instructional leadership" (Marks

& Printy, 2003) zeichnen sich Führungsverantwortliche im Schuldienst durch kollegiale und kooperative Anstrengungen zur Förderung der Unterrichtsqualität aus. Das gemeinsame Bemühen um Entwicklung und Qualität ist für dieses Führungskonzept zentral und findet seine Entsprechung in der Anlage des Erfurter KSP (siehe unten), wo bereits gut ausgebildete Lehramtsstudierende am Ende ihres Studiums mit berufstätigen Lehrkräften und Hochschuldozierenden „auf Augenhöhe" partnerschaftlich kommunizieren. Wenn die Studierenden diesen partnerschaftlichen Führungsstil in Bezug auf Unterrichtsqualität auf ihren späteren Leitungspositionen beibehalten, können sie in erheblichem Maße den Lernertrag ihrer Schülerinnen und Schüler positiv beeinflussen (Shatzer, Caldarella, Hallam & Brown, 2014).

2. Aufgaben und Elemente des Komplexen Schulpraktikums (KSP)

Das KSP wird von allen Studierenden absolviert, die das Lehramt für die Primarstufe oder die Sekundarstufe I anstreben. Zum Zeitpunkt des KSP haben diese Studierenden mindestens vier Jahre an der Universität Erfurt studiert, d.h. den Bachelor-Studiengang erfolgreich abgeschlossen und bereits ein Jahr im Masterstudium absolviert. Sie haben somit die fachlichen Grundlagen für ihre Unterrichtsfächer erworben und sich mit bildungswissenschaftlichen und fachdidaktischen Inhalten sowohl aus theoretischer als auch aus praktischer Perspektive auseinandergesetzt. In jedem ihrer künftigen Unterrichtsfächer haben sie die Voraussetzungen erworben, sachgerechte Entscheidungen für Lernangebote zu treffen, diese mit geeigneten Methoden im Unterricht umzusetzen sowie über deren Wirksamkeit zu reflektieren. Zeitlich vor dem KSP liegen schulpraktische Erfahrungen im Gesamtumfang von 30 ECTS-Punkten; dies entspricht 900 Stunden schulpraktische Ausbildung, die in angeleiteten und begleiteten Blockpraktika oder studienbegleitenden Tagespraktika erworben wurden. Der Zielstellung der Lehrerbildung an der Universität Erfurt entsprechend, professionelles Handeln in allen von der Kultusministerkonferenz beschriebenen Kompetenzbereichen *Unterrichten, Erziehen, Beurteilen* und *Innovieren* anzubahnen, standen in den verschiedenen Praktika jeweils einzelne der benannten Kompetenzen schwerpunktmäßig im Mittelpunkt. Damit verfügen Studierende bereits über umfangreiche theoretische Kenntnisse und praktische Erfahrungen in allen genannten Bereichen, haben diese aber nicht in ihrem Zusammenwirken in der Realität des schulischen Alltags erfahren. Zentrale Zielstellung des KSP ist daher die Verknüpfung der zuvor erworbenen bildungswissenschaftlichen, fachwissenschaftlichen und fachdidaktischen Kenntnisse und die Erweiterung praktischer Fertigkeiten in den genannten Kompetenzbereichen.

Das KSP umfasst ein Semester und besteht aus 15 Wochen Schulpraxis sowie Begleitkursen und Gruppensupervision an der Universität. In dieser Zeit sind die Praktikantinnen und Praktikanten regelmäßig an beiden Lernorten des KSP, am Lernort *Schule* – jeweils von Montag bis Donnerstag – und am Lernort *Universität* – jeweils am Freitag – aktiv. Auf den Lernort Schule entfällt mit 15 ECTS-Punkten der höchste Arbeitsaufwand. Bestimmende Elemente der am Lernort Schule zu erbringenden Leistungen sind verbindlich nachzuweisende 20 Unterrichtsversuche sowie drei konkrete Tätigkeiten und Reflexionen zu jedem der KMK-Kompetenzbereiche (siehe www.uni-erfurt.de/ese für Detailinformationen).

Im Gesamtumfang von 9 ECTS-Punkten besuchen Studierende am Lernort Universität an jedem Freitag je zwei Begleitkurse zu thematischen Schwerpunkten aus der Bildungswissenschaft und/oder den Fachdidaktiken, die von Lehrenden der Universität angeboten werden. Außerdem ist der Besuch einer Gruppensupervision obligatorisch, die von Praktikumsmentorinnen und -mentoren geleitet wird. Diese sind speziell für das KSP abgeordnete Lehrerinnen und Lehrer Thüringer Schulen, die über einschlägige Erfahrungen in Schule und Unterricht sowie über die Kompetenz verfügen, ihr Erfahrungswissen in die Begleitung der Praktikumsreflexion, konkret in die Anleitung, Beratung und Unterstützung der Studierenden, in der Gruppensupervision einzubringen.

Das im KSP im Umfang von 6 ECTS-Punkten zu führende Portfolio soll beide Lernorte, also Schule und Universität, verbinden und ist als Reflexions- und Dokumentationsportfolio angelegt, das die individuelle Kompetenzentwicklung und die Entwicklung eines professionellen Selbst unterstützt. Die Portfolioarbeit wird von den Praktikumsmentoren angeleitet und begleitet.

Das gesamte KSP wird nicht benotet und soll den Studierenden ermöglichen, die Komplexität des schulischen Alltages selbstgesteuert und eigenverantwortlich zu erleben und mitzugestalten, was durch die universitäre Begleitung flankiert wird. So vorbereitet soll der Übergang in den Vorbereitungsdienst, der bislang in Thüringen als sehr anstrengend erlebt wird (GEW, 2014), problemloser gelingen.

3. Konzeptioneller Hintergrund und Elemente des KSP

Konzeptionell knüpft das KSP an die von der Kultusministerkonferenz beschriebenen Kompetenzbereiche an. Das Erfurter Langzeitpraktikum mit seinen vier Elementen Schulpraxis, Begleitkurse, Supervision und Portfolio muss jedoch hinsichtlich seiner Struktur noch anders begründet werden als durch den alleinigen Verweis auf die „Outcomes". Im Erfurter Konzept werden diese Prozesse über die Paradigmen der „Wissenskontextualisierung", der „Praxisabstrahierung" und der „flexiblen Expertise" modelliert.

Wissenskontextualisierung
Nach Bond, Smith, Baker und Hattie (2000) verfügen gute und erfahrene Lehrerinnen und Lehrer über kontextualisiertes Theoriewissen. Das bedeutet, dass sie über ein vertieftes Fach- und Didaktikwissen verfügen, welches sie entsprechend ihrer differenzierten Wahrnehmung von Unterrichtssituationen für unterschiedliche Kontexte anwendungsbereit verfügbar halten und entsprechend einsetzen können. Zur Entstehung dieses Wissens ist zunächst ein solides Theoriewissen vonnöten, welches dann in verschiedenen Anwendungskontexten erprobt und erweitert bzw. modifiziert wird. Das KSP schließt als finales Ausbildungselement an eine intensive Theorieausbildung

an. In den Begleitkursen zum KSP wird dieses Wissen aktiviert und im sozialen Austausch in Bezug auf Anwendbarkeit diskutiert. Schließlich bieten die Praktikumsmentorinnen und -mentoren, die selbst über Schul- und Unterrichtserfahrung verfügen, Interpretationshilfen, um theoretisches Wissen mit unterschiedlichen Kontexten zu verknüpfen.

Praxisabstrahierung

Lehrpersonen mit Expertise verfügen nach Bond et al. (2000) über Wissen zu typischen und abweichenden Handlungsabläufen in Schule und Unterricht. Diese sind mental in Form von „scripts" (Schank & Abelson, 1977) gespeichert. Mit ihnen wird die konkrete Unterrichtssituation dadurch entlastet, dass typische Schülerreaktionen auf die einzusetzenden Lernimpulse bereits vorweggenommen und angemessene Lehrerreaktionen darauf bereits geplant werden können. Solche scripts werden generiert, indem in zahlreichen Erprobungskontexten zuvor erworbenes solides Anwendungswissen eingesetzt und reflektiert wird. Das KSP schließt als Ausbildungselement an eine extensive Phase kürzerer begleiteter Praktika an, in denen spezifische Aspekte der Unterrichtsplanung und durchführung geplant und mit Feedbacks von Fachdidaktiker/innen durchgeführt werden. Im KSP selbst werden die Studierenden angeregt, ihr schematisiertes Handlungswissen weiterzuentwickeln.

Flexible Expertise

Besonders erfahrene Lehrpersonen zeichnen sich nach der Analyse von Bond et al. (2000; vgl. auch Hattie, 2002) dadurch aus, dass Probleme nicht nur zügig und korrekt gelöst, sondern auch vorausschauend erkannt werden. Ferner entwickeln erfahrene Lehrkräfte auch aktiv Problemlösungen, indem sie bei Lernschwierigkeiten nicht nur auf Routinen zurückgreifen, sondern immer auch neue Hypothesen bilden und testen, um so ihr Problemlöserepertoire zu erweitern. Entscheidend für die Entwicklung „adaptiver Expertise" (Hatano & Inagaki, 1986) ist die zu bewältigende Balance von Effizienz durch Routinisierung einerseits und Innovation durch neue Herausforderungen andererseits (De Arment, Reed & Wetzel, 2013). Deshalb ist eine mehrgliedrige Abfolge von theoretischen und praktischen Ausbildungsabschnitten so wichtig, da eine geballte Praxisimmersion zur kognitiven Überlastung und zur unreflektierten Übernahme tradierter Überlebensstrategien im Klassenzimmer führen kann (Dick, 1996). Bei einer wiederholten Abfolge von Praxis- und Theorieeinheiten ist hingegen eher zu erwarten, dass sich aus der sicheren Beherrschung von Grundfertigkeiten der Unterrichtsführung heraus die Bereitschaft entwickelt, immer wieder neue Wege zu erkunden.

4. Ausblick

Die beschriebene Konzeption des KSP wird derzeit mit ca. 300 Studierenden erprobt. Die bis zum Juli 2015 laufende erste Erprobungsphase wird wissenschaftlich begleitet. Um die Effekte des Erfurter Langzeitpraktikums differenziert herauszuarbeiten, werden jenseits von Selbstberichten und Zufriedenheitserfassungen auch Kompetenztests eingesetzt. Erste Eindrücke der Praktikumsmentorinnen und -mentoren aus der Arbeit mit den Studierenden und erste Rückmeldungen von Praktikumsschulen stimmen zuversichtlich, was die erfolgreiche Umsetzung der beschriebenen Konzeption betrifft. Vor allem die persönliche mentorielle Betreuung der Studierenden in Kleingruppen durch erfahrene Lehrkräfte scheint gut anzukommen. Die Studierenden lösen sich aus der selbst definierten Rolle der „Lernbedürftigen" und sprechen zunehmend offen über ihre Erfahrungen bei der Gestaltung von Unterricht. Dieses gemeinschaftliche kollegiale Lernen gilt es mit Nachdruck zu fördern, da es die für den Lernfortschritt von Schülerinnen und Schülern bedeutsamste Dimension pädagogischen Führungshandeln darstellt (Robinson, Lloyd & Rowe, 2008).

Literatur

Baumert, J. & Kunter, M. (2006). Stichwort: Professionelle Kompetenz von Lehrkräften. *Zeitschrift für Erziehungswissenschaft, 9* (4), 469–520.

Bond, L., Smith, T., Baker, W. K. & Hattie, J.A. (2000). *The certification system of the National Board for Professional Teaching Standards: A construct and consequential validity study.* Arlington, VA: National Board for Professional Teaching Standards.

De Arment, S.T., Reed, E. & Wetzel, A.P. (2013). Promoting adaptive expertise: A conceptual framework for special educator preparation. *Teacher Education and Special Education,* published online 21 June 2013.

Dick, A. (1996). *Vom unterrichtlichen Wissen zur Praxisreflexion* (zweite Auflage). Bad Heilbrunn: Klinkhardt.

Gewerkschaft für Erziehung und Wissenschaft (GEW). Landesgruppe Thüringen (2014). *Wie gut ist die Lehrer/innenausbildung in Thüringen? GEW-Umfrage unter Lehramtsanwärter/innen im Januar/Februar 2014. Zentrale Befunde und Verbesserungspotentiale.* (Abrufbar unter: http://www.gew-thueringen.de/Binaries/ Binary11034/Zentrale_Be funde_und_Verbesserungspotenziale_gs.pdf; letzter Aufruf: 26. 11. 2014).

Hatano, G. & Inagaki, K. (1986). Two courses of expertise. In: H. Stevenson, H. Azuma & K. Hakuta (Eds.), *Child development and education in Japan.* New York, NY: Freeman, S. 262–272.

Hattie, J.A.C. (2002). What are the attributes of excellent teachers? In: *Teachers make a difference: What is the research evidence?* Wellington: New Zealand Council for Educational Research, pp. 3–26.

Hattie, J.A.C. (2009). *Visible Learning. A synthesis of over 800 meta-analyses relating to achievement.* London: Routledge.

Marks, H.M. & Printy, S.M. (2003). Principal leadership and school performance: An integration of transformational and instructional leadership. *Educational Administration Quarterly, 39,* pp. 370–397.

Marzano, R.J. (with Marzano, J.S., & Pickering, D.J.). (2003). *Classroom management that works.* Alexandria, VA: ASCD.

Robinson, V.M.J., Lloyd, C.A. & Rowe, K.J. (2008). The impact of leadership on student outcomes: An analysis of the differential effects of leadership types. *Educational Administration Quarterly, 44,* pp. 635–674.

Schank, R. & Abelson, R.P. (1977). *Scripts, plans, goals and understanding: An inquiry into human knowledge structures.* Mahwah, NJ: Erlbaum.

Shatzer, R.H., Caldarella, P., Hallam, P.R. & Brown, B.L. (2014). Comparing the effects of instructional and transformational leadership on student achievement: Implications for practice. *Educational Management, Administration & Leadership, 42*, S. 445–459.

Walberg, H.J. (1981). A psychological theory of educational productivity. In: F.H. Farley & N. Gordon (Eds.), *Psychology and education.* Chicago: National Society for the Study of Education, pp. 81–110.

Maria Seip und Elke Döring-Seipel

Das Projekt „Psychosoziale Basiskompetenzen für den Lehrerberuf" der Universität Kassel – Führungskompetenz fördern

Führungskompetenz spielt nicht nur im Klassenzimmer sondern insbesondere auch im Kollegium und im Kontext vor Organisationsentwicklung an Schulen eine zentrale Rolle. Kooperation, Teamarbeit und die Übernahme von Führungsaufgaben (auch ohne Führungsfunktion) gewinnen im System Schule zunehmend an Bedeutung.

Somit ist es sinnvoll, das Thema Führung frühzeitig, d.h. schon in der Lehrerbildung, aufzugreifen. Zentrale Aufgabe muss es sein, zukünftige Lehrkräfte zeitig für die veränderten Anforderungen an den Lehrerberuf zu sensibilisieren und Lernmöglichkeiten zur Kompetenzentwicklung zu bieten.

Eine derartige Möglichkeit bietet das Kasseler Projekt „Psychosoziale Basiskompetenzen für den Lehrerberuf (BASIS)". Das Projekt BASIS versucht, bereits zu Beginn des Studiums Lehramtsstudierenden die Bedeutung grundlegender psychosozialer Kompetenzen für den Lehrerberuf nahe zu bringen.

Im Folgenden wird das Projekt zunächst in seinen Grundzügen dargestellt und anschließend der Seminarteil, der sich explizit mit dem Thema Führung beschäftigt, ausführlicher erläutert. Abschließend wird die Wirksamkeit der beschriebenen Maßnahmen erörtert.

1. Das Projekt „Psychosoziale Basiskompetenzen für den Lehrerberuf" an der Universität Kassel

Das Projekt BASIS entstand 2003 im Rahmen einer interdisziplinär und interinstitutionell zusammengesetzten Arbeitsgruppe des Zentrums für Lehrerbildung der Universität Kassel. Zentraler Bestandteil dieses Projektes ist ein 1,5-tägiges Kompaktseminar, welches seit 2008 als verpflichtendes Modul des Lehramtsstudiums existiert und von allen Lehramtsstudierenden im ersten Studienjahr absolviert wird.

Ziel des Seminars ist es, eine kompetenz- und kompetenzentwicklungsorientierte Perspektive schon zu Beginn der Lehramtsausbildung zu verankern und mit der Fokussierung auf soziale Kompetenzen und Selbstkompetenzen einen spezifischen, für Lehrer zentralen Kompetenzbereich sichtbar und erfahrbar zu machen. Die Reflexion der Erfahrungen in den angebotenen Handlungskontexten soll eine individuelle

Standortbestimmung der eigenen Stärken und Entwicklungsbereiche ermöglichen und eine Grundlage für eine studiums- und berufsbegleitende Selbstprofessionalisierung bieten.

Das Seminar umfasst die drei Bausteine Vorbereitung, Kompaktseminar und Nachbereitung (für eine genauere Darstellung der Seminarinhalte vgl. Döring-Seipel, Dauber, Bosse & Nolle, 2012).

Die zugrundeliegende Seminarkonzeption kommt der Idee des Development Center (DC; einer Weiterentwicklung des Assessment Centers) sehr nahe. Im DC steht nicht die Beurteilung sondern die Entwicklung der Teilnehmer im Vordergrund (vgl. Obermann, 2009). Dabei kommt dem Peer- und Beobachterfeedback eine tragende Rolle zu. Im Fokus stehen die individuelle Analyse von veränderbaren Kompetenzen und die Initiierung von Lernprozessen durch Lerngelegenheiten und Reflexionsphasen.

Die folgenden acht psychosozialen Kompetenzen bilden den thematischen Rahmen:

- Kommunikationsfähigkeit
- Kontaktfähigkeit
- Soziale Sensibilität
- Wertschätzung
- Einflussnahme
- Sicherheit im Auftreten
- Wahrnehmungskompetenz: Fokus innen
- Wahrnehmungskompetenz: Fokus außen

Den Studierenden wird in konkreten Anforderungs- und Handlungskontexten eine individuelle Verortung im Hinblick auf einzelne Kompetenzen ermöglicht, die auf der Reflexion eigener Erfahrung beruht und die durch die Außenwahrnehmung von Seminarteilnehmern, Seminarleitern und Beobachtern angereichert wird.

Die Weiterentwicklung der eigenen Kompetenzen liegt in der Verantwortung der Studierenden. Hilfestellungen (Weiterbildungsangebote an der Universität und erweiterte Beratungsgespräche mit Fachpersonal) werden den Studierenden angeboten.

2. Verwirklichung der Kompetenzentwicklung Pädagogischer Führung[1] im Seminar

Gemäß dem Kompetenzmodell für Pädagogische Führung nach Huber et al. (vgl. Huber, Schneider, Gleibs & Schwander, 2013) umfasst das Kompetenzprofil Schulmanagement verschiedene Anforderungsbereiche, von denen im vorliegenden Text auf zwei der Bereiche etwas genauer eingegangen werden soll: „Führung" und „Umgang mit Anderen".

Der Anforderungsbereich „Führung" umfasst eine Reihe von erfolgsrelevanten Dimensionen, von denen dem Durchsetzungsvermögen als Schlüsselkompetenz eine zentrale Rolle zukommt (vgl. Huber et al., 2013). Führen bedeutet Einfluss nehmen: Führungskräfte müssen in der Lage sein, ihre Interessen und Standpunkte wir-

---

1 Der Begriff „Pädagogische Führung" bezieht sich auf Lehrkräfte (ohne schulische Führungsfunktionen), die über die Führungsaufgaben in Erziehung und Unterricht hinaus Führungsaufgaben im Gestaltungsraum Schule übernehmen.

kungsvoll vertreten und andere von ihren Ansichten überzeugen zu können. Um wirkungsvoll Einfluss nehmen zu können, benötigt eine Führungskraft soziale Kompetenzen wie z.B. Einfühlungsvermögen, Kontaktfreude, Kommunikationsfähigkeit und Teamorientierung.

In vielen Untersuchungen zum Führungsverhalten konnten immer wieder die beiden voneinander unabhängigen Dimensionen Mitarbeiterorientierung („consideration") und Aufgabenorientierung („initiating structure") bestätigt werden. Allgemein gilt ein situationsangepasster Führungsstil als zielführender (vgl. u.a. Rosenstiel, 2003). Im Schulkontext zeigt sich, dass funktionierende Interaktion, Kooperation und Teamarbeit eine wichtige Bedingung für die Innovationsbereitschaft im Kollegium und ganz allgemein als Voraussetzung für Schulentwicklung angesehen werden kann (Bergmann & Rollett, 2008). Daraus lässt sich ableiten, dass Schulentwicklung sowohl kooperativer Formen der Schulorganisation bedarf als auch auf Lehrkräfte angewiesen ist, die pädagogische Führungsaufgaben übernehmen. Gesucht werden Lehrer, die teamfähig sind und die die Fähigkeit und die Bereitschaft zur pädagogischen Führung mitbringen.

Im BASIS-Seminar werden in der Übung „Gruppendiskussion" die skizzierten Anforderungen angesprochen. In der Übung werden zum einen das sozial-kommunikative Verhalten der Teilnehmer in einem Gruppenkontext als auch die Wirksamkeit des eigenen Verhaltens in Bezug auf das Gruppenergebnis reflektiert. Aufgabe der Studierenden ist es, einerseits eigene Positionen in der Kleingruppe überzeugend zu vertreten und andererseits einen Konsens über ein angestrebtes Ergebnis mit den anderen Gruppenmitgliedern zu erzielen.

Beobachtet werden in dieser Übung die Kompetenzbereiche *Einflussnahme, Wertschätzung* sowie *Kommunikationsfähigkeit.*[2] Unter „Einflussnahme" werden sowohl Intentions- (Einfluss nehmen zu wollen) als auch Performanzaspekte (Sichtbarkeit des individuellen Beitrags im Ergebnis) subsumiert. Die individuelle Ausprägung der Kompetenz Einflussnahme wird anhand beobachtbarer Verhaltensindikatoren von geschulten Beobachtern eingeschätzt (Beispiele für Indikatoren: *eigene Ideen und Vorschläge einbringen, Prozessimpulse geben, Ideen, Vorschläge usw. finden sich im Ergebnis wieder).* „Wertschätzung" zeigt sich in kooperativem, freundlichem und unterstützendem Verhalten gegenüber anderen Personen (Beispiele für Verhaltensindikatoren: *emotional zugewandt, bezieht andere mit ein).*

In der abschließenden Reflexion zu dieser Übung wird insbesondere das Spannungsfeld „Leiten und Verstehen" thematisiert: Aufgabe einer Lehrkraft ist es, die komplementären Lehrerfunktionen „fachorientierter Wissensvermittler" und „schülerorientierter Interaktionspartner" (in Anlehnung an Bales & Slater, 1968 und Caselmann, 1970) im Unterricht im Blick zu haben und zwischen beiden Anforderungen hin und her pendeln zu können. Eine pädagogische Führungskraft sollte die Führungsanforderungen „aufgabenorientiert" vs. „mitarbeiter- bzw. kollegenorientiert" situativ angepasst einsetzen können.

---

2   Weitere soziale Kompetenzen, wie z.B. Perspektivübernahme, Empathie und Kontaktfähigkeit werden in den anderen Übungen erörtert.

Die Übung sensibilisiert für die Bedeutung der Anforderung „Pädagogische Führung" nach Huber et al. (2013) im Schulkontext (Soll-Wert) und ermöglicht die Diagnostik der individuellen Kompetenzausprägung (Ist-Wert). Dies stellt die Grundvoraussetzung für eine gezielte individuelle Kompetenzentwicklung dar.

3. Wirksamkeit

Die Qualitätssicherung der BASIS-Seminare erfolgt durch kontinuierliche Begleitevaluation seit 2009. Die Ergebnisse der aktuellsten studentischen Onlineumfrage (N = 348 Studierende; Beteiligung ca. 62 Prozent der Seminarteilnehmer im Studienjahr 2013/14) belegen die Nützlichkeit der Veranstaltung aus Sicht der Studierenden: fast 90 Prozent geben an, durch das Seminar zur Selbstreflexion angeregt worden zu sein. 90 Prozent berichten, dass ihnen die Bedeutung der psychosozialen Kompetenzen klarer geworden sei. Speziell zu der Übung „Gruppendiskussion" geben fast 80 Prozent der Teilnehmenden an, dass diese Übung bei ihnen Lernprozesse angestoßen habe. Schließlich schätzen 82 Prozent der Befragten das Seminar als hilfreich für ihre persönliche Entwicklung ein.

4. Fazit

Aus unserer Sicht muss eine zentrale Aufgabe der Lehrerausbildung die Stärkung der zukünftigen Lehrer durch die Unterstützung der individuellen Kompetenzentwicklung sein; eine Auffassung die sich auch in den aktuellen bildungspolitischen Richtlinien widerspiegelt (vgl. Empfehlung der KMK zur Lehrbildung, 2013). Eine wirksame individuelle Kompetenzförderung benötigt als Basis eine kompetenzorientierte Diagnostik und eine darauf aufbauende entwicklungsorientierte Rückmeldung, von der ausgehend das Aufsuchen weiterer Lerngelegenheiten zielgerichtet erfolgen kann.

Das vorgestellte Projekt versucht in diesem Sinne einen Beitrag zu leisten, indem Studierende in spezifischen (schulrelevanten) Handlungskontexten ihre individuellen Kompetenzausprägungen (Stärken und Entwicklungsbereiche) erfahren können. Dies bildet die Basis für eine zielorientierte Weiterentwicklung von Kompetenzen. Obwohl nur ein Ausschnitt von Führungsverhalten behandelt wird, werden im Projekt BASIS nachhaltig Entwicklungsimpulse für zukünftige, führungskompetente Lehrkräfte gesetzt.

Literatur

Bales, R.F. & Slater, P.E. (1969). Role differentiation in small decision making groups. In: C. Gibb (Hrsg.), *Leadership*. Harmondsworth: Penguin. S. 255–276

Bergmann, K. & Rolett, W. (2008). Kooperation und kollegialer Konsens bzw. Zusammenhalt als Bedingungen der Innovationsbereitschaft von Lehrerkollegien in Ganztagsschulen. In: E.-M. Lankes (Hrsg.), *Pädagogische Professionalität als Gegenstand empirischer Forschung*. Münster: Waxmann, S. 291–301.

Caselmann, C. (1970). *Wesensformen des Lehrers. Versuch einer Typenlehrer*. Stuttgart: Klett Verlag.

Döring-Seipel, E., Dauber, H., Bosse, D. & Nolle, T. (2012). Das Projekt „Psychosoziale Basiskompetenzen im Lehrerberuf" – Anmerkungen zum Eignungskonzept. In: B. Weyand, M. Justus & M. Schratz (Hrsg.), *Auf unsere Lehrerinnen und Lehrer kommt es an. Geeignete Lehrer/-innen gewinnen, (aus-)bilden und fördern*. Essen: Stifterverband für die Deutsche Wissenschaft, S. 110–123.

Empfehlungen zur Eignungsabklärung in der ersten Phase der Lehrerausbildung: Beschluss der Kultusministerkonferenz vom 07.03.2013. Verfügbar unter: http://www.kmk.org/fileadmin/veroeffentlichungen_beschluesse/2013/2013-03-07-Empfehlung-Eignungsabklaerung.pdf. [11.11.2014].

Huber, S.G., Schneider, N., Gleibs, H.E. & Schwander, M. (2013). *Leadership in der Lehrerbildung. Entwicklung von Kompetenzen für pädagogische Führung*. Herausgegeben von der Stiftung der Deutschen Wirtschaft (sdw) und der Robert Bosch Stiftung. Verfügbar unter: https://www.sdw.org/fileadmin/sdw/projekte/doc/studienkolleg/SKG_Leadership_in_der_Lehrerbildung_web.pdf. [24.09.2014].

Obermann, C. (2009). *Assessment Center. Entwicklung, Durchführung, Trends*. Wiesbaden: Gabler.

Rosenstiel, L. (2003). Grundlagen der Führung. In: L. Rosenstiel, E. Regnet & M. Domsch (Hrsg.), *Führung von Mitarbeitern*. Stuttgart: Schäffer-Poeschel Verlag, S. 3–25.

Peter Koderisch

Das Konzept „Beziehung gestalten lernen" am Staatlichen Seminar für Didaktik und Lehrerbildung in Freiburg

Verantwortung für sich und andere übernehmen

Lehrkräfte sind Führungskräfte, innerhalb und außerhalb des Unterrichts. Sie müssen übergreifende Kompetenzen besitzen, die hohe Reflexivität, souveräne Kommunikation und Kooperation und flexibles Handeln ermöglichen. Das „Staatliche Seminar für Didaktik und Lehrerbildung" in Freiburg widmet sich seit einigen Jahren in besonderem Maße der Entwicklung personaler und sozialer Kompetenzen. Die Veröffentlichungen von Georg Gnandt (2012, 2013), verantwortlicher Bereichsleiter in Freiburg, bilden die Basis der Darstellung des Freiburger Programms.

Auch die Ausbildungsordnung für Gymnasien ist handlungsleitend: „Die hohe Bedeutung der Lehrerpersönlichkeit für den Erfolg der Berufstätigkeit am Gymnasium und an der Gemeinschaftsschule wird in der Ausbildung ständig reflektiert" (APrO-Gymn §1[2])[1]. Die „Herausbildung der Lehrerpersönlichkeit" ist deshalb seit einigen Jahren Schwerpunkt am Seminar.

Referendare machen existentielle Erfahrungen vor allem im ersten Führen von Klassen und im Gestalten von Unterricht und nicht zuletzt in der Auseinandersetzung mit beobachtenden und bewertenden Mentoren und Fachleitern. Dies ist oft belastend, eröffnet aber die Möglichkeit tiefer Lernerfahrungen beim erkundenden Aufbau der eigenen professionellen Identität. Dazu sind Verfahren und Inhalte nötig, die als authentisch erfahren werden und die die Möglichkeit bieten, interne Modelle zu externalisieren und substantiell und systematisch zu reflektieren. Hierzu sind kooperative Settings hilfreich. Neben das eigene und das fremde externalisierte subjektive Modell sollten externe theoretisch gestützte Modelle treten, um bei einer eventuellen Korrektur der inneren Modelle zur Verfügung zu stehen. Häufiges Thema in der zweiten Ausbildungsphase ist z.B. der Umgang mit Unterrichtsstörungen. Das gezeigte Lehrerverhalten ist dabei oft von den eigenen Erfahrungen als Kind und als Schüler geprägt. Die dabei entstandenen internen Modelle können durch die geleitete Kommunikation mit anderen bewusst gemacht werden. Die Externalisierung ermöglicht den Vergleich mit den Modellen der Mitreferendare und eine tiefere Reflexion. Zu ei-

---

1   Landesrecht Baden-Württenberg, Verordnung des Kultusministeriums über den Vorbereitungsdienst und die zweite Staatsprüfung für die Laufbahn des höheren Schuldienstes an Gymnasien (APrOGymn).

ner adäquaten Korrektur müssen aber auch wissenschaftlich begründete theoretische Modelle zur Verfügung gestellt werden.

1. Grundlagen

In Abgrenzung zu Vorstellungen der geisteswissenschaftlichen Pädagogik der 50er Jahre und des Alltagsgebrauchs versteht das SSDL Freiburg unter „Lehrerpersönlichkeit" keine „Berufung", kein „als Lehrer wird man geboren", sondern – in Anlehnung an Weinerts Kompetenzbegriff – ein Kompendium an erwerb- und veränderbaren personalen und sozialen Kompetenzen. Das beinhaltet u.a. Beziehungsfähigkeit, Konfliktfähigkeit, Kooperationsfähigkeit und Wahrnehmungsfähigkeit und auf der anderen Seite u.a. die Fähigkeit zur Echtheit, zur Ehrlichkeit, zur Entwicklungsfähigkeit, zum Er- und Austragen von Spannungen, zum initiativen Handeln und zur Selbstreflexion (Gnandt, 2013).

Hier zeigt sich eine große Nähe zu den im Kompetenzmodell zur Entwicklung von Kompetenzen für pädagogische Führung (Huber et al., 2013 sowie in diesem Buch) aufgezeigten „verhaltensbezogenen Kompetenzen in den Handlungsfeldern des Schulmanagements". In all diesen Handlungsfeldern finden sich kooperative, kommunikative und Selbst-Kompetenzen wieder, die auch im Freiburger Kompendium eine bedeutsame Rolle spielen. Die Entwicklung von Kompetenzen für pädagogische Führung in der Lehrerbildung meint also auch die Entwicklung personaler und sozialer Kompetenzen der Lehrkräfte, sowohl für den Unterricht als auch für die Gestaltung der Schule.

Mit dem Freiburger Verfahren der Kompetenzentwicklung können m.E. wesentliche und im Referendariat besonders aktuelle Grundlagen für Führungskompetenzen gelegt werden.

2. Das Konzept

Am Freiburger Seminar für Didaktik und Lehrerbildung werden verschiedene Formate zur Förderung personaler und sozialer Kompetenzen angeboten. Ein Schwerpunkt ist das Modul „Beziehungen gestalten lernen", das auf freiwilliger Teilnahme basiert. Gruppen mit 12 bis 16 Teilnehmern werden von einem Coach-Tandem über die gesamte Ausbildungszeit von 18 Monaten begleitet. Es gibt 14 Sitzungen à 120 Minuten und eine vierstündige Abschlusssitzung. Die Coaches sind Dozenten des Seminars und haben eine spezielle Coaching-Ausbildung. Sie bieten den Gruppen in einem bewertungsfreien Raum (sie sind in die Ausbildung und Prüfung der Teilnehmer nicht eingebunden) Wissensvermittlung durch inhaltliche Vorträge, Fall-Besprechungen, systematische Reflexion und Training konkreter Situationen. Entscheidend ist die enge Verzahnung dieser verschiedenen Aspekte, die innerhalb derselben Veranstaltungsreihe angeboten werden.

Abb. 1:   Themen-, Erfahrungs- und Übungsbereiche in verschiedenen Handlungsfeldern

In den Handlungsfeldern kommen grundsätzliche Aspekte der Beziehung zu sich selbst und zu anderen zum Tragen. Die Fähigkeit, zwischen Wahrnehmung und Bewertung zu unterscheiden, ist Basis und zugleich Ergebnis eines partnerschaftlichen Umgangs miteinander. Wissen um die Grundlagen gelingender Kommunikation, wie z.B. Schulz von Thuns Modell des Inneren Teams (Schulz von Thun 1998) – verschränkt mit Trainings in Rollenspielen – hilft, Prozesse besser zu verstehen und zu gestalten. Aspekte wie Macht und Gewalt in der Kommunikation zu begreifen – z.B. mithilfe der „Gewaltfreien Kommunikation" Rosenbergs (2005) – und dies an eigenen Beispielen zu üben, ermöglicht nicht nur eine förderliche Gestaltung von Kooperation, sondern erleichtert auch den Kontakt zu sich selbst und den eigenen Bedürfnissen. Im Referendariat entstehen nicht selten Konflikte, die oft innerhalb eines Machtgefälles geklärt werden müssen. Dies können z.B. Auseinandersetzungen mit Schülern sein, die unzufrieden mit der Benotung sind, mit Eltern, die ihre Sorgen bezüglich der Klassenführung äußern, aber auch mit Ausbildungslehrern, die das Lehrverhalten der Referendare auf schwer nachvollziehbare Weise kritisieren. Hier können am eigenen und fremden Beispiel subjektive Modelle von Konfliktgründen und von Konfliktlösungen aufgedeckt und einer Überprüfung und Revision zugeführt werden. Im Umgang mit Gruppen kann zum einen das Verständnis für Gruppenprozesse geschult werden und zugleich – z.B. mithilfe der Themenzentrierten Interaktion Cohns (Arndt 2002) – die Wahrnehmung für persönliche und gemeinsame Vorstellungen und ihre Interdependenz erweitert werden.

Den aktuellen Erfahrungen der Referendare werden also jeweils theoriebegründete Modelle gegenübergestellt. Die Übungen dienen dazu, sich die eigenen Vorurteile bewusst zu machen und adäquates Verhalten zu trainieren. Zuhören, Reflektieren und Üben dienen dem Ziel, die berufsspezifische Beziehungskompetenz (weiter) zu entwickeln. Das meint zum einen die Selbstkompetenz (u.a. Ich-Stärke, Selbstwahrnehmung, Selbst-Akzeptanz), zum anderen die Sozialkompetenz (u.a. Wahrnehmungsfähigkeit, Einfühlungsvermögen, Toleranz/Akzeptanz, Klarheit/Echtheit, Verantwortungsfähigkeit, Konfliktfähigkeit). Beides ist eng miteinander verwoben.

Zwei im Kurs verwendete Arbeitsformen zeigen die enge Verknüpfung von systematischer Reflexion und Übung (verändert nach Gnandt, 2012):

1. Arbeit mit Anforderungssituationen (Fallvignettenarbeit):
   Diethelm Wahl empfiehlt aufgrund seiner empirischen Untersuchungen, mit Formaten zu arbeiten, die nach dem Muster „Szene-Stopp-Reaktion" angelegt sind. „Haben Menschen keine Zeit zum Nachdenken, reagieren sie also ‚unter Druck' auf künstliche Situationen, so tun sie dies offensichtlich dadurch, indem sie auf die gleichen Situations- und Handlungsprototypen zurückgreifen wie beim Handeln in realen Situationen." (Wahl, 2013, S. 70). Das Bewusstmachen kann zum ersten Schritt für ein effektives Umlernen werden. Aus solchen Überlegungen ging die Fallvignettenarbeit hervor. Einzelne Fallkarten sehen z.B. so aus:
   „Sie haben mit einer 7. Klasse ein Rollenspiel durchgeführt, bei dem es etwas lauter wurde. Nach der Stunde treffen Sie auf dem Gang den Lehrer, der im Nachbarzimmer unterrichtet hat. Er spricht Sie an und sagt vorwurfsvoll: Sie haben wohl Ihre Klasse überhaupt nicht im Griff? – Reagieren Sie auf diese Aussage!" Oder: „Eine Schülerin aus der Klasse 6b sagt nach einem Test zu Ihnen: Wenn H. und M. eine bessere Note als ich bekommen, dann ist das ungerecht. Die haben ja alles aus ihrem Heft abgeschrieben! – Formulieren Sie eine Antwort!"
   In Kleingruppen erprobt ein Referendar möglichst unmittelbar eine Lösung. Im Anschluss wird über die Wirkungen dieser Erstreaktion reflektiert; Alternativversuche können folgen. Ziel dieser Fallvignettenarbeit ist es, sich über die zunächst spontane und dann reflektierte Reaktion auf die vorgelegte fiktive Szene das eigene Verhalten, das von Haltungen und Einstellungen getragen ist, bewusst zu machen und es ggf. zu modifizieren. Dabei muss Fallvignettenarbeit immer mit der entsprechenden Wertschätzung erfolgen und hat sich an festgelegte Spielregeln zu halten.

2. Unklares Verhalten, ungenaue Impulse oder unsichere Reaktionen werden häufig durch innere Unklarheit verursacht. Ausgehend vom Modell des Inneren Teams ergeben sich überaus effektive Arbeitsformen, seine eigenen, durchaus widersprüchlichen „inneren Mitspieler" und ihre Botschaften bei der internen Verhaltensklärung kennenzulernen (vgl. Schulz von Thun, 1998): Angesichts einer als unverschämt empfundenen Äußerung ruft z.B. das innere Teammitglied „Max Machtmensch" lauthals „sofort bestrafen", „Karla Karriere", die sich um die Sichtweise des hospitierenden Ausbildungslehrers sorgt, trägt ein kräftiges „jetzt nur nichts falsch machen" bei, „Rainer Reformpädagoge" äußert gar nicht so laut „Es gibt doch Gründe für das Fehlverhalten, auch im Lehrerverhalten!", bis hin zu „Caesar Zauderer", der aus dem Hintergrund fragt „Ist es nicht besser, wenn ich so tu, als wäre nichts gewesen?". Weitere mehr oder weniger engagierte Teammitglieder mischen noch mit. Ausgehend von solch einem konkreten Fall können diese inneren Teammitglieder unter Anleitung „aufgestellt", ihre Stimmen hörbar gemacht und ihre Gewichtung geprüft werden. Alle diese inneren Teammitglieder

haben ihre Berechtigung, sie gehören zur Person und sind grundsätzlich wertzu-
schätzen. In einer weiteren Runde kann der Referendar, der den Fall eingebracht
hat, Regisseur sein und den Teammitgliedern Anweisungen für ihre Präsenz auf
seiner inneren Bühne geben und z.B. ihre Aufdringlichkeit oder Lautstärke modifizieren.

2.1 Gelingensbedingungen

Für die Umsetzung des Programms zur Förderung der personalen und sozialen Kompetenzen ist ein unterstützender Rahmen nötig. Die Ausarbeitung des Seminarprofils
„Herausbildung der Lehrerpersönlichkeit", die zu den Programmen zur Förderung der
personalen und sozialen Kompetenzen führte, wurde in erster Linie durch das Engagement der Seminarleitung vorangetrieben. Nach ersten Unsicherheiten sind die großen und kleinen Module mittlerweile auch im gesamten Kollegium anerkannt. Die
aktive Gruppe wird breit unterstützt. Das ergibt eine solide Basis für die Weiterentwicklung. Momentan werden systematisch Wege entwickelt, diese Zielorientierung
noch stärker in die alltägliche Unterrichts- und Beratungstätigkeit des Seminars zu integrieren.

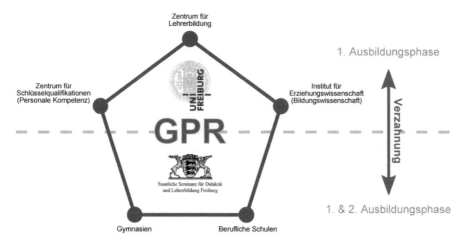

Abb. 2: Freiburger Modell der Geleiteten Praxisreflexion (Quelle: A. Vogelbacher, Uni Freiburg, Ltg.
Zentrum für Lehrerbildung)

2.2 Verzahnung mit der Ausbildung in der 1. Phase

In Baden-Württemberg gibt es seit vielen Jahren ein verpflichtendes Praxissemester
während des Studiums. Gemeinsam mit dem Zentrum für Lehrerbildung, dem Zentrum für Schlüsselqualifikationen, dem Lehrstuhl für Erziehungswissenschaften an der
Universität Freiburg und mit Vertretern aus den Seminaren für berufliche Schulen
und für Gymnasien wurde 2011 das „Freiburger Modell" der „Geleiteten Praxisreflexi-

on" (GPR) entwickelt. Die Studierenden erhalten während des Praxissemesters in vier zweistündigen Veranstaltungen ein Angebot, die erlebte Praxis systematisch zu reflektieren. Schwerpunkte sind dabei:

- die Gestaltung von Beziehungen in der Schule,
- Nähe und Distanz,
- der Umgang mit Konflikten in der Schule und
- Feedback.

Die coachenden Tandems werden aus Vertretern der Universität und des Gymnasialseminars gebildet. Die Teilnahme ist freiwillig. In jedem Jahr können zwei bis drei Kurse mit insgesamt 40 bis 60 Teilnehmern gebildet werden. Die wissenschaftliche Evaluation durch das Institut für Erziehungswissenschaften ergab sehr hohe Zufriedenheitswerte bei den Studierenden. Die GPR hat sich als Einstieg in eine professionsorientierte Unterstützung der Entwicklung von personalen und sozialen Kompetenzen etabliert.

3. Ausblick

Die zweite Ausbildungsphase ist hervorragend geeignet, um an Dispositionen, Haltungen und Einstellungen zu arbeiten. Die in Freiburg eingesetzten Verfahren scheinen dabei besonders förderlich zu sein.

Neben Schlüsselkompetenzen für den Lehrerberuf können auch Grundlagen für Führungskompetenzen entwickelt werden:

- Die Entwicklung von Führungskompetenzen benötigt die gleiche Basis an personalen und sozialen Kompetenzen, nicht nur in der Gestaltung von Unterricht, sondern auch in der Gestaltung von Schule.
- Die Entwicklung von Führungskompetenzen benötigt aber noch mehr, nämlich die Bewusstheit um die Rolle als Schul-Gestalter. Das bedeutet das Wissen um den Gestaltungsauftrag und die Gestaltungsaufgaben, ergänzt durch Management-Wissen, aber gegebenenfalls auch die Änderung des professionellen Selbstbildes, mit den entsprechenden Haltungs-Anteilen.

In wesentlichen Aspekten sind die zur zweiten Ausbildungsphase gemachten Aussagen (günstige Lebenssituationen und günstige Vermittlungsformen) übertragbar auf andere Phasen. Dies kann aber nur gelingen, wenn Inhalte und Situationen ausgewählt werden, die in der jeweiligen Lebenssituation als subjektiv bedeutsam und als Identität bildend erfahren werden.

Literatur

Arndt, E. (2002). Ruth Cohn und ihre Idee von lebendigen Lernprozessen in der Schule. *Themenzentrierte Interaktion. Bd. 16, Heft 1*, S. 50–58.

Arnold, R. & Schiefner-Rohs, M. (2014). Irritation und Reflexion – Kennzeichen einer „Didaktik der Lehrerbildung"? *Seminar, Zeitschrift für Lehrerbildung und Schule, 2/2014*, S. 46–57.

Dubs, R. (2014). Die Persönlichkeit von Lehrpersonen. *Seminar, Zeitschrift für Lehrerbildung und Schule, 1/2014*, S. 119–131.

Gnandt, G. (2012). Lehrerpersönlichkeit und Ausbildung. *Seminar, Zeitschrift für Lehrerbildung und Schule, 3/2012*, S. 85–99.

Gnandt, G. (2013). Fallvignettenarbeit in der Ausbildung. *Seminar, Zeitschrift für Lehrerbildung und Schule, 4/2013*, S. 103–117.

Huber, S.G., Schneider, N., Gleibs, H.E. & Schwander, M. (2013). *Leadership in der Lehrerbildung. Entwicklung von Kompetenzen für pädagogische Führung.* Stiftung der Deutschen Wirtschaft (sdw) & Robert Bosch Stiftung (Hrsg.). Berlin: sdw.

Rosenberg, M. (2005). *Gewaltfreie Kommunikation. Eine Sprache des Lebens.* Junfermann Verlag.

Schulz von Thun, F. (1998). *Miteinander reden. Bd. 3: Das „Innere Team" und situationsgerechte Kommunikation.* Rowohlt Verlag.

Wahl, D. (2013). *Lernumgebungen erfolgreich gestalten: Vom trägen Wissen zu kompetentem Handeln.* Verlag Julius Klinkhardt.

Stephan Gerhard Huber, Stiftung der
Deutschen Wirtschaft, Robert Bosch Stiftung (Hg.):
Schule gemeinsam gestalten – Entwicklung von Kompetenzen
für pädagogische Führung. © 2015, Waxmann

Margit Theis-Scholz

Staatliches Studienseminar für das Lehramt an Förderschulen in Neuwied

Förderung von Beratungskompetenz in der Lehrerausbildung durch Einführung eines Beratungsportfolios

1. Ausbildungserweiterung durch Förderung der Beratungskompetenz

Welchen Anforderungen muss sich eine zukunftsgerichtete Lehrerausbildung stellen? Folgende wesentliche Eckpunkte kristallisieren sich dabei bedeutsam für die Überlegungen zur qualitativen Weiterentwicklung der Lehrerausbildung heraus:

- Bildungspolitisch bedingte Änderungen u.a. durch die Umsetzung der UN-Konvention für die Rechte der Menschen mit Behinderungen im schulischen Bereich,
- die Weiterentwicklung von Förderschulen in „Beratungs- und Förderzentren" sowie
- die sich in dem Postulat nach individualisierter, potenzialorientierter Schülerförderung spiegelnde gesellschaftspolitische Herausforderung.

Parallel zu diesen Entwicklungstendenzen rückt die Grundannahme der hohen Bedeutsamkeit der Rolle von Lehrkräften im gesamten Schulgestaltungsprozess wie auch in der konkreten Schüler-Lehrer-Beziehung erneut in den pädagogischen Diskurs. Insbesondere die viel beachtete Auswertung der Metaanalysen des Bildungsforschers John Hattie haben der Lehrkraftwirksamkeit neue, verstärkte Aufmerksamkeit in der Schul- und Bildungsforschung verschafft. Mit der Aussage „What teachers do matters" lenkt Hattie hinsichtlich der Gelingens- und Erfolgsfaktoren von Unterrichtsprozessen und schulischer Leistung von Lernenden den Blick auf das konkrete Lehrerhandeln (Hattie, 2014). Der Lehrkraft werden als kontinuierlichem Diagnostiker und Experten für Lehren und Lernen sowie als aktivem Lenker von Lernprozessen klare Führungskompetenzen attribuiert (Helmke 2014).

Damit einher geht das Leadership-Konzept, bei dem die Möglichkeit und Notwendigkeit der Entwicklung von Führungskompetenzen bereits in der Lehrerausbildung erkannt und die Frage nach darin enthaltenen Kompetenzbereichen gestellt wird.

Im Hinblick auf die kompetenzorientierte Vorbereitung von Förderschullehrkräften und deren künftiges Aufgabenprofil in inklusiven Settings und dem damit gestiegenen Aufgabenumfang im Handlungsfeld „Beratung" kommt der systematischen Vermittlung von Beratungserfahrungen und der Fähigkeit zur reflexionsgeleiteten Analyse als Vorgehensweise bereits in der Lehrerausbildung unter Berücksichtigung der oben ausgeführten Gesichtspunkte hohe Bedeutung zu.

Die Qualifikation für die spätere aktive und wirksame Aufgabenübernahme als Förderschullehrkraft insbesondere in heterogenen Lerngruppen muss frühzeitig erfolgen. Gleichzeitig kann damit auch die notwendige Aneignung von Leadership-Kompetenzen realisiert werden.

Beratung als Aufgabe und Element pädagogischer Professionskompetenz von Lehrkräften wird bereits im Gutachten des Deutschen Bildungsrats von 1970 als eines der Kernelemente von schulischen und pädagogischen Bildungs- und Erziehungsaufgaben beschrieben.

Die KMK-Vereinbarungen (2004) zu „Kompetenzen und Standards für die Lehrerbildung" verankern die Beurteilungs- und Beratungsaufgabe von Lehrkräften als wesentlichen Bestandteil des pädagogischen Berufsbildes. Sie betonen die Vorbereitung auf die kompetent, gerecht und verantwortungsbewusst wahrgenommene Beratungsaufgabe im Unterricht und bei der Vergabe von Berechtigungen für Ausbildungs- und Berufswege als wesentliche Zielstellung in der Lehrerbildung. Zugleich weisen sie darauf hin, dass hohe pädagogisch-psychologische und diagnostische Kompetenzen von allen Lehrkräften erforderlich sind.

In der Ausgestaltung der inhaltlichen Schwerpunkte der Lehrerausbildung, bezogen auf die Aspekte „Diagnose und Förderung individueller Lernprozesse" sowie „Leistungsmessungen und Leistungsbeurteilungen", sollen
- Diagnostik,
- Beurteilung und
- Beratung

daher besondere Berücksichtigung finden.

2. Beraten will gelernt sein – Beratung in pädagogischen Handlungsfeldern

Bezogen auf das gesamte Handlungsfeld Schule erweist es sich zunehmend als Grundanliegen, die professionelle Beratungskompetenz von Lehramtsanwärtern im Kontext von verschiedenen Beratungsebenen und Kooperationspartnern, unterschiedlichen Beratungsanlässen und situativen Beratungserfahrungen über die o.a. Schwerpunktsetzungen hinaus zu stärken, insbesondere für die künftige Zusammenarbeit in multiprofessionellen Teams und die Kooperation mit außerschulischen Unterstützungssystemen.

Im Zuge der Umsetzung inklusiver Beschulung von Kindern und Jugendlichen mit besonderen Lernbedürfnissen und damit verbundener individueller Lernförderung und Lernberatung, aber darüber hinaus insgesamt ansteigender schulischer Erziehungsaufgaben, hat der so genannte „Runde Tisch" als erforderliches und geeignetes dialogisch-diagnostisches Instrumentarium in der Zusammenarbeit mit Eltern, Mitarbeitern des Jugendamts, der Schulsozialarbeit, des Schulpsychologischen Dienstes, Integrationshelfern, Therapeuten usw. seinen festen Platz eingenommen.

Ziele und Vorgehensweise beim „Runden Tisch"

1. Situationsanalyse, Bestandsaufnahme und Erhebung des Ist-Stands: Skizzierung und Dokumentation von Konsens bzw. Dissens bei gegenseitigem Respekt für unterschiedliche Auffassungen
2. Gemeinsame Entscheidung für diagnostische Maßnahmen (u.a. Unterrichtsbeobachtungen, Testverfahren, ärztliche Untersuchungen usw.)
3. Verbindliche Vereinbarung über Fördermaßnahmen in Schule, Elternhaus, Therapie usw. sowie konkrete Ressourcenklärung
4. Vereinbarung eines Zeitraums zur Erprobung der vereinbarten Maßnahmen
5. Klärung der Informationsweitergabe und Einbeziehung des Kindes bzw. Jugendlichen
6. Festlegung weiterer Zusammenkünfte und Rückmeldekette

Auf Förderschullehrkräfte kommt in Beratungsprozessen von Schülern, Eltern, anderen Lehrkräften und pädagogischen Mitarbeitern in den Beratungsverläufen eine hohe steuernde und koordinative Aufgabenfunktion im Sinne von Leadership-Kompetenzen zu.

Das heißt für die Qualifizierung der Lehramtsanwärter, dass diese bereits in der Lehrerausbildung lernen,

- ihr Wissen über Beratungsstrukturen und -konzepte in der Arbeit mit Kooperationspartnern umzusetzen,
- auf Ziele und Inhalte abgestimmte Techniken, Methoden der Moderation, Gesprächsführung und Gesprächstechniken und Beratung im Unterricht und im beruflichen Umfeld zu nutzen und anzuwenden,
- fachspezifische Kompetenzen der Lernenden individuell zu fördern und Lernende und Eltern zu beraten.

3. Das Beratungsportfolio im Studienseminar Neuwied

Als ein mögliches geeignetes Aufgabenformat wurde deshalb im Studienseminar für das Lehramt an Förderschulen in Neuwied die Erstellung eines Beratungsportfolios eingeführt, das Lehramtsanwärtern eine Verzahnung von theoretischer und praktischer Ausbildung ermöglicht. Gleichzeitig wird damit eine prozesshafte, eingehend reflexionsgeleitete Erfahrungs- und Kompetenzerweiterung im Hinblick auf die eigene Beratungstätigkeit gewährleistet, mit dem Ziel, damit persönliche und professionelle Weiterentwicklung anzustoßen.

In der begleitenden Ausbildungsarbeit werden folgende Inhalte vermittelt:

- Relevante Beratungstheorien und -ansätze
- Beratungsebenen in (sonder)pädagogischen Handlungsfeldern
- Beratung als Aufgaben- und Kompetenzerweiterung für Lehrkräfte
- Beratungsfunktion, -aufgabe und Beratungsanlässe im Setting Schule
- Die Rolle des Beraters und deren Implikationen für die Lehrkraft

- Pädagogische Beratungssituationen, Rahmenbedingungen und deren Gestaltung
- Praxisaufgabe: Portfolio zur Beratungsdokumentation

Das Beratungsportfolio knüpft an die curriculare Struktur des Vorbereitungsdienstes an und berücksichtigt relevante Ausbildungsmodule. Es stellt eine Langzeitausbildungsaufgabe dar, die sowohl dem grundlegenden Kenntnis- und Wissensaufbau der Lehramtsanwärter dient, als auch systematische Handlungskompetenzerweiterung in authentischen Prozessen und multiplen Perspektiven für den pädagogischen Aufgabenbereich „Beratung" ermöglicht.

Im Beratungsportfolio dokumentiert werden Schilderungen und Reflexionen über die Teilnahme und aktive Mitwirkung an Beratungssituationen vor allem im Kontext der Förderung von Kindern und Jugendlichen mit besonderen Lernbedürfnissen und erschwerten Lernausgangslagen, in erzieherischen Problemsituationen, sensibel zu begleitenden schulischen Übergangssituationen, aber auch kollegialer Fallberatung und fachlicher Expertise im Rahmen von schulischen Konferenzen.

Inhaltliche Gliederung des Beratungsportfolios
- Beschreibung des eigenen Erfahrungsstandes zum Thema „Beratung", auch unter Einbeziehung schulpraktischer Erfahrungen während der eigenen Schulzeit und des Lehramtsstudiums
- Beschreibung des Beratungsanlasses
- Konzeptwahl und Begründung
  - Kooperative Beratung
  - Lösungsorientierte Beratung
  - Kollegiale Fallberatung
- Dokumentation des Beratungssettings (beteiligte Personen, Zeitraum, Anliegen/Ziele, Schritte, Vereinbarungen/Maßnahmen/Ausblick)
- Evaluation/Reflexion der eigene Beratungskompetenz und Folgerungen für die eigene Professionalisierung
- Umfang: ca. 2–4 Seiten
- Präsentationsform: frei wählbar

Die organisatorische und methodische Umsetzung zur Einführung des Beratungsportfolios findet sowohl in Informationsveranstaltungen für die ausbildenden Fachleiter als auch für die auszubildenden Lehramtsanwärter statt.

Für die Implementierung des Beratungsportfolios im Vorbereitungsdienst erstellte das Konzeptionsteam ein Skript mit grundlegenden Sachinformationen und thematisierte das Instrument im obligatorischen zweiten Ausbildungsgespräch mit dem ausbildenden Fachleitergremium am Ende des zweiten Ausbildungshalbjahres.

Die Erstellung des Beratungsportfolios wird sowohl durch die Kooperation fördernde als auch durch lehramtübergreifende Lernwerkstattangebote für Lehramtsanwärter zum Thema „Kollegiale Fallarbeit" im Studienseminar begleitet.

Darüber hinaus unterstützt eine regelmäßige, von Fachleitern betreute individuelle Sprechstunde individuelle Fragestellungen der angehenden Förderschullehrkräfte zu ihrem Beratungsportfolio.

Die Einführungsschritte in die Portfolioarbeit für die Lehramtsanwärter

Inhalt	Wie?/Was?
Begrüßung Informationen zu Allgemeinem Beratungsauftrag/Schulgesetz etc. Übersicht über curriculare Struktur Inhalt der Module 3 und 5 im Berufspraktischen Seminar	ppt 6er-Tische diagonal
Übersicht über das Angebot: Erweiterung der Beratungskompetenz der Lehramtsanwärter auf unterschiedlichen Ebenen	Handout ppt
Vorstellung des Beratungsportfolios	ppt
Einchecken/Warm up: Meine Erfahrungen zum Thema „Beratung" 1. An dieses Beratungsgespräch erinnere ich mich … Es ist positiv verlaufen, weil … 2. Dieses Beratungsgespräch war schwierig oder weniger erfolgreich, weil …	Methode Speed-Dating
Sammeln der positiven Ergebnisse Ableiten eines persönlichen Kompetenzziels z.B.: Was möchte ich an meiner Gesprächskompetenz verändern?	Flip-Chart
Beratungsanlässe ## Placemat- Methode 1. Füllen Sie Ihr Individualfeld mit Gedanken und Ideen zum Arbeitsauftrag aus. 2. Tauschen Sie sich in der Gruppe über Ihre Gedanken aus. Welche Anlässe für Beratungsgespräche gibt es in schulischen Kontexten? 3. Notieren Sie Ihre gemeinsamen Arbeitsergebnisse auf Karten. 4. Versuchen Sie, diese nach übergeordneten Themen zu clustern.	Methode Placemat Karten/Eddings
Fortsetzung Beratungsportfolio	ppt
Offene Fragen	Literaturliste

4. Fazit

Mit dem in der Förderschullehrerausbildung im Neuwieder Studienseminar einge-führten Beratungsportfolio sollen erforderliche Qualifikationen in künftiger profes-sioneller Beratungsarbeit in pädagogischen Handlungsfeldern durch die Festigung, Vertiefung und Erweiterung von persönlichen, wissensbezogenen und handlungsbe-zogenen Kompetenzen systematisch grundgelegt werden.

Wie stark und nachhaltig sich gut angeleitete Praxiseinblicknahmen und Sicher-heit verleihende Handlungserfahrungen im Lehramtsstudium als positive professionel-le Prägephasen auswirken, zeigen z.B. die in Rheinland-Pfalz im Vorbereitungsdienst für Lehramtsanwärter verankerten Präsentationen der Berufseinsteiger hinsichtlich ihrer individuellen, berufsspezifischen Ausgangslagen zu Beginn der zweiten Ausbil-dungsphase.

Es kann erwartet werden, dass ähnliche nachhaltige Impulse und wirksame Effek-te bei der Erstellung des individuellen Beratungsportfolios festgestellt werden kön-nen. Aufschluss darüber und mögliche notwendige konzeptionelle Änderungshinweise werden künftige Evaluationsergebnisse aufzeigen.

Literatur

Bamberger, G. (20063). Lösungsorientierte Beratung: Praxishandbuch. Weinheim: Beltz.

Beratung in der Schule: http://www.bug-nrw.de/cms/upload/pdf/Kap0202_BerSchule.pdf.

Bruder, S., Hertel, S., Laux, M. & Orwat-Fischer, A. (2010). *Eltern beraten – souverän und erfolgreich*. Donauwörth.

Deutscher Bildungsrat (1970). *Strukturplan für das Bildungswesen*. Stuttgart.

Diouani-Streek, M. & Ellinger, S. (2012). *Beratungskonzepte in sonderpädagogischen Handlungsfeldern*. Oberhausen.

Gordon, Th. (1977). *Lehrer-Schüler-Konferenz*. Hamburg: Hoffmann und Campe.

Gröning, K. (2006). *Pädagogische Beratung. Konzepte und Positionen*. Wiesbaden.

Hardeland, H. (2013). *Lerncoaching und Lernberatung*. Hohengehren.

Hattie, J. (2014). *Lernen sichtbar machen für Lehrpersonen*. Baltmannsweiler.

Helmke, A. (2014). *Unterrichtsqualität und Lehrerprofessionalität*. Seelze.

Interview mit Prof. Dr. Helmke zur Hattie-Studie (2013). *Lehren & Lernen. Zeitschrift für Schule und Innovation aus Baden-Württemberg 39, 7/2013*.

Mutzeck, W. (2008). *Kooperative Beratung. Grundlagen und Methoden der Beratung und Supervision im Berufsalltag*. Weinheim und Basel 2008[6].

Nestmann, F. u.a. (Hrsg.) (2004). *Das Handbuch der Beratung. Ansätze, Methoden und Felder. Bd.2*. Tübingen.

Schneider, J. u.a. (2012). *Schülergespräche – Lernberatung. Das Praxisbuch*. Schwarzen-bruck.

Schweitzer, J.; Schlippe von, A. (2006). *Lehrbuch der systemischen Therapie und Beratung I und II*. Göttingen: Vandenhoeck und Ruprecht.

Sekretariat der Ständigen Konferenz der Kultusminister der Länder in der Bundesrepu-blik Deutschland (2004). *Standards für die Lehrerbildung. Bildungswissenschaften*. http://www.kmk.org/fileadmin/veroeffentlichungen_beschluesse/2004/2004_12_16-Stan dards-Lehrerbildung.pdf.

Willmann, M.; Hüper, L. (2004). *Möglichkeiten und Grenzen schulinterner Beratung*. Berlin.

Nützliche Weblinks zur Einbindung des Ausbildungsinhalts „Beratung" in
der Lehrerausbildung:

Erziehung und Beratung in der Schule:https://www.youtube.com/watch?v=7vQiMnzEyuI
Ablauf einer kollegialen Beratung: https://www.youtube.com/watch?v=oGsk6ffOjXM
Professionelles Beratungsgespräch: https://www.youtube.com/watch?v=fTUoA6JXANs
Beratung von beeinträchtigten Jugendlichen und Eltern im Übergang Schule-Beruf:
https://www.youtube.com/watch?v=cegj2PtNfjc

Stephan Gerhard Huber, Stiftung der
Deutschen Wirtschaft, Robert Bosch Stiftung (Hg.):
Schule gemeinsam gestalten – Entwicklung von Kompetenzen
für pädagogische Führung. © 2015, Waxmann

Renate Will

Lernaufgaben am Studienseminar für das Lehramt an Gymnasien Hildesheim

In der Verordnung über die Ausbildung und Prüfung von Lehrkräften im Vorbereitungsdienst (APVO-Lehr) heißt es in Niedersachsen, das „Ziel des Vorbereitungsdienstes ist es, dass die Lehrkräfte im Vorbereitungsdienst […] Kompetenzen auf der Grundlage von Seminarprogramm und Seminarlehrplänen in engem Bezug zur Schulpraxis erwerben".[1] Hinzufügen könnte man das Wort „müssen". Um später im Lehrerberuf erfolgreich zu sein, den Schulalltag mit all seinen Herausforderungen meistern zu können und der Lehrerrolle gerecht zu werden, bedarf es der intensiven Auseinandersetzung mit den in der APVO geforderten Kompetenzen.[2] In diesen spiegelt sich das Berufsfeld des Lehrers anschaulich wider. So komplex wie die Ausführungen zu den einzelnen Kompetenzen sind, so mannigfaltig sind auch die Aufgaben und Fähigkeiten bzw. Fertigkeiten, die von Lehrkräften gefordert, ja erwartet werden.

Nun stellt sich die Frage, wie man Kompetenzen vermittelt, sodass Kenntnisse, Fähigkeiten, Fertigkeiten erworben und Einstellungen, Haltungen verändert bzw. beeinflusst bzw. auch vertieft werden.

Das Studienseminar Hildesheim für das Lehramt an Gymnasien hat mit dem Format sogenannter Lernaufgaben, die von den Lehrkräften im Vorbereitungsdienst (LiV) zu einzelnen Kompetenzbereichen im Laufe der Ausbildung angefertigt werden, einen Weg gefunden, dieser Aufgabe gerecht zu werden.

Wesentlicher Ausgangspunkt sind die individuellen Bedürfnisse, Anfragen, Erkenntnisse und Erfahrungen der LiV, denen die Möglichkeit gegeben werden soll, sich intensiv mit diesen auseinanderzusetzen und sie im pädagogischen Dialog und Diskurs zu analysieren und zu reflektieren. Gleichzeitig werden die LiV mit ihren Interessen und Angelegenheiten ernst genommen.

Das Kerncurriculum für die Pädagogische Ausbildung am Studienseminar ist in fünf Quartale und damit in fünf Module (Crash-Kurs: Eigenverantwortlicher Unterricht, Unterrichten, Erziehen, Diagnostik/Bewertung, Innovieren) gegliedert. Nachdem im Crash-Kurs Grundlagen für das Unterrichten gelegt wurden, setzen sich die weiteren vier Module in Anlehnung an die APVO intensiv mit pädagogischen Aufgabenfeldern auseinander. In jedem dieser vier Module werden die LiV dazu ange-

---

1   Vgl. APVO-Lehr, § 2 Abs. 1 Satz 1
2   Vgl. APVO-Lehr, Anlage zu § 2 Abs. 1 Satz 1 und § 9 Abs. 1

leitet, eine Lernaufgabe anzufertigen, die sich mit einem dem Quartal angemessenen Thema auseinandersetzt.

1. Quartal 1
Unterrichten: Kollegiale Hospitationen

Im Quartal „Unterrichten" steht für die Lernaufgabe das Thema „Kollegiale Hospitationen" im Fokus. Während LiV Unterrichtsbesuche durch Ausbilder oft als Belastung wahrnehmen, bieten sich ihnen durch die gegenseitigen kollegialen Hospitationen die Möglichkeiten des Miteinanderlernens und der gegenseitigen Hilfe und Unterstützung in einem geschützten Raum. Vorteilhaft ist weiterhin, dass die geleistete konstruktive Kritik auf „Augenhöhe" zwischen den LiV erfolgt. Es geht um eine vertrauensvolle, kritische Auseinandersetzung mit dem von den einzelnen Gruppenmitgliedern gezeigten Unterricht.

Zur Durchführung der Lernaufgabe werden die LiV gebeten, einen Hospitationsring jeweils in einer Dreiergruppe zu planen, durchzuführen und eigenständig auszuwerten. Das Zusammenstellen der Gruppen bleibt den LiV überlassen, da ein Vertrauensverhältnis Voraussetzung für die Hospitationen ist. Ebenso können die LiV entscheiden, ob sie sich nach Ausbildungsschulen oder Fächern zusammenfinden möchten.

In Vorbereitung der Hospitationen werden Beobachtungsaspekte festgelegt, indem sich die LiV einer Gruppe auf einen gemeinsamen Aspekt aus dem Bereich des Classroom-Managements und einen weiteren Aspekt, der ihnen relevant erscheint (z.B. zur Lehrerrolle, zu methodischen Entscheidungen), einigen. Ebenso kann auch die gastgebende LiV einen individuellen Beobachtungsaspekt, der ihr am Herzen liegt und zu dem sie beraten werden möchte, vorschlagen. In einem Hospitationsring sollen bei einer Gruppenstärke von drei Mitgliedern mindestens drei Besuche absolviert und reflektiert werden, damit jedes Gruppenmitglied die Möglichkeit einer Beratung durch die anderen LiV erhält. Die Größe der Gruppe ergibt sich im Endeffekt aus der Durchführbarkeit der Lernaufgabe. Auch Tandems sind möglich. Eine „Kontrolle" erfolgt durch das Präsentieren der gemachten Erfahrungen am Ende des Quartals (s.u.). Selbstverständlich stehen die ausbildenden Pädagogen mit Rat und Tat zur Seite, sollten sich unvorhergesehene Schwierigkeiten in der Umsetzung ergeben. Erfahrungen zeigen, dass die organisatorischen Herausforderungen von den Teilnehmern der Hospitationszirkel ernst genommen werden und auch gemeistert werden können – auf Ausbilderseite werden flexible Lösungen wohlwollend akzeptiert.

Die LiV fertigen für die eigentliche Hospitationsstunde jeweils einen kurzen Unterrichtsentwurf an, die „Gäste" machen sich in einem Beobachtungsbogen Notizen. Die anschließende gemeinsame Besprechung erfolgt so, dass sich zunächst die besuchte LiV zu ihrem Unterricht äußert und gegebenenfalls auch Fragen an ihre Beobachter stellt. Die Beobachter stellen dann zunächst die Stärken und positiven Aspekte heraus. Anschließend wird über die zu optimierenden Aspekte reflektiert, gegebenenfalls werden Fragen an die Ausbilder formuliert bzw. auf Literatur zurückgegriffen.

Die Ergebnisse der kollegialen Hospitationen werden in der letzten Seminarsitzung des Quartals auf Grundlage einer Mindmap zum Thema „Kollegiale Hospitationen" in Form eines Kurzvortrages von jeder Gruppe präsentiert. Hier wird über gemachte Erfahrungen, Chancen, Grenzen, Probleme, Beobachtungsschwerpunkte, Optimierungsvorschläge etc. berichtet.

Die Lernaufgabe der kollegialen Hospitation – verortet im ersten Halbjahr der Ausbildung – wird von den LiV als wertvolle Unterstützung in der Schulung von Kompetenzen im Bereich des Unterrichtens, aber auch im Bereich der eigenen selbstkritischen Reflexion wahrgenommen. Als Schwierigkeit werden organisatorische Aspekte, die sich durch den eigenverantwortlichen Unterricht und den Ausbildungsunterricht ergeben, benannt. Immerhin müssen sich für drei LiV zeitgleiche Hospitationsstunden finden. Aber auch das schult die organisatorischen Fähigkeiten. Durch die gute Zusammenarbeit des Seminars mit den Ausbildungsschulen ergibt sich auch immer die Möglichkeit einer „Stundenverlagerung", wenn die LiV eine entsprechende Anfrage an die Stundenplankoordinatoren stellen.

2. Quartal 2
Erziehen: Spuren und Konzepte von Erziehung

Im Quartal „Erziehen" sollen LiV dazu angeleitet werden, ihren Blick über den zunächst im Vordergrund stehenden Kompetenzbereich „Unterrichten" hinaus zu erweitern und sich ihrer eigenen erzieherischen Position bewusst zu werden bzw. sich eine solche anzueignen. Dazu sollen sie in ihrem beruflichen Umfeld nach Spuren und Konzepten von Erziehung suchen und in einer Lernaufgabe punktuell ihre persönliche Auseinandersetzung mit einer beispielhaften Frage dokumentieren. Damit ergeben sich Themen wie

- Vorbild sein im naturwissenschaftlichen Unterricht – was heißt das?
- Wozu erzieht eine Lärmampel im Klassenraum?
- Wieviel Strenge passt zu mir?
- Wie erziehe ich eine 5. Klasse zum Gespräch?
- Maßnahmen bei nicht erledigten Hausaufgaben – was ist sinnvoll?
- Was fördert die Gemeinschaft auf einer Klassenfahrt?
- Mein Erziehungs-Verhalten in Bezug auf einen störungsfreien Ablauf in meiner 5. Klasse in Sport mit besonderer Berücksichtigung eines „verhaltensauffälligen" Schülers
- Vereinbarungen zur Regeleinhaltung im Religionsunterricht als Möglichkeit, positives Verhalten zu verstärken und unerwünschtes Verhalten zu reduzieren

Als Anregung erhalten die LiV eine Arbeitshilfe, die sie bei der Themenfindung und Bearbeitung der Lernaufgabe unterstützen soll. In dieser wird schrittweise ein mögliches Vorgehen erläutert:[3]

---

3 Vgl. ausführlicher die Arbeitshilfe des Studienseminars Hildesheim Was tun im Quartal „Erziehen"? – eine Arbeitshilfe

1. Die LiV sollen mit dem Blick einer Erziehenden/eines Erziehers durch die Ausbildungsschule gehen, um sowohl Elemente des „Erziehens" wahrzunehmen, die z.B. die Schulgemeinschaft betreffen (z.B. Umgang mit Klassenregeln, Festlegung gemeinsamer Vorgehensweise bei Unterrichtsstörungen durch das Lehrerkollegium) als auch Handlungssituationen im eigenverantwortlichen Unterricht zu entdecken, die kompetentes erzieherisches Handeln erfordern (z.B. Umgang mit störenden Schülern und Regeln im eigenen Unterricht, Maßnahmen zur Vermeidung von verbalen Störungen (z.B. Einsatz eines Sprachrohrs)).

2. Sie sollen einen inhaltlichen Aspekt auswählen, der für sie in ihrer Ausbildungssituation interessant ist, diesen in der APVO verorten (z.B. 2.1.3 Lehrkräfte gestalten die Lehrer-Schüler-Beziehung vertrauensvoll) und anschließend näher hinsichtlich seiner Umsetzung und Umsetzungsschwierigkeit untersuchen (dabei die eigene Einschätzung/Haltung in den Blick nehmen und diskutieren).

3. Über die Herangehensweise zur inhaltlichen Ausgestaltung des gewählten Aspektes entscheiden sie selbst. Die Lernhilfe bietet Muster an Lernaufgaben, an denen sich die LiV orientieren können, die jedoch nicht optional sind (z.B. Reflexion des eigenen Verhaltens als Lehrerin / Lehrer als Vorbild in Bezug auf einen bestimmten Wert oder allgemein).

4. Auch die Form der Darstellung kann in einem großen Spektrum beliebig gewählt werden; Beispiele dazu werden genannt (z.B. Brief an das Lehrerkollegium, fiktiver Tagebucheintrag, Essay).

Die Auseinandersetzung mit der Lernaufgabe wird schriftlich dokumentiert. Die Ausarbeitung soll nicht mehr als zwei Seiten umfassen. Jeder Pädagoge des Studienseminars verfasst für die LiV, die er ausbildet, eine individuelle Rückmeldung zur Lernaufgabe. Hierbei geht es in erster Linie um eine Wertschätzung, Ermutigung, Ressourcenverstärkung, aber auch um eine individuelle Beratung zu bestimmten Aspekten, mit denen sich die LiV zu diesem Zeitpunkt der Ausbildung beschäftigt. Rückmeldung erfolgt aber auch zur Auswahl und Formulierung des Themas, zum gewählten Format (Brief, Essay, Untersuchung, Interview) und seiner Passung zum Inhalt, zur Eingrenzung des zu betrachtenden Aspektes (Zuspitzung), zur Stringenz in der inhaltlichen Darstellung, zum erkennbaren Kompetenzzuwachs laut APVO, der ausgewiesen bzw. ausweisbar sein muss, zur Berücksichtigung relevanter Literatur-Positionen/Niveausetzung, zum schlüssig geplanten Vorgehen und dessen Umsetzung, zur kritischen Reflexion und Ergebnisauswertung sowie zum Fazit. Da es sich um persönliche Fragestellungen der LiV handelt, wird in der Regel keine Präsentation der Lernaufgabe vorgenommen. Es ist den LiV überlassen, nach der schriftlichen Rückmeldung durch die Pädagoginnen und Pädagogen das persönliche Gespräch mit diesen zu suchen.

3. Quartal 3
Diagnostik/Bewertung: Entwicklung eines diagnostischen Instrumentes

Im Rahmen des Quartals „Diagnostik/Bewertung" setzen sich die LiV u.a. intensiv mit der Thematik des Förderns und Forderns auseinander. Um diesem Anspruch des individuellen Förderns und Forderns gerecht zu werden, ist es notwendig, sich Gedanken um die diagnostischen Kompetenzen zu machen und diese zu schulen. Die Lernaufgabe im Quartal sieht demnach die Entwicklung eines handhabbaren diagnostischen Instrumentes für eines der Fächer und eine der Lerngruppen der LiV vor. In ihrer schriftlichen Ausarbeitung stellen die LiV ihr Vorhaben vor, formulieren Ziele und Erwartungen, schildern ihre Erfahrungen bei der Anwendung des Instrumentes und reflektieren ihr Vorgehen. Außerdem benennen sie Optimierungsmöglichkeiten. Als Grundlage dient die gängige Literatur, aber auch der Kreativität der LiV sind keine Grenzen gesetzt. Es zeigt sich immer wieder, dass die LiV in diesem Quartal der Ausbildung in der Regel bereits einen guten „diagnostischen Blick" auf ihre Schüler entwickelt haben, sodass sich im Rahmen der Präsentation der Lernaufgabe am Ende des Quartals interessante Beiträge ergeben, die in einem intensiven Austausch diskutiert werden. Die entwickelten „diagnostischen Instrumente" werden auf der Internetseite des Studienseminars von den LiV zur Verfügung gestellt, sodass andere LiV davon profitieren können.

Als alternative Lernaufgabe besteht die Möglichkeit, einen Unterrichtsbesuch differenziert zu planen. Nach intensiver Auseinandersetzung mit dem Thema „Differenzierung", das in drei Sitzungen theoretisch bearbeitet wird, erproben die LiV für eines ihrer Fächer einen entsprechenden Unterrichtsbesuch und stellen diesen am Ende des Quartals in einer Sitzung vor. Auch hiervon profitieren alle Teilnehmer, da es zu einem entsprechenden (Material-)Austausch innerhalb der Fächer kommt, der die LiV auch in ihrer Unterrichtsvorbereitung entlastet.

4. Quartal 4
Innovieren: Leitbild/Schulprogramm

Das Quartal „Innovieren" kurz vor dem Examen ermöglicht den LiV eine intensive Auseinandersetzung mit Fragen der Qualität und Entwicklung von Schule als Organisation. Ausgehend von häufig zunächst diffusen Vorstellungen[4] zum Quartalsthema entwickeln die LiV im Laufe der Seminarsitzungen konkrete Vorstellungen über ihre eigene Rolle im System Schule. Das Quartal schärft den Blick für den Schulentwicklungsstand der eigenen Schule und bietet durch die Lernaufgabe die Möglichkeit, das

---

4   Diese Vorstellungen äußern sich in Fragen wie: „Was heißt Schulentwicklung überhaupt? Gibt es dafür eine Definition?"; „System Schule? Was ist das?" „Guter Unterricht – reicht das nicht?" „Steuergruppe – nie gehört!"; „Leitbild? Hat meine Ausbildungsschule überhaupt ein Leitbild? Sieht das nicht für alle Schulen gleich aus?!"; „Schulinspektion – die Horrorvorstellung sämtlicher Lehrer?!"; „Widerstand im Lehrerkollegium?"; „Wird nicht alles heutzutage evaluiert?" usw.

Leitbild, Schulprogramm etc. der Ausbildungsschule gezielt in den Fokus rücken zu lassen, um z.B. mit Steuergruppenmitgliedern und der Schulleitung in einen Dialog zu treten, evtl. auch Optimierungsmöglichkeiten zu entwickeln. So wurden zum Beispiel die Leitbilder der Ausbildungsschulen in den Blick genommen, vorgestellt (Marktplatz der Möglichkeiten), mit der Theorie aus der Literatur (Was ist ein gutes Leitbild?) verglichen und in der Umsetzung im Schulalltag reflektiert.

Alternativ besteht die Möglichkeit der Entwicklung einer eigenen „Innovation". So wurden z.B. „ein Leitfaden für neue Referendare", eine Rallye durch eine Hildesheimer IGS, eine „bewegte Pause", die Umstrukturierung einer Schulbibliothek und ein „Leitfaden für junge Mütter in der Ausbildung" initiiert. Auch hier entspricht das Format den bereits genannten Kriterien.

5. Fazit

Die Lernaufgaben des Studienseminars bieten den LiV die Möglichkeit, während ihrer Ausbildung Kompetenzen, die von ihnen erwartet werden und die sie zur Bewältigung ihrer schulischen Aufgaben benötigen, zu schulen, indem sie sich intensiv mit den von ihnen in der Praxis wahrgenommenen Aufgaben auseinandersetzen, diese analysieren und reflektieren. Lernaufgaben bieten eine verstärkte punktuelle Auseinandersetzung mit der eigenen Lehrerrolle, fördern die Interaktion zwischen LiV und Schülern bzw. Eltern, aber auch zwischen LiV und pädagogischen Ausbildern sowie zwischen den LiV selbst. Die Stärkung der „personalen Kompetenzen" erfolgt somit allein schon durch die Tatsache, dass der Kooperation ein hoher Stellenwert eingeräumt wird, LiV für Probleme anderer sensibilisiert werden, sie gefordert sind, sich selbst kritisch zu reflektieren und ihre Stärken, Schwächen und Ressourcen wahrzunehmen.

Kritisch sehen die LiV den Aufwand und die Mehrbelastung, die durch die Lernaufgaben entstehen. Die Akzeptanz der „zusätzlichen" Lernaufgaben in einer 18-monatigen ohnehin sehr verdichteten Ausbildung steht und fällt mit der durch die Ausbilder und die inhaltliche Seminarstruktur vermittelten Sinnhaftigkeit.

Es ist auch möglich, eine Lernaufgabe zu einer schriftlichen Hausarbeit auszuweiten, allerdings muss die Selbständigkeit der Ausarbeitung des Themas gewährleistet bleiben. Geplant ist, die Lernaufgaben zu Kompetenzentwicklungsaufgaben (KEAs) weiterzuentwickeln, handelt es sich bei den Lernaufgaben doch um eine langjährig erprobte Vorform der geforderten KEAs, denn sie betreffen in der Mehrzahl Handlungssituationen des beruflichen Alltags, erfordern den Erwerb und den Gebrauch von Strategien und Techniken und tragen somit zum Kompetenzerwerb bei.

Stephan Gerhard Huber, Stiftung der
Deutschen Wirtschaft, Robert Bosch Stiftung (Hg.):
Schule gemeinsam gestalten – Entwicklung von Kompetenzen
für pädagogische Führung. © 2015, Waxmann

Thorsten Bohl und Britta Kohler

Der Master-Studiengang „Schulforschung und Schulentwicklung" an der Universität Tübingen

1. Einleitung und Überblick über den Studiengang

Der Master-Studiengang „Schulforschung und Schulentwicklung" wurde zum Wintersemester 2012/13 an der Eberhard Karls Universität Tübingen eingerichtet. Er wird von der Abteilung Schulpädagogik am Institut für Erziehungswissenschaft verantwortet und stellt eine kooperative Weiterentwicklung des vorigen Master-Studienganges „Forschung und Entwicklung in der Erziehungswissenschaft" dar. Der Master-Studiengang „Schulforschung und Schulentwicklung" kann in Vollzeit (vier Semester) oder Teilzeit (acht Semester) absolviert werden und baut entweder auf einem Bachelorabschluss in Erziehungswissenschaft bzw. in einem Nachbarfach oder auf einem Ersten oder Zweiten Staatsexamen auf. Er beginnt jährlich zum Wintersemester. Derzeit stehen zehn Plätze in Vollzeit und zehn Plätze in Teilzeit pro Studienjahr zur Verfügung. Um unterschiedlichen Voraussetzungen und Interessen entgegenzukommen, enthält der Master-Studiengang „Schulforschung und Schulentwicklung" neben einem großen Wahlmodul weitere Optionen, welche in vielfältiger Weise auf Gestaltungs- und Managementaufgaben fokussieren. Der Studiengang profitiert in hohem Maße von den Möglichkeiten, die ein breit aufgestelltes erziehungswissenschaftliches Institut (Schulpädagogik, Allgemeine Pädagogik, Sozialpädagogik, Erwachsenenbildung, Empirische Bildungsforschung) und eine Volluniversität bieten.

2. Ausgangspunkt, Adressaten und Zielsetzungen

Der Master-Studiengang „Schulforschung und Schulentwicklung" wurde vor dem Hintergrund gestiegener gesellschaftlicher Erwartungen an das Bildungssystem und seine Akteure konzipiert. Dabei wurde der Blick auf neue Maßnahmen der Systemsteuerung gerichtet und auf die zunehmende Autonomie von Schulen bei gleichzeitiger Verpflichtung zur Rechenschaftslegung und der damit verbundenen Aufforderung zu einer datenbasierten Schul- und Unterrichtsentwicklung vor Ort. Leitend war und ist bei seiner Entwicklung die Idee, dass Akteure von Reformen und Innovationen einer umfangreichen und gut strukturierten Wissensbasis und auch des systematischen Reflektierens über Qualität bedürfen, um erfolgreich sein zu können.

Neben diesem Fokus auf einer inhaltlich fundierten und reflektierten Gestaltung von Prozessen in Schule und Unterricht wird der Beitrag eines konsekutiven Studienganges zur Professionalisierung und zur berufsbiografischen Weiterentwicklung der Studierenden gesehen und betont. Ausgerichtet ist der Studiengang einerseits auf Lehrkräfte an Schulen aller Schularten, die ein Mehr an Verantwortung im System Schule übernehmen wollen, und andererseits auf Absolventen und Absolventinnen erziehungswissenschaftlicher Bachelor-Studiengänge, die in multiprofessionellen Teams schulische Arbeit leitend mitgestalten werden. Allen Adressatinnen und Adressaten gemeinsam ist die Idee, im System Schule Führungsaufgaben in einem weiteren Sinne, also entweder in der Schulleitung oder auch beispielsweise in einer Steuergruppe, übernehmen und Schule professionell weiterentwickeln zu wollen. Die Möglichkeit, berufsbegleitend in Teilzeit studieren zu können, kommt unter anderem Personen entgegen, die bereits begonnen haben, Führungsverantwortung zu übernehmen. Gleichzeitig stellen sie als Lernende Vorbilder in lernenden Organisationen dar. Insgesamt resultiert aus dieser Offenheit im Zugang zum Studiengang und dessen Konzeption eine heterogene Zusammensetzung der Studierenden, welche fachlichen Austausch, interdisziplinäre Zugänge und spätere Vernetzung fördert.

Grundlegendes Ziel des Studiums ist der Erwerb von Kompetenzen, welche in die Lage versetzen, die Qualität von Schule und Unterricht auf der Basis theoretischer Einsichten und empirischer Befunde situations-, kontext- und adressatenadäquat und mit begründeter Zielorientierung zu beschreiben, zu analysieren und zu bewerten sowie anspruchsvolle und forschungsbasierte Konzepte auf allen drei Ebenen (Lehren und Lernen, Schulentwicklung, Schulsystem) des Schulsystems zu entwickeln, um zu fundierten Entscheidungen gelangen zu können. Neben der Vermittlung fachlicher Kompetenzen soll das Studium zur Ausbildung überfachlicher Kompetenzen beitragen. Dazu gehört beispielsweise die Fähigkeit zur systematischen und mehrperspektivischen Analyse, zur theorie- und forschungsbezogenen Argumentation, zur verantwortungsvollen Folgenabschätzung von Entwicklungsvorhaben, zur Reflexion von Handlungen im schulischen Kontext sowie zur Organisations- und Personalentwicklung.

3. Modulstruktur und Inhalte

Die Grundstruktur des Studiums (vgl. Abb. 1) orientiert sich an den Ebenen des Bildungssystems und ermöglicht einen darauf bezogenen kumulativen Wissens- und Kompetenzaufbau (Module 1 bis 4). Sämtliche Themenbereiche werden aus theoretischer, empirischer und entwicklungsbezogener Perspektive bearbeitet. Hierbei werden häufig Unterrichtsvideos eingesetzt. Einen bedeutsamen Inhalt stellt der Umgang mit Heterogenität in Schule und Unterricht dar, getragen von dem Ziel, jedem einzelnen jungen Menschen eine möglichst umfassende Bildung zu ermöglichen.

Während im ersten Studienjahr mit Blick auf den kumulativen Kompetenzaufbau mehr Präsenzveranstaltungen vorgesehen sind und vorwiegend inhaltliches und methodisches Wissen vermittelt wird, stehen im zweiten Studienjahr neben der individuellen Schwerpunktbildung (Module 7 und 8) eigene Forschungs- und Entwicklungstätigkeiten im Zentrum. Diese werden zu Beginn, d.h. im dritten Semester (Modul 6), noch stärker als im nachfolgenden vierten Semester (Modul 9) angeregt und unterstützt.

Leistungspunkte werden durch die Teilnahme an Lehrveranstaltungen und deren Vor- und Nachbereitung sowie durch selbstständig zu erbringende unbenotete Studienleistungen und durch in der Regel benotete Prüfungsleistungen erworben. Die Formate für Studien- und Prüfungsleistungen variieren, wobei bei Studienleistungen sowohl interessenorientiert vertiefend als auch kompensierend gearbeitet werden kann.

Ein Teil der Lehrveranstaltungen wird auch von einer kleinen Gruppe von Lehramtsstudierenden mit zusätzlichem Studienfach Erziehungswissenschaft besucht. Zu dieser Gruppe gehören auch Lehrbeauftragte der zweiten Phase der Lehrerbildung.

Modul		LP
1	Theorie und Forschung in der Schulpädagogik im Kontext der Erziehungswissenschaft	12
2	Forschung und Entwicklung auf der Ebene des schulischen Lehrens und Lernens (Mikroebene)	9
3	Forschung und Entwicklung auf der Ebene der Schule als Organisation (Mesoebene)	6
4	Forschung und Entwicklung auf der Ebene von Bildungssystem und Governance (Makroebene)	12
5	Forschungsmethoden (Niveaustufe 1 oder Niveaustufe 2)	12
6	Studienprojekt	18
7	Wahlmodul	18
8	Wahlpflichtmodul (Beratung oder Schulmanagement/Schulleitung)	9
9	Abschluss	24
	Summe Leistungspunkte	**120**

Abb. 1: Grundstruktur des Master-Studienganges

4. Forschung und Entwicklung

Forschung und Entwicklung werden in diesem Studium nicht als Gegensätze begriffen. Stattdessen wird davon ausgegangen, dass Entwicklung der Forschung bedarf und dass Theorie, Empirie und Praxis aufeinander verweisen. Im Rahmen des Studiums wird eine Vielfalt an Forschungszugängen angeboten, die mit den Begriffen „qualitativ" und „quantitativ" nur angedeutet werden kann. Die Studierenden können Forschungsmethoden auf zwei verschiedenen Niveaustufen studieren und sich zudem in unterschiedliche Methoden einarbeiten. Möglich ist ein Hineinwachsen in die Forschungskultur der Abteilung Schulpädagogik und des Instituts für Erziehungswissenschaft. Der Erwerb forschungsmethodischer Kompetenzen soll es den Studierenden erlauben, einerseits selbst in beruflichen Feldern forschend und evaluierend tätig zu sein und andererseits vorliegende Forschungsarbeiten und Evaluationsberichte rezipieren und mit kritischem Blick nutzen zu können. Ethische Fragen wissenschaftlichen Arbeitens und insbesondere eine verantwortungsvolle Folgenabschätzung von Entwicklungsvorhaben werden hier immer wieder neu bedacht.

5. Mögliche Schwerpunktsetzungen

Studierende des Master-Studienganges „Schulforschung und Schulentwicklung" können an mehreren Stellen ihres Studiums interessen- und berufsfeldorientiert individuelle Schwerpunkte setzen, so insbesondere beim Wahlpflichtmodul sowie im offen angelegten Wahlmodul, innerhalb dessen Lehrveranstaltungen aus verschiedenen Teildisziplinen der Erziehungswissenschaft und zusätzlich, sofern möglich, aus dem gesamten universitären Angebot gewählt werden können. Die Möglichkeit, Lehrveranstaltungen anderer Master-Studiengänge besuchen zu können, fördert Interdisziplinarität sowie ein späteres multiprofessionelles Arbeiten. Eine weitere Profilbildung entsteht aus der Option, das dritte Semester teilweise und innerhalb einer strukturierten Kooperation an einer Universität im Ausland (Lehigh, USA) zu verbringen. Nicht zuletzt können alle Studierenden im Rahmen ihres Studienprojekts und ihrer Masterarbeit Schwerpunkte setzen, indem sie an aktuellen Projekten des Instituts für Erziehungswissenschaft mitarbeiten, mit regionalen Schulen kooperieren oder eigenen Fragestellungen nachgehen.

6. Modul „Schulmanagement und Schulleitung"

Ein sich über zwei Semester erstreckendes Wahlpflichtmodul erlaubt die Wahl des Bereichs „Schulmanagement und Schulleitung". Dieses Modul spricht explizit Studierende an, die Leitungs- und Managementaufgaben übernehmen wollen, und thematisiert beispielsweise das Gestalten von Wandel, den Umgang mit Widerstand, das Fördern von Kooperation, Konfliktmanagement, Verfahren der Personalentwicklung oder Schule als Organisation. Teilnehmende sind hier immer wieder auch Angehörige anderer Professionen, was von den Studierenden als sehr bereichernd begriffen wird. Die Lehre in diesem Modul ist personell verknüpft mit der Schulleitungsqualifizierung in Baden-Württemberg. Auch Studierende, welche im Rahmen des Wahlpflichtmoduls den Bereich „Beratung" wählen, können die Veranstaltungen zu Schulmanagement und Schulleitung innerhalb eines Wahlmoduls belegen (und umgekehrt). Dadurch haben sie die Chance, den Gestaltungsraum Schule mit seinen Möglichkeiten in vertiefter Weise kennenzulernen und vielfältige Kompetenzen der Diagnose, Analyse, Beratung, Organisation und Koordination schulischer Prozesse zu erwerben.

7. Qualitätssicherung und Evaluationsergebnisse

Die Wirtschafts- und Sozialwissenschaftliche Fakultät der Universität Tübingen hat ein umfassendes Qualitätssicherungskonzept entwickelt, zu welchem unter anderem regelmäßige, d.h. alle drei Semester stattfindende, schriftliche Befragungen aller Studierenden gehören. Bei der letzten Erhebung im Jahr 2014 erhielt der Master-Studiengang „Schulforschung und Schulentwicklung" in allen Bereichen sehr gute bis ausgezeichnete Rückmeldungen und wurde von allen ähnlich ausgerichteten Master-Studiengängen der Fakultät am besten bewertet.

8. Perspektiven für Absolventinnen und Absolventen

Das beschriebene Konzept mit verbindlichen Modulen und mehreren Wahlmöglichkeiten gestattet ein Studium, welches breit angelegt und kumulativ aufgebaut ist und gleichzeitig adäquat auf verschiedene anspruchsvolle Tätigkeiten im Kontext von Schule abgestimmt werden kann, insbesondere auf Tätigkeiten mit Führungsaufgaben, beispielsweise in der Schulleitung, in der Aus- und Weiterbildung von Lehrkräften, in der Schulverwaltung sowie in der Evaluation, Beratung und Begleitung von Schulen. Darüber hinaus kann das Studium in eine Promotion münden.

Stephan Gerhard Huber, Stiftung der
Deutschen Wirtschaft, Robert Bosch Stiftung (Hg.):
Schule gemeinsam gestalten – Entwicklung von Kompetenzen
für pädagogische Führung. © 2015, Waxmann

Cornelia Winkler

Führungsqualitäten in Mentoring – Sächsisches Modell der Professionalisierung von Mentorinnen und Mentoren

„Lehrer werden ist nicht schwer – Lehrer sein dagegen sehr." Dieser adaptierte Spruch mag manchen Berufsanfängern in ihren Praktika durch den Kopf gehen: Wie gelingen meine ersten Unterrichtsstunden? Kann ich die Kinder begeistern und kognitiv herausfordern? Was ist mein persönlicher Unterrichtsstil? Ist das Lehrerdasein so, wie ich es mir erträumt habe? Wie komme ich mit den Kolleginnen und Kollegen zurecht? Sagt mir das Schulprogramm zu? Viele Fragen begleiten Berufsanfänger/innen in ihrem Einstieg in die schulische Praxis. In dieser Phase erfolgen Identitätsfindungsprozesse, vielseitige Kompetenzentwicklungen und die Sozialisation im schulischen Kontext. Die Entwicklung von Handlungsroutinen und subjektive Überzeugungsbildungen sollten nicht in einem Praxisschock enden (vgl. Winkelbauer, 2013). Komplexe, vielschichtige und auch widersprüchliche Anforderungen strömen auf die Berufsanfänger/innen ein. Daher werden zur erfolgreichen Bewältigung Unterstützung, Begleitung und Anregung benötigt. Dafür gibt es das Mentoring.

1. Was heißt Mentoring?

Das Mentoring als Instrument der Personalentwicklung bedeutet eine „Eins-zu-Eins-Beziehung zwischen einem Berater (dem Mentor) und einem Ratsuchenden (Mentee)" (Haasen, 2001, zit. n. Winkelbauer et al., 2013, S. 291). Im Gegensatz zum Coaching handelt es sich um eine asymmetrische Kommunikation, in der der Mentor/die Mentorin als Ratgeber/in, wohlwollende/r Begleiter/in und Wegbereiter/in wahrgenommen wird (Kaul, 2013, S. 39). Mentorinnen und Mentoren sind mehr oder weniger systematisch ausgewählte Unterrichtsexperten bzw. -expertinnen, denen die Anleitung von Auszubildenden zugetraut wird. Auf der Basis von „Wohlwollen, Respekt und gegenseitigem Vertrauen" sollen Hilfestellungen zur Entwicklung „persönlicher, fachlicher und überfachlicher Kompetenzen" durch den Mentor/die Mentorin gegeben werden (Winkelbauer, 2013, S. 292). Das umfasst administrative Aufgaben im Sinne des Zurechtfindens im Schulalltag, vor allem jedoch unterrichtsbezogene Aufgaben, deren Gestaltung und erfolgreiche Durchführung reflektiert werden. Im Idealfall kann der Mentor/die Mentorin auch in persönlich herausfordernden Situationen

Auszubildende unterstützen (vgl. ebd., S. 296). Dabei wird es von den Auszubildenden geschätzt, wenn Mentorinnen und Mentoren offen, positiv und vertrauensvoll, sympathisch und geduldig, akzeptierend und nicht bevormundend, gelassen und stärkend sind (vgl. ebd., S. 297). „Der Mentor, die Mentorin ist eine gut vernetzte lebens- und organisationserfahrene Person, die ihr Erfahrungswissen, aber auch ihre Netzwerke zur Verfügung stellt" (Kaul, 2013, S. 37). Um eine solche professionelle Haltung zu entwickeln, brauchen Mentorinnen und Mentoren für ihre eigene Professionalisierung Qualifizierung und Unterstützung.

2. Worin besteht die Führungsqualität des Mentors/der Mentorin?

Mentorinnen und Mentoren in der Lehrerbildung betreuen Lehramtsstudierende während ihrer Praxisphasen bzw. im Referendariat. Sie unterstützen die berufliche und persönliche Entwicklung der Auszubildenden, „stellen Lerngelegenheiten zur Verfügung" und ermöglichen „unterrichtliche Selbsterfahrung" (Gröschner & Häusler, 2014, S. 317). In ihrer Führungsrolle wirken sie als Vorbild, lassen die weniger Erfahrenen von ihren Erkenntnissen profitieren und beeinflussen „Wertehaltungen und Überzeugungen" (ebd.). Für die Mentorinnen und Mentoren sind „soziale Kompetenz, professionelle und fachspezifische Expertise" wichtige Handlungskriterien (ebd.). Sie begleiten die Berufsanfänger/innen in den schulischen Alltag hinein. Sie stehen zum Beantworten der vielen Fragen, zur Stärkung in schwierigen Situationen und für Reflexionsgespräche möglichst zeitnah und regelmäßig zur Verfügung. Sie unterstützen auch emotional und psychologisch. Die vertrauensvolle Beziehungsgestaltung ist für alle folgenden Interaktionen eine wesentliche Voraussetzung. Hier werden erste Berufserfahrungen positiv aufgearbeitet und das Vertrauen in eigene Stärken vermittelt. Wenn Respekt und gegenseitige Wertschätzung vorliegen, können kritische Rückmeldungen besser angenommen werden. Das verlangt Gestaltungsbereitschaft von beiden Seiten. Die Qualität der Interaktionen zeigt sich darüber hinaus in autonom orientierten Lernanforderungen an die Auszubildenden (vgl. ebd., S. 318ff.). Auch so kann das Vertrauen in ein authentisches individuelles Lehrerprofil wachsen.

Im Mittelpunkt der Interaktionen stehen natürlich die Planung und Durchführung des Unterrichts. Hier liegt die Hauptverantwortung der Mentorinnen und Mentoren darin, diese Gestaltungprozesse zielführend, sensibel und individuell zu führen. Gerade die Qualität der gemeinsamen Reflexionsprozesse, die Veränderungen im eigenen Handeln anbahnen können, zeigt den Grad der vorhandenen, wertschätzenden Beziehung zwischen den Akteuren. In dieser produktiven Lernbegleitung profitieren auch die Mentorinnen und Mentoren einerseits von der Metaperspektive auf den eigenen Unterricht im Rahmen der Reflexionsprozesse, andererseits durch das Innovationspotenzial der Auszubildenden, die ihre Ideen aus der ersten Ausbildungsphase ausprobieren. Die Mentorinnen und Mentoren erleben einen Entwicklungsprozess von der Unterrichtsexpertin/vom Unterrichtexperten hin zur Anleitungsexpertin/zum Anleitungsexperten für guten Unterricht. Dazu benötigen sie Kompetenzen als Führungskraft, die im Folgenden beschrieben werden.

3. Welche Leadership-Kompetenzen benötigen Mentorinnen und Mentoren?

In der Führung der Unterrichts- und Reflexionsprozesse werden entsprechend den Strukturelementen des Kompetenzmodells nach Huber et al. (2013) situationsangemessene und anforderungsgerechte Verhaltensweisen erwartet. Vor allem auf der Handlungsebene „Unterricht" und in der „kooperativen Zusammenarbeit" fördern Mentorinnen und Mentoren den Austausch guter Praxiserfahrungen, um voneinander zu profitieren und eigene Führungskompetenzen zu erweitern (vgl. ebd., S. 32). Aus einem kognitionspsychologischen Verständnis heraus zeichnen sie sich als „Experten gegenüber Novizen durch besondere Wissens- und Handlungsformen [...], die durch intensive Erfahrung und Übung erworben wurden" (Schaper, 2009, S. 171, zit. in Huber et al., 2013, S. 20), aus. Wie auch jede Führungskraft benötigen Mentorinnen und Mentoren deklaratives Fachwissen, prozedurales Anwendungswissen und entsprechende Werte und Einstellungen. Sie benötigen weiterhin instrumentelle, interpersonelle und systemische Kompetenzen, die auch als überfachliche Kompetenzen zusammengefasst werden. Dazu gehören u.a. kognitive und methodische Kenntnisse, Kommunikations-, Team- und Kritikfähigkeit sowie Mehrperspektivität und Veränderungsbereitschaft (vgl. ebd.).

Zu den Schlüsselkompetenzen für Mentorinnen und Mentoren in ihrer Führungsrolle gehören auch Ambiguitätstoleranz, Selbstwirksamkeit, Leistungsmotivation und Belastbarkeit (vgl. Huber et al., 2013, S. 42ff.). Im Rahmen der Ambiguitätstoleranz werden „mehrdeutige Situationen oder Reize wahrgenommen und verarbeitet" (ebd.). Diese „Toleranz für Ungewissheit" wird als Erfolgsfaktor für berufliche Entwicklungen angesehen (ebd.) und fordert von den Mentorinnen und Mentoren den ausgleichenden Umgang mit verschiedenen Perspektiven. Selbstwirksamkeit als „Zuversicht in die eigenen Fähigkeiten und Fertigkeiten" (Schwarzer, 1993, S. 189, zit. in Huber et al., 2013, S. 42ff.) ermöglicht es ihnen, schwierige Situationen und hohe Herausforderungen erfolgreich zu lösen. Einsatzbereitschaft und Leistungsmotivation der Mentorinnen und Mentoren sind ganz entscheidende Kompetenzen, um mit Elan und Hingabe der Anleitungsfunktion für die Auszubildenden gerecht zu werden. Begeisterung, Inspiration und Engagement werden als Vorbild erlebt und angenommen (vgl. Huber et al., 2013, S. 42ff.). Aufgrund der hohen Komplexität der Prozesse und Anforderungen im Schulalltag sind Belastbarkeit und Stressresistenz wesentliche Kompetenzen zur erfolgreichen Bewältigung der Doppelfunktion des Mentors/der Mentorin als eigenständige Lehrkraft und als Betreuer bzw. Betreuerin der Auszubildenden. Dazu wird ein gutes Zeitmanagement benötigt, aber auch ein von der Schulleitung ermöglichtes Zeitfenster zum gemeinsamen Arbeiten. Natürlich gehören auch Empathie- und Durchsetzungsfähigkeit zum Kompetenzspektrum von Mentorinnen und Mentoren (vgl. ebd.).

Im Führungshandeln bieten sich kooperatives und situatives Vorgehen an, damit einerseits eine freiwillige Mitgestaltung im sozialen Kontext ermöglicht wird, andererseits auf ganz konkrete Situationen individuell eingegangen werden kann (vgl. Huber et al., 2013, S. 47f.). In der Flexibilität des Führungshandelns liegt der Erfolg guter

Anleitung. Mentorinnen und Mentoren vermitteln den Auszubildenden „Sicherheit im Kerngeschäft Unterricht" und in der „Gestaltung wirksamer Lehr- und Lernprozesse" (Huber et al., 2013, S. 75). Sie führen sie in ein effizientes Classroom-Management ein und schulen sie in lösungsorientierter Beratung (vgl. ebd.). Gleichzeitig wird der Blick für Schulentwicklungsprozesse insgesamt geöffnet. Die wichtigen Reflexionsprozesse ermöglichen es, subjektive Theorien zu erkennen und zu verändern. In dieser Form „kommunikativer Praxisbewältigung" werden personale und sozial-kommunikative Kompetenzen weiterentwickelt und eine Gesundheitsprophylaxe gefördert (vgl. ebd., S. 76). Insgesamt ist eine Fülle an Kompetenzen für die Führungsaufgabe im Mentoring gefragt, die den erfolgreichen und erfüllenden Einstieg der Auszubildenden in ihr Berufsleben beeinflussen. Aufgrund erforderlicher und angebahnter Führungskompetenzen kann die Mentorenfunktion auch als Vorstufe einer Entwicklung zum Schulleiter/zur Schulleiterin gesehen werden.

4. Was benötigt der Mentor/die Mentorin an Fortbildung? – Das sächsische Professionalisierungsmodell für die Begleitung der Mentorentätigkeit

Die KMK-Standards zur Lehrerbildung sehen die Kompetenzentwicklung in den Bereichen Unterrichten, Erziehen, Beurteilen und Innovieren vor (vgl. KMK, 2004). Der Freistaat Sachsen bietet auf dieser Grundlage Fortbildungen an. Das Besondere besteht darin, dass die Mentorenqualifizierung konzeptionell in Kooperation der Zentren für Lehrerbildung in Dresden und Leipzig (1. Ausbildungsphase), der Sächsischen Bildungsagentur (SBA, 2. Ausbildungsphase) und dem Sächsischen Bildungsinstitut (SBI, 3. Ausbildungsphase) im Jahr 2010 erarbeitet und nach einer Erprobungsphase weiter verbessert wurde. Dieses Konzept umfasst fünf Fortbildungsbereiche, die jeder angehende Mentor/jede angehende Mentorin durchlaufen sollte (vgl. Abb. 1).

Im Bereich I wird auf der Grundlage der KMK-Standards das Rollenverständnis des Mentors/der Mentorin als Betreuer/in, Berater/in, Beurteiler/in und Innovator/in thematisiert. Dabei sollen die Mentorinnen und Mentoren anknüpfend an ihren umfangreichen beruflichen Erfahrungsschatz in ihre neue Rolle systematisch hineinwachsen, sie sensibel reflektieren und bewusst gestalten. Dieser Grundlagenkurs über 16 Unterrichtseinheiten wird inhaltlich ergänzt durch Ziele und Aufgaben der schulpraktischen Ausbildungsabschnitte und des Vorbereitungsdienstes. Er ist auch wiederum durch eine Besonderheit gekennzeichnet, indem er phasen-, schulart- und fächerübergreifend auf der Grundlage eines gemeinsam von den Fortbildnerinnen und Fortbildnern erarbeiteten Curriculums angeboten wird. Das Curriculum enthält didaktische Grundsätze zur sinnstiftenden Kommunikation, der Einbeziehung von Erwartungen, Wünschen und individuellen Lernständen, der Aktivierung individueller Handlungsstrategien und mehrperspektivischer Sichtweisen, dem Einsatz von Wahlmöglichkeiten im Lernkontext, Formen des kooperativen Lernens und der kritisch-konstruktiven Diskussionen, der Transferanbahnung und des Feedbacks in metareflexiven Phasen (Curriculum, 2014, S. 2ff.). Neben der Planung des erwachsenendidaktischen

Abb. 1: Fortbildungsangebote für die Begleitung der Mentorentätigkeit in Sachsen

Rahmens wurden für jede Rolle des (angehenden) Mentors bzw. der (angehenden) Mentorin Ziele, inhaltliche Schwerpunkte und methodische Anregungen bzw. Materialhinweise entwickelt, die dem vorbereitenden Fortbildnerteam als Handlungsorientierung dienen. Dieses Curriculum wird auf der nächsten Tagung der Fortbildner und Fortbildnerinnen der Mentorenqualifizierung in eine endgültige Fassung gebracht und durch die Verantwortlichen legitimiert.

Es schließen sich Bereich II „Beratung und Begleitung" sowie Bereich III „Unterrichtsbeobachtung" an. In diesen jeweils zweitägigen Veranstaltungen werden die Mentorinnen und Mentoren vertiefend mit situationsadäquaten, effizienten und erfolgreichen Beratungsstrategien sowie mit der Kriterienbeschreibung „Schulische Qualität im Freistaat Sachsen" vertraut. Inhaltlich wird in der „Beratung und Begleitung" die Gestaltung der Beziehungsebene im Rahmen des Status- und Rollenverständnisses der Mentoren bzw. Mentorinnen gegenüber den Auszubildenden in den Blick genommen. In der Reflexion des eigenen Betreuungshandelns werden Empfehlungen für die Alltagspraxis und Handlungsoptionen für eine mögliche Konfliktbearbeitung gegeben. Gleichzeitig wird das funktionale Verhältnis zwischen Beraten und Beurteilen thematisiert. Die Auszubildenden verankern ihre Ergebnisse und reflexiven Erkenntnisse in einem Portfolio. In der Veranstaltung zur „Unterrichtsbeobachtung" leiten die Teilnehmenden aus den Kriterien zu gutem Unterricht die Anforderungen für ihr professionelles Handeln ab. Informationen zur menschlichen Wahrnehmung, zu Beobachtungs- und Beurteilungsfehlern und zu Beobachtungsmethoden ergänzen das Angebot. Es schließt sich ein praktisches Training mit Unterrichtsbeobachtungsbögen an, um den Praxistransfer vorzubereiten. Darin integriert ist eine Diskussion um Chancen und Grenzen des Einsatzes dieser Beobachtungsbögen als Unterstützungsinstrument des Lernprozesses (vgl. SBI-Fortbildungskatalog 2014/15).

Erste Evaluationen der Mentorenkurse (226 Fragebögen) im Schuljahr 2014/15 reflektieren die hohe Qualität der Angebote. Dabei zeichnet sich die Zielorientierung im Vorgehen mit 96 % voller und überwiegender Zustimmung aus. Die Teilnehmerorientierung zeigt sich in Form der Einbeziehung von Erwartungsabfragen (89 % Zustimmung), dem Anknüpfen am Vorwissen (88 % Zustimmung), der Reflexion individueller Stärken (82 % Zustimmung) und der individuellen Themenvertiefung (73 % Zustimmung). Fachliche Expertise, Prozess- und Handlungsorientierung werden mit 97 % Zustimmung zur systematischen Inhaltsgliederung, mit 87 % Zustimmung zur verständlichen Darstellung von Sachverhalten und 95 % Zustimmung zum Erkennen von Zusammenhängen deutlich. Des Weiteren gibt es 86 % volle und überwiegende Zustimmung zum konstruktiven Umgang mit Kritik im Rahmen der Fortbildungsveranstaltung. Der Möglichkeit zur Selbstorganisation von Lernprozessen stimmen 80 % der Teilnehmenden zu, der Reflexion von Lernprozessen 82 %. 87 % der Teilnehmenden melden einen zielführenden Einsatz der Methoden zurück. Der Bezug zur Praxisorientierung zeigt sich zu 93 % in der zustimmenden Rückmeldung zum Nutzen des Angebots für den Arbeitskontext bzw. zu 94 % zum angedachten Transfer der Inhalte. Entwicklungspotenzial steckt noch in der Bereitstellung differenzierter Lernangebote, die mit 53 % zustimmend zurückgemeldet wurden (eigene Berechnungen). Die soziometrischen Daten weisen mit 88 % auf einen hohen Frauenanteil, mit 57 % auf eine hohe Präsenz von Lehrkräften zwischen 35 und 51 Jahren und mit 33 % auf einen hohen Anteil der Grundschullehrkräfte hin. Lehrkräfte aus dem Gymnasium bzw. der berufsbildenden Schule sind zu je 21 % vertreten.

Begleitend dazu finden schulartspezifische Dienstberatungen an der SBA statt, die auf rechtliche Grundlagen, die Prozessgestaltung und die Erstellung von Beurteilungen fokussieren. Zum Erhalt eines Zertifikats als Mentor bzw. Mentorin benötigen die Akteure weitere zwei fachdidaktische Kurse, die sowohl an den Universitäten als auch durch das SBI angeboten werden. Ergänzend dazu können die Mentorinnen und Mentoren jederzeit übergreifende Fortbildungsthemen zur eigenen Professionalisierung nutzen. Diese Fortbildungsangebote sind immer dann nachhaltig, wenn „multiprofessionelle Lernanlässe" genutzt werden, um teilnehmer- und bedarfsbezogen konkrete Praxisbeispiele aufzuarbeiten und in diesem Rahmen neue Handlungsmuster zu entwickeln (vgl. Huber et al., 2013, S. 52). Zusammenfassend geht es in der Qualifizierung der angehenden Mentorinnen und Mentoren um die kompetente Begleitung der Lehramtsstudierenden und der Lehrkräfte im Vorbereitungsdienst sowie um den lebendigen Dialog zwischen Schule und Universität durch eine enge Vernetzung von Theorie und Praxis.

5. Fazit

Mentorinnen und Mentoren tragen eine hohe Mitverantwortung für den erfolgreichen Einstieg der Auszubildenden in den schulischen Alltag. Sie benötigen eine Vielzahl an Führungskompetenzen, um diesen gewünschten Erfolg abzusichern. Im Zusammenspiel von Reflexion, Modifikation und Innovation entstehen in kollegialer Kooperation wirksame Unterrichtskonzepte, die allen Beteiligten zugute kommen. Mit einem gemeinsamen Verständnis von gutem Unterricht, einer partizipativen Planung und der Nutzung breiter Gestaltungsspielräume kann eine hohe Handlungsqualität garantiert werden. In einer sinnvollen und systematischen Verbindung aller drei Phasen der Lehrerbildung bei enger Verzahnung der Übergänge können theoretische Impulse in erfolgreiche Unterrichtspraxis transferiert werden. Grundlage dafür ist eine wertschätzende, unterstützende Zusammenarbeit auf Augenhöhe und ein gemeinsames Lernen von Mentorinnen/Mentoren und Auszubildenden.

Literatur

Curriculum Bereich I – „Mentor/in sein" – erarbeitet auf einer Klausurtagung des Sächsischen Bildungsinstituts (SBI), der Sächsischen Bildungsagentur (SBA), der Universität Leipzig und der TU Dresden (2012) – Änderungsentwurf vom 01.09.2014.

Gröschner, A. & Häusler, J. (2014). Inwiefern sagen berufsbezogene Erfahrungen und individuelle Einstellungen von Mentorinnen und Mentoren die Lernbegleitung von Lehramtsstudierenden im Praktikum voraus? In: Arnold, K.-H. et al. (2014), *Schulpraktika in der Lehrerbildung*. Münster/New York: Waxmann, S. 315–334.

Huber, S. et al. (2013). *Leadership in der Lehrerbildung. Entwicklung von Kompetenzen für pädagogische Führung*. Berlin: Stiftung der Deutschen Wirtschaft und Robert Bosch Stiftung.

Kaul, C. (2013). Coaching – Mentoring – Training – Therapie: Vier personenbezogene Dienstleistungsangebote im Überblick. *journal für lehrerinnen- und lehrerbildung, 2/2013*, S. 36–40.

Sächsisches Bildungsinstitut (2010). *Qualifizierung von Mentoren. Konzeption*. Radebeul.

SBI-Fortbildungskatalog (2014/15). Verfügbar unter: https://www.schulportal.sachsen.de/fortbildungen/suche_kategorisierung.php [03.02.2015].

Sekretariat der Ständigen Konferenz der Kultusminister der Länder (2004). *Standards für die Lehrerbildung: Bildungswissenschaften*. Verfügbar unter: www.2004_12_16-Standards-Lehrerbildung.pdf. [26.11.2014].

Winkelbauer, A. et al. (2013). Mentoring als Begleitmaßnahme für den Berufseinstieg von LehrerInnen. *Erziehung und Unterricht, 3-4/2013*, S. 291–300.

Stephan Gerhard Huber, Stiftung der
Deutschen Wirtschaft, Robert Bosch Stiftung (Hg.):
Schule gemeinsam gestalten – Entwicklung von Kompetenzen
für pädagogische Führung. © 2015, Waxmann

Thorsten Bührmann, Hedwig Huschitt und Christoph Wiethoff

Das NRW-Dachkonzept zur Moderatorenqualifizierung

Schulinterne Lehrerfortbildung systemisch-konstruktivistisch gestalten

1. Einleitung

Die Entwicklung von Kompetenzen für pädagogische Führung sowie die Schulentwicklung ist *integraler* Bestandteil von Lehreraus- und -fortbildung und sollte in multiplen Lernanlässen erworben werden – so die Kernergebnisse des Projekts „Leadership in der Lehrerbildung" (Huber et al., 2013, S. 10, 52ff.). Die Entwicklung von Führungskompetenz wird damit u.a. auch zu einem zentralen Hintergrundthema der schulinternen Fortbildungsangebote (SchiLF), die Schulen für ein gesamtes Kollegium, für ein Teilkollegium, für Fachkonferenzen etc. in Nordrhein-Westfalen in Anspruch nehmen können. Ziel der schulinternen Fortbildung ist, im Einzelfall konkrete Entwicklungsimpulse zu geben, Veränderungen zu initiieren und Planungen für die Umsetzung in der jeweiligen Schule zu vereinbaren. Diese Fortbildungen sind in vielen Fällen durch ein hohes Maß an Inhalts- und Inputorientierung gekennzeichnet und orientieren sich an aktuellen Themen bzw. Herausforderungen der Schul- und Bildungspolitik.

Zur Realisierung der im Rahmen des Projekts „Leadership in der Lehrerbildung" formulierten Forderung ist ein Paradigmenwechsel in der Gestaltung von Fortbildungen erforderlich, der insbesondere auch Konsequenzen für die Qualifizierung der operativen Partner, der Moderatorinnen und Moderatoren, beinhaltet. Solch ein Paradigmenwechsel zur prozessorientierten Fortbildung mit einer systemisch-konstruktivistischer Grundausrichtung wird derzeit in Nordrhein-Westfalen (NRW) vollzogen. Hierdurch soll ein Beitrag zur integralen Förderung von Schulentwicklungsprozessen – als ein Teilaspekt von Führungskompetenz – geleistet werden. Im Folgenden wird der aktuelle Arbeitsstand dieser konzeptionellen Überarbeitung der Moderatorenqualifizierung dargestellt, die derzeit gemeinsam mit den Fachleiterinnen und Fachleitern sowie Trainerinnen und Trainern der fünf Bezirksregierungen NRWs sowie unter wissenschaftlicher Begleitung des Instituts für Erziehungswissenschaft der Universität Paderborn erarbeitet wird.

2. Ziele und Ebenen der Weiterbildung

Zentrales Ziel der Qualifizierung ist die Förderung der Professionalität der in der Lehrerfortbildung tätigen Moderatorinnen und Moderatoren. Als allgemeine Bestandteile von *Professionalität* werden ein spezifisches (Fach-)Wissen, die Beherrschung spezifischer Methoden sowie reflektierte Werte, Grundhaltungen und Einstellungen angesehen. Hierdurch ergibt sich eine unmittelbare Anschlussfähigkeit an das von Huber et al. (2013, 20ff.) formulierte Kompetenzmodell, in dem Kompetenz als konkret gezeigtes, situations- und anforderungsspezifisches Verhalten definiert wird, welches „dem Produkt aus situativ erworbenem Wissen, Können und Wollen" (Huber et al., 2013, 21) entspricht. Es lassen sich – bezogen auf die Moderatorentätigkeit in der Lehrerfortbildung – drei grundlegende *Anforderungsbereiche* unterscheiden (s. Abb. 1), in denen jeweils eine spezifisch ausgeprägte Professionalität – d.h. Fachwissen, Methodenkompetenz, Einstellungen – im Rahmen einer mehrschichtigen Qualifizierung gefördert werden muss:

- **Fachliche und fachdidaktische Ebene**
  Fortbildungsmoderatorinnen und -moderatoren werden von einzelnen Schulen zu bestimmten fachlichen Themen und Programmen der Fortbildungsinitiative NRW angefragt und sind dementsprechend gefordert, über die dafür notwendige Fachkompetenz zu verfügen. Der Aufbau dieser fachbezogenen Kompetenz erfolgt in gesonderten Qualifizierungsveranstaltungen und ist nicht Inhalt der hier dargestellten Qualifizierung.

- **Ebene der Fortbildungsveranstaltung**
  Fortbildungsprozesse müssen als Lernraum gestaltet werden, der – im Sinne eines sozial-konstruktivistischen Lernverständnisses (vgl. Arnold/Tutor, 2007, 73ff.) – zum einen individuelle Aneignungsprozesse der Lernenden ermöglicht und zum anderen soziale Austauschprozesse eröffnet. Dies erfordert Kompetenzen zur professionellen Steuerung und Gestaltung der sozialen und individuellen Lern- und Interaktionsprozesse in der Fortbildung selbst. Insbesondere die Einnahme einer konstruktivistischen Grundhaltung auf Seiten der Moderatorinnen und Moderatoren ist hier entscheidend.

- **Ebene des Wirkungstransfers**
  Fortbildung soll Wirkungen erzeugen, indem nachhaltige und überprüfbare Veränderungen im System Schule initiiert werden. Moderatorinnen und Moderatoren stehen dementsprechend vor der Aufgabe, die Implementierung der Fortbildungsinhalte in schulisches Handeln zu initiieren und zu begleiten. Dies erfordert profunde Systemkenntnisse sowie das Wissen um die Planung von kurz-, mittel- und langfristigen Arbeits- und Schulentwicklungsprozessen, in denen Fortbildungsmoderatorinnen und -moderatoren ihre Rolle – im Team – kontinuierlich reflektieren müssen. So erfordert dieser Anforderungsbereich spezielle Kenntnisse und Methoden zur Diagnose hinderlicher und förderlicher Strukturen vor Ort, zur Begleitung von Transferprozessen sowie zur Förderung und Stimulierung „lernender Organisation". Moderatorinnen und Moderatoren müssen sich hier in erster Linie als

„Prozessbegleitung" verstehen, und weniger als Fachexperten, wie dies im erstgenannten Anforderungsbereich der Fall ist.

Als roter Faden und ständiger Bezugspunkt dient ein **systemisches Dachkonzept**, welches zum einen systemisch-konstruktivistische Handlungsgrundsätze formuliert und zum anderen – in Rückgriff auf die Personale Systemtheorie (König, 2005) – ein Modell zur Analyse und Intervention in sozialen System liefert. Hierdurch soll sichergestellt werden, dass die hohe Komplexität von Lehr-Lernprozessen und Prozessen des Wirkungstransfers modellhaft bearbeitet und erprobt werden kann.

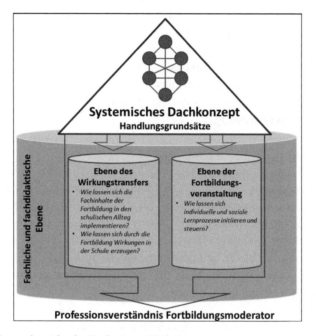

Abb. 1:   Anforderungsbereiche der Moderatorentätigkeit

3.   Inhalte und methodisches Vorgehen der Weiterbildung

Die einzelnen Inhalte der Qualifizierung werden insgesamt in 4 Lernfeldern strukturiert, die jeweils 2 Tage Präsenzveranstaltung (organisiert in klassischer Seminarform) umfassen sowie selbstgesteuerte Übungs-, Dokumentations- und Reflexionseinheiten in der eigenen Praxis als Fortbildungsmoderatorin und -moderator.

Systemisches Denken und Handeln in Fortbildungskontexten
Ziel dieser Lerneinheit ist die Schaffung einer systemisch-konstruktivistischen Deutungs- und Handlungsgrundlage für die Gestaltung von Fortbildungskontexten – und damit die Klärung des Rollenverständnisses als Fortbildungsmoderatorin bzw. -moderator. Dies umfasst zum einen eine Einführung in ein konstruktivistisches Lehr-Lernverständnis bzw. eine konstruktivistische (Ermöglichungs-)Didaktik (Arnold/Tutor,

2007; Siebert, 2006): Lernen als subjektiver Aneignungsprozess; Gestaltung von Lern-arrangements mit vielfältigen Lernsituationen, in denen aus Lerngegenständen sub-jektiv bedeutsame Lerninhalte sowie metakognitive Lernhilfen und Perturbationen (veränderungsinitiierende Störungen) angeboten werden etc. Zum anderen wird in Rückgriff auf die Personale Systemtheorie (König, 2005) ein Rahmenmodell zur Ana-lyse und Steuerung personaler und sozialer (Veränderungs-)Prozesse in Gruppenkon-texten (z.B. der Fortbildungsgruppe) sowie in Organisationen (z.B. der Schule) vorge-stellt.

Gruppendynamik und Gruppenprozesse – soziale Steuerung von Fortbildungsprozessen
Ziel ist die Förderung alternativer Handlungsmöglichkeiten zur Steuerung sozialer Lehr-Lernprozesse in Fortbildungsveranstaltungen. Dies umfasst zum einen den The-menbereich der Kommunikation und Interaktion: unterschiedliche Kommunikations-modelle; Feedbackkultur; Gesprächstechniken etc. Zum anderen wird die Beziehung zwischen Moderator und Gruppe (Führungs- und Leitungsstile, Nähe-Distanz, Exper-tenstatus vs. Prozessbegleitung etc.) thematisiert sowie auf Ebene der Gruppe Phasen-modelle der Gruppenentwicklung.

Sysiphos – Versteinerungen in Bewegung bringen
Diese Metapher verweist auf die systemisch-konstruktivistische Sichtweise auf be-sonders schwierige Situationen und Widerstände bzw. Konflikte in sozialen Kontex-ten sowie persönliche Herausforderungen, mit denen die Moderatoren im Rahmen der Fortbildungsarbeit konfrontiert sein werden. Genau dies ist Gegenstand dieser Lerneinheit: subjektive Deutungen über und frühzeitiges Erkennen von „Störungen in Fortbildungen"; unterschiedliche Erklärungsmodelle zu Konflikten (z.B. Eisbergmo-dell) und deren Eskalationsstufen; Möglichkeiten der Umdeutung und Nutzung der Energien, die in Widerständen stecken etc.

Qualitätssicherung und Wirkungstransfer von Fortbildungsinhalten in Schulen
Ziel ist die Förderung von Handlungsmöglichkeiten zur Gestaltung und Erfassung von Transferprozessen (Fortbildung als Prozess – integriert in die schulprogramma-tische Arbeit) – mit dem Ziel der Nachhaltigkeit und Qualitätssicherung von Fort-bildungsveranstaltungen. Dies umfasst neben Instrumenten zur Erfassung und Sicht-barmachung pädagogischer Ergebnis- und Prozessqualität auch die Klärung von Schnittstellen und Synergien, die sich bspw. für die einzelnen Schulen aus dem An-gebot der Schulentwicklungsberatung sowie weiteren Akteuren schulischer Fortbil-dungsmaßnahmen ergeben.

Die konkrete (inhaltliche) Ausgestaltung der Lerneinheiten ergibt sich vor dem Hintergrund konkreter Lernanlässe aus der Praxis der teilnehmenden Moderatorin-nen und Moderatoren. Zu diesem Zweck führen die Teilnehmenden während der gesamten Fortbildungsdauer „Erfahrungs-/Beobachtungprotokolle" und „Erkennt-nistagebücher" zur *Steigerung der Reflexivität* der eigenen Praxis. Die aus diesen Lern-anlässen generierten Fragen und die daraus resultierenden praktischen Anforde-rungssituationen werden – bezogen auf das Hauptthema der jeweiligen Lerneinheit

– mittels unterschiedlicher, alternativer Konzepte, Modelle, Ansätze und Methoden analysiert, um so zu *alternativen Deutungsmustern* zu gelangen. Die unterschiedlichen Ansätze und Methoden werden schließlich hinsichtlich ihrer *Funktionalität zur systemischen Gestaltung* von Fortbildungen bewertet und in das eigene Handlungsrepertoire überführt, um so die Handlungsfähigkeit und Flexibilität insgesamt zu erhöhen. Die Gruppe dient während dieses Lernprozesses als *sozialer Kontext zur Anregung* und Auseinandersetzung mit alternativen Handlungs- und Deutungsmustern.

4. Fazit

Die Fortbildungskonzeption soll somit – ganz im Sinne der „Entwicklung von Kompetenzen für pädagogische Führung" (Huber et al., 2013) – darauf ausgelegt werden, dass die Teilnehmenden „als selbstbestimmte, eigenmotivierte, aktive Gestalter ihres eigenen Lernprozesses fungieren und die Verantwortung für ihr Lernen selbst übernehmen können" (ebd., S. 52). Ausgangspunkt sind immer die Praxiserfahrungen und -situationen der Moderatorinnen und Moderatoren, um so eine teilnehmer- und transferorientierte Kompetenzentwicklung zu ermöglichen. Wichtig – und zugleich ein sehr hoher Anspruch an die Durchführung dieser Qualifizierungen – ist die daraus resultierende inhaltliche Flexibilität: So reicht es im systemisch-konstruktivistischen Sinne nicht mehr aus, fest definierte, isolierte Handlungsrezepte zu vermitteln. Vielmehr soll es darum gehen, bei den Teilnehmenden alternative Handlungs- und Erkenntnisoptionen sowie den adäquaten Umgang mit dieser Vielfalt zu fördern. Die Erkenntnisse, der Lernzuwachs, das Erproben und Reflektieren (individuell und im Dialog) ermöglichen den Fortbildungsmoderatorinnen und -moderatoren damit vermehrte Handlungsmöglichkeiten in Fortbildungssituationen im System Schule. Genau dies stellt aus einer systemischen Perspektive zugleich eine grundlegende Anforderung an die Steuerung von Schulentwicklungsprozessen dar, die wiederum als Teilaspekt pädagogischer Führung in Schule verstanden werden kann.

Literatur

Arnold, R. & Gómez Tutor, C. (2007). *Grundlinien einer Ermöglichungsdidaktik. Bildung ermöglichen – Vielfalt gestalten.* Augsburg: Ziel.

Huber, S.G. et al. (2013). *Leadership in der Lehrerbildung. Entwicklung von Kompetenzen für pädagogische Führung.* Berlin: SDW – Stiftung der deutschen Wirtschaft.

König, E. (2005). Das Systemmodell der Personalen Systemtheorie. In: König, E. et al. (Hrsg.), *Systemisch denken und handeln. Personale Systemtheorie in Erwachsenenbildung und Organisationsberatung.* Weinheim/Basel: Beltz, S. 11–32.

Siebert, H. (2006). Konstruktivistische Lehr-Lern-Kulturen. In: Balgo, R. & Lindemann, H. (Hrsg.), *Theorie und Praxis systemischer Pädagogik.* Heidelberg: Carl-Auer, S. 154–176.

Stephan Gerhard Huber, Stiftung der
Deutschen Wirtschaft, Robert Bosch Stiftung (Hg.):
Schule gemeinsam gestalten – Entwicklung von Kompetenzen
für pädagogische Führung. © 2015, Waxmann

Stephan Gerhard Huber

Führungskräfteentwicklung und Schulleitungs-qualifizierung in der dritten Phase der Lehrerbildung als systematischer und kontinuierlicher Prozess

Überblick über internationale Trends und aktuelle Entwicklungen in den deutschsprachigen Ländern[1]

Pädagogische Führungskräfte benötigen eine hohe Professionalität für effizientes und effektives Handeln, eine gute Strategiearbeit mit der richtigen Prioritätensetzung in der Auswahl der zielführenden Aktivitäten sowie ausreichend zeitliche Ressourcen und schulinterne und schulexterne Unterstützung, um die für die Sicherung und Entwicklung der Qualität wichtigen Aufgaben erfolgreich und wirksam zu bearbeiten. Folglich gewinnen Personalentwicklungs- bzw. Professionalisierungsmaßnahmen als Bestandteile von Personalmanagement im Bereich der Leitung und Führung von Schulen an Bedeutung. Geeignete Qualifizierungsstrukturen und -möglichkeiten (in Form von kontinuierlichen Angeboten) sollen die Handlungskompetenz verbessern und individuellen Bedürfnissen (personen- und kontextbezogen) gerecht werden. Es gilt, die erforderlichen Kompetenzen weiterzuentwickeln; dazu gehören Wissen, Fähigkeiten und Fertigkeiten, aber auch Werte, Haltungen, Einstellungen, Eigenschaften und eine angemessene Selbstüberzeugtheit, ein Bewusstsein von den eigenen Kompetenzen.

1. Internationale Trends und aktuelle Entwicklungen in den deutschsprachigen Ländern

Es scheint, als ob man sich international im Konsens befände, was die Notwendigkeit und Bedeutung von Qualifizierungsmöglichkeiten für Schulleiterinnen und Schulleiter betrifft. Aus den Beobachtungen einer international vergleichenden Erhebung der Führungskräfteentwicklung bzw. der Fort- und Weiterbildungslandschaft für pädagogische Führungskräfte, speziell der Qualifizierung von Schulleiterinnen und Schulleitern in 15 Ländern (vgl. Huber, 2003, 2004, 2010a,b, 2013a,b) sowie aus Erfahrungen des Autors in der Konzeption, wissenschaftlichen Begleitung und Evaluation von Fort- und Weiterbildungsangeboten für Schulen und pädagogische Führungskräfte (Schul-

---

1 Der Beitrag beruht auf den hier aktualisierten Ausführungen von Huber (2013a, 2014).

leitungen, Steuergruppen und Evaluationsteams) (vgl. Huber 2007, 2008; Huber et al. 2009-2013; Huber et al. 2011) lassen sich folgende länderübergreifende Trends und Entwicklungstendenzen herausfiltern und konkrete Anregungen und Empfehlungen für die Gestaltung von Qualifizierungsmaßnahmen ableiten:

- Zentrale Qualitätssicherung und dezentrale Durchführung
- Neue Formen der Kooperation und Partnerschaften
- Verzahnung von Theorie und Praxis
- Qualifizierung vor Amtsantritt
- Umfangreiche Qualifizierungsprogramme
- Mehrphasigkeit und Modularisierung
- Entwicklung der Persönlichkeit statt Anpassung an eine Rolle
- Kommunikation und Kooperation als zentrale Elemente
- Von Management und Verwaltung zu Führung und Gestaltung
- Qualifizierung von Schulleitungsteams für Schulentwicklung
- Wissen entwickeln statt Wissen vermitteln
- Erfahrungs- und Anwendungsorientierung
- Vom Lernen im „Workshop" zum Lernen am „Workplace"
- Explizite Zielsetzungen
- Neue Führungskonzeptionen
- Orientierung an der Zieltätigkeit von Schule

All diese Entwicklungstrends besitzen auch für den deutschsprachigen Kontext ein besonderes Anregungspotenzial (vgl. Huber 2003, 2013b).

International wurde bereits seit den frühen 1990er Jahren der Qualifizierung von Schulleitungspersonal eine hohe Gewichtung beigemessen. Auch in den deutschsprachigen Ländern hat sich in den letzten zehn Jahren die schulische Führungskräfteentwicklung zunehmend professionalisiert (vgl. u.a. Huber 2003, 2004, 2010a,b, 2013a,b,c,d; KMK 2007). Im Vergleich zu den Ländern, die über eine langjährige Erfahrung in der Schulleitungsqualifizierung verfügen, z.B. den USA oder England, aber auch Norwegen (vgl. den Beitrag von Aas in diesem Buch), wird dieser Entwicklungsschub besonders deutlich. Die Qualifizierungsangebote für schulische Führungskräfte wurden quantitativ und qualitativ ausgebaut – in einigen Ländern intensiver, in anderen weniger intensiv, einige begannen früher, andere folgten.

In der Schweiz und in Österreich intensivieren in den letzten Jahren vor allem die Hochschulen ihre Angebote. In der Zentralschweiz bieten beispielsweise die Pädagogischen Hochschulen Luzern und Zug einen Master of Advanced Studies (MAS) Schulmanagement „Leiten und Entwickeln von Bildungsorganisationen" an. Der modular aufgebaute Studiengang unterstützt die Professionalisierung von Führungskräften in Schulen und anderen Bildungsorganisationen. Das Abschlussmodul des MAS Schulmanagement ermöglicht u.a. die selbstständige Bearbeitung einer praxisrelevanten Fragestellung im Rahmen der Abschlussarbeit. Das Certificate of Advanced Studies (CAS) Educational Governance, ein Kooperationsangebot der Hochschule Luzern Wirtschaft, der Pädagogischen Hochschule Zug, der Fachhochschule Nordwestschweiz, des Eidgenössischen Hochschulinstituts für Berufsbildung und der

Schweizerischen Zentralstelle für die Weiterbildung der Mittelschullehrpersonen, richtet sich an Führungspersonen im gesamten Bildungsbereich (vgl. den Beitrag von Weber, Buerkli, und Huber in diesem Buch). Damit sind u.a. auch Bildungsplanerinnen und Bildungsplaner sowie juristische, ökonomische und andere Fachpersonen im Bildungswesen angesprochen. Der CAS bietet aus einer ganzheitlichen und vernetzten Sichtweise eine strukturierte Qualifizierung, die alle Tätigkeitsbereiche der Bildungssteuerung sowie der Bildungsplanung auf sämtlichen Bildungsstufen umfasst.

Auch in Österreich wurden im Auftrag des Österreichischen Bundesministeriums für Bildung und Frauen Studiengänge aufgebaut. Sie sind seit Herbst 2012 an den Pädagogischen Hochschulen in Innsbruck, in Klagenfurt und in Linz etabliert. In Linz z.B. kooperiert die Pädagogische Hochschule Oberösterreich mit der dortigen Johannes Kepler Universität, der Privaten Pädagogischen Hochschule der Diözese Linz, aber auch mit weiteren Partnern, wie dem Institut für Bildungsmanagement und Bildungsökonomie der Pädagogischen Hochschule Zug für den Hochschullehrgang mit Masterabschluss „Schulmanagement: Professionell führen – nachhaltig entwickeln" (vgl. den Beitrag von Kanape-Willingshofer, Altrichter, Egger und Soukup-Altrichter in diesem Buch).

Auch Hochschulen in Deutschland machen Angebote, beispielsweise die Technische Universität Kaiserslautern mit dem bereits seit 2000 angebotenen zweijährigen Master-Fernstudiengang „Schulmanagement". Hier erhalten Studierende eine wissenschaftlich fundierte Weiterbildung im Sinne der Professionalisierung und Qualifizierung von Schulleitungshandeln. Die neun Studienmodule umfassen Präsenzveranstaltungen, Selbstlernphasen (Studienbriefe) sowie Online-Seminare. Der Masterstudiengang Bildungsmanagement der Pädagogischen Hochschule Ludwigsburg zielt auf Managementkompetenz von Führungskräften und Führungsnachwuchs im gesamten Bildungsbereich. Er kombiniert verschiedene Studienelemente in Präsenz- und virtuellen Selbstlernphasen mit unterschiedlichen Selbststudienmaterialien und verfolgt selbstgesteuertes, interaktives und prozessorientiertes Lernen, das eng mit individuellen beruflichen Anforderungen in der täglichen Praxis und der beruflichen Biografie der Teilnehmer verzahnt ist. Das International Master's Program „Educational Quality in Developing Countries" der Universität Bamberg wendet sich vor allem an schulische Führungskräfte aus Subsahara-Afrika, aber auch an Personen, die sich für die Entwicklungszusammenarbeit im Bildungssektor qualifizieren möchten. Der Master zielt auf theoretisches Grundwissen sowie Fachwissen mit Blick auf die Arbeit von Führungskräften in Schulen. Ein besonderes Augenmerk liegt auf Führungstätigkeit in schwierigen Umständen wie z.B. Armut, Bildungsentfremdung oder staatlicher Fragilität (vgl. den Beitrag von Krogull und Scheunpflug in diesem Buch).

Einen Überblick verschiedener Studienangebote im Themenbereich „Bildungsmanagement" und „Schulmanagement" in der Schweiz, Österreich und Deutschland bietet der Beitrag von Huber und Schneider in diesem Buch.

In den deutschen Bundesländern sind es, neben zahlreichen kommunalen Angeboten wie zum Beispiel dem Fortbildungsangebot für Schulleitungen und stellvertretende Schulleitungen in Bremerhaven (vgl. den Beitrag von Klapproth-Hildebrandt und Kujawski in diesem Buch) oder dem Netzwerk Erfurter Schulen (vgl. den Beitrag von Huber und Schneider in diesem Buch), vor allem die staatlichen Fortbildungsinstitute, die ihre Programme für pädagogische Führungskräfte und Lehrkräfte mit Interesse an Schulmanagement erweitern (vgl. die Beiträge von Dammann zu Hamburg, Böckermann zu Niedersachsen und Ansorge zu Sachsen in diesem Buch).

Einen Überblick zu den aktuellen Programmen der Führungskräfteentwicklung in den deutschen Bundesländern bietet folgende Tabelle (Stand Mai 2015).

2. Übersicht:

Führungskräfteentwicklung und Schulleitungsqualifizierung in den deutschen Bundesländern

Baden-Württemberg	
Vorqualifizierung zur Führungskraft	
Freiwillige Angebote zur Vorqualifizierung: - Informationsveranstaltungen - Orientierungsmodule „Fit für Führung" - Vertiefungsmodule „Fit für Führung" - Personalentwicklungsgespräche - zusätzlich insbesondere Fortbildung für Frauen mit 4 Bausteinen „Frauen fit für Führung" und ggf. Unterstützung bei der Bewerbung	
Qualifizierung von Führungskräften	
Einführende Angebote: - Zentrale verpflichtende Einführungsfortbildung für neu bestellte Schulleiterinnen und Schulleiter: insgesamt 3 Wochen, die innerhalb von 2 Jahren belegt werden - Zusätzlich regionale Qualifizierungsmaßnahmen (teils verpflichtend, teils freiwillig) in der zweijährigen Probezeit - Angebote von Coaching und Mentoring	Berufsbegleitende Führungsfortbildung: - berufsbegleitende und bedarfsorientierte Fortbildungsangebote in einem modularen Aufbau zur Auswahl mit jährlichen thematischen Akzentuierungen zur Ermöglichung einer langfristigen persönlichen Fortbildungsplanung
Bemerkungen	
Informationen unter: www.lehrerfortbildung-bw.de/ffb/	

Bayern
Vorqualifizierung zur Führungskraft
- Vorqualifikation (A-Module), die sich zum Teil auch schon an ganz junge geeignete Lehrkräfte richtet, mit insg. 20 Halbtagen: z.B. Phase I: Schule verantwortlich mitgestalten, Phase II mit Orientierungskursen mit Assessment-Übungen zur Potenzialanalyse und thematischen Veranstaltungen wie „Führung", „Kommunikation/Umgang mit Konflikten", „Schulentwicklung/Projektmanagement" u.a. - Virtuelle Schulleiterausbildung: „Neu in der Schulleitung" am Übergang von A-Modulen zu B-Modulen

Qualifizierung von Führungskräften	
Ausbildung (B-Module), für neu ernannte Schulleiter, verpflichtend, mit insg. 25 Halbtagen: Schulleitung – Kurs I (B1): Schulorganisation/ Schulverwaltung/Recht, Schulleitung – Kurs II (B2): Personalführung/Kommunikation, Schulleitung – Kurs III (B3): Qualitätssicherung/Schulentwicklung	Fortbildungen (C-Module) für erfahrene Schulleiter und andere erfahrene schulische Führungskräfte, mit insg. 20 Halbtagen: Module wie „Führungsinstrumente", „Personalentwicklung", „Unterrichtsqualität und Evaluation" u.a. sowie Kollegiale Beratung/Coaching

Bemerkungen
Informationen unter: http://www.alp.dillingen.de/akademie/konzepte/#Pos1

Berlin / Brandenburg
Vorqualifizierung zur Führungskraft
Schulleiter/in „Vor dem Amt" Qualifizierung im Umfang von 120 Stunden an 19 Tagen verteilt über ein Jahr 5 Tage Shadowing einer Schulleiter/in (optional) 3 x Coaching (optional) Nach Abschlusskolloquium Zertifikat Dieses Zertifikat ist verpflichtend für Berliner Bewerbungen auf SL-Stelle ab August 2015
Qualifizierung von Führungskräften
Schulleiter/in „Neu im Amt" Qualifizierung im Umfang von 80 Stunden an 10 Tagen verteilt über ein Jahr plus 20 Stunden kollegiale Fallberatung bzw. Mentoring. Coaching (optional) **Schulleiter/in „Berufserfahren"** Qualifizierung „Erfolgreich leiten und führen können" im Umfang von 160 Stunden an 24 Tagen verteilt über 1,5 Jahre. Coaching (optional) **„Modulare Qualifizierung für Führungskräfte"** ein- bis zweitägige Angebote zu unterschiedlichen Themen Coaching (optional)
Bemerkungen
Informationen unter: http://bildungsserver.berlin-brandenburg.de/schulleitungsfortbildung.html

Bremen
Vorqualifizierung zur Führungskraft
- Kurse zur Orientierung in den Handlungsfeldern schulischer Führungskräfte (1 Jahr, ca. 45 Std.) - „FünNF" zur Führungskräfte-Nachwuchsförderung zunächst in berufsbild. Schulen, aktuell erweitert auf allgemein bildende Schulen (Gestaltungsaufgabe in der Schule, Potenzialanalyse, Fortbildungsprogramm, Mentoring; 1 Jahr) - Klärungscoaching zu berufl. Perspektiven und Karriereoptionen (max. 1,5 Std./Pers.) - Bewerbungscoaching bei Bewerbungen auf Leitungsstellen (insbes. für Bewerberinnen) (max.ca. 1,5 Std./Pers.)
Qualifizierung von Führungskräften
- „ProfiS – Professionell führen in der Schule": Verbindliche Qualifizierungsmaßnahme für neue Schulleitungsmitglieder aller Schularten und Funktionen (1,5 Jahre, ca. 150 Std.) - Netzwerke für didaktische Leitungen und Leiter/innen von Zentren für unterstützende Pädagogik (ZuP) - Jahrgangsteams leiten: Qualifizierungsprogramm für Jahrgangsleitungen der Oberschulen/Gymnasien - Ergänzende Angebote auf Nachfrage
Bemerkungen
Informationen unter: http://www.lis.bremen.de/info/schulleitung

Hamburg
Vorqualifizierung zur Führungskraft
Angebot verschiedener Bausteine: - Seminar „Information über Karrierepfade" für Lehrkräfte in der mittleren Karrierephase (3 Std.); 6-mal im Schuljahr angeboten - Qualifizierungsbausteine für Lehrkräfte mit ersten herausgehobenen Leitungsaufgaben; Themen: Einführung in das Projektmanagement, Gespräche mit Mitarbeitern führen, Grund- und Aufbauseminar, Moderationstraining 1 und 2, Konfliktmanagement, Körpersprache, Präsenz, Stimme, Bausteine zum Thema Evaluation und Qualitätsentwicklung wie z.B. „Vom Entwurf zum Fragebogen", Umgang mit Rückmeldungen aus Schulleistungsuntersuchungen, Meine neue Rolle im mittleren Management in Schule (pro Jahr 20 Module á 10 Std.) - Klärungsseminar zur Klärung, ob eher die horizontale oder die vertikale Karriere angestrebt wird (20 Std., 4 Durchführungen im Jahr) - Informationsveranstaltungen zu den Themen: Das Bewerbungsverfahren, Profil der unterschiedlichen schulischen Leitungsfunktionen – Erfahrungsaustausch mit Praktikern (2 Durchführungen im Jahr) - Seminar mit Assessmentcharakter „Eine Schule leiten – Führung erproben" (40 Std. im Zusammenhang mit Ferien, 2 Durchführungen im Jahr) - Bewerbungscoaching
Qualifizierung von Führungskäften
- Portfoliogespräch mit jedem neuen Schulleitungsmitglied zur Erhebung der qualifikatorischen Ausgangslage und individuellen Festlegung des Ausbildungsplanes - Verbindliche Schulleiterqualifizierung „Neu im Amt" (24 Tage)
Bemerkungen
Informationen unter: http://li.hamburg.de/fuehrungskraefte/

Hessen
Vorqualifizierung zur Führungskraft
- Klärung und Orientierung mit Selbstklärungsangeboten - Qualifizierungsmodule zur Vorbereitung auf eine Leitungsaufgabe - Qualifizierungsreihe (Potenzialklärung und Qualifizierungsbausteine)
Qualifizierung von Führungskräften
- Schulleiter/innen und Stellvertreter/innen neu beauftragt (10 Tage) - Stellvertreter/innen mit Leitungserfahrung (8 Tage) - Schulleitungsteams zu unterschiedlichen Themen (10 Tage) - Seminare zu Führungsaufgaben (Seminare zu aktuellen Themen, 1-3 Tage) - Mittlere Führungsebene (Reihe mit 9 Tagen, Themenangebote zu je 3 Tagen) - Coaching (Einzel- und im Schulleitungs-Team)
Bemerkungen
Informationen unter: https://la.hessen.de/irj/LSA_Internet?cid=4a3de9df25758afa5f6b1f602aa46f54

Mecklenburg-Vorpommern	
Vorqualifizierung zur Führungskraft	
Phase 1: Orientierungsseminar - Lehrer/innen, die sich für eine Leitungsfunktion interessieren - 4 Tage - Teilnahme an Phase 1 vor Funktionsantritt ist verpflichtend	Phase 2: Vorbereitende Qualifizierung - Lehrer/innen, die sich auf eine Leitungsstelle bewerben - 11 Tage - Teilnahme an Phase 2 vor Funktionsantritt ist verpflichtend
Qualifizierung von Führungskräften	
Phase 3: Funktionseinführende Qualifizierung - stellv. Schulleiter/innen und Schulleiter/innen, die bis zu drei Jahren in der Funktion arbeiten - 15 Tage	Phase 4: Berufsbegleitende Qualifizierung - stellv. Schulleiter/innen und Schulleiter/innen - 11 Tage
Bemerkungen	
Informationen unter: http://www.bildung-mv.de/lehrer/fort-und-weiterbildung/fuehrungskraefte-qualifizierung/index.html	

Niedersachsen

Vorqualifizierung zur Führungskraft

auf freiwilliger Basis:
Klärungsseminare:
- Klärung eigener Kompetenzen
- Berufsfeld offen

Qualifizierung von Führungskräften

Verpflichtend für: - Schulleiterinnen und Schulleiter nach Amtsübernahme - Mitwirkung bei der Qualifizierung der schulfachlichen Dezernentinnen und Dezernenten	auf freiwilliger Basis: - Alle Führungskräfte mit themenverschiedenen Angeboten - Kollegiales Coaching
auf freiwilliger Basis für: - Ständige Vertretungen - Fachkonferenzleitungen - Didaktische Leitungen - Leitungen der Studienseminare - Schulvorstände - Bildungskoordinatoren - mit unterschiedlichen Zeitanteilen und differenzierten, aber miteinander verzahnten, Curricula	- berufsbegleitende bedarfsorientierte Fortbildungsangebote zu Schwerpunktthemen - nachfrageorientiert: Arbeit mit Schulleitungsteams

Bemerkungen

Informationen unter:
http://www.nibis.de/nibis.php?menid=3138

Nordrhein-Westfalen

Vorqualifizierung zur Führungskraft

Orientierungsseminar:
mehrtägig – richtet sich an Lehrkräfte, die an der Übernahme von Leitungsfunktionen in der Schule interessiert sind. Die Teilnehmenden erhalten Gelegenheit, Einblicke in die Arbeitsfelder von Schulleiter/ innen zu nehmen und die eigenen Kompetenzen in Simulation des SL-Handelns einzuschätzen.

SLQ (Schulleitungsqualifizierung): Umfang über 104h – verbindliche Vorbereitung auf Schulleitungsaufgaben in der Schulleiterqualifizierung. Das Absolvieren der SLQ stellt die Voraussetzung dar, um sich für das EFV anmelden zu können.

Assessment

EFV (Eignungsfeststellungsverfahren): 2-tägiges Assessment für Lehrerinnen und Lehrer, die das Amt der Schulleiterin/des Schulleiters anstreben. Das erfolgreiche Durchlaufen des EFV bildet die Voraussetzung, um sich auf eine Schulleiter/innenstelle bewerben zu können.

Qualifizierung von Führungskräften

SLC (Schulleitungscoaching): (freiwillige Basis – zentral gesteuerte Vermittlung)
Schulleiterinnen und Schulleiter werden von zum Coach qualifizierten Schulleiterinnen und Schulleitern im Kontext ihres alltäglichen Leitungshandelns gecoacht. Im Rahmen des Pilotprojekts erhalten sie derzeit einen Coachingprozess, der insgesamt sechs Sitzungen umfasst.

Weitere aktuelle Qualifizierungsangebote werden über die fünf Bezirksregierungen ausgeschrieben und angeboten. Informationen unter: https://www.schulministerium.nrw.de/docs/bp/Lehrer/Schulleitung/SLQ/berufsbegleitend/index.html
Bemerkungen
Schulmanagement NRW – Landeszentrum für Leitungsqualifizierung – wird bis zum Ende 2015 vollständig im Arbeitsbereich 8 (Professionalisierung II – Leitungskräftefortbildung, Fortbildungsberichterstattung) der Qualitäts- und UnterstützungsAgentur – Landeinstitut für Schule verortet sein. Informationen unter: http://www.qua-lis.nrw.de/cms/organisation/arbeitsbereich-8/index.html Weitere Informationen zur Leitungsqualifizierung auch unter: https://www.schulministerium.nrw.de/docs/LehrkraftNRW/Fortbildung/Schulleitungs-Qualifizierung/index.html

Rheinland-Pfalz	
Vorqualifizierung zur Führungskraft	
Reihe „Qualifizierung vor Amtsübernahme" mit drei Veranstaltungen: 1. Grundlagen professioneller Kommunikation in typischen Führungssituationen 2. Leadership und Management im pädagogischen Kontext 3. Unterrichtsentwicklung Die Module sind einzeln buchbar, es wird jedoch empfohlen, die o.a. Reihenfolge einzuhalten. In jedem Halbjahr werden zwei Reihen angeboten, je eine mit dem Schwerpunkt Primarstufe bzw. Sekundarstufe. Zusätzlich besteht die Möglichkeit zur Hospitation bei Schulleitungen fremder Schulen bzw. zur Teilnahme an einem Schulbesuch im Rahmen der externen Evaluation.	
Qualifizierung von Führungskräften	
Reihe „Qualifizierung für neue Schulleiterinnen und Schulleiter" mit fünf Veranstaltungen: 1. Auftakt/Leadership und Management als Schulleiterin bzw. Schulleiter 2. Rechtliche Grundlagen von Schule 3. Unterrichtsentwicklung als zentrale Aufgabe von Schulleitung 4. Personalentwicklung 5. Organisationsentwicklung Diese Reihe ist nur als Gesamtangebot buchbar. Zur Zeit wird pro Jahr eine Reihe für Primarstufe und eine Reihe für Sekundarstufen angeboten. Zwischen den einzelnen Kursen konkretisieren die Teilnehmenden die Inhalte für ihre eigene Schulpraxis in regionalen Transfergruppen.	berufsbegleitende bedarfsorientierte Fortbildungsangebote zu Schwerpunktthemen nachfrageorientiert: Arbeit mit Schulleitungsteams
Bemerkungen	
Informationen unter: http://zfs.bildung-rp.de/	

Saarland
Vorqualifizierung zur Führungskraft
- Fortbildungsreihe für Lehrkräfte, die an der Übernahme von Leitungsaufgaben interessiert sind; Ziele: Orientierung und Klärung; 8 Module in 40 Stunden - (Teilnahme ist keine Voraussetzung für eine erfolgreiche Bewerbung) - Zusätzlich für Frauen: besondere Angebote zur Vorbereitung auf Führungsaufgaben und Hilfen zum Bewerbungsverfahren
Qualifizierung von Führungskräften

- auf freiwilliger Basis: „Anleitungsfortbildung" für neu ernannte Schulleiter/innen; 5 Module; erste Woche der Herbstferien	- berufsbegleitende bedarfsorientierte Fortbildungsangebote zu Schwerpunktthemen für Schulleitungsmitglieder - nachfrageorientiert: Arbeit mit Schulleitungsteams und Einzelcoachings

Sachsen
Vorqualifizierung zur FK

Orientierung	**Vorbereitung**
Orientierungstag, dann 5 Module (pro Thema 2-3 Veranstaltungen, samstags) auf freiwilliger Basis (Themen: Wege der Personalentwicklung, Arbeit am Portfolio, Self-Assessment Kompetenzprofil, Eine Schule führen und managen, Blick in die Schulleitungspraxis)	8 Module (2-5 Veranstaltungen mit max. 20 Teilnehmern) auf freiwilliger Basis (Themen: Qualitätsmanagement, Unterrichtsentwicklung, Organisationsentwicklung, Personalentwicklung, Kooperation, Projektmanagement, Grundlagen des Schulrechts, Grundlagen der Kommunikation)

Qualifizierung von FK

Einführung	**Begleitung**
- Verbindliche Amtseinführende Qualifizierung neubestimmter Schulleiter und Schulleiterinnen sowie stellv. Schulleiter und Schulleiterinnen. - Diese Phase gliedert sich in Pflichtmodule (Themen: Schulleiter/in als Führungskraft, Führen von Personal, Schulentwicklung als Führungsaufgabe, Schulmanagement als Führungsaufgabe) mit Selbststudienaufgaben, vertiefenden Wahlpflichtmodulen (Themenfelder: Führen von Schulen als lernende Organisation, ein Kollegium führen, sich selbst führen, Führen von Unterrichtsentwicklung, Qualitätsmanagement), einem schulalltags-relevanten Projekt und einem Hospitationspraktikum (5 Tage)	- Angebotsfortbildung für Führungskräfte in 3 Formaten: Forum, Workshop, Reflexionsworkshop - Nachfrageorientierte Fortbildung - Symposien zur Schulentwicklung - Schulleitersymposium im 2-jährigen Rhythmus - Sommerakademie jährlich in der ersten Woche der Sommerferien (offen für alle Lehrkräfte)

Bemerkungen
modularisiertes 4-phasiges Konzept Die Fortbildungsveranstaltungen sind entsprechend dem Konzept der kompetenzorientierten Fortbildung gestaltet. Es findet auch eine verbindliche amtseinführende Qualifizierung von Fachleiter/inne/n und Oberstufenberater/inne/n statt. Informationen unter: http://www.lehrerbildung.sachsen.de/schule/10496.htm oder: www.sbi.smk.sachsen.de

Sachsen-Anhalt
Führungskräftevorbereitung: Orientierung und Vorqualifizierung
Im Rahmen der Führungskräftequalifizierung ist die Führungskräftevorbereitung eine Basis für den persönlichkeits- und wissensorientierten Übergang in die Führungsfunktion. Organisatorischer Rahmen: - Self-Assessment, Module und ein persönliches Projekt - maximal 16 ein- bis zweitägige Veranstaltungen in der unterrichtsfreien Zeit - Dauer: ca. 3 Jahre
Führungskräftebegleitung: Amtseinführende und Amtsbegleitende Qualifizierung
Im Rahmen der Führungskräftequalifizierung unterstützt die Führungskräftebegleitung die schulischen Führungskräfte bei der Erlangung und Weiterentwicklung von Führungskompetenzen im Tätigkeitsfeld. Die Qualifizierung umfasst kumulativ aufbauend 6 Themenbereiche. Organisatorischer Rahmen: - Module, Kompaktkurse, Führungskräfteakademien, Schulleitungstage und -kongresse, regionale Netzwerke - Mit Blick auf aktuelle Bedarfe werden weitere didaktische Settings aufgegriffen.
Bemerkungen
Informationen unter: www.bildung-lsa.de

Schleswig-Holstein	
Vorqualifizierung zur Führungskraft	
Freiwilliges 136-stündiges Training mit 12 Fortbildungs-Modulen zur Vorbereitung auf die Schulleitungsaufgaben	- Vor Amtsantritt in die neue Funktion als Schulleiter Möglichkeit einer bis zu 5-tägigen Hospitation bei einer anderen Schulleitung - Verpflichtende, vorbereitende dreitägige Einführungsveranstaltung
Qualifizierung von Führungskräften	
Begleitung der neu im Amt befindlichen Schulleiter und Schulleiterinnen während der ersten beiden Jahre der Schulleitungstätigkeit	- Abrufkurse für Schulleitungen („Wunschkurse") - Möglichkeit der Nutzung eines zweieinhalbtägigen Akademiekurses nach eigenen Bedürfnissen. Voraussetzung: Gruppe von min. 15 Schulleiter/inne/n oder Schulleitungsteams einigt sich auf ein Thema, das der weiteren beruflichen Qualifikation im Blick auf Führungsaufgaben dient
Bemerkungen	
- Dienstvereinbarung zwischen IQSH und Ministerium ist Grundlage der Konzeption. - Angebot eines Großteils der vorbereitenden Veranstaltungen auch im Rahmen der Sommerakademie für Lehrerinnen und Lehrer mit Leitungsaufgaben - Anstelle von Veranstaltungen des IQSH können auch Fortbildungs-Angebote anderer Anbieter genutzt werden. Inhaltliche Überschneidungen mit dem Studiengang „Master für Schulmanagement und Qualitätsentwicklung" werden anerkannt. Informationen unter: http://www.schleswig-holstein.de/DE/Landesregierung/IQSH/Arbeitsfelder/Fuehrungskraefte/Fuehrungskraefte.html	

Thüringen	
Vorqualifizierung zur Führungskraft	
Phase 1: Schulartübergreifendes Orientierungs-angebot 3 Module mit bis zu 6 Veranstaltungstagen für LK, die sich für Führungsaufgaben interessieren; eine länderübergreifende Auftaktveranstaltung mit Sachsen und Sachsen-Anhalt kann angeboten werden	Phase 2: vorbereitende Qualifizierung für LK, die sich auf Leitungsstellen bewerben möchten In 12 Modulen werden theoretische und wissenschaftliche Grundlagenkenntnisse angeeignet, Fertigkeiten erworben, Praxiserfahrungen gesammelt und reflektiert. Das Lernen findet in Präsenz- und Selbstlernphasen statt. Die Umsetzung und Präsentation eines persönlichen Projektes ist verbindlich.
Qualifizierung von Führungskräften	
Phase 3: Verbindliche Amtseinführende Qualifizierung für neuberufene SL + Stellvertretungen (1.-3. Dienstjahr) zur Unterstützung der Schulleitungen bei der Erlangung von Handlungskompetenz und Handlungssicherheit in ihrem neuen Tätigkeitsfeld	Phase 4: Begleitende Qualifizierung für amtierende Schulleiter und Stellvertreter aller Schularten ab viertem Jahr nach Aufnahme der Leitungstätigkeit 2-Jahreslerngruppen zur Unterstützung der Schulleitungen bei der Erarbeitung bzw. Weiterarbeit am Schulentwicklungsprogramm der Einzelschule Workshopangebote/Foren/Schulleitertage/Coachingangebote
Bemerkungen modularisiertes 4-phasiges Konzept Informationen unter: https://www.schulportal-thueringen.de/fuehrungskraefte	

Abb. 1:   Übersicht zur Führungskräfteentwicklung und Schulleitungsqualifizierung in den deutschen Bundesländern (vgl. Bundesnetzwerktreffen Führungskräfteentwicklung, Stand Mai 2015)

3.   Beispiel: Sachsen, Sachsen-Anhalt und Thüringen

In den letzten zehn Jahren sind in den mitteldeutschen Ländern Sachsen, Sachsen-Anhalt und Thüringen jeweils neue Qualifizierungskonzeptionen für pädagogische Führungskräfte entwickelt worden, auf die exemplarisch kurz näher eingegangen werden soll. Schulleitung wird dabei als eigenständiges Tätigkeitsfeld betrachtet, deren Qualifizierung und Professionalisierung eine kontinuierliche Aufgabe ist.

In allen drei mitteldeutschen Bundesländern gab es Teams bzw. Expertengruppen zur Erstellung der Konzeptionen, auch das Know-how der entsprechenden Einrichtungen des jeweiligen Bundeslandes (des Schulsystems) sowie von Experten für entsprechende relevante Aspekte wurde berücksichtigt. Die Konzeptionen orientieren sich sowohl an aktuellen nationalen und internationalen wissenschaftlichen Erkenntnissen als auch an den Anforderungen der Schulpraxis und an den individuellen Voraussetzungen der Teilnehmerinnen und Teilnehmer. Darüber hinaus sind sie handlungs- und kompetenz- sowie leistungsorientiert. Die wissenschaftliche Begleitung der Qualifizierung mit Beratung und Evaluation sichert zudem eine hohe Qualität. Die Qualifizierung pädagogischer Führungskräfte erfolgt in diesen Bundesländern in vier konzeptionell aufeinander abgestimmten, zeitlich hintereinanderliegenden Phasen:

- Orientierung (1. Phase)
- (Amts-)Vorbereitende Qualifizierung (2. Phase)
- Amtseinführende Qualifizierung (3. Phase)
- Amtsbegleitende Qualifizierung (4. Phase)

Die (neue) Rolle von Schulleitung mit der Schwerpunktsetzung auf Führung und Management realisiert sich in den Handlungsfeldern Organisation, Personal, Unterricht und Erziehung, Qualitätsmanagement (d.h. Qualitätssicherung und Qualitätsentwicklung) sowie Außenbeziehungen mit dem Ziel, die Schülerinnen und Schüler bei der Entwicklung ihrer Kompetenzen zu fördern und zu unterstützen. Die Inhalte der jeweiligen Qualifizierung decken diese Handlungsfelder von schulischen Führungskräften ab.

Methodisch nutzen die Konzeptionen verschiedene Lernanlässe wie Self-Assessment und Feedback, Fortbildungskurse, Selbststudium, professionelle Lerngemeinschaften und Netzwerke, die Praxis sowie die Führung eines Portfolios. Die Auswahl der Methoden folgt erwachsenendidaktischen Grundsätzen. Die Methoden können den Lernanlässen der Qualifizierungen entsprechend zugeordnet werden. Im Verlauf der Qualifizierungen werden vielfältige Möglichkeiten zur Reflexion und Rückmeldung geboten.

Auch wenn die Gemeinsamkeiten in den Qualifizierungskonzeptionen Sachsens, Sachsen-Anhalts und Thüringens deutlich sind, gibt es dennoch Unterschiede in den inhaltlichen Schwerpunktsetzungen und den methodischen Umsetzungen mit der Gestaltung unterschiedlicher Lernanlässe.

4. Führungskräfteentwicklung und Schulleitungsqualifizierung als systematischer und kontinuierlicher Prozess

Die Qualifizierung von Schulleiterinnen und Schulleitern hat sich in den letzten Jahren gewandelt. Noch vor Jahren qualifizierten fast alle deutschen Bundesländer ihre Schulleiterinnen und Schulleiter erst nach deren Ernennung und meistens sogar erst nach Amtsantritt. Orientierende oder vorbereitende Kurse waren die Ausnahme und, wenn überhaupt angeboten, dann fakultativ. International aber ist eine vorbereitende Ausbildung, also eine Qualifizierung vor Übernahme der Schulleitungsposition, in vielen Ländern seit Jahren herrschende Praxis. An diesem Beispiel orientieren sich in den letzten Jahren auch die deutschen Bundesländer.

Die Frage des Zeitpunkts sollte nicht losgelöst von dem Aspekt der Verbindlichkeit gesehen werden, denn es macht sicherlich einen Unterschied, ob eine Orientierungs- oder Vorbereitungsmaßnahme fakultativ besucht werden kann oder ob eine Ausbildung obligatorisch zu absolvieren ist. Zeitpunkt und Verbindlichkeit der Qualifizierung haben natürlich wiederum Konsequenzen für die Gestaltung der beruflichen Laufbahn der Führungskräfte in dem jeweiligen Land, insbesondere der (angehenden) Schulleiterinnen und Schulleiter. So spielt es durchaus eine große Rolle, ob man, um Schulleiter zu sein oder zu werden, eine Qualifizierung besuchen muss oder nicht.

Dabei sind die Anerkennung der Qualifizierung durch die Profession selbst sowie die Erwartung und Anerkennung durch die einstellenden Gremien von Bedeutung.

In den Ländern mit verpflichtender vorbereitender Ausbildung hat die Teilnahme an der Qualifizierung durchaus Einfluss auf die Einstellung als Schulleiterin oder Schulleiter. So wiesen beispielsweise die USA mit einem Modell der Lizensierung durch das Interstate School Leaders Licensure Consortium (ISLLC) oder England mit der National Professional Qualification for Headship (NPQH), die durch das National College for School Leadership (NCSL) verantwortet wurde, schon recht früh einen hohen Grad an Verpflichtung zu einer vorbereitenden Qualifizierung auf. Sie wird dort beim Auswahlverfahren als wichtiges Kriterium behandelt.

In den Ländern mit verpflichtender Qualifizierung nach Amtsübernahme, wie z.B. in manchen deutschen Bundesländern oder Schweizer Kantonen, Österreich oder auch Hong Kong, hat die Qualifizierung keine Konsequenzen für die Rekrutierung. Die Qualifizierung selbst und ihr Erfolg können also nicht als ein Kriterium bei der Auswahl und Ernennung herangezogen werden. Jedoch kann sie unter Umständen, selbst wenn sie erst nach der Ernennung erfolgt, eine durchaus wichtige Rolle für den Verbleib in der Leitungsposition spielen, so zum Beispiel in Österreich.

In den Ländern, in denen eine vorbereitende oder tätigkeitseinführende Qualifizierung freiwillig war oder ist, wie z.B. Australien, Neuseeland, den Niederlanden, Norwegen, Schweden, Dänemark oder manchen deutschen Bundesländern oder Schweizer Kantonen, ist die professionelle Gewichtung von der Erwartungshaltung der einstellenden Gremien abhängig und daher regional unterschiedlich. Anderseits zeigt sich durchaus, dass in Ländern, in denen die vorbereitende Qualifizierung fakultativ ist, deren Absolvierung für die Bewerbung für eine Schulleitungsstelle bzw. für andere pädagogische Führungsaufgaben nachdrücklich empfohlen wird, z.B. in Norwegen und Thüringen.

Es lässt sich schlussfolgern, dass international und auch in den deutschen Bundesländern der Qualifizierung von Schulleitungspersonal eine hohe Gewichtung zukommt. Eine fundierte Qualifizierung, die mit einer angemessenen vorbereitenden „Ausbildung" beginnt, gilt mittlerweile vielerorts als Conditio sine qua non. Solche Einsicht markiert durchaus eine Art Paradigmenwandel in der Sichtweise von schulischer Führungskräfteentwicklung, insbesondere von Schulleitung und Schulleitungsqualifizierung, im Sinne der Anerkennung ihrer zentralen Rolle. Diesem Umdenken liegt die Auffassung von Schulleitung als „neuem" bzw. eigenständigem Beruf zugrunde, der einen Perspektivenwechsel in vielfacher Hinsicht voraussetzt und erweiterte Kompetenzen erfordert.

Ein Trugschluss wäre allerdings anzunehmen, eine Qualifizierung zur (Weiter-) Entwicklung solcher Kompetenzen könnte als ein einmaliges „Gesamtpaket" absolviert werden, „aus einem Guss", für alle gleich und ausreichend für den Rest der Berufslaufbahn. Ganz im Gegenteil muss die Qualifizierung von pädagogischem Führungspersonal insbesondere in der dritten Phase der Lehrerbildung (wie jede Qualifizierung für eine anspruchsvolle Tätigkeit) als kontinuierliche Aufgabe und als ein Prozess gesehen werden, der nach einer sinnvollen Ausbildung über den gesamten Berufszyklus kontinuierlich verteilt ist. Folgende Phasen sollten beachtet werden:

- Fortbildungsangebote für Lehrkräfte mit besonderen Aufgaben in der Schule außerhalb der Schulleitung;
- Orientierungsangebote für an einer Schulleitungsposition interessierte Lehrkräfte mit der Möglichkeit, die angestrebte Rolle vor dem Hintergrund der eigenen Fähigkeiten und Erwartungen zu reflektieren;
- eine vorbereitende Ausbildung vor Beginn der Tätigkeit oder sogar vor der Bewerbung;
- eine einführende Fortbildung in den ersten drei Jahren nach Amtsantritt, die den Einstieg in die neue Funktion begleitet;
- eine Reihe von tätigkeitsbegleitenden Fort- und Weiterbildungs- sowie auch Beratungsangeboten die Amtszeit hindurch, die auf die persönlichen Bedürfnisse des jeweiligen Schulleiters bzw. der jeweiligen Schulleiterin und kontextbezogen auf die Bedürfnisse seiner bzw. ihrer Schule eingehen;
- eine Lehr- und Weitergabephase, in der erfahrene Schulleiter und Schulleiterinnen durch die Einbindung in Qualifizierungsmaßnahmen sich selbst weiterbilden durch eine Art „superior reflection", was durch „Lernen durch Lehren", die Fragen und Erfahrungen der Teilnehmenden sowie durch die zusätzlichen „Train-the-Trainer"-Programme angeregt wird.

Angesichts dessen, dass wirkliche Lernzuwächse und Verhaltensveränderungen Zeit brauchen, erfolgen also mehrere Teilqualifizierungen statt einer einmaligen Aus- bzw. Fortbildung. Das Ergebnis solcher Überlegungen sind in einigen Ländern mehrphasige Qualifizierungsmodelle, deren einzelne Phasen aufeinander abgestimmt sind und denen ein geschlossener konzeptioneller Ansatz zugrunde liegt. Ein mehrphasiges Angebot mit „Orientierungskursen" und „Grundkursen" für interessierte Lehrkräfte, mit einer berufsvorbereitenden Ausbildung (durch „Aufbaukurse" und „Kompaktkurse mit Praktikum") vor Dienstantritt bzw. in der Probezeit sowie einer berufsbegleitenden Fortbildung favorisierte bereits auch der „Allgemeine Schulleitungsverband Deutschlands" vor fast 15 Jahren (vgl. Habeck 2001). Gemeint ist also nicht das bloße Vorhandensein aus- und fortbildender Maßnahmen ein und desselben Anbieters. Gedacht ist vielmehr an konzeptionell aufeinander abgestimmte, eventuell aufeinander aufbauende Qualifizierungsangebote, also Maßnahmen, die aus jeweils eigenständigen abgerundeten Einheiten bestehen und die auch unabhängig voneinander besucht werden können. Die verschiedenen Bausteine können je nach individuellem Aus- und Fortbildungsbedürfnis (in engem Bezug zu den verschiedenen Phasen der Ausübung verschiedener Tätigkeiten im Schuldienst) und je nach Bedarf der Einzelschule abgerufen und über eine Art Portfolio-System vom einzelnen Teilnehmenden gesammelt werden, so ist es international z.B. in New South Wales/Australien, England, den Niederlanden und Ontario/Kanada sowie national in mittlerweile allen deutschen Bundesländern.

Das Kooperationsprojekt der Stiftung der Deutschen Wirtschaft, der Robert Bosch Stiftung und des Instituts für Bildungsmanagement und Bildungsökonomie der Pädagogischen Hochschule Zug, das in dieser Publikation vorgestellt wird, geht hier noch einen Schritt weiter. Die im Rahmen des Projekts gebildete Expertengruppe aus Wissenschaft und allen drei Phasen der Lehrerbildung geht davon aus, dass Kompetenzen für pädagogische Führung zum einen frühzeitig, und damit bereits in der Lehreraus-bildung, und zum anderen über alle drei Phasen der Lehrerbildung hinweg systematisch und kontinuierlich (weiter-)entwickelt und gefördert werden müssen, mit dem Ziel, Schule erfolgreich zu gestalten.

Neben formalen Angeboten der Lehrerbildung ist auch vornehmste Aufgabe von Schulleitung eine Personalführung, welche die professionelle Weiterentwicklung des Personals unterstützt, fördert und fordert, also konsequent das Lernen fördert. Hier eingeschlossen ist auch die Entwicklung und Förderung von Führungskompetenzen innerhalb der Schule, sowohl der eigenen als auch der Führungskompetenzen der Lehrerinnen und Lehrer im Sinne einer Nachwuchsförderung (vgl. auch Bartz 2014, Huber & Schneider 2013, Kloft 2005, Kloft & Seibert 2008).

5. Fazit

Die zentrale Frage aller Qualifizierungsangebote ist stets die nach der Wirksamkeit. Was führt zum Erleben von beruflicher Wirksamkeit, zu beruflicher Kompetenz, zum Zugewinn von Expertise durch reflektierte Erfahrung, zu Professionalität? Wie gelingt es, dass die Teilnehmenden so lernen, dass sie sich in der Praxis beruflich wirksam erleben?

Zentrale Aspekte sind aktuell folglich die Bedarfs-, Praxis- und Nachhaltigkeits-orientierung. Dabei sind zwei Voraussetzungen wesentlich. Zum einen müssen Qualifizierungsprogramme noch stärker eine diagnostische Funktion übernehmen. Um bedarfsgerechte Angebote zu offerieren, müssen Vorwissen, subjektive Theorien, Einstellungen, Erwartungen, Ziele und Motivationen der potenziellen Teilnehmenden ermittelt werden. Sie stellen den Ausgangspunkt für die Planung von Weiterbildung dar und die Lernanlässe müssen daran anknüpfen. Zum anderen muss die Nachhaltigkeit stärker in den Blick genommen werden. In dem Zusammenhang stehen heute in der einschlägigen – auch internationalen – Fachdiskussion nicht mehr ausschließlich klassische Kurse oder Seminare im Fokus, sondern es werden, wie im Teil II in diesem Buch gezeigt, vielfältige Formen und Ansätze diskutiert.

Über die systematische Personalentwicklung von pädagogischen Führungskräften hinaus sind auch Fragen der Verzahnung von Personalentwicklung und Personalmarketing (u.a. Self-Assessment, Feedback und Qualifizierungsangebote), des systematischen Personalmarketings (Bewerberakquise und Personalwerbung, aber auch der angemessenen Arbeitsbedingungen wie Entlohnung, Leitungszeit, Karrierechancen, Vereinbarkeit von Beruf und Privatleben, die die Attraktivität steigern) sowie der Personalauswahl (Nutzung verschiedener diagnostischer Methoden wie Lebenslauf, Empfehlungsschreiben, Assessment Center, psychologische Testverfahren) interessant, insbesondere vor dem Hintergrund des Nachwuchsmangels für Funktionsstellen in einigen Ländern und für einige Schulformen.

Literatur

Bartz, A. (2014). Die Qualifizierung des Führungsnachwuchses mit der Erprobung in leitungsnahen Aufgaben verknüpfen. In: S.G. Huber (Hrsg.), *Jahrbuch Schulleitung 2014. Befunde und Impulse zu den Handlungsfeldern des Schulmanagements*. Köln: Wolters Kluwer Deutschland, S. 167–170.

Habeck, H. (2001). Aus- und Weiterbildung von Schulleitungen. In: H. Buchen, L. Horster & H.G. Rolff (Hrsg.), *Schulleitung und Schulentwicklung (Kapitel C4.5)*. Stuttgart: Raabe.

Huber, S.G. (2003). *Wissen & Praxis Bildungsmanagement. Qualifizierung von Schulleiterinnen und Schulleitern im internationalen Vergleich: Eine Untersuchung in 15 Ländern zur Professionalisierung von pädagogischen Führungskräften für Schulen.* Kronach: Wolters Kluwer.

Huber, S.G. (Hrsg.) (2004). *Preparing School Leaders for the 21st Century: An International Comparison of Development Programmes in 15 Countries.* London/New York: RoutledgeFalmer (Taylor & Francis).

Huber, S.G. (2007). Empfehlungen aus dem Qualifizierungsprogramm. In: Senatsverwaltung für Bildung, Wissenschaft und Forschung (Hrsg.), *Bildung für Berlin: MES Modellvorhaben Eigenverantwortliche Schule – Erfahrungen und Empfehlungen.* Berlin, S. 49–51.

Huber, S.G. (2008). School Development and School Leader Development: New Learning Opportunities for School Leaders and their Schools. In: J. Lumby, G. Crow & P. Pashiardis (Eds.), *International Handbook on the Preparation and Development of school leaders.* New York: Routledge, pp. 173–175.

Huber, S.G. (Hrsg.) (2010a). *School Leadership – International Perspectives.* Dordrecht: Springer.

Huber, S.G. (2010b). New Approaches in Preparing School Leaders. In: Peterson, P., Baker, E., & McGaw, B. (Hrsg.), *International Encyclopedia of Education. 4.* Oxford: Elsevier, S. 752–761.

Huber, S.G. (Hrsg.) (2013a). *Handbuch Führungskräfteentwicklung. Grundlagen und Handreichungen zur Qualifizierung und Personalentwicklung im Schulsystem.* Köln: Carl Link.

Huber, S.G. (2013b). Internationale Trends in der schulischen Führungskräfteentwicklung. In: S.G. Huber (Hrsg.), *Handbuch Führungskräfteentwicklung. Grundlagen und Handreichungen zur Qualifizierung und Personalentwicklung im Schulsystem.* Köln: Carl Link, S. 111–123.

Huber, S.G. (2013c). Vorbereitende Qualifizierung, Mehrphasigkeit und Modularisierung: Ausbau und Professionalisierung des Qualifizierungsangebots. In: S.G. Huber (Hrsg.), *Handbuch Führungskräfteentwicklung. Grundlagen und Handreichungen zur Qualifizierung und Personalentwicklung im Schulsystem.* Köln: Carl Link, S. 207–220.

Huber, S.G. (2013d). Aktuelle Entwicklungen: Ausdifferenzierung der Curricula der Führungskräfteentwicklung. In: S.G. Huber (Hrsg.), *Handbuch Führungskräfteentwicklung. Grundlagen und Handreichungen zur Qualifizierung und Personalentwicklung im Schulsystem.* Köln: Carl Link, S. 913–915.

Huber, S.G. (2014). Qualifizierung von Schulleiterinnen und Schulleitern – Ausdifferenzierung der Curricula der Führungskräfteentwicklung. In: R. Pfundtner (Hrsg.), *Grundwissen Schulleitung.* Köln: Wolters Kluwer Deutschland, S. 194–209.

Huber, S.G. & Schneider, N. (2013). Führungskompetenzen weiterentwickeln. Potenziale fördern im Rahmen einer systematisch angelegten schulischen Personalentwicklung. *SchulVerwaltung Spezial, 3.*

Huber, S.G., Skedsmo, G., Schneider, N. & Bender, V. (2009–2013). *Wissenschaftliche Evaluation der Führungskräfteentwicklung in Bremen, Sachsen, Sachsen-Anhalt, Thüringen und Aargau. Interne Berichte.* Zug: IBB PHZ Zug.

Huber, S.G., Sassenscheidt, H., Skedsmo, G. & Sangmeister, J. (2011). *Expertise zur Organisation und Qualität der Lehrerfort- und -weiterbildung in Sachsen-Anhalt. Interner Bericht.* Zug: IBB PHZ Zug.

Kloft, C. & Seibert, L. (2008). Wie kann die Schulleitung Führungsnachwuchskräfte entdecken, gewinnen und fördern? In: A. Bartz, J. Fabian, S.G. Huber, C. Kloft, H. Sassenscheidt, & M. Schreiner (Hrsg.), *PraxisWissen SchulLeitung (130.05).* München: Wolters Kluwer.

Kloft, C. (2005). Schulen brauchen gute Nachwuchsführungskräfte – eine gemeinsame Aufgabe für Schulleitung und Schulaufsicht – Überblicksbeitrag. In A. Bartz, J. Fabian, S.G. Huber, C. Kloft, H. Rosenbusch & H. Sassenscheidt (Hrsg.), *PraxisWissen SchulLeitung (130.01).* München: Wolters Kluwer.

Kultusministerkonferenz der deutschen Bundesländer (2007). *Länderumfrage „Potenzialanalyse und Förderung schulischer Führungskräfte".* Berlin.

Uwe Ansorge

Vorbereitende Qualifizierung schulischer Führungskräfte in Sachsen

Erfolgreiche Schulentwicklung und die Sicherung der Qualität an Schulen hängen in großem Maße vom Handeln der Schulleitung und weiterer schulischer Führungskräfte an der Einzelschule ab. Mit der Übernahme von Führungsaufgaben werden an Lehrkräfte zusätzliche Anforderungen gestellt, die sie in dieser Weise bisher noch nicht bewältigen konnten. Es bedarf eines Perspektivwechsels von der Sicht der Führung einer Klasse zur Sicht der Führung von Erwachsenen. Um diesen Rollen- und Perspektivwechsel zu unterstützen, bietet das Sächsische Bildungsinstitut in Umsetzung seiner Konzeption seit ca. fünf Jahren auch umfangreiche Maßnahmen zur Vorqualifizierung für schulische Führungskräfte an. Die Förderung von Lehrkräften, die an schulischen Führungsaufgaben interessiert sind, ist gemeinsames Anliegen von Sächsischem Bildungsinstitut und Sächsischer Bildungsagentur als Schulaufsichtsbehörde und fester Bestandteil von Personalentwicklungsmaßnahmen. Das vollständige Qualifizierungskonzept[1] wurde im Herbst 2013 überarbeitet und beinhaltet vier aufeinander abgestimmte Phasen, die die Interessen und Bedarfe unterschiedlicher Zielgruppen bedienen (vgl. Abb. 1). Die Phasen 1 und 2 stehen für Qualifizierungsmaßnahmen vor der Amtsübernahme.

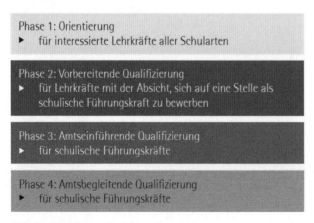

Abb. 1: Vier-Phasen-Modell

---

1 Gesamtübersicht und Konzeption können unter http://www.lehrerbildung.sachsen.de/10496. htm [24.07.2015] nachgelesen werden.

1. Qualifizierungsphasen vor Amtsübernahme

Für Lehrkräfte, die sich erstmals mit dem Gedanken an eine Führungsposition vertraut machen bzw. ihre mögliche Eignung für sich selbst reflektieren wollen, bietet sich zunächst die Orientierungsphase an. Sobald sich die Absichten für die Übernahme von Führungsaufgaben verfestigt haben, ist der Einstieg in die amtsvorbereitende Phase angeraten. In beiden Phasen werden die Interessentinnen und Interessenten schrittweise und mit wachsendem Niveau mit wichtigen Aufgabenfeldern von schulischen Führungskräften vertraut. Die Lehrkräfte wählen aus dem Angebot diejenigen Module aus, die ihrem individuellen Entwicklungsstand entsprechen. Es gibt keine Verpflichtung, jeweils alle Module einer Phase zu belegen. Es ist auch möglich, Module aus beiden Phasen (zeitlich) parallel zu absolvieren. Gleichwohl empfehlen wir, zunächst Module der Phase 1 innerhalb eines Schuljahres zu besuchen und sich danach bei anhaltendem Interesse an Führungsaufgaben für Module in Phase 2 anzumelden. Für die Teilnahme an allen Modulen der Phase 2 sollten zwei bis drei Schuljahre eingeplant werden.

Im Mittelpunkt der Auftaktveranstaltung (Orientierungstag) und der sich anschließenden fünf Module der Phase 1 stehen theoretische und praktische Einblicke in Anforderungen und Aufgaben für Schulleitungen auf der Grundlage von aktuellen schulpolitischen Anforderungen an Schulqualität und Schulentwicklung in Sachsen. Die Lehrkräfte können in einem Self-Assessment (vgl. den Beitrag von Huber in diesem Buch) ihr individuelles Kompetenzprofil ermitteln und daraus Schlussfolgerungen für Fortbildungen und Strategien der eigenen Persönlichkeitsentwicklung ableiten. Wir empfehlen, die individuelle Entwicklung in einem Portfolio prozessorientiert zu dokumentieren. Insbesondere zu den Themen „Eine Schule führen und managen" und „Blick in die Schulleitungspraxis" bieten sich zahlreiche Möglichkeiten zur Reflexion und zum Austausch über die Rolle von schulischen Führungskräften.

Als wesentliche Aufgabenfelder zur Amtsvorbereitung in Phase 2 betrachten wir die Bereiche Qualitätsmanagement, Organisationsentwicklung, Unterrichtsentwicklung, Projektmanagement, Kooperation, Personalentwicklung, Schulrechtsgrundlagen und Grundlagen der Kommunikation. Diese spiegeln sich in den Themen der acht Module in Phase 2 wider. Das Angebot richtet sich an Lehrkräfte aller Schularten mit Bewerbungsabsicht und wird in Vorbereitung auf eine Bewerbung nachdrücklich empfohlen.

Es ist ausdrückliches Ziel, in den angebotenen Fortbildungen Kompetenzen zum Führungshandeln nach und nach zu entwickeln. Dabei folgen wir einem Konzept für kompetenzorientierte Fortbildung (vgl. Glathe, 2013, vgl. Abb. 2). Dies zeigt sich u.a. in drei wesentlichen Veranstaltungsformaten (Forum, Workshop, Reflexionsworkshop), die sowohl aufeinander aufbauend als auch einzeln für sich angeboten werden. Im Rahmen der Phase 1 bieten wir zwei Foren, zwei Workshops und einen Reflexionsworkshop an. Die Veranstaltungen zu den acht Modulen in Phase 2 sind gänzlich als Workshops konzipiert.

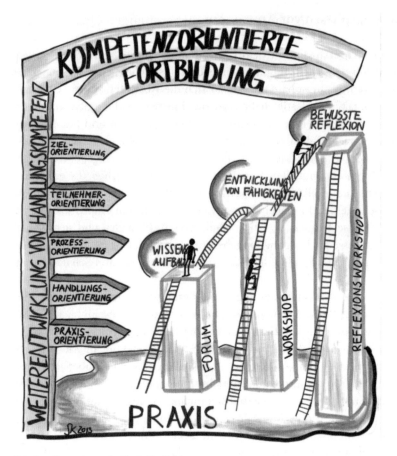

Abb. 2: Kompetenzorientierte Fortbildung

Der Ansatz von kompetenzorientierter Fortbildung baut auch darauf, dass die Lehrkräfte Gelegenheit haben, die Inhalte der Fortbildung für sich zu reflektieren und im eigenen Arbeitsumfeld anzuwenden. Dies ist im Rahmen der Vorqualifizierung durchaus nicht selbstverständlich, da Führungsaufgaben in Funktionsstellen erst in der Zukunft wahrgenommen werden sollen. Es gibt jedoch in anderen Bereichen an einer Schule bereits Möglichkeiten, sich aktiv auf Führungshandeln vorzubereiten. Beispielsweise könnte die Mitarbeit in einer Steuergruppe oder einem QM-Team durch die Teilnahme am Modul zum Qualitätsmanagement angeregt oder befördert werden. Mit der Übernahme der Leitung einer Projektgruppe können Instrumente von Projektmanagement angewandt werden. Auch bei anderen Modulen ist ein erster Transfer der Fortbildungen auf den Erwerb von Führungserfahrungen kurzfristig denkbar.

2. Personalentwicklung als Thema in der vorbereitenden Qualifizierung

Lediglich zum Thema der Personalentwicklung werden die Teilnehmerinnen und Teilnehmer eher mit Fortbildungsergebnissen entlassen, welche sie nicht unmittelbar anwenden können. Produzieren wir hier „Wissen auf Vorrat" oder gar „totes Wissen"? Ist es überhaupt möglich, Kompetenzen zu diesem Komplex an Lehrkräfte ohne aktive Führungsaufgaben zu vermitteln? Sollte dieses Aufgabenfeld nicht besser ausschließlich während der amtseinführenden und der amtsbegleitenden Phase behandelt werden? Um diese Fragen zu beantworten, soll an dieser Stelle nur auf das Modul zur Personalentwicklung eingegangen werden. Bezüglich der anderen Module in der amtsvorbereitenden Phase verweisen wir auf die Gesamtkonzeption.

Wer Personalentwicklung nur als Personalförderung im Sinne der Planung und Entwicklung von Karrieren betrachtet, der muss sich tatsächlich nicht mit diesem Thema auseinandersetzen. In der Tat muss man in diesem Fall zugestehen, dass Schulleitungen in Sachsen nur sehr wenig Einfluss auf Karrieren von Lehrkräften haben, da alle Maßnahmen der Personalgewinnung und Stellenbesetzung im Aufgabenbereich der mittleren oder obersten Schulaufsichtsbehörden liegen. In unserem Sinne hat der Komplex der Personalentwicklung jedoch viele weitere Facetten. Personalentwicklung ist neben der Organisationsentwicklung und der Unterrichtsentwicklung der dritte wesentliche Bereich, ohne den eine erfolgreiche Schulentwicklung nicht gelingen kann. Es *muss* also bereits in der amtsvorbereitenden Phase bei den Lehrkräften ein Bewusstsein für die Bedeutung von Personalentwicklung geschaffen werden.

Personalentwicklung ist der „Inbegriff aller Maßnahmen, die der individuellen beruflichen Entwicklung der Mitarbeiter dienen und ihnen unter Beachtung ihrer persönlichen Interessen die zur optimalen Wahrnehmung ihrer jetzigen und künftigen Aufgaben erforderlichen Qualifikationen vermitteln" (vgl. Mentzel, 1997). In diesem Sinne werden durch Personalentwicklungsmaßnahmen an Schulen zwei Zielrichtungen verfolgt. Einerseits geht es um die Förderung der einzelnen Lehrkräfte in ihrer individuellen Entwicklung und andererseits um die Deckung des Bedarfs der Organisation an qualifizierten und kompetenten Lehrkräften (vgl. Buhren, 2010). Zukünftigen schulischen Führungskräften soll schon frühzeitig klar sein, dass sich dabei die Bedürfnisse der einzelnen Lehrkräfte vom Bedarf der Organisation Schule (stark) unterscheiden (können). Während eines zweitägigen Workshops in der amtsvorbereitenden Phase soll deshalb der Bogen von den im Gesamtsystem Kultus definierten Zielen der Personalentwicklung zu konkreten Einzelmaßnahmen an der Schule geschlagen werden.

Im Rahmen des Workshops sollen sich die Teilnehmerinnen und Teilnehmer mit Konzepten der Personalentwicklung vertraut machen sowie Maßnahmen, Instrumente und Methoden der Personalentwicklung kennenlernen, diskutieren und vor ihrem eigenen Erfahrungshintergrund reflektieren. Die zur Verfügung stehende Zeit erfordert eine Konzentration auf die Bereiche Personalführung und Personalförderung (vgl. Hilb, 2001). Einen Schwerpunkt bildet dabei die Simulation von Mitarbeiter-Vorgesetzten-Gesprächen als ein wesentliches Instrument. Dieses ist ausgehend vom Rahmenkonzept des Sächsischen Staatsministeriums für Kultus zur Personalentwicklung als verpflichtende Maßnahme für alle Führungskräfte anzusehen und hat dementsprechend auch einen hohen Stellenwert.

Fortbildung ist ein wichtiges Element im Rahmen von Personalentwicklung, insbesondere von Personalförderung. Das haben die teilnehmenden Lehrkräfte für sich bereits erkannt. Im Workshop wird ihnen nun die Gelegenheit gegeben, aus Sicht einer Führungskraft Grundzüge eines Fortbildungskonzepts für die eigene Schule zu entwickeln. Ein klares Fortbildungskonzept muss fester Bestandteil des Personalentwicklungskonzeptes sein. Aus Sicht der Schulleitung beruht die Fortbildung von Lehrkräften auf drei grundsätzlichen Interessenslagen: die individuellen Interessen der Lehrkräfte, das Interesse der Schule/Schulleitung für die weitere Schulentwicklung und das Interesse der Schulleitung für gezielte Fortbildungsmaßnahmen für einzelne Lehrkräfte zur besonderen Förderung. Eine erfolgreiche Schulentwicklung erfordert es, dass Fortbildung zur Chefsache gemacht wird.

Als weitere Formen der Personalförderung werden Möglichkeiten diskutiert, einzelne Lehrkräfte gezielt mit speziellen Aufgaben an der Schule zu beauftragen, die dem Potenzial der Personen möglichst gut entsprechen. Das können u.a. sein: die Arbeit als Mentorin oder als Mentor bei der Betreuung von jungen Lehrkräften (vgl. den Beitrag von Winkler in diesem Buch), die Mitarbeit in Projektgruppen, der Steuergruppe oder dem Qualitätsmanagement-Team bzw. die Leitung einer solchen Gruppe, der auf Potenzial und Bedürfnisse der Lehrkraft abgestimmte Unterrichtseinsatz, Assistenz- und Stellvertretungsaufgaben.

Im Sinne der Personalführung werden die Teilnehmerinnen und Teilnehmer mit fünf wesentlichen Gesprächsanlässen kurz vertraut gemacht (vgl. Ender & Strittmatter, 2001). Eine genauere Analyse dieser Gespräche ist – mit Ausnahme des Mitarbeiter-Vorgesetzten-Gesprächs als Standort- und Perspektivengespräch zur Weiterentwicklung der Professionalität der Mitarbeitenden – für diesen Workshop nicht vorgesehen. Dafür kann der Workshop zu Grundlagen der Kommunikation im Rahmen der amtsvorbereitenden Phase genutzt werden.

Gerüstet mit den Ergebnissen des Workshops kehren die Teilnehmerinnen und Teilnehmer in ihre Schulen zurück und können ihren Bedarf an innerschulischer Personalentwicklung genauer bestimmen und einfordern sowie einzelne Maßnahmen der Schulleitung bewusster als Personalentwicklungsmaßnahmen wahrnehmen und für sich unter dem Blickwinkel einer zukünftigen Tätigkeit als Führungskraft reflektieren.

Es bleibt unbestritten, dass der Themenkomplex der Personalentwicklung ein fester Bestandteil der amtseinführenden Qualifizierungsphase ist. Dazu dient neben den Pflicht- und Wahlpflichtmodulen auch die Möglichkeit der Hospitation, um sich weiteres Handwerkszeug anzueignen.

3.   Fazit

Personalentwicklung ist ein wesentliches Aufgabenfeld für Schulleitungen und somit ist dieses Thema ein notwendiger Bestandteil der amtsvorbereitenden Qualifizierung. Den Schulleitungen wird angeraten, den Blick schon frühzeitig auf junge Lehrkräfte zu lenken. Auch vor dem Hintergrund der demografischen Entwicklung und des erheblich steigenden Bedarfs an schulischen Führungskräften in den nächsten Jahren, sollte es bereits im Rahmen der Berufseinstiegsphase Anliegen sein, geeignete Lehrkräfte mittelfristig für die Übernahme von Führungsaufgaben aufzuschließen. Dies kann perspektivisch eine Aufgabe in der Schulleitung oder zunächst auf der Ebene des mittleren pädagogischen Managements sein. Und das ist ganz im Sinne von Personalentwicklung an Schulen.

Literatur

Buhren, C.G. (2010). Einführung: Personalentwicklung, Personalmanagement und Professionalisierung. In: T. Bohl, C. Schelle & W. Helsper (Hrsg.), *Handbuch Schulentwicklung: Theorie – Forschung – Praxis*. Bad Heilbrunn: Klinkhardt, S. 225–230.

Ender, B. & Strittmatter, A. (2001). Schulentwicklung als Schulleitungsaufgabe. Innsbruck: Studienverlag.

Glathe, U. (2013). Kompetenzorientierte Fortbildungen. *SchVw spezial, 15* (3), S. 14–17.

Hilb, M. (2001). *Integriertes Personal–Management. Ziele – Strategien – Instrumente.* Neuwied: Luchterhand.

Mentzel, W. (1997). *Unternehmenssicherung durch Personalentwicklung. Mitarbeiter motivieren, fördern und weiterbilden.* Freiburg: Haufe.

Rahmenkonzept Personalentwicklung des Sächsischen Staatministeriums für Kultus (2002). Verfügbar unter: http://www.smk.sachsen.de/4870.htm [24.07.2015].

Bildnachweis

Abb. 2: Silvana Kogel, Sächsisches Bildungsinstitut

Stephan Gerhard Huber, Stiftung der
Deutschen Wirtschaft, Robert Bosch Stiftung (Hg.):
Schule gemeinsam gestalten – Entwicklung von Kompetenzen
für pädagogische Führung. © 2015, Waxmann

Maja Dammann

Pädagogische Karriereplanung in Hamburg

Die eigene Karriere im pädagogischen Feld aktiv gestalten – Erfahrungen mit drei Qualifizierungsformaten in Hamburg

Das Referat Personalentwicklung am Landesinstitut in Hamburg bietet (jungen) Lehrkräften und Führungsnachwuchskräften ein gestaffeltes Angebot. Diesem liegen folgende Prämissen darüber zugrunde, was gelingende Lern- und Erziehungsprozesse an Schulen benötigen:

- Personal, das lebenslanges Lernen für sich individuell als selbstverständlich erachtet,
- ein Verständnis von Organisation als lernendes System,
- ein Führungsverständnis des Schulleitungspersonals, das Personalentwicklung als Schlüssel versteht und Verantwortung transparent, ermutigend und begleitet delegiert, damit Nachwuchskräfte Erprobungsmöglichkeiten erhalten,
- ein Verständnis von Karriere, das sowohl die horizontale Karriere (Weiterentwicklung in den Bereichen Fachlichkeit, Didaktik und Methodik und/oder Beratung, ohne Übernahme von Führungsverantwortung) als auch die vertikale Kariere (Weiterentwicklung in Richtung auf die Übernahme von Führungsverantwortung) als notwendig für eine lebendige Schulentwicklung und eine befriedigende persönliche Perspektive der Lehrkräfte ansieht,
- eine Wertschätzung unterschiedlichster Entwicklungspfade.

Lehrkräfte wählen den Beruf in den seltensten Fällen mit dem Ziel der Übernahme der Führungsverantwortung. Wege des Lernens, Erprobens, des Vor und Zurück im Hinblick auf Führungsaufgaben müssen möglich sein – ebenso wie biografische Offenheit (Kind und Karriere; Karriere nach Kind). Das Ausprobieren, das langsame Wachstum von Kompetenzen und der mehrfache Wechsel von persönlichen Optionen müssen nicht nur möglich sein, sondern aktiv unterstützt werden, damit am Ende rollenklare, selbstbewusste und resiliente Führungskräfte Schulen zum Erfolg führen.

Das ist natürlich kein Plädoyer gegen den schnellen Weg in Führung von Leistungträgern, die schon in Schule und Universität sowie in gesellschaftlichem und politischem Engagement Verantwortung übernommen und sich ausprobiert haben. Diesen maximale Unterstützung „auf der Überholspur" zu gewähren, ist eine wichtige Kernaufgabe der Personalentwicklung.

Junge Lehrkräfte erhalten in Hamburg dazu ein strukturiertes Angebot. In der von uns so benannten 1. Karrierephase (die ersten drei bis fünf Jahre) geht es darum, nach erfolgreichem Berufseinstieg Klarheit über die Karriereoptionen zu gewinnen und die eigenen Kompetenzen zu erproben und zu erweitern; immer auch mit Blick auf mögliche Führungsaufgaben.

Wie nun unterstützen bestimmte Angebote in Hamburg den geschilderten Prozess?

1. Das Seminar „Information über Karrierepfade"

Dieses Angebot richtet sich an alle Lehrkräfte, die beginnen, über Tätigkeiten jenseits des Kerngeschäfts als Klassen- oder Fachlehrer nachzudenken. Fünf wichtige Ziele verfolgt das Seminar:
- eine individuelle Reflexion über den Entwicklungsstand der eigenen Kompetenzen, im Hinblick auf die Lehrertätigkeit und mögliche erste Führungsaufgaben,
- ein Verständnis von horizontaler und vertikaler Karriere und deren Implikationen,
- einen Überblick über alle vorhandenen Karriereoptionen (mit der „Hamburger Brille", aber auch mit dem „Blick über den Tellerrand"),
- die Formulierung des nächsten Entwicklungsziels/der nächsten Entwicklungsziele,
- (An-)Knüpfen eines kollegialen Kontaktes, ggf. Entstehung eines Netzwerkes.

Der Ablauf des Seminars sieht folgendermaßen aus:
- Soziometrie der Teilnehmenden zu Fragen wie: bisherige Dienstzeit, berufliche Vorerfahrungen mit Angabe der Dauer und der Schulform; anschließend persönliche Vorstellung der Teilnehmer/innen mit Benennung ihres gegenwärtigen Aufgabenspektrums,
- Bildung von Tandems oder Dreierteams für die Weiterarbeit,
- Input zum Karrierebegriff, zur Entwicklung der horizontalen und vertikalen Karriere, zur Profession Lehrkraft und zur Profession Führungskraft,
- Selbsteinschätzungsbogen zu Kompetenzen als Lehrkraft und ersten Kompetenzen für herausgehobene Aufgaben; Austausch über die Befunde im Tandem oder Dreierteam,
- Input mit einer tabellarischen Übersicht über mögliche Karrierepfade (vgl. Abb. 1),
- Formulierung eines möglichen nächsten Entwicklungsschrittes, kollegiale Beratung dazu im Tandem oder Dreierteam,
- Erarbeitung eines persönlichen Handlungsplanes: Meine nächsten Schritte (z.B. Qualifizierung; Gespräch mit Schulleitung, vgl. Abb. 2),
- Netzwerkverabredungen.

Karrierepfade in Hamburg		
Fach/Unterricht	**Beratung**	**Führung**
Fachkoordinator/in	Verbindungslehrkraft	Personalrat
Fachleitung	**Beratungslehrkraft**	Steuergruppe
Sprachlernberater	**Förderkoordinator/in**	Fusionsgruppe
	Interkulturelle Moderator/in	
Projektleitung Unterrichtsentwicklung	**Studien-/Berufswegeberater/in**	Qualitätsbeauftragte/r
Teilzeit-Referent/in in der Lehrerfortbildung	**Streitschlichter/in**	Projektleitung Schulentwicklungsprojekt
Aufgabenentwickler/in	**Lerncoach**	Erste delegierte Leitungsaufgabe (z.B. Öffentlichkeitsarbeit, Fortbildungsbeauftragte etc.)
Mitarbeit in der fachlichen Qualitätsentwicklung (IfBQ)	**Schulentwicklungsberater/in**	Jahrgangssprecher/in
Autor/in		Leiter/in Ganztagsbetrieb
Fachseminarleitung		Leiter/in Zweigstelle
Vollzeit-Referent/in in Lehrerfortbildung	Mitarbeit in REBBZ	Abteilungsleitung
Fachreferent/in in BSB und HIBB	Lehrertrainer/in in der Ausbildung	Stellvertretende Schulleitung
Referatsleitung LIF	Moderation in BEP	Schulleitung
Hauptseminarleitung		Schulaufsichtsbeamte/r
	Meist freiberuflicher Anteil:	
	Coach	
	Supervisor/in	
	Mediator/in	

Erläuterung hamburgspezifischer Abkürzungen:
LIF – Landesinstitut für Lehrerbildung und Schulentwicklung, Abteilung Fortbildung
REBBZ – Regionale Beratungs- und Bildungszentren
BSB – Behörde für Schule und Berufsbildung
BEP – Berufseingangsphase
HIBB – Hamburger Institut für Berufliche Bildung

Abb. 1: Karrierepfade in Hamburg

Hinweis: Die Pfade sind nicht alternativ zu lesen, es kann durchaus in der Berufsbiografie einen „Pfadwechsel" geben – z.B. sind viele jetzige Schulleitungen vorher etliche Jahre Beratungslehrkräfte gewesen – oder Fachseminarleitungen werden Schulleitungen oder Schulleitungen Hauptseminarleitungen. Die fett gedruckten Positionen setzen eine Ausbildung voraus, für die man ausgewählt wird (Beratungslehrkraft, Lerncoach, Unterrichtsberater/in) oder die man selbst finanziert (Coach, Supervisor/in).

Wie kann ich an der Schule das eigene Potenzial erproben?

Eine mögliche Schrittfolge

1. Klärung: Welche Kompetenzen will ich überprüfen, erproben, erweitern?
2. Welche Aufgaben an meiner Schule bieten dafür Spielraum (auch neu zu schaffende Aufgaben!)?
3. Gespräch mit Schulleitung führen
4. Formulierung von Auftrag, Vorschlag für Aufgabenbeschreibung
5. Mit Schulleitung abstimmen
6. Suchen von critical friends
7. Arbeit in der neuen Aufgabe, dabei selbstreflexive Routinen anwenden
8. Rückmeldung von critical friends einholen
9. Rückmeldegespräch, ggf. auch Abschlussgespräch mit Schulleitung
10. Persönliche Bilanz
    a) Bewerbung
    b) Qualifizierung in bestimmten Bereichen
    c) Weitere Erprobung in neuen, ggf. anspruchsvolleren Aufgaben

---

Abb. 2: Wie kann ich an der Schule das eigene Potenzial erproben?

2. Qualifizierungsbausteine für Lehrkräfte mit ersten Leitungsaufgaben

Der Aufbau von Führungskompetenzen kann nicht primär in Seminaren erfolgen. Vielmehr bedarf es der Verknüpfung von praktischen Erfahrungen und Seminarinhalten. Aus diesem Grund bieten wir das Format „Qualifizierungsbausteine" für Lehrkräfte an, die an der Schule erste Leitungsaufgaben übertragen bekommen haben und zur Ausfüllung dieser neuen Aufgaben auch über erste Führungskompetenzen verfügen sollten.

So kommen Lehrkräfte z.B. mit den Funktionen Fachleitung, Steuergruppenmitglied, Fortbildungsverantwortliche/r, Ausbildungsbeauftragte/r, Öffentlichkeitsverantwortliche/r, Förderkoordinator/in und anderen mehr in Seminaren zusammen. Sie klären im Seminar „Meine neue Funktion und Rolle in meinem schulischen System" ihre spezifische Rolle im mittleren Management zwischen Kollegium und Schulleitung (vgl. Abb. 3). In diesem Seminar präzisieren sie die Anforderungen und Aufgaben und definieren nicht selten, was sie mit der eigenen Schulleitung klären müssen. Ein entsprechendes Gespräch mit der Schulleitung wird im Seminar vorbereitet, damit danach die „Geschäftsgrundlage" für das Agieren im Mittleren Management zwischen Schulleitung und Lehrkraft mit erster Leitungsaufgabe vereinbart ist. Nicht selten gehört auch die (oftmals nachträgliche) Information des Kollegiums über Aufgabenzuschnitt und delegierte Leitungsaufgaben dazu.

Abb. 3: Übersicht über leitungsnahe Funktionen in der Schule

Anschließend besuchen die Lehrkräfte, die erste Leitungsaufgaben wahrnehmen, unterschiedliche Seminare zum Erwerb erster Führungskompetenzen, ausgehend von ihren Bedarfen und den Erfordernissen ihrer spezifischen Aufgabe, z.B.: Gesprächsführung und Konfliktmanagement im Umgang mit anderen Lehrkräften, denen sie nur in ihrer spezifischen Funktion zeitweise übergeordnet sind, Projektmanagement, Moderation, Präsentation, Auftreten und Körpersprache, Rhetorik, Evaluation.

Die Teilnehmer/innen bringen in diese Seminare ihre speziellen Fragen und Anliegen aus der Praxis ein. Beratungssequenzen gehören genauso zum Seminarablauf wie funktionsspezifische Arbeitsphasen. Beispielsweise arbeiten alle Fachleitungen im Seminar „Moderation" an der Frage: Was ist eine gelingende Fachkonferenz? Alle Steuergruppenmitglieder arbeiten an der Frage: Was ist bei der Moderation einer Lehrerkonferenz zu beachten? Die Themen der „Qualifizierungsbausteine" werden an den Bedarfen der Teilnehmer ausgerichtet. Unsere Online-Evaluation, mit der wir die Bewertung jedes einzelnen Seminars erfassen, enthält ein entsprechendes Item, mit dem Themenwünsche erfragt werden.

3. Seminare, die die Entscheidung für eine echte Führungsfunktion unterstützen

Neben den geschilderten Formaten bieten wir Klärungsseminare im Umfang von zwei Tagen, in denen Lehrkräfte, die sich in ersten Leitungsaufgaben erprobt haben, für sich selbst und im Austausch mit *peers*, darunter erfahrene Schulleitungen und Trainern, klären, ob sie die Führungslaufbahn anstreben wollen oder nicht.

Wenn dies im positiven Sinne entschieden ist, bietet unser Seminar „Eine Schule leiten – Führung erproben", das über eine ganze Woche in den Ferien stattfindet, die Möglichkeit des Praxischecks vor der Bewerbung. Die Teilnehmerinnen und Teilnehmer nehmen mit Seminarbeginn die Rolle der Schulleitung einer virtuellen Schule ein (vgl. das den Beitrag abschließende Beispiel der Klaus-Störtebeker-Schule) und durchlaufen im Laufe der Woche Szenarien, in denen sie als Schulleitung agieren, Verantwortung übernehmen, strategische Überlegungen zur Schulentwicklung anstellen, Konfliktgespräche führen, Konferenzen leiten, Unterricht hospitieren und nachbesprechen etc. Ein Teil der Teilnehmenden stellt die „Spieler" in den Szenarien, ein Teil beobachtet und gibt Feedback. Die drei Trainer geben an bestimmten Stellen gezielt Input, ansonsten beobachten sie ebenfalls und geben situativ Rückmeldung. Am letzten Seminartag findet ein Vier-Augen-Gespräch zwischen Teilnehmer/in und einem der Trainer statt, in dem die in der Woche gezeigten Kompetenzen bilanziert und aus der Bilanz Schlussfolgerungen abgeleitet werden. Dieses Seminarsetting und seine Szenarien wurden mit Unterstützung der „ZEIT"-Stiftung entwickelt und viermal erprobt, bevor es seit drei Jahren in das Regelangebot im Hamburger Landesinstitut für Lehrerbildung und Schulentwicklung eingegangen ist.

Die Klaus-Störtebeker-Schule (KSS)

Die Schule
Die KSS ist eine vierzügige Sekundarschule (Jahrgang 5–10) und liegt in einem gemischten Wohngebiet in Hamburg. Die ca. 650 Schüler kommen sowohl aus der benachbarten Einzel- und Reihenhaussiedlung wie aus dem kleinräumigen sozialen Brennpunkt der etwas weiter entfernten Hochhaussiedlung. Der Anteil der Schüler mit Migrationshintergrund entspricht in etwa dem Hamburger Durchschnitt. Die Schule ist offene Ganztagsschule und kooperiert am Nachmittag mit dem DRK.
Die Schule hatte den Ruf, soliden Fachunterricht anzubieten, steht aber im Moment durch die begonnene Inklusion unter Druck, existierende Unterrichtsskripte zu überdenken.

Das Kollegium
Von den 48 Lehrern sind 22 über 55 Jahre alt und überwiegend seit sehr vielen Jahren an dieser Schule. Ihr Unterricht ist eher lehrerzentriert und auf die Vermittlung von Fachwissen ausgerichtet. Sie stellen die Hälfte der Fachvertreter. In den letzten vier Jahren sind auf Grund vieler Pensionierungen insgesamt 16 junge Kolleginnen und Kollegen neu an die Schule gekommen. Die Mehrzahl der jungen Kollegen, ca. die Hälfte der ‚Mittelalten' sowie einzelne ältere Kollegen bemühen sich, ihren eigenen Unterricht stärker Schüler aktivierend und an Kompetenzen statt am Stoff orientiert zu gestalten. Die jungen Kolleginnen und Kollegen gehen verstärkt in Mutterschutz und Elternzeit, was zu anhaltender Fluktuation führt und auch den Aufbau von Kooperationsstrukturen erschwert. Bedingt durch die Inklusion kommen verstärkt Sonder- und Sozialpädagogen neu an die Schule.
Neben den Fachleitungen und den zweimal jährlich stattfindenden Fachkonferenzen gibt es noch die Steuergruppe. Sie ist nicht repräsentativ für das Kollegium zusammengesetzt, sondern versammelt eher die innovationsfreudigen Mitarbeiter/innen.
Der ältere Teil des Kollegiums ist zum großen Teil gewerkschaftlich organisiert und stellt die Mehrheit des Personalrates, der sich vor allem für eine kollegenfreundliche Umsetzung des Arbeitszeitmodells an der eigenen Schule einsetzt. Zu diesem Thema hat es in der Vergangenheit einige Auseinandersetzungen mit der Schulleitung gegeben. Es gibt eine latente Konkurrenz zwischen Steuergruppe und Personalrat um den Einfluss im Kollegium.
Neben den Fachleitungen gibt es noch eine Reihe weiterer kollegialer Funktionsträger wie den Sprachlernberater, die Förderkoordinatorin und die Fachkraft für Begabtenförderung.

Die Schulleitung

Die erweiterte Schulleitung besteht aus dem Schulleiter, dem Stellvertreter sowie zwei Abteilungsleitungen.

Der Schulleiter ist schon seit 21 Jahren im Amt und geht jetzt in den Ruhestand. Er blickt einerseits zufrieden auf sein Lebenswerk. Er hinterlässt eine gut organisierte Schule mit stabilen Anmeldezahlen, in der die behördlichen Vorgaben weitgehend umgesetzt werden. Seinen Erfolg führt er darauf zurück, dass er bei Schülern wie Lehrern konsequent auf die Einhaltung elementarer Regeln geachtet, den Kollegen im pädagogischen Bereich aber alle Freiheit gelassen hat, um ihre Motivation zu erhalten.

Dabei hat er sich immer stark auf die Fachvertreter/innen gestützt, die bei ihm ein offenes Ohr fanden, wenn sie besondere Wünsche z.B. in Bezug auf Haushaltsmittel für ihr Fach hatten. In den letzten beiden Jahren schwante ihm allerdings, dass angesichts der beginnenden Inklusion ein erheblicher Veränderungsbedarf entsteht. Er hat sich entschlossen, sich damit in seinen letzten Jahren nicht zu belasten.

‚Geben und Nehmen' war auch sein Erfolgsmotto in Konflikten über die Umsetzung der Arbeitszeitverordnung an der KSS. So konnte er den letzten Konflikt mit dem Personalrat dadurch entschärfen, dass er den Lehrern ein Drittel der verpflichtenden Fortbildungsstunden pauschal für das Lesen von Fachlektüre anerkannt hat.

Der stellvertretende Schulleiter ist seit 10 Jahren an der KSS.

Er ist ein guter Organisator und sieht dies auch als seine zentrale Aufgabe an. Er ist mit sehr großem Arbeitseinsatz darum bemüht, beim Stundenplanbau die Wünsche der Lehrer/innen zu erfüllen und für einen geringen Unterrichtsausfall zu sorgen. Die Inklusion fordert ihn massiv, er hält sie organisatorisch für schwer umsetzbar.

Die beiden Abteilungsleitungen sind erst seit ein paar Jahren an der KSS. Sie sind stark mit Organisationsarbeiten und der Regulierung von Konflikten zwischen Schülern sowie Lehrern und Schülern beschäftigt. Eigentlich hatten sie sich für diese Aufgabe beworben, weil sie Lust hatten, die Schule weiter zu entwickeln, aber dafür bleibt leider kaum Zeit.

In den Schulleitungssitzungen geht es in erster Linie um organisatorische Fragen und den Austausch von Informationen über bestimmte Vorfälle oder Vorhaben.

Die aktuelle Ziel- und Leistungsvereinbarung zwischen Schulaufsicht und Schulleitung beinhaltet folgende Vorhaben:

- In den Jahrgängen 5-7 sollen die multiprofessionellen Teams spezifische Angebote für die Schülerinnen und Schüler mit emotionalem und sozialem Förderbedarf entwickeln.
- In den Jahrgängen 5/6 sollen das Sprachförderkonzept weiterentwickelt und geeignete Fördermaterialien erstellt werden.
- Im Fach Mathematik sollen stärker kontextreiche Aufgaben in den Mittelpunkt des Unterrichts gestellt werden.

Anke Kujawski und Ingeborg Klapproth-Hildebrandt

Fortbildung für Schulleitungen und stellvertretende Schulleitungen in Bremerhaven

Im Land Bremen werden die Lehrkräfte kommunal in den beiden Stadtgemeinden Bremen und Bremerhaven bedienstet. Deshalb gibt es für beide Gemeinden jeweils eine Einrichtung der Lehrerfortbildung. Für Bremerhaven und seine 39 öffentlichen Schulen mit ihren 1500 Lehrkräften ist das kommunale Lehrerfortbildungsinstitut (LFI) zuständig. Als Unterstützungssystem aller Bremerhavener Schulen in bildungs-politisch fordernden Zeiten hat das LFI seine Angebote stärker darauf konzentriert, nicht Fortbildungen für einzelne Lehrkräfte, sondern Maßnahmen zur Schul- und Personalentwicklung in enger Abstimmung mit den Schulen und der Schulaufsicht anzubieten.

1. Konzentration auf systemisch orientierte pädagogische Konzepte

Schulen leiden im Allgemeinen daran, dass sie sehr schnell auf immer neue Anforde-rungen, die mitunter einander widersprechen, reagieren sollen. Deshalb hat sich das LFI zur Aufgabe gemacht, ein ganzheitliches Fortbildungsprogramm zu installieren, das Schulen keine widersprüchlichen Konzepte, sondern einheitliche und aufeinander aufbauende Qualifikationen anbietet.

Diese Ganzheitlichkeit macht sich an einem systemisch-interaktionistischen Men-schenbild fest. Damit betrachten wir Prozesse in Schule nicht linear (in Wenn-Dann-Bedingungen), sondern zirkulär und sind uns bewusst, dass Wirklichkeiten Konstruk-tionen von Menschen sind. Die größte Herausforderung der inklusiven Schule, die wir neben dem Primarbereich seit 2010 im Sek I-Bereich konsequent umgesetzt ha-ben, sind u.E. die Kinder mit sog. Verhaltensauffälligkeiten. Bei unserem pädagogi-schen Ansatz in Bremerhaven und im LFI sondern wir Kinder nicht aus und offerie-ren durch die Fortbildungen Angebote zum Perspektivwechsel für die Lehrkräfte: Was ist für mich im Umgang mit diesen Kindern schwierig? Es geht keinesfalls darum, Problematiken zu individualisieren, sondern im Gegenteil um die Erweiterung des Blickes auf die eigene Person und die Einordnung des strukturellen Rahmens. Damit Handeln positiv wirksam wird, geht es um Beziehungsaufbau mit Schülerinnen und Schülern und das Arbeiten im Team. An dieser Stelle wird das Entlastungsmoment für die Lehrkräfte deutlich. Beispielsweise nehmen elf von 17 Primarschulen an unserer Langzeitqualifizierung des systemischen Konzeptes „Neue Autorität", das Haim Omer und Arist von Schlippe (vgl. Omer & von Schlippe, 2004) in Deutschland bekannt gemacht haben, teil. Sie bezeichnen das, was wir Führung nennen, als Präsenz; der synonyme Gebrauch der Begriffe scheint uns zulässig.

Wir sind überzeugt davon, dass eine Theorie, die Führung im Klassenraum in den Vordergrund stellt, nicht nur für die Unterrichtsentwicklung von Bedeutung ist, sondern auch für das Leader- und Followership der gesamten Schule ertragreich ist. Wenn wir also auf Führung im Klassenraum Wert legen, ist dies bereits eine Vorbereitung für die Leitungsebenen in Schule.

2. Neu im Amt – eine verbindliche Qualifizierung

In gemeinsamen Absprachen mit dem Schuldezernenten, der Schulaufsicht und der Schulverwaltung wurde beschlossen, die Qualifizierung für alle neuen Schulleitungen mit Wirkung vom Frühjahr 2014 verbindlich zu machen – wohl wissend, dass dies nicht unproblematisch sein würde, da die Fortbildungsverpflichtung einen „Kulturwechsel" gegenüber der bisherigen Praxis einleitete. Zielgruppen der Qualifizierung sind: Leitung, Stellvertretung, Abteilungsleitungen an Berufsbildenden Schulen und die ZuP-Leitungen in den SEK I-Schulen (ZuP bedeutet Zentrum für unterstützende Pädagogik, im Rahmen der inklusiven Schule werden Sonderpädagoginnen und -pädagogen ins Schulleitungsteam integriert).

Das Angebot für Führungskräfte startet für Lehrkräfte, die sich für eine Leitungsaufgabe interessieren mit der Fortbildung „Lust auf Leitung", um sich für oder gegen eigene Leitungsabsichten zu entscheiden. Die Qualifizierung für Funktionsstelleninhaberinnen und -inhaber ist verbindlich nach Erhalt der Stelle. Wer dann an der Qualifizierung „Neu im Amt" teilnimmt, hat Grundkenntnisse in Leitungsfragen, da die Fortbildungen curricular aufeinander aufbauen.

„Was wirkt?" Das war (in Anlehnung an Hattie, 2014) eine leitende Fragestellung bei der Neukonzeption der Fortbildung. Wie gelingt der für die Wirksamkeit von Fortbildungen entscheidende Schritt des Transfers von erworbenen Erkenntnissen in das praktische Handeln? Die Antwort darauf waren folgende zwei Grundprinzipien:

- Die Fortbildung sollte über einen längeren Zeitraum gehen, so dass Zeit blieb, Erkenntnisse zu verarbeiten und Input, Erprobungs- und Reflexionsphasen miteinander zu verschränken. Die Teilnehmenden sollen Gelegenheit haben, sich als selbstwirksam zu erleben.
- Die Gruppe soll ein wichtiger Faktor im Lernprozess sein und – nach dem „Doppeldeckerprinzip" – auch als Beispiel für die Bedeutung von Kooperation für Kollegien dienen.

Das Ergebnis der Überlegungen ist eine systemisch orientierte Qualifizierung mit insgesamt 217 Unterrichtsstunden, die auf zwei Jahre verteilt sind. In neun zweitägigen Modulen (donnerstags und freitags) wird Wissen über relevante Handlungsfelder des Schulmanagements auf der Grundlage der neuesten wissenschaftlichen Erkenntnisse vermittelt, Gelegenheit gegeben, dies an der eigenen Praxis zu überprüfen, zu üben und in der Gruppe zu reflektieren. Einige Wochen nach jedem Modul finden zweieinhalbstündige Gruppensupervisionen unter externer Leitung statt, in denen Erfahrungen und Schwierigkeiten aus der Praxis bearbeitet werden können. Bei insgesamt acht selbstorganisierten Intervisionsgruppentreffen können weiterhin Erfahrungen und praxisrelevante Fragen vertieft werden. Die Teilnehmenden werden außerdem dazu angeregt, gegenseitig z.B. bei Konferenzen zu hospitieren. Dieser große Anteil an Supervision und Reflexion zeigt, dass großer Wert auf die Entwicklung der Führungspersönlichkeit und auf führungsrelevante Dispositionen sowie auf den nachhaltigen Transfer in die Praxis gelegt wird. Die Gesamtfortbildung ist verpflichtend, doch die Teilnahme an der Supervision kann nur freiwillig sein. Angeregt wurde dieses Konzept auch durch die drei Prinzipien der Salutogenese: Aufgaben sollen als verstehbar, handhabbar und sinnvoll erlebt werden können.

Es war eine bewusste Entscheidung, mit der bisher üblichen Praxis in Bremerhaven zu brechen und externe, nicht in Bremerhaven ansässige Referentinnen und Referenten zu engagieren (mit Ausnahme des Moduls Schulrecht), um einen distanzierten und möglichst unvoreingenommenen Blick von außen zu ermöglichen und Einflüsse von unterschwelligen Beziehungsstrukturen in einer Stadt mit 113.000 Einwohnerinnen und Einwohnern zu vermeiden.

3. Aufbau und Inhalte der Qualifizierung

Erfahrungen zeigen, dass neue Schulleitungen, die in der Regel vorher Kolleginnen und Kollegen waren (häufig an der gleichen Schule), meist große Schwierigkeiten mit dem Rollenwechsel haben. Diese Probleme werden verstärkt durch eine generelle Skepsis gegenüber Führung und Leitung, die an Bremerhavener Schulen mit einer Tradition von vom Kollegium gewählten Schulleitungen weit verbreitet ist. Deshalb konzentriert sich das **erste Modul** auf Fragen und Probleme, die mit diesem Rollenwechsel zusammenhängen. Die neue Rolle soll reflektiert und gefunden, das Selbstvertrauen zu einem persönlichen Führungsstil soll gestärkt werden. Außerdem wird am Ende dieses ersten Moduls eine Anleitung für die zukünftige Arbeit auf der Grundlage von Andersens „Reflecting Team" (Andersen, 2011) in den Intervisionsgruppen gegeben.

Im **zweiten Modul** wird die Rollenfindung als Leitung noch einmal aufgegriffen und vertieft. Es geht nicht nur um die Position gegenüber dem Kollegium, sondern auch um die Position gegenüber der Schulaufsicht – und im Verhältnis zu anderen Schulleitungen in der Stadt. Es geht darum, wie Entscheidungsprozesse wirksam gestaltet werden können – um Delegation, Partizipation, Verbindlichkeit und Kontrolle.

Das **dritte Modul** beschäftigt sich mit rechtlichen Fragen, die einer Schulleitung in der Praxis ständig begegnen: Haushaltsrecht, Personalrecht, Dienst- und Arbeitsrecht, Beförderungsregeln, Beurteilungsverfahren, Verwaltungsvorschriften usw. Dieses Modul wird in enger Kooperation mit der Leitung des Personalamtes und dem Schulamt geplant und von diesen durchgeführt, was der späteren Zusammenarbeit positive

Wege bahnen soll. An dieser Stelle zeigt sich auch, weshalb wir eine eigene Qualifizierung für Bremerhaven anbieten: Sie ist eng verzahnt mit den Gegebenheiten dieser Stadt und bietet deshalb mit dem Blick auf Schulentwicklung einer relativ kleinen Verwaltungseinheit erhebliche Chancen.

Das **vierte Modul** thematisiert Kompetenzen in der Gesprächsführung als zentrales Führungsinstrument. Grundkenntnisse (z.B. Schulz von Thuns Modell der vier Seiten einer Nachricht) werden vorausgesetzt; in diesem Modul ist das Modell der Transaktionsanalyse ein Schwerpunkt. Personal- und Konfliktgespräche werden geübt und reflektiert.

Die **Module fünf und sechs** beschäftigen sich mit Schulentwicklungsprozessen. Es geht darum, wie das Kollegium in Projekte einbezogen werden kann, wie diese Prozesse gestaltet werden können, wie offen – oder auch widerständig – das Kollegium auf Veränderungen reagiert und was das wiederum für Handlungsoptionen nach sich zieht. Im sechsten Modul werden diese Veränderungsprozesse und die Handlungsoptionen von Schulleitung speziell unter dem Blickwinkel der inklusiven Schule thematisiert, denn in Bremerhaven ist das Prinzip der Inklusion an den Primarschulen und in der Sekundarstufe I beschlossen und organisatorisch umgesetzt (s.o.). Es gilt jetzt – und da sind Schulleitungen besonders gefordert – die Inklusion an den Schulen mit Leben zu füllen und eine Haltung in den Kollegien zu entwickeln, die die Vielfalt in den Klassen begrüßt – die Vielfalt kultureller und nationaler Herkunft, des Geschlechts, der Grade von Beeinträchtigungen und Begabungen.

Daran anknüpfend geht es in **Modul sieben** um die Unterrichtsentwicklung an einer inklusiven Schule. Schwerpunktmäßig bedeutet dies die Entwicklung der Arbeit in multiprofessionellen Teams, die gemeinsame Vorbereitung und Durchführung von Unterricht, der an den individuellen Ressourcen der Kinder und Jugendlichen ansetzt und lern- statt lehrorientiert ist.

Alle bisher beschriebenen Schwerpunkte und Handlungsfelder erfordern als zentrale Kompetenz einen konstruktiven Umgang mit dem multiprofessionellen Personal. Prozessorientiert und ausgehend von konkreten Fällen aus der Praxis der Teilnehmenden wird im **achten Modul** der Umgang mit Mitarbeiterinnen und Mitarbeitern geübt und reflektiert.

Im **neunten und letzten Modul** wird mit Rückblick auf die bisher betrachteten Handlungsfelder die Frage des Qualitätsmanagements erörtert. Kriterien für Qualität werden entwickelt und reflektiert und Möglichkeiten der Evaluation von Schul-, Unterrichts- und Personalentwicklung werden behandelt.

4. Ausblick

Diese Qualifizierungsmaßnahme ist ein Pilotprojekt. Die zuständige Mitarbeiterin des LFI wird die Maßnahme eng begleiten. Sollte sich während des Verlaufs zeigen, dass Modifikationen notwendig sind, kann der Vorteil einer relativ kleinen Einrichtung, nämlich große Flexibilität und kurze Wege, genutzt werden. Gemeinsam mit den Teilnehmenden wird die Qualifizierung und deren Umsetzung in die Praxis als Grundlage für einen zweiten Durchlauf evaluiert werden.

Literatur

Andersen, T. (Hrsg.) (2011). *Das Reflektierende Team. 5. Aufl.* Dortmund: verlag modernes lernen.

Hattie, J. (2014). *Lernen sichtbar machen für Lehrpersonen.* Baltmannsweiler: Schneider Verlag Hohengehren.

Omer, H. & von Schlippe, A. (2004). *Autorität durch Beziehung. Die Praxis des gewaltlosen Widerstands in der Erziehung.* Göttingen: Vandenhoeck & Ruprecht.

Stephan Gerhard Huber, Stiftung der
Deutschen Wirtschaft, Robert Bosch Stiftung (Hg.):
Schule gemeinsam gestalten – Entwicklung von Kompetenzen
für pädagogische Führung. © 2015, Waxmann

Matthias Böckermann

Coaching für Führungskräfte im (schulischen) Bildungsbereich in Niedersachsen

Coaching unterstützt schulische Führungskräfte in ihrer beruflichen Entwicklung und Professionalisierung, evtl. auch bei privaten Themen. Es wird von neutralen, psychologisch geschulten Coaches (Beratern) durchgeführt und basiert auf einem wissenschaftlich fundierten Konzept. Grundlage der Zusammenarbeit sind auf Seiten des Coaches die Basisregeln der Gesprächsführung und strikte Diskretion. Der Führungskräftecoach verfügt über Feldkompetenz im Bildungssystem, hat eine zertifizierte Ausbildung (z.B. auf der Grundlage der Ausbildung des Deutschen Bundesverbandes Coaching, DBVC) absolviert und nimmt regelmäßig Fortbildungen und Supervision zur Weiterentwicklung seiner Coachingkompetenz wahr. Er ist neutral, transparent in der Ausübung des Coachingprozesses und evaluiert das Ergebnis bzw. den Prozess. Entscheidend ist darüber hinaus die persönliche Beziehung zum Klienten, d.h. zum Coachee, die auf Vertrauen und Akzeptanz basiert.

Auf Seiten des Klienten sind die freiwillige Teilnahme und Eigenverantwortung sowohl im Prozess selbst als auch im Hinblick auf die Lösung der diesem Prozess zugrunde liegenden Fragestellung zentrale Merkmale. Der Coach ist verantwortlich für den Prozess, der Coachee für das Ergebnis. Ziel ist stets die Wiederherstellung und/oder Verbesserung der Selbstregulationsfähigkeiten des Coachee, eine Steigerung der Leistungsfähigkeit, die Hilfe zur Selbsthilfe sowie das Erschließen persönlicher Ressourcen. Coaching richtet sich dabei an all diejenigen, die für sich Veränderungsbedarf erkennen und dafür Unterstützung in Anspruch nehmen wollen. Es handelt sich um eine zeitlich begrenzte und zielorientierte Selbstklärung, deren Rahmenbedingung vertraglich fixiert wird.

1. Konzept und Nutzen von Coaching

Führungskräfte-Coaching stellt einen professionellen Reflexionsrahmen zur Verfügung, in dem die Führungskraft ihr persönliches Leitungshandeln sowie Arbeitszusammenhänge und Interaktionen in ihrem System mit Unterstützung eines professionellen Coaches individuell betrachten und weiterentwickeln kann. Es fördert das berufliche Selbstgestaltungspotenzial der Führungskraft und die konstruktive Fortentwicklung des Systems (vgl. Empfehlungen des Bundesnetzwerkes Führungskräfteent-wicklung im Bildungsbereich, 2012).

Im Coaching-Konzept des Niedersächsischen Landesinstituts für schulische Qua-litätsentwicklung (NLQ) wird Coaching verstanden als Unterstützung und Hilfestel-lung, bei der Gestaltung von Entwicklungsprozessen. Das Führungskräfte-Coaching ist eine von vielen differenzierten Personalentwicklungsmaßnahmen, um die Pass-genauigkeit (im Sinne von Passung der Person zur Stelle) zu erhöhen (vgl. Kloft, 2008).

Das Coaching korrespondiert mit allen Phasen der Qualifizierung, die in Nieder-sachsen als ein Dreisäulenmodell (vgl. Abb. 1) beschrieben werden kann, gemäß des jeweiligen Standortes innerhalb der Berufsbiografie. Die erste Säule umfasst die Klä-rung und Orientierung (vor Amtsübernahme), die zweite die Qualifizierung (Erst-qualifizierung nach Amtsübernahme) und die dritte Säule die Berufsbegleitung. Coachingangebote sind Querschnittsangebote und als verbindendes Dach zu verste-hen.

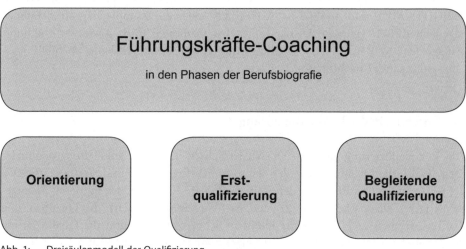

Abb. 1:   Dreisäulenmodell der Qualifizierung

1.1 Coaching für den Führungsnachwuchs

In den Orientierungsangeboten geht es in erster Linie um die Frage, wie aus Lehrkräf-ten im Schuldienst Führungskräfte werden können. Was muss eine Lehrkraft mitbrin-gen, um z.B. Schulleitungsaufgaben übernehmen zu können? Wie kann es gelingen, Lehrkräfte auf diese interessante und herausfordernde Tätigkeit aufmerksam zu ma-chen? Wie kann Motivation erzeugt werden, diese Aufgabe anzunehmen? Neben den Möglichkeiten, zusätzliche Kompetenzen zu erwerben und Informationen zu Formalia einer Bewerbung zu erhalten, spielen hier vor allem Aspekte der eigenen Persönlich-keitsstruktur eine Rolle im Curriculum.

Häufig stellen sich die potenziellen Bewerberinnen und Bewerber um Führungs-positionen die Frage, ob sie auf Grund ihrer Persönlichkeit, ihrer Wirkung auf andere

Personen, ihrer eigenen Disposition die „Richtigen" sind. Diese und ähnliche Überlegungen sind typische Coaching-Anlässe und geradezu klassische Fragestellungen der Selbstklärung: Kann ich das? Will ich das? Was gebe ich auf? Was gewinne ich hinzu?

Diejenigen, die bereits im Amt sind, berichten oftmals von Vertrauensvorschüssen durch andere Menschen, sei es im Freundes- oder Kollegenkreis, durch Schulleitungen oder durch Mitglieder der Schulaufsicht. Der Anstoß von außen, das geäußerte Vertrauen in die Fähigkeiten geben häufig Sicherheit und Anlass zu einer Bewerbung. Wo dieser Anstoß ausbleibt, bleiben Fragen offen, Selbstzweifel können nicht aus dem Weg geräumt werden. In diesem Fall kann ein Coaching eine Möglichkeit sein, dem Coachee bei der Selbstklärung behilflich zu sein. Zwar wird der Coach diese Fragen niemals stellvertretend für den Coachee beantworten oder ihm gar die Entscheidung abnehmen; dies obliegt dem Coachee selbst. Aber Klärungsprozesse können die eine oder andere Entscheidung anbahnen, begründen und absichern.

Eine weitere Möglichkeit der Selbstklärung und -vergewisserung bietet eine Potenzialanalyse. Es gibt viele Tools, die sich mit der Analyse von Verhaltensdispositionen, adaptiertem Verhalten, Motiven oder Kompetenzen beschäftigen, wie beispielsweise INSIGHTS MDI® und ASSESS by SCHEELEN® oder das Kompetenzprofil Schulmanagement KPSM (vgl. den Beitrag von Huber in diesem Buch sowie www.bildungs management.net/KPSM). Das Ergebnis einer solchen Analyse kann ebenfalls Ausgangspunkt eines Coachingprozesses sein.

1.2 Coaching in der Erstqualifizierung

Zur Erstqualifizierung gehören in Niedersachsen z.B. die Schulleitungsqualifizierung (QSL), die Qualifizierung der ständigen Vertreterinnen und Vertreter (QStV), der Rektorinnen und Rektoren der Studienseminare (QSemL), des mittleren Managements (z.B. Didaktische Leitungen und Fachkonferenzleitungen), die Qualifizierung der Trainerinnen und Trainer für Eltern in Schulvorständen und die Qualifizierung der Fachberatungen, Schulentwicklungsberaterinnen und -berater und Fachberatungen für Unterrichtsqualität. All diese Personengruppen haben den Schritt in eine Führungsposition gewählt. Sie stehen nun häufig vor der Frage, wie der Rollenwechsel gut gelingen kann. Oftmals wird den betreffenden Personen erst in der Erfüllung der neuen Aufgabe deutlich, dass dieser Rollenwechsel notwendig ist und von ihnen bewusst gestaltet und gelebt werden muss. Gelingt der Wechsel nicht, entsteht bei den Geführten der Eindruck von indifferentem Verhalten der Führungsperson und beim Inhaber der Führungsrolle selbst nicht selten Unbehagen, Zweifel und Unsicherheit. Führungskräfte definieren diesen Rollenwechsel vom Kollegen zum Vorgesetzten durchaus als Spannungsfeld (vgl. Huber, 2011). Manche Überlastungssymptome mögen hier ihren Ursprung haben.

Zudem haben schulische Führungskräfte komplexe Herausforderungen zu bewältigen. Die Entscheidungsdichte in der Leitung einer Schule ist durch die Eigenverantwortlichkeit von Schulen gewachsen. Zur Schulwirklichkeit gehören Changemanagementprozesse wie z.B. die Einführung neuer Schulformen, die Einführung der eigenverantwortlichen Schule, Qualitätsentwicklungsprozesse, Rechenschaftslegung durch interne und externe Evaluation oder die Umsetzung der Inklusion. Bei all diesen Vorhaben muss reflektiert werden, was die besten Umsetzungsstrategien sind. Wie kann es den Entscheidungsträgern und Führungskräften gelingen, diese Vorhaben Wirklichkeit werden zu lassen? Wie können entsprechende Prozesse so umgesetzt werden, dass sie die größtmögliche Wirkung entfalten (vgl. Böckermann, 2012, 2013)? Hierzu kann Coaching Unterstützung bieten, indem die vielfältigen Anforderungen reflektiert werden. Auf diese Weise werden sie durch geeignete Interventionsfragen zum Nachdenken angeregt, um eigene Lösungen zu generieren, um mit den vielfältigen Anforderungen situations- und adressatengerecht umzugehen. Manchmal reicht es aus, die Quelle der eigenen Überlastung zu lokalisieren, manchmal hilft ein neues Ziel weiter. Die scheinbar banale Frage „Was wäre schlimmer als …?" ist eine von vielen Interventionen des Coaches. Die Frage, was denn anders wäre, würde der Druck von einem zum anderen Augenblick entweichen, löst bei vielen Coachees einen heilsamen Perspektivwechsel aus.

1.3 Berufsbegleitendes Coaching

Berufsbegleitendes Coaching setzt nach der Amtsübernahme ein. Daher geht es hier nicht um den Rollenwechsel, sondern um die Ausübung der Rolle in einer „individuellen Schulsituation". Das NLQ führt die Begleitfortbildung der Schulleitungen (QBF), der ständigen Vertreterinnen und Vertreter (QStV), der Rektorinnen und Rektoren der Studienseminare (SemLBQ), des mittleren Managements (z.B. Fachkonferenzleitungen) der Fachberatungen, Schulentwicklungsberaterinnen und -berater sowie Fachberatungen für Unterrichtsqualität durch. Regelmäßig sind in den verschiedenen Curricula Anteile von Selbstreflexion enthalten, die die Haltung der Coachees thematisieren.

Haltung aber kann man nicht in Seminaren erlernen, sie muss reflektiert, erarbeitet und wiederum reflektiert werden. Niedersachsen bietet den Schulleitungen im Rahmen der Schulleitungsbegleitfortbildung Kurse speziell zu dieser Thematik an (Schulleitungsbegleitfortbildung Inklusion; QBFI). Themen sind u.a. Resilienz, die die innere Stärke eines Menschen bezeichnet, Konflikte, Misserfolge, Niederlagen und Lebenskrisen wie schwere Erkrankungen, eine Entlassung, der Verlust eines nahe stehenden Menschen durch Tod oder Trennung, Unfälle, Schicksalsschläge, berufliche Fehlschläge oder traumatische Erfahrungen (vgl. www.lebenshilfe-abc.de).

2. Ablauf des Coachingprozesses

Der Coachingprozess folgt einem systematischen Ablauf: Anfrage – Erstgespräch – Kontrakt – Sitzungen in einem zeitlich befristeten Rahmen – Abschlussgespräch – Evaluation. Wichtig sind vor allem Selbstklärungen, Gespräche zwischen Coachee und Coach sowie Analysen.

Was geschieht im Erstgespräch?

Im Erstgespräch lernen sich Coach und Coachee persönlich kennen. Ziel ist es zu entscheiden, ob sich beide ein gemeinsames Arbeiten auf Zeit vorstellen können. Zunächst werden deshalb gegenseitige Erwartungen und das Beratungsverständnis geklärt. Aber auch die Anzahl der Termine und deren Dauer, der Ort und ggf. das Honorar werden im Erstgespräch vereinbart. Im Coachingvertrag werden dann die vereinbarten Bedingungen schriftlich fixiert. Dokumentiert werden ebenso der inhaltliche Rahmen, die Ziele und das gewünschte Ergebnis.

Die folgenden typischen Fragen gehören zur Auftragsklärung, sind jedoch gleichzeitig auch der Einstieg in den gemeinsamen Coachingprozess.

- Was ist das Anliegen?
- Was wurde bisher unternommen, um das Anliegen/das Problem zu lösen?
- Was soll nach dem Coaching anders sein als bisher?
- Woran kann man erkennen, dass aus der Sicht des Coachees ein gutes Ergebnis erreicht wurde?
- Was würde geschehen, wenn jetzt kein Coaching in Anspruch genommen werden würde?
- Warum ist gerade jetzt der richtige Zeitpunkt für ein Coaching?
- Wer darf von diesem Coaching wissen?
- Welche Erwartungen bestehen an den Coach?
- Was darf in diesem Coaching auf keinen Fall passieren?

Wie wird im Coaching gearbeitet?

Im Prozess bietet der Coach eine Auswahl geeigneter verbaler und nonverbaler Methoden an, die anfänglich das Erstgespräch strukturieren und anregen sollen. Ziel aller Methoden ist es, zunächst den Selbstklärungsprozess des Coachee zu fördern. Unterstützt wird dieser Prozess, indem z.B. Gefühle, Wertvorstellungen und Glaubenssätze, die im üblichen Dialog nicht artikuliert werden würden und die dem Coachee selbst nicht bewusst gewesen waren, zum Ausdruck gebracht werden.

Zu den verbalen Methoden gehören Fragestellungen aus der systemischen Beratung, die dem Coachee einen Perspektivwechsel ermöglichen, z.B.:

- Angenommen, Sie kämen in einer Stunde nach Hause und Ihr Problem wäre gelöst – was ist geschehen? (Wunder- oder Feenfrage:) Wie fühlen Sie sich dann? Beschreiben Sie den Zustand der Personen, die ebenfalls von den Auswirkungen dieses Wunders betroffen wären.
- Was wäre schlimmer?
- Welche Alternative steht zur Auswahl?
- Was ist der heimliche Gewinn?
- Auf einer Skala von 1 – 10 gedacht: Wie groß ist Ihr Kraftvorrat derzeit?
- Wie würde die Lehrkraft xy Ihre Führungsqualitäten beschreiben?

Der Perspektivwechsel kann verstärkt werden, wenn der Coachee auch räumlich eine andere Position einnehmen kann und das Gespräch z.B. im Seminarraum stattfindet.

Der Coachingprozess wird über den vereinbarten Zeitrahmen durchlaufen. In der Regel werden 6 bis 10 Sitzungen vereinbart, die methodisch sehr variieren können. Es können Gespräche, Visualisierungen, Aufstellungen und andere Methoden zum Einsatz kommen. Eher selten kommt es vor, dass unmittelbar nach Abschluss eines Coachings weitere Sitzungstermine vereinbart werden.

Die vom Coach eingesetzten Methoden sind sehr differenziert und immer auf die jeweilige Fragestellung angepasst. Gemeinsam ist vielen Coachings, dass sich die Themen während des Coachingprozesses schärfen oder auch verändern können. Das NLQ arbeitet nach dem Ansatz des Systemischen Coachings, d.h. der Coachee wird immer in Beziehung zu seinem Umfeld, der Arbeitssituation, den Bezügen im beruflichen System und in seinem privaten Kontext betrachtet. So kann der Coachee gewissermaßen ganzheitlich wahrgenommen werden. Für die inhaltliche Grenzsetzung ist der Coachee selbst verantwortlich. Der Coach wiederum achtet auf die methodische Grenzziehung. Coaching im hier verstandenen Sinne ist niemals Therapie.

Nachfolgend werden die Rahmenbedingungen eines Coachingprozesses zusammengefasst.

Rahmenbedingungen eines Coachingprozesses
1. Freiwilligkeit der Teilnahme
2. Selbstverantwortlichkeit des Klienten
3. Umfassende Qualifikation des Coaches
4. Geeignetes und transparentes Coaching-Konzept
5. Evaluation der im Coaching durchgeführten Maßnahmen
6. Vertrauensvolle Beziehung/geeignete Passung zwischen Klient und Coach
7. Neutralität des Coaches
8. Diskretion des Coaches
9. Transparenz im Coachingprozess
10. Coaching als Angebot für eine eingegrenzte Zielgruppe
11. Feste Zielsetzung für ein Coaching
12. Definierter Zeitrahmen
13. Vertrag

3. Einzelcoaching und Kollegiales Coaching

Im Einzel-Coaching sind die Themen, die im Rahmen der Auftragsklärung von den Coachees angesprochen werden, wie oben bereits dargestellt, je nach berufsbiografischer Position unterschiedlich. Stehen vor Beginn einer möglichen Übernahme einer Führungsposition eher die Selbstklärung und das Karriere-Coaching im Mittelpunkt, so ist es während der Phase der Erstqualifizierung die Frage nach der Rollenklarheit. Im Laufe der Tätigkeit stehen dann vermehrt Fragen zu Stressmanagement, Burnout, Resilienz und Gesunderhaltung im Fokus. In der jüngsten Zeit rückt die Frage nach der Steigerung des beruflichen Erfolges immer mehr in den Vordergrund. Nicht die Defizitorientierung ist die Triebfeder, sondern die Frage, wie bereits bestehende Erfolge vergrößert werden können. Unter Personalentwicklungsaspekten ist das eine interessante Möglichkeit des Einsatzes von selbstreflektierenden Verfahren.

Typische Inhalte/Themen im Einzelcoaching sind z.B.:

- Karriereplanung
- Klärung beruflicher Ziele & Möglichkeiten
- Potenzialfindung und Stärkung derselben
- Werteklärung & Entscheidungsstrategien
- Führungsstil, Personalführung
- Organisations- und Systemdenken
- Zeitmanagement
- Life-Work-Balance

Neben Einzelcoaching ist auch Kollegiales Coaching (KC) ein Angebot des NLQ. Im Unterschied zum Einzelcoaching, welches durch einen professionellen Coach durchgeführt wird, sind die Teilnehmerinnen und Teilnehmer des KC sowohl Coach als auch Coachee (vgl. Schneider und Huber, 2013). Die gelernten und trainierten Verfahren des KC werden in festen Gruppen oder auch in Dyaden angewendet. Daher ist es besonders wichtig, dass die Teilnehmerinnen und Teilnehmer des KC eine große Verfahrenssicherheit und Routine hinsichtlich der insgesamt überschaubaren Anzahl der Interventionstechniken erlangen.

Insgesamt trägt das Verfahren des Kollegialen Coachings zum Erwerb einer größeren Orientierungs- und Handlungssicherheit bei und sichert die Professionalität im beruflichen Handeln.

Folgende Ziele sind mit der Durchführung des Kollegialen Coachings verbunden:

- Erarbeitung eines theoretischen Bezugssystems, mit dessen Hilfe soziale Situationen und zwischenmenschliche Konstellationen verfahrens- und lösungsorientiert erfasst und bewertet werden können (Orientierungssicherheit)
- Erwerb von Kommunikationsfertigkeiten für die Bewältigung unterschiedlicher zwischenmenschlicher Konstellationen (Handlungssicherheit)
- Beherrschung von Klärungsmethoden und Werkzeugen für eine Hilfe zur Selbsthilfe (Verfahrenssicherheit)
- Bildung von Netzwerken auf der Grundlagen von Vertrauen und Sicherheit

Die Lehrinhalte in der Weiterbildung des NLQ zum Kollegialen Coaching sind:

- Einführung in die Grundlagen des Kollegialen Coachings
- Kernannahmen und Theorie zum Kollegialen Coaching
- Erlernen und Einübung von empathischen Gesprächs- und Zuhörfertigkeiten
- Darstellung und Demonstration eines Gruppenverfahrens
- Darstellung und Erprobung verschiedener „Konfrontationsmethoden"
- Erste selbstständige Erprobungen des Gruppenverfahrens

In den sechs Modulen, die insgesamt 13 Fortbildungstage umfassen, spielen neben der Informationsvermittlung durch die Referenten die eigenständigen Übungs- und Erprobungsanteile der Teilnehmerinnen und Teilnehmer sowie der gemeinsame Erfahrungsaustausch eine wichtige Rolle. Zwischen den Modulen sind von den Teilnehmerinnen und Teilnehmern jeweils 3-stündige Arbeitstreffen in kleinen Arbeitsgruppen in eigener Regie zu organisieren und durchzuführen. Diese verbindlichen Treffen dienen dem Erfahrungsaustausch und der Bearbeitung von Transferaufgaben.

4. Fazit

Selbstreflexionsmöglichkeiten bekommen auch im Bildungsbereich eine immer größere Bedeutung. Besonders Führungsaufgaben in immer komplexeren Situationen und Anforderungen an die jeweiligen Personen bedürfen der professionellen Unterstützung durch qualifizierte Anbieter. Die Nachfrage der Führungskräfte nach Coachingangeboten belegt diesen Trend. Für die Personalentwicklung eröffnet sich die Chance zu differenziertem und passgenauem Vorgehen. Die Führungskräfte erhalten gezielte Unterstützung bei der Bewältigung ihrer Aufgaben oder der weiteren Steigerung ihrer Leistung.

Literatur

ASSESS by SCHEELEN® Scheelen AG Waldshut-Tiengen

Böckermann, M. (2013). Führungskräfte – Coaching. *SchulVerwaltung SPEZIAL, 3/2013.*

Böckermann, M. (2012). Coaching für Führungskräfte. Beratung und Coaching; *Pädagogische Führung, 4/2012.*

Bundesnetzwerk Führungskräfteentwicklung (2012). *Empfehlungen im Bildungsbereich.* Unveröffentlichtes Arbeitspapier. Ludwigsfelde.

Huber, S.G. (2011). *Schulleitung – Was sie nicht gerne tun und was sie belastet.* Präsentation der Ergebnisse aus der Schulleitungsstudie in vier deutschsprachigen Ländern in Meißen.

INSIGHTS MDI® Scheelen AG Waldshut-Tiengen

Kloft, C. (2008). Schulleitung in der Verantwortung für Schüler und Schülerinnen – Schulleitungsfortbildung als professionelles Unterstützungssystem. *Bildung im Blick, 2/2008.*

Schneider, N. & Huber, S.G. (2013). Kollegiale (Fall-)Beratung. In: S.G. Huber (Hrsg.), *Handbuch Führungskräfteentwicklung.* Köln & Neuwied: Wolters Kluwer Deutschland, S. 873–881.

Stephan Gerhard Huber, Stiftung der
Deutschen Wirtschaft, Robert Bosch Stiftung (Hg.):
Schule gemeinsam gestalten – Entwicklung von Kompetenzen
für pädagogische Führung. © 2015, Waxmann

Stephan Gerhard Huber und Nadine Schneider

Das Netzwerk Erfurter Schulen (NES)[1]

Professionalisierung schulischer Akteure und Schulentwicklung durch Kooperation auf lokaler Ebene

Das Netzwerk Erfurter Schulen (NES) war ein „Qualifizierungs- und Unterstützungsangebot für pädagogische Führungskräfte eigenverantwortlicher Schulen", an dem 15 Schulen in der Stadt und Region Erfurt in den Jahren 2006 bis 2010 beteiligt waren. Dieses kooperationsfördernde Schulnetzwerk wurde in Zusammenarbeit von Schulaufsicht und Wissenschaft initiiert: vom Schulamt Erfurt und der Arbeitsgruppe Huber[2]. In der konkreten Gestaltung war es ein Verbundprojekt aus Schulen, Schulamt und Hochschule. Die Schulen mussten sich für die Teilnahme am Netzwerk bewerben. NES zielte darauf ab, durch Kooperation auf lokaler Ebene zu einer Professionalisierung von schulischen Akteuren, insbesondere pädagogischen Führungskräften, sowie zur Entwicklung schulischer Organisationen im Sinne von Schulentwicklung beizutragen. NES führte als Netzwerk Fortbildungen durch und bot Austauschmöglichkeiten an. Im Bereich der Kooperation war es das Ziel, folgende Kooperationsformen zu fördern: Kooperation in der Schule, kooperative Führung der Schule, Kooperation zwischen Schulen, Kooperation mit anderen Einrichtungen innerhalb und außerhalb des Schulsystems. Während zunächst vor allem die Fortbildungsveranstaltungen im Mittelpunkt standen, die im Verbundprojekt organisiert wurden, rückten im weiteren Projektverlauf mehr und mehr der Austauschcharakter und die Zusammenarbeit zwischen Schulen in den verschiedenen Bereichen zugunsten einer Entwicklung der Qualität schulischer Arbeit in den Vordergrund. Nach fünf Jahren lief im Jahr 2010 das Angebot offiziell aus. Jedoch auch ohne formellen Rahmen existieren bis heute unterschiedliche Kooperationsbeziehungen zwischen den beteiligten Schulen. Das Netzwerk hat also nach wie vor Bestand.

Im Folgenden werden die konzeptionellen Merkmale des Qualifizierungs- und Unterstützungsangebots vorgestellt und der Projektverlauf beschrieben.

---

1 Der Beitrag beruht auf den hier aktualisierten Ausführungen zum Netzwerk Erfurter Schulen im Handbuch Führungskräfteentwicklung (vgl. Huber & Schneider, 2013; vgl. auch Huber & Schneider, 2009).

2 Institut für Bildungsmanagement und Bildungsökonomie der Pädagogischen Hochschule Zug und der Arbeitsgruppe Bildungsmanagement der Erfurt School of Education an der Universität Erfurt.

1. Zielsetzung

Ziel des Netzwerks Erfurter Schulen war die Unterstützung sowohl der Schulleitungen als auch der Lehrerinnen und Lehrer bei der Bewältigung der neuen Aufgaben und Herausforderungen, die im Rahmen der Eigenverantwortlichkeit von Schulen entstehen. Der Schwerpunkt lag dabei auf Aspekten der Steuerung der Schule und der Verbesserung der Qualität der schulischen Arbeit, insbesondere des Unterrichts. Das Netzwerk war also von Beginn an konsequent darauf ausgerichtet, die schulischen Führungskräfte sowie die an Schulqualität und Schulentwicklung interessierten Lehrkräfte bei dem Aufbau und der Erweiterung ihrer Kompetenzen im Bereich der systematischen Schulentwicklung zu unterstützen. Ziel war es, die Teilnehmer zu befähigen, dass sie ausgehend von dem durch Fortbildung erworbenen theoretischen Wissen und den daraus abgeleiteten Handlungsmöglichkeiten Entwicklungsprozesse an ihren Schulen zielgenauer, systematischer und effektiver führen können, damit diese im Sinne der Eigenverantwortung bewusster gestaltet werden.

Für die teilnehmenden 14 Erfurter Schulen fanden im Netzwerk Qualifizierungsveranstaltungen statt, die sich an den dato bildungspolitisch und schulbezogen zentralen Themenstellungen der Schulqualität, der Schulentwicklung und des Schulmanagements ausrichteten. Um den Transfer des in der Qualifizierung erworbenen Wissens zu erleichtern und die Nachhaltigkeit der Nutzung der erweiterten Kompetenzen in der schulischen Praxis zu sichern, wurde durch das Netzwerk eine kollegiale Vernetzung angeregt und ermöglicht. Die Netzwerkpartner aus Wissenschaft und Schulaufsicht boten Fortbildungsveranstaltungen an und sahen sich in der Rolle der Kooperationsvermittler, Kooperationsförderer und Kooperationsunterstützer.

Ein Vorteil der Kooperation zwischen den Schulen ist, dass Problemlösungen für ähnliche Herausforderung im Rahmen der erweiterten Form der Eigenverantwortlichkeit gemeinschaftlich entwickelt werden können (vgl. Huber, 2014; Huber & Wolfgramm, 2014; Huber, Ahlgrimm & Hader-Popp, 2012). Dies kann bei den Schulen zu einer Arbeitserleichterung führen. Da eine Vielfalt an Erfahrungen und Sichtweisen als Informationen in den Dialog einfließt, entstehen Ressourcen für Optionen an Handlungsstrategien, die in den Arbeitsprozessen der einzelnen Schulen genutzt werden können. Dabei sind die kooperativ entwickelten Lösungen potenziell von einer anderen Güte als bei einer Summe von Einzelleistungen. Kooperationen bieten durch die Arbeit in Gruppen und Teams für die Beteiligten Rückkopplungsmöglichkeiten. Durch systematische Kooperation wird die Entwicklung von neuem Wissen angeregt, das dann wiederum geteilt und in die Ausübung der Profession eingebracht wird. Neben individuellem Lernen fördert Kooperation auch organisationales Lernen. Letztendlich sollen sich Kooperationen positiv auf das soziale Klima an den beteiligten Schulen auswirken. Indem auf der Ebene der Personen eine positive Grundhaltung gegenüber Kooperationsprozessen entsteht, kann auch auf der Ebene der Schulgemeinschaft eine „Kultur" wachsen, in der Kooperation Ziel und Methode zugleich ist. In ihrem Modellcharakter kann eine Kooperation zwischen Schulen dann auch die Kooperationskultur innerhalb einer Schule, also von Schulleitung, Lehrkräften und Schülern, fördern. Hemmnisse für Kooperationen in der Einzelschule, die aufgrund der Organisationsstruktur oder Organisationskultur der Einzelschule auftreten mögen, können aufgrund der Kooperation zwischen Schulen leichter überwunden werden.

Die einzelnen Veranstaltungen im NES sollten folgende drei Grundsätze berücksichtigen:

- Bedarfsorientierung: Die Themen, die im Mittelpunkt der Veranstaltungen stehen, werden in engerer Verzahnung über einen längeren Zeitraum bearbeitet. Diese Themen werden von den Schulen bestimmt und nicht im Vorfeld festgelegt. Unter diesem thematischen Dach formuliert die Einzelschule ihren individuellen Schwerpunkt, den sie bearbeiten möchte.
- Anwendungsorientierung: In allen Veranstaltungen werden die Erfahrungen der Teilnehmer und ihrer Schulen konsequent aufgegriffen und genutzt. Die Teilnehmer erhalten Zeit für den individuellen Austausch im Schulteam und auch für den Austausch mit anderen Schulen bzw. Schularten. Damit werden bewusst Möglichkeiten für einen verbesserten Transfer in die Schulen geschaffen.
- Wirksamkeit und Nachhaltigkeit: Um die Wirksamkeit zu erhöhen und Nachhaltigkeit zu erreichen, wird für die Schulen eine Praxisbegleitung und -unterstützung angeboten. Den Schulteams der Einzelschule werden verschiedene Unterstützungsangebote explizit empfohlen, z.B. auch die des Thüringer Kultusministeriums, des Schulamts Erfurt, des Thüringer Instituts für Lehrerfortbildung, Lehrplanentwicklung und Medien (ThILLM) sowie externe Unterstützungsangebote. Damit wird auch in diesem Bereich der Netzwerkgedanke konsequent weiter verfolgt.

2. Zielgruppe

Da Steuerungsprozesse an einer Schule nicht allein von einer Einzelperson ausgehen können, richtete sich das Vorhaben an die Personen, die im Prozess der Schulentwicklung Führungsaufgaben übernehmen, neben der Schulleitung also an eine erweiterte Schulleitung und an Mitglieder von Steuergruppen.

Bei den 14 am Projekt beteiligten Schulen handelte es sich um zwei Grundschulen, fünf Regelschulen und sieben Berufsbildende Schulen. Die einzelnen Schulen beteiligten sich mit je einem Schulteam, das aus jeweils zwei bis drei Personen bestand, darunter die Schulleiterin bzw. der Schulleiter, deren Stellvertreterin bzw. Stellvertreter, weitere Mitglieder der Schulleitung bzw. Vertreterinnen und Vertreter der an den Schulen vorhandenen Koordinationsgremien bzw. Steuergruppen für Schulentwicklung.

Größe und Zusammensetzung des Schulteams eröffneten die Möglichkeit, gemeinsam bereits im Rahmen der Veranstaltungen Lösungsansätze für die Schule zu finden und deren Umsetzung zu planen. Damit wurden sowohl Transfer als auch Nachhaltigkeit gefördert.

Über die konkrete personelle Zusammensetzung der Schulteams entschied die am NES beteiligte Schule in eigener Verantwortung. Die Zusammensetzung des Teams im Laufe des Projekts konnte nur in begründeten Einzelfällen geändert wird. Auf Wunsch einiger Schulen wurden auch weitere Lehrkräfte der Schule einbezogen, wenn ihre

Funktionen oder Erfahrungen für die jeweilige thematische Veranstaltung als sinnvoll und nutzbringend eingeschätzt wurde. So nahm beispielsweise an einer Veranstaltung zu Öffentlichkeitsarbeit auch der Kollege teil, der dafür an der Schule zuständig ist.

Für potenzielle zukünftige Führungskräfte wurde hier ein Lernort geschaffen, an dem sie Einblicke in die Arbeit und den Verantwortungsbereich der Schulleitung gewinnen konnten.

Die Teilnahme am NES erfolgte zwar auf freiwilliger Basis, allerdings verpflichteten sich die Schulen dazu, an allen Veranstaltungen teilzunehmen, die erworbenen Kenntnisse in der eigenen Schule in geeigneter Form zu erproben und die Ergebnisse ihrer Arbeit nach innen und nach außen zu präsentieren.

3. Umsetzung der Lernanlässe im NES

Die verschiedenen idealtypischen Lernanlässe von wirksamen Fort- und Weiterbildungen (vgl. Huber, 2011, 2013a,b sowie den Beitrag von Huber und Schneider zu den Entwicklungsmöglichkeiten für Führungskompetenzen in diesem Buch), nämlich Fortbildungskurse, Selbststudium, Self-Assessment und Feedback, Professionelle Lerngemeinschaften und Netzwerke, Praxis sowie Portfolio, waren die konzeptionellen Eckpfeiler im Netzwerk Erfurter Schulen: Aus ihnen leiteten sich verschiedene Qualifizierungsformate für das Netzwerk ab. Diese waren:

- Fortbildungsveranstaltungen bzw. thematische Plenumsveranstaltungen (als Halb- oder Ganztagsveranstaltungen),
- Arbeitsgruppen,
- Fachtagungen,
- Literatur und Arbeitsmaterialien zum Selbststudium,
- Lernort „Praxis"/Schule (im Schulteam),
- kollegiale Beratungen, Coachings und Moderationen,
- Gesprächsrunden mit unterschiedlichen Persönlichkeiten (Kaminabende),
- Hospitationen,
- Wissensmanagement (anstelle von Portfolio): eine virtuelle Lernumgebung als Unterstützung,
- Self-Assessment und Feedback durch Evaluation.

Durch die verschiedenen Formate sollte erreicht werden, dass das erworbene Wissen für die eigene Professionalisierung sowie die Qualitätssicherung und -entwicklung in der eigenen Schule systematisch genutzt werden kann. Sie werden im Folgenden kurz beschrieben.

Fortbildungsveranstaltungen bzw. thematische Plenumsveranstaltungen
Im Rahmen einer Auftaktveranstaltung zur Bedarfsanalyse erhielten die Teilnehmenden die Möglichkeit, ihre aktuellen Qualifizierungsbedarfe zu kommunizieren. In der Auftaktveranstaltung wurden die Inhalte der weiteren Ganz- oder Halbtagsveranstaltungen und die weiteren Qualifizierungsformate besprochen. Zu verschiedenen The-

men (z.B. Unterrichtsentwicklung, Selbstevaluation, Teamentwicklung etc.) setzten die Schulen ihren individuellen Schwerpunkt, an dem sie während der Dauer des laufenden Schuljahres arbeiteten.

Weitere Fortbildungsveranstaltungen, die über das Jahr verteilt insgesamt mindestens vier Tage umfassten, waren wie folgt strukturiert:
- Reflexion der Arbeitsphasen in der Einzelschule (Erfahrungen aus der Erprobungsphase, Umgang mit möglichen Lösungsansätzen, Unterstützungsangebote und deren Nutzung, offene bzw. neu entstandene Fragen)
- Sammlung von Fragestellungen aus den Schulen
- Themenbehandlung in differenzierter Form (z.B. theoretischer Input, Gruppenarbeit, kollegialer Austausch, Übungen)
- Erarbeitung von Lösungsansätzen durch die Schulteams (Maßnahmen für die Erprobungsphase in der Schule)

Die Themen der Fortbildungsveranstaltungen lassen sich nach ihrem Bezug zu verschiedenen Bereichen in Schule und Schulsystem gliedern:
- Bereich Schulsystementwicklung:
  – Thüringer Entwicklungsvorhaben „Eigenverantwortliche Schule"
- Bereich Schulmanagement und Führung:
  – Schulqualität – Schulentwicklung – Schulmanagement
  – Streuung von Führungsverantwortung, Kooperative Führung, Steuergruppenarbeit
  – Umgang mit schwierigen Situationen in der Personalführung: Dilemmata, Spannungsfelder, Frust und Motivation im Kollegium
  – Evaluation: Praxis der Bestandsaufnahme und Selbstevaluation
  – Öffentlichkeitsarbeit
- Bereich Kollegium:
  – Projektmanagement
  – Personalentwicklung und Wirksamkeit von Fort- und Weiterbildung
  – Teamentwicklung
  – Zeitmanagement und Arbeitsorganisation
  – schulinterne Lehrerfortbildung: Fortbildungskonzeption, Gelingensbedingungen, Nachhaltigkeit, Lehrermotivation
  – Kooperation
  – kollegiale Beratung
- Bereich Unterricht:
  – Methodenatelier: Lern- Unterrichts- und Moderationsmethoden
  – Integration lernbehinderter Schüler/gemeinsamer Unterricht
  – Schülermotivation: Wie kann man Schüler motivieren?
  – Schülerbeurteilungssysteme, Lernzielkontrolle, Kompetenzbewertung (Kompetenzbegriff)
  – Normen- und Wertekatalog/Verhalten in einer guten Schule/Verhaltenskodex
  – Gewalt/Sanktionen/Schulverweigerung/Regeln

- Bereich individuelle Professionalisierung:
  - onlinebasiertes Self-Assessment und Feedback durch das Kompetenzprofil Schulmanagement (KPSM)

Arbeitsgruppen

Die Teilnehmenden wurden angeregt, sich in Arbeitsgruppen zusammenzufinden und nach jeweiligem persönlichen Interesse und/oder aktuellem Bedarf einzelne Themen vertiefend zu bearbeiten. Die Zusammensetzung der Arbeitsgruppen erfolgte eigenverantwortlich, schul- und schulartübergreifend, ihre Organisation autonom. Ob überhaupt, und wenn ja, in wie vielen Arbeitsgruppen und wie lange eine Teilnehmerin bzw. ein Teilnehmer mitarbeitete, entschieden die Teilnehmenden in Rücksprache mit ihrem Schulteam. Auch konnten sich die Mitglieder eines Schulteams auf die Arbeitsgruppen aufteilen oder zusammen in einer Gruppe mitarbeiten. Die Arbeitsgruppen arbeiteten sowohl in dafür bereitgestellten Zeitfenstern während der Fortbildungsveranstaltungen als auch zwischen Fortbildungsveranstaltungen an selbstorganisierten Terminen. Wenn die Arbeitsgruppen es wünschten, erhielten sie von den Initiatoren und Organisatoren des Netzwerks Erfurter Schulen Unterstützung, z.B. in Form von Materialien, Moderation etc. Die Arbeitsgruppen bestanden, bis die Gruppe beschloss, sich als Gruppe aufzulösen, da sie ihre Ziele erreicht hatten und ein Fortbestehen nicht mehr nötig war.

Die Rückkopplung der Arbeit der Arbeitsgruppen in das gesamte Plenum erfolgte regelmäßig über kurze Berichte zum jeweiligen Arbeitsstand und über eine ausführliche Präsentation der Arbeitsergebnisse.

Im Netzwerk Erfurter Schulen gab es Arbeitsgruppen zu folgenden Themen:
- Schulprofil, Leitbild, Schulprogramm
- Teamentwicklung, Selbstständige Lehrerteams
- Schulsponsoring, Öffentlichkeitsarbeit, Kooperation
- Personalführung: Mitarbeitergespräche
- schulinterne Lehrpläne und Methodenlehrpläne

Die Treffen der Arbeitsgruppen fanden anfangs im Rahmen der ganztägigen Fortbildungsveranstaltungen (zu denen alle Schulen bzw. die Schulteams eingeladen waren) statt, nach einer Einführungsphase zunehmend auch eigenverantwortlich organisiert, unabhängig von Fortbildungsveranstaltungen. Auf Wunsch der Teilnehmenden wurden diese Treffen jedoch nach einiger Zeit wieder in die Fortbildungsveranstaltungen integriert, weil sie einen institutionell abgesicherten Rahmen, der für alle verbindlich ist, als verlässlicher erlebten und dies schätzten.

Fachtagungen

Ein besonderes Angebot bestand und besteht für die Netzwerkmitglieder noch immer in der Teilnahme am Bildungssymposium Schweiz und Internationalen Schulleitungssymposium (www.Schulleitungssymposium.net). Dabei haben die teilnehmenden Netzwerkmitglieder Gelegenheit, internationale Konzepte und Modelle pädagogischer

Führung kennenzulernen und mit Kolleginnen und Kollegen einen vielfältigen Ideen- und Erfahrungsaustausch zu betreiben.

Literatur und Arbeitsmaterialien zum Selbststudium

Die Teilnehmenden erhielten Literaturlisten zu relevanten Themenbereichen und teilweise spezifisch zusammengestellte Literatur bzw. eigens erstellte Studienbriefe.

Lernort „Praxis"/Schule (im Schulteam)

In den Fortbildungsveranstaltungen gefundene Lösungsansätze sollten in der eigenen Schule umgesetzt bzw. erprobt werden. Dafür konnten die Schulteams unterschiedliche Unterstützungsangebote in Anspruch nehmen:

- das NES-Team (kollegiale Beratung, Moderation, Coaching)
- das Unterstützungssystem des Staatlichen Schulamts (Berater der unterschiedlichen Professionen)
- Berater des Lehrerfortbildungsinstituts
- externe Berater

Kollegiale Beratungen, Coachings und Moderationen

Ziel des Netzwerks war es in erster Linie, dass die Teilnehmenden voneinander lernen. Bei einem solchen „Lernen von Kollegen" beraten sich die Teilnehmenden gegenseitig. In ihrem Dialog entsteht „Wissen", das in dieser kontextreichen Form nirgendwo vorgegeben werden könnte. So wird das Selbstlernpotenzial der Beteiligten entfaltet.

Die schulspezifischen Entwicklungsvorhaben wurden durch das Angebot an kollegialen Beratungen, Coachings und Moderationen unterstützt. Zwischen den Fortbildungsveranstaltungen wurden kollegiale Beratungstreffen initiiert, die im Idealfall über das vorgesehene Qualifizierungsprogramm hinaus kostenneutral fortbestehen sollten. Dafür wurden Kleingruppen gebildet, deren Mitglieder – am Anfang mit externer Unterstützung im Sinne von Coaching – an konkreten Problemen und schulspezifischen Fragestellungen arbeiteten, sich darüber gegenseitig austauschten und unterstützten.

Gesprächsrunden (Kaminabende)

Einmal im Jahr wurde eine Gesprächsrunde mit Persönlichkeiten aus Politik, Wirtschaft, Wissenschaft und dem Schulsystem für die Teilnehmenden organisiert. Hier ging es darum, in entspannter Atmosphäre miteinander ins Gespräch zu kommen, Verständnis füreinander zu entwickeln und Kontakte zu knüpfen. Themen waren z.B. „Aktuelle Herausforderungen in der Thüringer Lehrerbildung", „Eigenverantwortliche Schule in Thüringen" oder „Aktuelle zentrale bildungspolitische Entwicklungen in Thüringen".

Hospitationen

Theoretisches Wissen und Können sind wichtig, doch sind anschauliche praktische Beispiele, vorbildliche Modelle und selbstständige aktive Beteiligung unerlässlich. Dies ermöglichen kollegiale Hospitationen. Sie fanden im Rahmen des NES während der Schulferien statt. Die Praktika konnten bei einer der folgenden Institutionen geleistet werden:

- in einer anderen Schule innerhalb oder außerhalb von Thüringen (in einem anderen Bundesland oder dem benachbarten Ausland)
- in einer anderen Bildungseinrichtung
- in einem Wirtschaftsunternehmen

Ziel war es, Erfahrungen zu sammeln, andere Praktiken, „andere Kulturen" kennenzulernen, anderes zu beobachten bzw. zu reflektieren und Anregungen für das eigene Handeln zu generieren. Der gewonnene Austausch war für die Selbstreflexion der Teilnehmenden außerordentlich wichtig. Bei der Vermittlung von Hospitationsmöglichkeiten wurde Unterstützung angeboten.

Tradition im Netzwerk Erfurter Schulen wurde es, dass zu jeder Plenumsveranstaltung ein anderes Netzwerkmitglied und dessen Schule Gastgeber war. Die Gastgeber boten dabei neben dem räumlichen Überblick, meist in Form einer Schulführung, auch inhaltliche Einblicke über ihr Schulkonzept und aktuelle schulische Herausforderungen. Das Netzwerk hospitierte z.B. in der Lobdeburgschule in Jena und machte sich mit deren Schulkonzept vertraut. Außerdem besuchten die Mitglieder im Netzwerk andere Bildungseinrichtung, z.B. das Experimentarium der imaginata in Jena, und kamen dort mit Wissenschaftlern u.a. zur Lerntheorie „Verständnisintensives Lernen" ins Gespräch.

Wissensmanagement (anstelle von Portfolio): eine virtuelle Lernumgebung als Unterstützung

An die Stelle des Portfolios traten im NES Verfahren des Wissensmanagements. Das Wissensmanagement im Netzwerk wurde unterstützt durch das Thüringer Schulportal und eine eigene virtuelle Lernumgebung, in der elektronisch Materialien aus den Veranstaltungen archiviert und allen Teilnehmenden zugänglich gemacht wurde. Ebenfalls dort gespeichert war eine Wissensmanagement-Datei, in der alle teilnehmenden Schulen, neben ihren Kontaktdaten und demografischen Angaben (z.B. Anzahl der Schüler und Lehrer, pädagogische Schwerpunkte, Projektteilnahmen), aktuelle oder geplante Schulentwicklungsmaßnahmen dokumentierten sowie in den Rubriken „Wir suchen" und „Wir bieten" zum einen Unterstützungsbedarf anmeldeten und zum anderen Unterstützungsangebote für andere Schulen im Netzwerk offerierten. Des Weiteren bot die virtuelle Lernumgebung die Möglichkeit zur Kommunikation, indem sich die Nutzer zu selbst gewählten Themen austauschen konnten.

Self-Assessment und Feedback durch Evaluation und KPSM

Eine Form des Feedbacks erfolgte durch den Aufbau einer ausgeprägten Feedback-Kultur (u.a. Evaluationen). Eine weitere Form war das Individualfeedback durch das Kompetenzprofil Schulmanagement (KPSM; vgl. den Beitrag von Huber zu KPSM in diesem Buch) und das Angebot der Nutzung der Ergebnisse als Diskussionsgrundlage für z.B. eine erweiterte Schulleitung.

Erfahrungen

Anhand von Evaluationsergebnissen[3] zu den Plenumsveranstaltungen, insbesondere zu den Fortbildungsveranstaltungen und den kollegialen Beratungen, sowie von eigenen Beobachtungen lassen sich folgende zentrale Erfahrungen berichten.

Projektverlauf

Das Netzwerk Erfurter Schulen war in seiner Konzeption nie starr. Einzelne Qualifizierungs- und Unterstützungsformate wurden je nach Bedarf in verschiedenen zeitlichen Phasen stärker betont.

In einer ersten Phase standen eher Fortbildungsveranstaltungen im klassischen Sinn im Vordergrund. Zunächst wurde ein Überblick über die verschiedenen Elemente des schulischen Qualitätsmanagements gegeben und zentrale Themen einführend, zum Teil von externen Referenten, bearbeitet.

Beobachtbar war in der Anfangsphase die Haltung einiger Teilnehmenden, stark vortragsorientiert Informationen von externen Referenten erhalten zu wollen. Vorträge als Form der Einweg-Kommunikation, der Wunsch nach möglichst vielen begleitenden schriftlichen Materialien sowie fast ausschließlich Fachfragen zu theoretischen Modellen und Konzepten kennzeichneten diese Phase. Der Transfer und die Umsetzung dieser theoretischen Modelle und Konzepte standen im Rahmen von Gruppenarbeiten im Mittelpunkt. Für die Gruppenarbeit waren zunächst immer die Schulteams vorgesehen, so dass Personen aus derselben Schule an Fragen des Transfers und der Umsetzung an ihrer Schule arbeiten konnten. Allerdings gab es eher wenig Feedback über diese Umsetzung in der Praxis, obwohl versucht wurde, dies im Rahmen von Plenumsveranstaltungen aufzugreifen.

In einer zweiten Phase, nach ca. drei Jahren „Netzwerk Erfurter Schulen", wurden einzelne Themen vertiefend bearbeitet. Dies geschah in sehr unterschiedlichen Formaten. Die theoretische Bearbeitung erfolgte zum einen durch Fachreferentinnen und -referenten, die, nachdem die Teilnehmenden ihren Bedarf explizit formulierten, eingeladen wurden und innerhalb der Plenumsveranstaltung Themen aufbereiteten. Dabei stellten die Teilnehmenden konkrete Rückfragen und diskutierten kontextabhängig theoretische Modelle und Konzepte. Zum anderen erfolgte die theoretische Bearbeitung durch die Teilnehmenden selbst in den Arbeitsgruppen. Diese waren relativ autonom organisiert und arbeiteten eigenverantwortlich. Die Ergebnisse dieser Arbeitsgruppen wurden jeweils im Plenum vorgestellt und diskutiert.

Im Laufe der Zeit und vor allem am Ende der offiziellen Laufzeit wurden von den Teilnehmenden zunehmend solche Formate nachgefragt, die stärker das Lernen von und mit Kollegen betonten. Zentral bei allen Formaten war dabei der reichhaltige Erfahrungsschatz der am Netzwerk beteiligten Schulen. Grund für den regen und gewinnbringenden Erfahrungsaustausch war eine gewisse Heterogenität der Teilnehmergruppe. Regelmäßig wurden z.B. Konzepte, Prozesse, Projekte der Schulen im Plenum

---

3   Angewendet wurden verschiedene Evaluationsformen, wie z.B. Veranstaltungsevaluationen und jährliche Zwischenevaluationen anhand von kurzen Fragebögen mit offenen und geschlossenen Fragen, Einzel- und Gruppeninterviews sowie Besprechungen im Plenum.

vorgestellt und diskutiert. Im Mittelpunkt standen dabei Fragen zur Umsetzung in die schulische Praxis, zur Machbarkeit und zu Konsequenzen.

Noch ausbaufähig wäre die Idee gewesen, dass die Schulteams spezifische Lösungsansätze für ihre Schule innerhalb des Netzwerks erarbeiten, die entwickelten Maßnahmen in ihrer Schule erproben und diese Arbeitsphase in der Einzelschule im Netzwerk mit den Kolleginnen und Kollegen aus anderen Schulen reflektieren.

Im Rückblick kann geschlussfolgert werden, dass dem Netzwerkgedanken zunehmend Rechnung getragen wurde. Die Kooperation zwischen den Personen und zwischen den Schulen wurde im Laufe der Zeit nicht mehr nur anregt, sondern von den Teilnehmenden mehr und mehr verfolgt und gar eingefordert. Damit konnten die Kompetenzen der Teilnehmenden immer besser genutzt und gebündelt und der kollegiale Austausch von Erfahrungen intensiviert werden, so dass die Teilnehmerinnen und Teilnehmer über die reinen Qualifizierungsangebote hinaus voneinander profitierten. Ausdruck dieser engen Kooperation und der Vernetzung war schließlich die festliche Jubiläumsveranstaltung „5 Jahre Netzwerk Erfurter Schulen" im August 2010. Am Ende der Laufzeit war eine intensive Arbeitsatmosphäre wahrzunehmen. Die Teilnehmenden formulierten ihren Bedarf, sie meldeten ihn an und forderten ihn ein. Das Programm einer Plenumsveranstaltung war sehr dicht, ein Qualifizierungs(halb)tag sehr intensiv. Grund dafür war die seit der Anfangsphase spürbar gestiegene Teilnehmeraktivität. Die Teilnehmenden nahmen sich nicht mehr nur als Rezipienten wahr, sondern als eigentliche Experten für schulische Qualität, die den Erfolg des Netzwerks Erfurter Schulen maßgeblich (mit-)bestimmten.

4. Rückmeldungen zu den angestrebten Grundsätzen

Die Evaluationsbefunde weisen darauf hin, dass die angestrebten Grundsätze im Netzwerk Erfurter Schulen – Kontext-, Bedarfs- und Transferorientierung – Bestand hatten.

Bedarfsorientierung: Die zu bearbeitenden Themen wurden von den Teilnehmenden selbst bestimmt. Dies wurde als äußerst positiv eingeschätzt, trotz der in der Anfangsphase starken und zum Teil auch bis zum Ende spürbaren Zurückhaltung einiger Teilnehmerinnen und Teilnehmer.

Anwendungsorientierung/Transfer- und Praxisorientierung: Die Teilnehmenden erhielten in den Plenumsveranstaltungen vielfältige Möglichkeiten, ihre speziellen Kompetenzen und Interessen zu reflektieren. Ein Wiedererkennen und Bewusstmachen von bekannten Maßnahmen und theoretischem Grundwissen fand statt. Auch wurde von den Teilnehmenden positiv bewertet, dass die Angebote im Netzwerk Erfurter Schulen praxisorientiert waren, d.h. sie waren ausgerichtet an der Schulwirklichkeit und es wurden vielfältige Anregungen zum Transfer in die schulische Praxis gegeben.

Die veranstaltungsbezogenen Evaluationen fielen bezüglich der Praxisorientierung sehr gut aus, z.B. wurde der Aussage wie „Die Inhalte wurden praxisorientiert vermittelt." zu fast 80 Prozent zugestimmt. Über 90 Prozent gehen davon aus, dass die erworbenen Kenntnisse und Fähigkeiten in die Praxis umsetzbar sind.

Dennoch bestand der Wunsch nach einer noch besseren Verzahnung von Theorie und Praxis und einem noch stärkeren Praxisbezug. Konkrete Beispiele und Konzepte für die Umsetzung in die schulische Praxis, z.B. in Form von Besuchen anderer Schulen, die als Beispiele für einen gelungenen Theorie-Praxis-Transfer gelten, sowie mehr schulbezogene Arbeit hätten nach Meinung der Teilnehmenden noch stärker im Fokus stehen können und sollen.

Wirksamkeit und Nachhaltigkeit: Die Teilnehmenden sahen das Netzwerk Erfurter Schulen als wirksame Unterstützung und Begleitung ihrer schulischen Praxis. Auch Angebote weiterer Unterstützungssysteme wurden zunehmend nachgefragt und in Anspruch genommen.

Aus den Evaluationsergebnissen können weitere Aspekte abgeleitet werden, die als hilfreich erlebt wurden. Diese sind:

Wissenschafts- und Theorieorientierung: Als positiv in den Plenumsveranstaltungen wurden die fachliche und theoretische Aufbereitung der Themen sowie die Informationsvermittlung bewertet. Die Themen basierten auf aktuellen nationalen und internationalen Erkenntnissen der Wissenschaft.

Referentenorientierung: Mit mehr als 80 Prozent wurden die Referenten/Dozenten als gut vorbereitet, fachlich kompetent und teilnehmerorientiert (Nachfragen zulassen und zufriedenstellend beantworten, Teilnehmermotivation, Einbezug aller Teilnehmenden) eingeschätzt. Damit ist sichergestellt, dass die Referentinnen und Referenten als Verantwortliche des Lehr-Lern-Arrangements ihrer zentralen Bedeutung für die Qualität der Fort- und Weiterbildungsmaßnahme gerecht wurden. Gleichzeitig wünschten sich einige Teilnehmende, dass Referentinnen und Referenten weniger Wiederholungen machen und klarere Arbeitsaufträge stellen würden.

Teilnehmerorientierung: Individuelle Wissensbestände und Fähigkeiten und Fertigkeiten sowie Aspekte der individuellen Motivation der Teilnehmenden wurden berücksichtigt. Die Mehrzahl der Teilnehmenden konnte neue Kenntnisse und Fertigkeiten erwerben, die Relevanz für die schulische Praxis besitzen. Damit entsprach die Auswahl der Veranstaltungsinhalte mehrheitlich den Erwartungen der Teilnehmenden.

Aktivitätsorientierung: Die Mitarbeit aller Teilnehmenden war hoch. Sowohl inhaltliche Nachfragen, eine rege fachliche Diskussion (sowohl im Plenum als auch in Gruppenarbeiten) sowie eine hohe Beteiligung an Gruppenaktivitäten kennzeichneten die Teilnehmeraktivität. Dennoch wünschten sich die Teilnehmenden eine ausgewogenere Beteiligung der einzelnen Gruppenmitglieder.

(Didaktische) Qualitätsorientierung: Die didaktische und methodische Umsetzung der Veranstaltungen wurde als sinnvoll bewertet. Die Organisation wurde als sehr gelungen eingeschätzt. Besonders der Methodenwechsel zwischen Plenum, Gruppenarbeit (sowohl schulartspezifisch als auch schulartübergreifend), kollegiale Beratungen, die vielfältigen Möglichkeiten des Austauschs und der Kooperation, z.B. Gruppenaktivitäten, Zeit für fachliche und persönliche Gespräche sowie die Ausgabe hilfreichen Materials wurden positiv eingeschätzt. Bei der Frage nach den Verbesserungsvorschlägen sprachen sich einige Teilnehmende für eine eher geringere Größe der Teilnehmer-

gruppe aus. Zudem wünschten sich die Teilnehmenden mehr (Selbst-)Disziplin aller Kolleginnen und Kollegen und damit eine regelmäßigere Teilnahme von den Schulen und deren Vertretern, ein besseres Zeitmanagement sowie eine stärkere Ergebnisorientierung.

5. Fazit

Die Reflexion des Netzwerks Erfurter Schulen durch die Teilnehmenden ergab ein durchweg positives Bild, wobei in erster Linie die offene und angenehme Atmosphäre sowie der intensive Erfahrungsaustausch über die Schulformen hinweg betont wurden. Der Begriff „Netzwerk" war nicht mehr nur Titel, sondern im Laufe der fünf Jahre real, da gegenseitige Unterstützung und Hilfe tatsächlich stattfanden und auch nach dem offiziellen Auslaufen des NES noch immer stattfinden. Auch von Seiten der Organisationsverantwortlichen wurde diese positive Entwicklung wahrgenommen.

Aus der Reflexion ergaben sich wertvolle Hinweise für die Gestaltung zukünftiger Angebote in dieser oder ähnlicher Form. Zentral erscheint ein Wechsel zwischen bedarfsorientierter Fortbildung im Plenum und weiteren kooperationsfördernden Formaten. Auch profitieren die Teilnehmenden von ausreichend Möglichkeiten zum Erfahrungsaustausch und dem „Blick über den Tellerrand". Damit eng verbunden ist die Hoffnung eines Multiplikatoreneffekts, indem positive Kooperationserfahrungen, die außerhalb der eigenen Schule erworben werden, sich auch positiv auf die Zusammenarbeit in der Schule auswirken, den Dialog und den Austausch im Kollegium steigern und damit zur Organisationsentwicklung der Einzelschule beitragen.

Im Netzwerk Erfurter Schulen konnten Kooperationsbeziehungen auf verschiedenen Ebenen angestoßen und gefördert werden, vor allem Kooperation der erwachsenen schulischen Akteure, Kooperation der Leitungsebene/Schulleitung, Kooperation zwischen Schulen und Kooperation mit weiteren Partnern und anderen Einrichtungen innerhalb und außerhalb des Schulsystems.

Literatur

Huber, S.G. (Hrsg.) (2014). *Kooperative Bildungslandschaften: Netzwerke(n) im und mit System*. Kronach: Carl Link.

Huber, S.G. (2013a). Multiple Learning Approaches in the Professional Development of School Leaders – Theoretical Perspectives and Empirical Findings on Self-assessment and Feedback. *Educational Management Administration Leadership* 41 (4), pp. 527–540.

Huber, S.G. (2013b). Lernmodelle für Erwachsene: multiple Lernanlässe nutzen. In: S.G. Huber (Hrsg.), *Handbuch Führungskräfteentwicklung. Grundlagen und Handreichungen zur Qualifizierung und Personalentwicklung im Schulsystem*. Köln: Wolters Kluwer Deutschland, S. 649–657.

Huber, S.G. (2011). The impact of professional development: a theoretical model for empirical research, evaluation, planning and conducting training and development programs. *Professional Development in Education* 37 (5), pp. 837–853.

Huber, S.G., Ahlgrimm, F. & Hader-Popp, S. (2012). Kooperation in und zwischen Schulen sowie mit anderen Bildungseinrichtungen: Aktuelle Diskussionsstränge, Wirkungen und Gelingensbedingungen. In: S.G. Huber & F. Ahlgrimm (Hrsg.), *Kooperation: Aktuelle Forschung zur Kooperation in und zwischen Schulen sowie mit anderen Partnern*. Münster: Waxmann, S. 323–372.

Huber, S.G. & Schneider, N. (2013). Netzwerk Erfurter Schulen (NES). In: S.G. Huber (Hrsg.), *Handbuch Führungskräfteentwicklung*. Köln & Neuwied: Wolters Kluwer Deutschland, 996–1009.

Huber, S.G. & Schneider, N. (2009). Netzwerk Erfurter Schulen (NES) – Professionalisierung Schulischer Akteure und Schulentwicklung durch Kooperation. In: N. Berkemeyer, H. Kuper, V. Manitius & K. Müthing (Hrsg.), *Schulische Vernetzung. Eine Übersicht zu aktuellen Netzwerkprojekten*. Münster: Waxmann, S. 135–148.

Huber, S.G. & Wolfgramm, C. (2014). Bildungslandschaften. Gemeinsam Bildungsbiografien fördern. *SchulVerwaltung spezial, 2014 (1)*.

Stephan Gerhard Huber, Stiftung der
Deutschen Wirtschaft, Robert Bosch Stiftung (Hg.):
Schule gemeinsam gestalten – Entwicklung von Kompetenzen
für pädagogische Führung. © 2015, Waxmann

Agnes Weber, Christoph Buerkli und Stephan Gerhard Huber

CAS Educational Governance

„Bildungssteuerung und Bildungsplanung" – ein Kooperationsangebot in der Schweiz

Der Zertifikatskurs CAS Educational Governance hat zum Ziel, Führungs- und Nachwuchsführungskräfte zu Themen der Governance im Bildungsbereich weiterzubilden. Lehrpersonen und Schulleitungspersonen auf jeder Ebene des Bildungssystems, die Entwicklungs- und Steuerungsfunktionen ausüben, Bildungsplanerinnen und Bildungsplaner, Bildungsverantwortliche und Fachleitungen, aber auch juristische, ökonomische und andere Fachpersonen im Bildungswesen sind zentrale Personen für die strategische und operative sowie bildungspolitische Steuerung und Planung von Bildungseinrichtungen. Dabei ist das benötigte Rüstzeug vielfältig und höchst anspruchsvoll. Der Zertifikatslehrgang CAS Educational Governance bietet eine strukturierte Qualifizierung für diese Aufgaben aus einer ganzheitlichen und vernetzten Sichtweise, die alle Tätigkeitsbereiche der Bildungssteuerung sowie der Bildungsplanung auf sämtlichen Bildungsstufen umfasst.

Es handelt sich um ein einzigartiges CAS, das in einer Kooperation von Schweizer Hochschulen angeboten wird, nämlich der Hochschule Wirtschaft, Luzern, der Pädagogischen Hochschule Zug, der Fachhochschule Nordwestschweiz, des Eidgenössischen Hochschulinstituts für Berufsbildung, und von der Schweizerischen Zentralstelle für die Weiterbildung der Mittelschullehrpersonen unterstützt wird. Wenn Bildung und Wirtschaft zusammenfinden, heißt das, dass die Planung und Steuerung im Bildungsbereich aus einer breit angelegten, vernetzten und auf wissenschaftlichen Grundlagen basierenden Perspektive zum Thema wird, die Fragen der Bildung und der Ökonomie einbezieht. Das CAS Educational Governance basiert auf einer Bedarfsanalyse. 2013/14 wurde der erste Durchgang erfolgreich durchgeführt, 2015/16 der zweite.

1. Ziele

Übergeordnete Ziele
Die Teilnehmenden werden durch den Besuch des CAS und in aktiver Auseinandersetzung mit Themen, Inhalten und im Diskurs mit Referierenden sowie den Forumsgästen befähigt:

- zur professionellen Steuerung, Planung, Entwicklung, Begleitung, Beratung, Controlling von strategischen und operativen Prozessen im Bildungsbereich auf verschiedenen Ebenen, in unterschiedlichen Funktionen und mit unterschiedlichen Aufgabenbereichen;
- zum Erkennen von Vorgängen, Abläufen und Zuständigkeiten in einem föderalistischen Bildungssystem, das von verschiedenen Partnern und Akteuren gesteuert, getragen und geprägt wird und sich in einem gesellschaftlich und bildungspolitisch dynamischen kantonalen, nationalen und internationalen Umfeld befindet.

Fachliche und überfachliche Ziele

Konkret werden die Teilnehmenden gefördert, anspruchsvolle Tätigkeiten und Prozesse im Bereich der Bildungsplanung zu verstehen, zu gestalten, zu steuern, zu planen oder durchzuführen. Sie

- erhalten einen Überblick über die verschiedenen Bildungssysteme und zu aktuellen Entwicklungen, Fragestellungen, Trends und Innovationen der Bildungssteuerung, der Bildungsplanung sowie der Bildungspolitik;
- eignen sich in vertiefter Auseinandersetzung fachliche Kompetenzen zu folgenden Themen des Bildungsbereichs an: Steuerung und Bildungspolitik, Verwaltung, strategische und auf Evidenzen beruhende Bildungsplanung, Kosten und Finanzierung, Projekt- und Qualitätsmanagement, Bildungsmanagement etc.;
- erhalten eine Übersicht zu Stand, Entwicklung und Herausforderungen auf sämtlichen Bildungsstufen: obligatorische Schule, berufsbildende und allgemeinbildende Sekundarstufe II, höhere Berufsbildung, Hochschulen, Weiterbildung;
- setzen mit ihrer eigenen Projektarbeit einen fachlichen Schwerpunkt und nutzen das Projekt als Übungsfeld für die Führung von Bildungsprojekten;
- vernetzen sich in der Bildungslandschaft (auch international) und erweitern ihren Horizont untereinander, mit Fachexpertinnen und Fachexperten als Referierende, in Forumsgesprächen, bei einer internationalen Tagung, bei einer Studienreise ins Ausland;
- erweitern neben den fachlichen auch ihre überfachlichen Kompetenzen, z.B. in der Lerngruppe (Kommunikation, Teamfähigkeit) sowie im Selbststudium (Zeitmanagement, Umgang mit Quellen, Lernstrategien, Recherchefähigkeiten, Durchführung eines Projekts) und in der Moderation.

Bezugsrahmen Educational Governance

Der Bezugsrahmen der Educational Governance ist vielfältig: Das Bildungssystem ist ein offenes, multiperspektivisches System mit Akteurinnen und Akteuren aus Bildungswesen, Staat, Wissenschaft, Zivilgesellschaft, Wirtschaft. Die Steuerung hat sich im Rahmen des New Public Management zunehmend von Vorgaben und Standards auf die Orientierung am Output verlagert; den operativ tätigen Institutionen wird mehr Autonomie zugestanden. Zudem erfolgen Steuerung und Planung vermehrt daten- und wissenschaftsbasiert und im internationalen Vergleich, wobei die bildungspolitischen lokalen und finanziellen Gegebenheiten eine herausragende Rolle spielen. Das Erreichen von bildungspolitischen Zielen, die Potenzialentwicklung der Individuen, die Chancengerechtigkeit sowie die Gesamtleistung eines Bildungssystems im globalen Umfeld, in dem die Bildung ein wichtiger Standort- und Wirtschaftsfaktor ist, stehen im Zentrum der Bemühungen der Governance.

Die Perspektive der Governance im Bildungssystem untersucht, wie verschiedene Akteurinnen und Akteure aus Staat, Wirtschaft und Zivilgesellschaft – sowie in Mischformen politischen, staatlichen, marktförmigen und zivilgesellschaftlichen Handelns – zusammen und teilweise gegeneinander wirken und damit die Produktion öffentlicher Güter beeinflussen (vgl. Kussau & Brüsemeister, 2007).

Dabei stellen sich Fragen, wie Leistungen produziert werden und wie die Handlungsabstimmung in einem Mehrebenensystem mit zahlreichen Akteuren erfolgt. Es wird berücksichtigt, dass das Bildungssystem in einem Umfeld steht, das starkem Wandel unterworfen ist; infolge der wirtschaftlichen Transformation zur Dienstleistungs- und Wissensgesellschaft, der Einflüsse der Internationalisierung und Globalisierung, des Wettbewerbsdrucks, des rasanten technologischen Wandels sowie der veränderten familiären und ausserfamiliären Lebensformen und Prozessen der Migration. Bildungseinrichtungen sind dabei nicht nur wirtschaftlicher Standortfaktor, sondern sie entscheiden über Bildungs- und Lebenschancen von Individuen.

Von Bildungseinrichtungen wird zunehmend eine erweiterte Eigenverantwortung gefordert. Mit dem Aufbau von Systemen der Qualitätssicherung, der externen Evaluation und des Monitorings findet ein Controlling statt, das Auskunft gibt über die Erreichung der Ziele und den Einsatz der Ressourcen. Es wird dabei Steuerungswissen generiert, das dazu dient, die strategische Planung im Sinne einer Qualitätsentwicklung voranzutreiben bzw. das System rational zu beeinflussen. Gleichzeitig werden die politische Legitimation und Rechenschaftslegung abgesichert sowie der Nachweis generiert, dass das Bildungssystem entsprechende Leistungen erbringt.

2. Zielgruppen

Adressat/innen
Das CAS Educational Governance richtet sich an Führungspersonen im Bildungsbereich (sowie in verwandten Bereichen), d.h. an im Bildungsbereich tätige bzw. sich für eine Führungsposition oder Fachleitung vorbereitende Personen

- in der strategischen und operativen Bildungssteuerung und Bildungsplanung,
- an der Schnittstelle zwischen Expertenwissen und Öffentlichkeit (Bildungspolitik),
- in Bildungs- und evtl. Sozialdepartements (Bund, Kanton, Stadt),
- in Generalsekretariat und Rechtsdienst sowie in Ämtern der Verwaltung,
- in der Leitung von Schulen, insbesondere der Sekundarstufe II und Tertiärstufe (Berufsbildung, Mittelschulen, Höhere Fachschulen, Hochschulen),
- im Stab und in der Entwicklung sowie in der Weiterbildung,
- in der Privatwirtschaft sowie in Organisationen der Arbeitswelt und in Berufsverbänden,
- im Projektmanagement sowie in Schulevaluation und in der Schulaufsicht/Schulverwaltung,

sowie an

- Berufsbildungs- und Hochschuldozierende,
- Fachverantwortliche und Beratende sowie Leitungspersonen von Schuldiensten oder anderen Fachstellen (z.B. im Sozialbereich).

Die Adressatinnen und Adressaten haben Interesse daran, Kompetenzen über Steuerung, Planung, Führung zu erwerben oder zu erweitern, strategische und bildungspolitischen Fragestellungen im Bildungsbereich auf allen Bildungsstufen zu bearbeiten, Zusammenhänge zu erkennen und sich zu vernetzen.

Zulassungsvoraussetzung
Die Kursteilnahme setzt ein abgeschlossenes Hochschulstudium voraus. Beim Nachweis einer gleichwertigen Qualifikation ist auch die Zulassung auf Grund eines „Sur Dossier“-Verfahrens möglich. Über die definitive Aufnahme entscheidet die Studienleitung.

Leistungsnachweise
Die Teilnehmenden beteiligen sich aktiv am Lehrgang und bringen sich in Kontakt- und Selbststudium ein. Sie leisten einen eigenen Fachbeitrag, moderieren Forumsgespräche, protokollieren und reflektieren die einzelnen Lerntage. Der umfangreichste Leistungsnachweis besteht aus einem Bildungsprojekt, mit dem sich die Studierenden in ihrem Umfeld positionieren.

Abschluss und Anschluss
Die Teilnehmenden erhalten aufgrund des Nachweises des Besuchs der Lerneinheiten (80 % der Lerntage) sowie der erfolgreich erbrachten Leistungsnachweise das Zertifikat mit der Bezeichnung „Certificate of Advanced Studies CAS in Educational Governance (Bildungssteuerung und Bildungsplanung) der Hochschule Luzern, Wirtschaft“. Das CAS Educational Governance bietet als Wahl-CAS Anschluss an folgende konsekutive Weiterbildungsmaster: MAS Public Management der Hochschule Luzern, Wirtschaft; MAS Erwachsenenbildung der Pädagogischen Hochschule Fachhochschule Nordwestschweiz und MAS Bildungsmanagement der Hochschule für Wirtschaft Fachhochschule Nordwestschweiz. An der Pädagogischen Hochschule Zug wird der CAS Educational Governance angerechnet für einen internationalen Weiterbildungsmaster, der derzeit geplant wird. Anschlüsse mit weiteren Hochschulen sind ebenfalls in Planung.

3. Organisation

Aufbau Lehrgang
Der Lehrgang ist aufgeteilt in fünf thematische Module (Bildungssteuerung, Bildungsplanung, Bildungsmanagement, Internationale Entwicklungen, Entwicklungen und Trends auf allen Bildungsstufen) mit insgesamt 11 Lerneinheiten, eine Einführung so-

wie einen Abschluss (vgl. Abb. 1). Am Einführungstag werden u.a. Methoden der Recherche und Intervision vermittelt. An den zwei Abschlusstagen werden die Projektarbeiten präsentiert sowie der eigene Kompetenzerwerb und der Lehrgang evaluiert. Als Teil des Moduls Bildungsmanagement wird das Bildungssymposium Schweiz und Internationale Schulleitungssymposium (www.Bildungssymposium.net) des Instituts für Bildungsmanagement und Bildungsökonomie der Pädagogischen Hochschule Zug besucht. Das Modul Internationale Entwicklungen wird in der Form einer Studienreise ins Ausland durchgeführt.

CAS Educational Governance (Bildungssteuerung und Bildungsplanung)

Module

Einführungstag	Modul 1: Bildungssteuerung	Modul 2: Bildungsplanung	Modul 3: Bildungsmanagement	Modul 4: Internationale Entwicklungen	Modul 5: Entwicklungen Bildungsstufen	Abschluss CAS
1 Tag	6 Tage	6 Tage	6 Tage	5 Tage	10 Tage	2 Tage

Lerneinheiten

Start	1	2	3	4	5	6	7	8	9	10	11	End
Einführung CAS, Recherche, Intervision	Bildungssteuerung und Bildungspolitik	Bildungsverwaltung, Einführung Projekt	Strategische Bildungsplanung	Evidenzbasierte Bildungsplanung	Bildungs- und Schulleitungssymposium	Bildungsmanagement konkret	Internationale Entwicklungen Studienreise	System Obligatorische Schule	System Sek.stufe II & Höhere Berufsbildung	System Hochschulen	System Weiterbildung	Abschluss CAS

Abb. 1: Aufbau des CAS Educational Governance

Während der dreitägigen Lerneinheiten, die am Donnerstag, Freitag und Samstag stattfinden, findet in der Regel ein Forumsgespräch mit interessanten Persönlichkeiten statt, die eine praxisnahe Vertiefung der entsprechenden Thematik erlauben und im Gespräch „am Kaminfeuer" Einblick in das konkrete Wirken von Akteurinnen und Akteuren geben, die aktiv an der Steuerung des Bildungswesens beteiligt sind. Teilnehmende des Studiengangs moderieren das Gespräch. Die Moderation bereitet auf die Praxis des jeweiligen Gasts bezogene Fragen zum Thema der Lerneinheit vor.

Studienleistungen

Das CAS Educational Governance dauert 12 Monate und entspricht einem Zeitaufwand von rund 450 Stunden bzw. 15 ECTS (1 ECTS = 30h). Der Lehrgang beinhaltet 36 Präsenztage à 6 Stunden bzw. 8 Lektionen sowie 90 Stunden Selbststudium (Vor- und Nachbereitung der Lernanlässe sowie eigene Beiträge). Für die Projektarbeit sowie für die begleitende Lerngruppe stehen 100 Stunden zur Verfügung.

Personelle Führung

Die Programmleitung, die sich aus den vier Kooperationspartnern – Hochschule Wirtschaft, Luzern, Pädagogische Hochschule Zug, Fachhochschule Nordwestschweiz, Eidgenössisches Hochschulinstitut für Berufsbildung – zusammensetzt, entscheidet über die strategische Ausrichtung des CAS, über Kooperationen, konzeptionelle Leitlinien, Budget, personelle Fragen. Sie setzt die Studienleitung ein. Die Studienleitung führt den Zertifikatskurs unter Mithilfe der Studienbetreuung operativ durch. Sie hat Einsitz in der Programmleitung. Die Referentinnen und Referenten sind Fachleute aus den verschiedenen Bereichen und verfügen über ein umfangreiches theoretisches und praktisches Wissen. Ein Fachrat mit Vertreterinnen und Vertretern aus den verschiedenen Bereichen des Bildungssystems und aus der Wirtschaft berät und unterstützt Programm- und Studienleitung.

4. Didaktisches Konzept

Das didaktische Konzept des CAS Educational Governance beruht auf folgenden Prämissen:

Kompetenz- und Transferorientierung
- Die Aneignung der Inhalte erfolgt kompetenz- und transferorientiert.
- Die Teilnehmenden haben die Möglichkeit, Wissen und Fähigkeiten, die zu den übergeordneten Zielen und Kompetenzen des CAS führen, aufzubauen.
- Die Referentinnen und Referenten bieten in ihren Lernarrangements vielfältige Möglichkeiten des Erwerbs von Wissen und Fähigkeiten (z.B. durch Lektüre vor und nach einem Lerntag, mit Beispielen, Übungen und Anwendungsaufgaben, Diskussion, Ergebnissicherung).

Praxisorientierung und Wissenschaftsorientierung
- Die Inhalte orientieren sich an einer vielfältigen Bildungspraxis.
- Es werden geeignete, wissenschafts- und evidenzbasierte Theorien, Konzepte und Modelle genutzt.
- Es werden immer wieder Brücken von der Theorie zur Praxis geschlagen (indem z.B. in kleinen Lerngruppen Problemstellungen bearbeitet und gelöst werden und somit das neue Wissen auf Situationen in der Praxis angewendet wird).

Teilnehmendenorientierung und Selbstverantwortung

- Vorwissen und Erfahrungen der Teilnehmenden werden durch die Referentinnen und Referenten einbezogen und erweitert (insbesondere beim Einstieg und bei der Verarbeitung).
- Die Gesamtgruppe ist eine Ressource für Austausch und Diskussion.
- Das selbstgesteuerte Lernen und die persönliche Reflexion sind zentral.
- Das Lernen findet in einem Klima der wertschätzenden Kommunikation statt.
- Die Teilnehmenden partizipieren am Lehrgang über Mitsprache (Sprecherin/Sprecher), Feedbacks (Evaluationen) und eigene Beiträge (Lerndokumentationen, Präsentationen, Moderation von Forumsgesprächen, Projektarbeit).

Qualitätssicherung

- In den Kursveranstaltungen findet nur so viel Frontalunterricht statt wie notwendig ist, Aktivierung und Partizipation der Lernenden sind zentral
- Jeder Kurstag wird von der Referentin bzw. dem Referenten mit EvaSys, einem an allen Schweizerischen Fachhochschulen und Pädagogischen Hochschulen gebräuchlichen System der Evaluation der Lehre, evaluiert.
- Die fünf Module, das Bildungs- und Schulleitungssymposium sowie die Studienreise werden von der Studienleitung zusammen mit den Teilnehmenden evaluiert.

Das didaktische Konzept zeigt sich auch an den folgenden Empfehlungen zum Ablauf eines Kurstages für die Referentinnen und Referenten:

Prototyp didaktisches Konzept eines Kurstags (8 Lektionen = 6h)
Einstieg ins Thema: Ziele des Kurstages, Vorwissen und Fragen der TN zum Thema. Erarbeitung: Input (Referat und/oder Präsentation)
Pause
Fortsetzung: Fragen, Austausch und Diskussion
Mittagspause
Vertiefung: Arbeitsaufträge für Arbeiten (in der Kleingruppe) Referent/-in als Berater/in
Pause
Ergebnissicherung: Präsentation Offene Fragen – Kurzevaluation – Abschluss

5. Kompetenzaufbau

Kompetenzentwicklung

Damit die Teilnehmenden die oben genannten Ziele erreichen können, arbeiten sie an ihrer Kompetenzentwicklung. Die Kompetenzentwicklung des CAS richtet sich nach dem Nationalen Qualifikationsrahmen für den Schweizerischen Hochschulbereich (vgl. nfq.ch-HS, 2011). Die Deskriptoren, die sich an den Dublin Deskriptoren (2004,

S. 7) orientieren, umfassen folgende fünf fachliche und überfachliche Beschreibungs-kategorien:

- Wissen und Verstehen
- Anwendung von Wissen und Verstehen
- Urteilen
- Kommunikative Fertigkeiten
- Selbstlernfähigkeit

Die Teilnehmenden nehmen periodisch eine Standortbestimmung vor und machen einen IST-SOLL-Vergleich, um im Rahmen des Angebots persönliche Schwerpunkte und Ziele setzen zu können.

Curricular angelegte Kompetenzentwicklung

Die Ziele, Themen, Inhalte sowie der Kompetenzaufbau sind entlang der Lernanlässe curricular wie folgt angelegt.

Einführungstag:
Die Teilnehmenden kennen die Ziele, Anforderungen und das Pädagogische Konzept des CAS Educational Governance und können entlang ihres Lernprozesses im CAS einen Transfer in die Weiterbildung und die Leistungsnachweise sowie in ihr Arbeitsfeld vornehmen. Sie frischen ihre Recherchefähigkeiten auf und können diese umsetzen. Sie kennen die Intervisionsmethode und sind fähig, diese in der Lerngruppe nach Bedarf selbstständig durchzuführen.

Bildungssteuerung und Bildungspolitik (Modul 1 Bildungssteuerung, Lerneinheit 1):
Die Teilnehmenden wissen, was der Begriff „Educational Governance" beinhaltet, welche Zuständigkeiten die bildungspolitischen Akteurinnen und Akteure im Sinne der Educational Governance im föderalistisch organisierten Staat haben und welche Herausforderungen sich für Bildungssteuerung und Bildungspolitik (Educational Policy) stellen und können das theoretische Wissen angemessen nutzen und umsetzen. Sie erwerben eine Landkarte zur Systematik des Bildungssystems im nationalen und internationalen Kontext und können die verschiedenen Bildungsstufen zuordnen. Sie erkennen die grundlegende Bedeutung des Bildungsberichts Schweiz für die bildungspolitische Analyse und die Steuerung und können den Bericht als Ressource sowie als Arbeits- und Steuerungsinstrument nutzen.

Bildungsverwaltung (Modul 1 Bildungssteuerung, LE2):
Die Teilnehmenden kennen die verschiedenen Aufgaben der Bildungsverwaltung sowie die Gestaltungsmöglichkeiten auf verschiedenen Ebenen des Bildungswesens, auch mit Blick auf das Ausland, und können diese in Bezug auf die Anforderungen ihrer Praxis reflektieren. Sie entwickeln eine Vorstellung, wie politische Prozesse im Bildungsbereich konkret geplant und gesteuert werden können und vergleichen diese mit ihrer eigenen Erfahrung. Was Bildungskosten und Bildungsfinanzierung betrifft,

so lernen sie Instrumente der Finanzplanung im Bildungsbereich kennen und können sie anwenden. Sie kennen die Besonderheiten von Projekten im Bildungsbereich und sind in der Lage, ein entsprechendes Projekt selbstständig zu planen und im Laufe des CAS durchzuführen.

Strategische Bildungsplanung (Modul 2 Bildungsplanung, LE3):
Die Teilnehmenden erkennen, welche Ziele in der strategischen Bildungsplanung auf welchen Grundlagen, mit welcher Begründung und mit welchen Methoden im Sinne der qualitativen Weiterentwicklung der Bildung und des Systemmonitorings angesteuert und umgesetzt werden und können diese in Bezug zu eigenen Fragestellungen setzen. Sie lernen Grundlagen, Instrumente und Methoden zu Schul- und Unterrichtsentwicklung sowie Change Management kennen und können diese (im Planspiel) umsetzen. Sie kennen international wichtige Querschnittthemen wie z.B. Gender und Diversity, die für die Planung (Ziele und Massnahmen) relevant sind, und können diese z.B. bei der Förderung von Fachkräften theoretisch (und je nach Situation praktisch) nutzen.

Evidenzbasierte Bildungsplanung (Modul 2 Bildungsplanung, LE4):
Die Teilnehmenden wissen, auf welche wissenschaftlichen und fachlichen Grundlagen sich die Bildungsplanung stützt und können dies für ihren Bereich nachvollziehen. Sie wissen, was Bildungsforschung leistet, auf welchen Grundlagen bildungsstatistische Erhebungen durchgeführt werden und welchen Stellenwert Bildungsindikatoren haben und kennen ihre Rolle bei der Begleitung, Auftragserteilung und Beurteilung von Forschungsstudien. An konkreten Beispielen entwickeln sie Vorstellungen dazu, wie Ergebnisse (z.B. aus internationalen Bildungsstudien) umgesetzt werden können. Sie kennen die Rolle des Qualitätsmanagements im Bildungsbereich, lernen verschiedene Systeme sowie deren Möglichkeiten und Grenzen kennen und analysieren sie in Bezug auf die Umsetzung.

Bildungs- und Schulleitungssymposium der PH Zug (Modul 3 Bildungsmanagement, LE5):
Das Bildungs- und Schulleitungssymposium des Instituts für Bildungsmanagement und Bildungsökonomie der Pädagogischen Hochschule Zug ist eine internationale Fachtagung zu den Themen Schulqualität, Schulentwicklung und Schulmanagement (www.Bildungssymposium.net). Es stellt die Herausforderungen für Führungskräfte, vor allem angesichts der stärkeren Eigenverantwortlichkeit von Schule, in den Mittelpunkt. In den Vorträgen, Symposien, Workshops und Podiumsdiskussionen werden die anstehenden Herausforderungen in diesen Bereichen thematisiert und diskutiert. Die Tagung bietet vielfältige Möglichkeiten zur Wissensvertiefung sowie zum Ideen- und Erfahrungsaustausch. Es nehmen Fachpersonen aus verschiedenen Ländern der Welt teil, insbesondere aus der Schweiz, Österreich und Deutschland. Die Teilnehmenden nehmen Trends zum Bildungsmanagement und der Educational Governance zur Kenntnis, erweitern ihren Horizont und verknüpfen neues Wissen mit ihren Er-

fahrungen sowie den Inhalten des CAS. Sie haben die Möglichkeit, sich mit nationalen und internationalen Expertinnen und Experten auszutauschen und zu vernetzen.

Bildungsmanagement konkret (Modul 3 Bildungsmanagement, LE6):
Die Teilnehmenden kennen die Besonderheiten von Führen im Bildungsbereich. Es ist ihnen bewusst, dass Führung bedeutet, Herausforderungen rechtzeitig wahrzunehmen und sachgerechte Lösungen zu suchen. Sie lernen unterschiedliche Führungsinstrumente kennen. Sie überlegen gemeinsam, wie Innovationen initiiert und umgesetzt werden können. Sie wenden ihre Erkenntnisse an, indem sie sich mit ihrer Führungsrolle und ihrem Führungsstil auseinandersetzen. Es ist ihnen bewusst, welche Verantwortung Führungspersonen für ein gesundes Umfeld für die Mitarbeitenden haben. Weitere Themen sind z.B. Finanzen, Projektmanagement, Gender, Diversity, strategische Bildungsplanung, Change Management.

Studienreise Manchester, England (Modul 4 Internationale Entwicklungen, LE7):
Die Teilnehmenden reisen nach England und lernen das britische Schulsystem theoretisch und exemplarisch an konkreten Beispielen durch Schulbesuche kennen (Example of Greater Manchester Area, University of Manchester, Comprehensive Schools, Teacher Education) und vergleichen es mit dem schweizerischen Bildungssystem. Sie setzen sich mit internationalen Entwicklungen der Educational Governance, insbesondere im angelsächsischen Raum, auseinander. Sie werden mit einem im Vergleich zur Schweiz anderen System der Bildungssteuerung und -politik sowie der bildungsplanerischen Umsetzung an der obligatorischen Schule konfrontiert. Sie reflektieren das Andere und das Eigene, diskutieren über Chancen, Risiken, Vor- und Nachteile, internationale Trends, Gegensätze sowie Gemeinsamkeiten zwischen den beiden Systemen.

System obligatorische Schule (Modul 5 Aktuelle Entwicklungen Bildungsstufen, LE8):
Die Teilnehmenden wissen, welche Ziele die obligatorische öffentliche Schule als Brennpunkt der gesellschaftlichen Anforderungen anstrebt, wo sie steht, welche exemplarischen aktuellen Herausforderungen (z.B. Umgang mit der Heterogenität, Integration, Entwicklungen auf den verschiedenen Stufen, Lehrplan 21) sich heute stellen und mit welchen Instrumenten das Potenzial der Schülerinnen und Schüler gefördert und weiterentwickelt wird. Dabei wird gefragt, wie innovative Problemlösungen im Blick auf die lokale, interkantonale und internationale Perspektive zustande kommen. Die Teilnehmenden vergleichen das dargebotene Wissen mit den eigenen Erfahrungen, tauschen sich aus und diskutieren über Beschreibungen und Interpretationen, Gemeinsamkeiten und Unterschiede, Stärken und Desiderate.

System Sekundarstufe II und Höhere Berufsbildung (Modul 5 Aktuelle Entwicklungen Bildungsstufen, LE9):
Die Teilnehmenden wissen, welchen Stellenwert die berufliche sowie die allgemein bildende Ausbildung auf der Sekundarstufe II und auf der Tertiärstufe B haben, wie sie strukturiert sind und gesteuert werden sowie welchen Herausforderungen und welchem Innovationsbedarf sie sich stellen müssen (z.B. Umgang mit der Heterogenität,

„Recht auf Bildung" auf der Sekundarstufe II, Fachkräftemangel, Begabungsförderung, Mittelschulquote). Die Teilnehmenden erkennen, welche Chancen die allgemeinbildenden Mittelschulen beinhalten. Sie erkennen die Berufsbildung als Erfolgsfaktor für die Integration in den Arbeitsmarkt. Sie wissen um die verschiedenen Zugänge zur Höheren Bildung. Sie vergleichen, diskutieren und erkennen Stärken, ungelöste Fragen und Desiderate.

System Hochschulen (Modul 5 Aktuelle Entwicklungen Bildungsstufen, LE10):
Die Teilnehmenden haben Wissen zu staatlichen Regelungen, Steuerung, Finanzierung, Zuständigkeiten und Zusammenarbeit sowie zu Herausforderungen, Unterschieden und Gemeinsamkeiten auf der Hochschulstufe (Universitäten, Fachhochschulen, Pädagogische Hochschulen), auch aus einer internationalen Perspektive (z.B. Bologna-Prozess, nationaler Qualifikationsrahmen). Sie erkennen, welche Bedeutung Forschung und Lehre für die Ausbildung an den verschiedenen Hochschultypen haben und welche Bedeutung den Hochschulen für die Wissenschaftsgesellschaft zukommt. Sie können die Erkenntnisse in Bezug setzen zu den Anforderungen aus Gesellschaft und Wirtschaft sowie zu den eigenen Erfahrungen und können fundierte Urteile bilden.

System Weiterbildung (Modul 5 Aktuelle Entwicklungen Bildungsstufen, LE11):
Die Teilnehmenden kennen die volkswirtschaftliche Bedeutung der Weiterbildung und haben eine Übersicht über die Weiterbildungslandschaft (z.B. gesetzliche Regelungen, Bildungsteilnahme, Finanzierung, Bildungsgutscheine, Nachholbildung, private und öffentliche Weiterbildungen, Weiterbildungsforschung, internationaler Vergleich). Sie sind sich der Herausforderungen, Trends und Innovationen sowie möglicher Problemlösungen auf dieser Bildungsstufe bewusst. Sie können die Erkenntnisse zu den Anforderungen aus Gesellschaft und Wirtschaft in Bezug setzen sowie einen Transfer zur eigenen Praxis vornehmen.

Abschluss:
Die Teilnehmenden schliessen ihre Weiterbildung mit einem Projekt ab, das sie während des Zertifikatslehrgangs vorangetrieben haben. Sie präsentieren ihre Bildungsprojekte und diskutieren sie. Sie reflektieren ihren eigenen Werdegang sowie ihre Kompetenzentwicklung im Vergleich zu den eigenen Zielen sowie zu den Zielen des Lehrgangs und evaluieren den Lehrgang.

6. Fazit

Der Lehrgang Educational Governance unterstützt die Professionalisierung in Bildungssteuerung und -planung. Trends, Entwicklungen, Innovationen sowie die internationale Perspektive werden gross geschrieben. Das CAS orientiert sich an den Aufgaben des Bildungswesens im öffentlichen Bereich aber auch in privaten Organisationen (Verbände, Wirtschaftsunternehmen, Bildungsinstitutionen) und vermittelt die erforderlichen Kompetenzen für eine erfolgreiche Führungstätigkeit im Bildungswesen. Der Lehrgang bietet die Möglichkeit zum Erfahrungsaustausch und der Vernetzung zwischen Personen, die in ähnlichen Aufgaben beim Bund, in Kantonen, Städten, privaten Organisationen oder auf verschiedenen Bildungsstufen, auch im Ausland, tätig sind. Zur Professionalisierung gehört es, den Bezugsrahmen und die Begrifflichkeit der Educational Governance zu reflektieren. Am Studienmodell des CAS wird gezeigt, wie der Erwerb und die Weiterentwicklung von Wissen und Kompetenzen, Praxistransfer, Vernetzung und Professionalisierung miteinander verknüpft werden (vgl. Abb. 2).

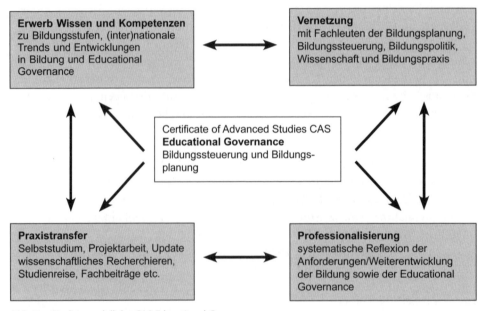

Abb. 2:   Studienmodell des CAS Educational Governance

Literatur

Certificate of Advanced Studies. Educational Governance. Bildungssteuerung und Bildungsplanung. Broschüre CAS 2015/16 online abrufbar unter www.hslu.ch/edugov vom 12.04.2015.

Joint Quality Initiative (2004). *Gemeinsame „Dublin Descriptors"* für Bachelor-, Master- und Promotionsabschlüsse. Arbeitspapier der Tagung der Joint Quality Initiative (JQI) in Dublin am 23.03.2004. Online abrufbar unter http://www.fibaa.org/uploads/media/Dublin-Descriptors-Deut_03.pdf vom 12.04.2015.

Kussau, J. & Brüsemeister, T. (2007). Educational Governance: Zur Analyse der Handlungskoordination im Mehrebenensystem der Schule. In: H. Altrichter et al. (Hrsg.), *Educational Governance. Handlungskoordination und Steuerung im Bildungssystem.* Wiesbaden: VS Verlag für Sozialwissenschaften.

Rektorenkonferenz der Schweizer Universitäten (CRUS), Rektorenkonferenz der Fachhochschulen der Schweiz (KFH), Schweizerische Konferenz der Rektorinnen und Rektoren der Pädagogischen Hochschulen (COHEP). (Hrsg.) (2011). Qualifikationsrahmen für den schweizerischen Hochschulbereich (Nqf.ch-HS). Online abrufbar unter http://www.swissuniversities.ch/de/hochschulraum/qualifikationsrahmen vom 12.04.2015.

Stephan Gerhard Huber, Stiftung der
Deutschen Wirtschaft, Robert Bosch Stiftung (Hg.):
Schule gemeinsam gestalten – Entwicklung von Kompetenzen
für pädagogische Führung. © 2015, Waxmann

Anna Kanape-Willingshofer, Herbert Altrichter, Maximilian Egger und Katharina Soukup-Altrichter

Hochschullehrgang Schulmanagement an der Pädagogischen Hochschule Oberösterreich
Entwicklung von Kompetenzen für pädagogische Führung

1. Vorgeschichte und Entwicklung des Lehrgangskonzepts

Die Qualifizierung von Schulleitungen erfolgt in Österreich traditionell erst nach ihrer Bestellung in einem berufsbegleitenden Schulmanagementlehrgang mit 12 EC-Punkten[1] (vgl. z.B. Kraker, 2011, S. 355). Für all jene, die schon länger eine vorberufliche Qualifizierungsmöglichkeit für an Schulleitungen Interessierte gefordert hatten, war es daher ein positiver Schritt, als das Unterrichtsministerium im Jahr 2011 eine Ausschreibung an österreichische Pädagogische Hochschulen richtete: Je drei Masterlehrgänge in drei Bildungsbereichen, darunter eben auch das Feld „Schulmanagement: Professionell führen – nachhaltig entwickeln", sollten nach einem kompetitiven Verfahren an drei Hochschulen vergeben und öffentlich finanziert werden.

Die Pädagogische Hochschule des Bundes in Oberösterreich (PH OÖ) entschloss sich, ein solches Konzept in Kooperation mit der örtlichen Universität, der Johannes Kepler Universität Linz (JKU), zu entwickeln. Nach der Prüfung der eingegangenen Konzepte durch ein Expertengremium des Unterrichtsministeriums, den „Entwicklungsrat", erhielt die PH OÖ im Frühjahr 2012 den Zuschlag zur Umsetzung ihres Konzepts. Aufgrund der damals fehlenden rechtlichen Grundlage für Masterstudien an Pädagogischen Hochschulen wurde in einer Kooperationsvereinbarung beschlossen, den Masterlehrgang in gemeinsamer Verantwortung zwischen der Pädagogischen Hochschule OÖ und der Johannes Kepler Universität umzusetzen und bis auf weiteres einen universitären Abschlussgrad der JKU zu vergeben. Ein gemeinsames Curriculum (das aufgrund unterschiedlicher rechtlicher Bedingungen in Hochschulen und Universitäten in zwei verschiedenen Versionen vorliegt; vgl. Curriculum ML Schulmanagement, 2013; Curriculum für das Aufbaustudium Schulmanagement, 2013) wurde von einer gemischten Arbeitsgruppe erstellt und von den Gremien der Pädagogischen Hochschule und der Universität im Frühjahr 2013 beschlossen. Der erste Durchgang

---

1 Auch in Österreich wird das in Europa übliche European Credit Transfer Scheme (ECTS) zur quantitativen Beschreibung von Studienleistungen verwendet. Ein EC(European Credit)-Punkt entspricht etwa 25 Arbeitsstunden von Studierenden; Bachelor-Studien umfassen üblicherweise 180 EC-Punkte, Masterstudien 120 EC-Punkte.

dieses Masterlehrgangs startete schließlich im Wintersemester 2013/14 an der Pädagogischen Hochschule Oberösterreich; eine zweite Lehrgangsgruppe nach dem gleichen Curriculum begann zeitgleich an der benachbarten Pädagogischen Hochschule Niederösterreich ihre Arbeit.

2. Das Konzept des Masterlehrgangs

Ziel

Ziel des Lehrgangs ist es, die pädagogischen, sozialen und personalen Kompetenzen für Führungsfunktionen im Bildungsbereich aufzubauen und weiterzuentwickeln (vgl. Curriculum ML Schulmanagement, 2013). Ebenso soll der Lehrgang die Teilnehmenden in ihrer (beruflichen) Persönlichkeitsentwicklung und Professionalisierung als Führungskraft unterstützen. Ein besonderes Augenmerk liegt im Bereich der (Weiter-) Entwicklung von praxisbezogenen Forschungskompetenzen, um die eigene Praxis evaluieren und weiterentwickeln zu können.

Zielgruppe

Der Lehrgang richtet sich an Absolvent/innen eines Lehramtsstudiums an Pädagogischen Hochschulen oder an einer Universität bzw. auch an Absolvent/innen anderer geistes- und kulturwissenschaftlicher Studien, die in der Leitung von Bildungseinrichtungen tätig sein wollen und mindestens zwei Jahre einschlägige Berufserfahrung vorweisen können. Auch Pädagoginnen und Pädagogen, die noch keine Führungsposition an einer Schule innehaben, können am Lehrgang teilnehmen. Der Lehrgang stellt somit die erste vorbereitende Möglichkeit zum Erwerb schulleitungsbezogener Führungskompetenzen in Österreich dar.

Curriculum

Der Lehrgang stützt sich auf fünf „thematische Säulen" sowie eine – gleichsam dazu querliegende – Forschungssäule, die Kompetenzen im Bereich von Forschungsmethoden und Forschungspraxis umfasst (vgl. Abb. 1).

Diese Forschungskompetenzen sollen es ermöglichen, Fragestellungen aus der eigenen Unterrichts-, Schul- und Führungspraxis im Sinne des Praxisforschungsansatzes (vgl. Altrichter & Posch, 2007) aufzugreifen, in nachvollziehbarer Weise zu evaluieren und zu reflektieren sowie darauf aufbauend Schritte zur Weiterentwicklung der eigenen Praxis zu setzen. Diese Kenntnisse sollen auch bei der Erstellung eigener wissenschaftlicher Arbeiten helfen: Im Masterstudium ist eine Projektarbeit im Verlaufe der ersten vier Semester sowie eine Masterarbeit als Abschluss des Studiums vorgesehen, die sich in der Regel auf die Erforschung und Weiterentwicklung eigener Praxis beziehen.

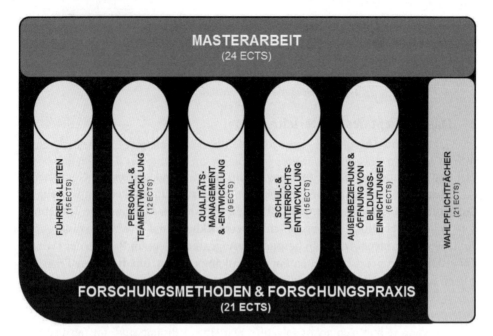

Abb. 1:   Schematische Darstellung des Curriculums

Die fünf „thematischen Säulen" umfassen folgende Inhalte:

1) Führen und Leiten in Bildungseinrichtungen

Dieses Modul zielt auf die Reflexion der eigenen Führungsrolle und des eigenen Professionsverständnisses sowie auf den Erwerb theoretischer Führungskenntnisse und deren Umsetzung in der Praxis. Darüber hinaus vermitteln die Lehrveranstaltungen dieses Moduls rechtliches und administratives Wissen, welches den Teilnehmenden im Schulleitungsalltag verbesserte Handlungskompetenzen ermöglichen soll.

2) Personalentwicklung und Teamentwicklung

Das Modul unterstützt den Erwerb bzw. Ausbau von Teambildungs- und Teamentwicklungskompetenzen sowie das Erkennen und Fördern von Potenzialen bei Mitarbeiterinnen und Mitarbeitern. Ebenso werden Möglichkeiten zum lösungsorientierten Einsatz von Konfliktmanagement- und Kommunikationswerkzeugen erarbeitet.

3) Qualitätsmanagement und Qualitätsentwicklung

Hier erweitern die Teilnehmenden ihre Kompetenzen für die Gestaltung und Entwicklung des eigenen Schulstandortes. Die Analyse und Nutzung von Ergebnissen interner und externer Evaluation für Qualitätsmanagement und Qualitätsentwicklung der Schule stellen wesentliche Ziele dar.

4) Schul- und Unterrichtsentwicklung

Die Teilnehmenden lernen hier Theorien, Konzepte und Methoden der Schul- und Unterrichtentwicklung kennen und nutzen. Darüber hinaus wird erarbeitet, wie neue Initiativen und Schwerpunkte auf Schul- und Unterrichtsebene durch Schulleitungen integriert, begleitet und evaluiert werden können.

5) Außenbeziehung und Öffnung von Bildungseinrichtungen

Modul 5 zielt auf die nationale sowie internationale Vernetzung der Schule ab, um dadurch die Schule am Standort zu profilieren und weiterzuentwickeln. Das Modul enthält auch Lernangebote, die den Teilnehmenden helfen sollen, ihre Kommunikations- und Kooperationskompetenzen zu erweitern.

Organisation

Das Curriculum ist berufsbegleitend konzipiert und erstreckt sich über sechs Semester (120 EC). Neben Präsenzveranstaltungen spielen auch e-learning-Einheiten eine zentrale Rolle. Eine individuelle Schwerpunktsetzung ist durch die Auswahl freier Lehrveranstaltungen und eine Spezialisierung in einzelnen Modulen anhand von Wahlpflichtfächern möglich. Die Teilnehmer/innen schließen den Masterlehrgang mit dem Titel Master of Education (M.Ed.) ab. Die Masterarbeit kann einem oder mehreren der inhaltlichen Fächer zugeordnet werden.

3. Begleitforschung

Zur Sicherung von Qualität und Akzeptanz des Lehrgangs, aber auch in Hinblick auf Nachhaltigkeit und Wirksamkeit im Feld Schule wird der Lehrgang begleitend evaluiert. Die Ergebnisse dieser Begleitforschung werden auch für die laufende Weiterentwicklung des Lehrgangs genutzt. Die Evaluation der einzelnen Lehrveranstaltungen wird von den Pädagogischen Hochschulen vorgenommen, während die Zuständigkeit für die längerfristige Begleitforschung bei der Johannes Kepler Universität liegt, welche hierfür mit der Pädagogischen Hochschule Zug kooperiert. Die Erhebungen für die Begleitforschung finden an drei Zeitpunkten statt (für den ersten Durchgang sind dies: T1 im WS 2013/14 zu Beginn des Lehrgangs, T2 im SS 2015, T3 im WS 2016/17 nach Abschluss des Lehrgangs). Anhand von Online-Erhebungen werden sowohl kognitive, affektive als auch instrumentelle Veränderungen gemessen. Hierbei kommt das *Kompetenzprofil Schulmanagement* (z.B. Huber & Hiltmann, 2011), welches durch weitere Instrumente ergänzt wird, wiederholt zum Einsatz.

Gegenwärtig liegen nur die Ergebnisse der Eingangsbefragung im WS 2013/14 zum Lehrgangsstart vor. An dieser nahmen aus zwei parallelen Lehrgangsgruppen 53 Personen teil, die im Durchschnitt 45 Jahre alt waren. Es zeigte sich, dass etwa die Hälfte (51 Prozent) aktuell als Lehrpersonen unterrichten und die restlichen 49 Prozent bereits Schulleiter/innen bzw. mit der Leitung einer Schule betraut sind. Die Teilnehmenden sind vorwiegend an öffentlichen Schulen tätig (91 Prozent), nur wenige an privaten Schulen. Die Größe der Herkunftsschulen streut sehr weit und reicht von 16 bis 1.800 Schüler/innen (mit einer durchschnittlichen Größe von 231 Schüler/innen).

Die Ergebnisse deuten an, dass sich die Teilnehmenden aktuelle (Mittelwert (M) = 4.78 auf einer fünfstufigen Skala), praktisch anwendbare (M= 4.67) und zum Nachdenken anregende (M= 4.65) Lernimpulse von einem solchen Lehrgang erwarten. Abbildung 2 zeigt, dass die Erwartungen in unterschiedlichen Lernfeldern durchgehend hoch sind; für keines der angebotenen Items unterschreitet die durchschnittliche Zustimmung den Wert 4 auf einer fünfstufigen Skala.

Ich finde, dass ich durch die Teilnahme am Masterlehrgang Schulmanagement …	min	max	Mw.	Stabw.
… wesentliche Handlungskompetenzen für das Tätigkeitsfeld Schulleitung erlangen kann.	3	5	4,56	,639
… mich sicherer beim Bewältigen der vielfältigen Schulleitungsaufgaben fühlen kann.	1	5	4,40	,846
… komplexe Situationen besser wahrnehmen und angemessener auf sie reagieren kann.	3	5	4,45	,673
… meine Fähigkeiten und Fertigkeiten weiterentwickeln kann.	3	5	4,67	,585
… neu erworbene Fertigkeiten sicher in der Praxis anwenden kann.	2	5	4,31	,805
… viel über Veränderungsprozesse lernen kann.	2	5	4,46	,753
… bessere Ziele für meine Arbeitsbereiche setzen kann.	3	5	4,40	,693
… Prioritäten in meinen Arbeitsbereichen besser abschätzen kann.	2	5	4,27	,843
… meine kommunikativen Kompetenzen weiterentwickeln kann.	2	5	4,31	,969
… meine fachlichen Kompetenzen weiterentwickeln kann.	2	5	4,63	,715
… gezielte Lernfelder für mich persönlich ableiten kann.	3	5	4,38	,690
… motiviert werde, das Gelernte in der Praxis umzusetzen.	2	5	4,27	,910
… stärker sensibilisiert dafür werde, mich selbst wahrzunehmen.	2	5	4,23	,877
… stärker sensibilisiert dafür werde, wie mich andere Kolleginnen und Kollegen wahrnehmen.	1	5	4,08	1,026
… meine Tätigkeiten selbstkritischer reflektieren kann.	1	5	4,25	,988
… mich persönlich weiterentwickeln kann.	3	5	4,67	,648
… eine gestärkte Motivation für die Ausübung (m)einer Führungsfunktion erlange.	2	5	4,37	,864
… meine Stärken besser erkenne.	1	5	4,31	,940
… meine Schwächen besser erkenne.	1	5	4,35	,905

N = 51-52, Antwortmöglichkeiten: „trifft nicht zu" (1), „trifft eher nicht zu" (2), „teils/teils" (3), „trifft eher zu" (4), „trifft zu" (5); min … max … minimaler bzw. maximaler gewählter Wert; Mw = arithmetisches Mittel; Stabw. = Stabdardabweichung

Abb. 2: Erwartungen an den Masterlehrgang, Einstiegserhebung 2013

Wie weit diese Erwartungen, die von Seiten der Teilnehmer/innen wie auch von den Anbietern mit dem Konzept verbunden werden, auch erfüllt werden können, werden die kommenden Evaluationsdurchgänge zeigen. Insbesondere wird dabei von Interesse sein, ob durch die Praxisforschungsarbeiten (Projektarbeit und Masterthesis) eine evidenzbasierte Schul- und Unterrichtsentwicklung an Themen, die für die Standorte der Teilnehmer/innen und die dort lernenden Schüler/innen Sinn machen, stimuliert, begleitet und dokumentiert werden kann.

Literatur

Altrichter, H. & Posch, P. (2007). *Lehrerinnen und Lehrer erforschen ihren Unterricht – Unterrichtsentwicklung und Unterrichtsevaluation durch Aktionsforschung.* Bad Heilbrunn: Julius Klinkhardt.

Curriculum ML Schulmanagement (2013). *Hochschullehrgang Schulmanagement: Professionell führen – nachhaltig entwickeln.* Pädagogische Hochschule Oberösterreich. http://www.ph-ooe.at/fileadmin/old_fileadmin/fileadmin/user_upload/lehrgaenge/Masterlehrgaenge_2013/20130703_Curriculum_HLG_mit_Masteroption_Schulma nagement_BMUKK.docx; 27.12.2014.

Curriculum für das Aufbaustudium Schulmanagement (2013). *Mitteilungsblatt der JKU Linz vom 28.06.2013.* Zugriff unter http://www3.jku.at/mtb/content/e39/e21225/e21229/e21980/mtb_Item22048/beilage22049/1_AS_Schulmanagement_Curr_MTB26_280613.pdf; 27.12.2014.

Huber, S.G. & Hiltmann, M. (2011). Competence Profile School Management (CPSM) – an inventory for the self-assessment of school leadership. *Educational Assessment, Evaluation and Accountability, 23* (1), S. 65–88.

Kraker, N. (2011). Schulleitung als Drehscheibe bei Innovationen. Wissenstransfer und neue Impulse durch Fortbildung. In: E. Rauscher (Hrsg.), *Unterricht als Dialog. Von der Verbindung der Fächer zur Verbindung der Menschen.* Baden: PH Niederösterreich, S. 350–357. Zugriff unter https://www.ph-noe.ac.at/fileadmin/rektor/sam melbd4/44Kraker.pdf; 27.12.2014.

Stephan Gerhard Huber, Stiftung der
Deutschen Wirtschaft, Robert Bosch Stiftung (Hg.):
Schule gemeinsam gestalten – Entwicklung von Kompetenzen
für pädagogische Führung. © 2015, Waxmann

Susanne Krogull und Annette Scheunpflug

International Master's Program Educational Quality in Developing Countries

Entwicklung von Kompetenzen für pädagogische Führungskräfte

In diesem Beitrag wird der Internationale Masterstudiengang „Educational Quality in Developing Countries" der Otto-Friedrich-Universität Bamberg (IMPEQ) dargestellt und kontextualisiert. Er wendet sich vor allem an schulische Führungskräfte aus Subsahara-Afrika, aber auch an Personen, die sich für die Entwicklungszusammenarbeit im Bildungssektor qualifizieren möchten. Der Masterstudiengang wurde im Jahr 2013 eröffnet und nimmt jeweils eine Kohorte von maximal 30 Studierenden auf. Für Studierende aus Subsahara-Afrika stehen, finanziert durch Brot für die Welt, 20 Stipendien zur Verfügung. Für den ersten Jahrgang haben wir nur Studierende aufgenommen, die ein Stipendium hatten, d.h. im Moment wird der Studiengang von 20 Studierenden absolviert.

1. Pädagogische Führungskräfte in Subsahara-Afrika: Situation und Herausforderung

Der Bedarf an pädagogischer Expertise ist in Subsahara-Afrika (SSA) in der letzten Dekade signifikant gestiegen. Aufgrund demografischer Entwicklungen und verschiedenster nationaler (z.B. die Einführung der neun- oder zehnjährigen Schulpflicht) und internationaler Initiativen (z.B. „Education for All" der UN) expandieren die Erziehungssysteme rapide. So stieg z.B. die Rate der Inanspruchnahme von frühkindlicher Bildung zwischen 1999 und 2011 in SSA um 126 Prozent an (vgl. UNESCO, 2014, S. 45ff.), die Anzahl der Grundschulschülerinnen und -schüler um 66 Prozent (vgl. UNESCO, 2014, S. 52ff.) sowie der Sekundarschüler um 114 Prozent (vgl. UNESCO, 2014, S. 62ff.). Gleichzeitig ist die Qualität der zur Verfügung stehenden Bildungsangebote häufig sehr schlecht. Der Monitoring-Bericht für Education for All von 2014 zeigt, dass weniger als 50 Prozent aller Schülerinnen und Schüler nach vier Jahren Grundbildung Lesen und Schreiben können (vgl. UNESCO, 2014, S. 191f.; vgl. zu den Faktoren von Bildungsqualität Riddell, 2008; Verspoor, 2008; Yu, 2007).

Hinzu kommt, dass aufgrund der aktuellen Entwicklungen in den nächsten Jahren mehr als vier Millionen Lehrkräfte benötigt werden, die aus- und fortgebildet werden müssen (vgl. UNESCO, 2014, S. 216ff.), ohne dass die öffentlichen Lehrerbildungs- und Fortbildungssysteme auf diese Herausforderung vorbereitet wären (ebd.). Führungskräfte im Bildungssektor und vor allem im Schulbereich sind oft zu schlecht ausgebildet, um auf die sich ihnen stellenden Herausforderungen des schulischen Qualitätsmanagements angemessen reagieren zu können (ebd.). Zentrale Herausforderung ist es, angemessene Qualitätsmanagementsysteme, wie beispielsweise das Monitoring von Schülerleistungen (vgl. Bernard & Michaelowa, 2006; Nzomo & Makuwa, 2006), Lehrplanarbeit (vgl. McEneaney & Meyer, 2000), Lehreraus- und weiterbildungsstrukturen, aufzubauen (vgl. UNESCO, 2014, S. 230-275). Darüber hinaus wird es immer wichtiger, Aspekte in die Lehreraus- und fortbildung zu integrieren, die bisher kaum berücksichtigt wurden, z.B. die Nachhaltigkeit und Gestaltungsmöglichkeiten von Globalisierung (vgl. Johnson, 2008), die gesellschaftliche Inklusionsfunktion von Bildung (vgl. Krogull, Scheunpflug & Rwambonera, 2014) sowie die Herausforderungen an pädagogische Planung und Didaktik angesichts von Migration, Multilingualismus und die Pluralisierung von Kulturen (vgl. Schweissfurth, 2002; Harber, 2002; Smith, 2010).

Die Situation im Bildungswesen ist in vielen Staaten auch dadurch geprägt, dass das öffentliche Schulwesen nicht nur in der Hand des Staates ist, sondern zivilgesellschaftlich unterstützt wird – entweder da der Staat nicht über hinreichende Mittel verfügt, um das Bildungswesen in allen Regionen gleichermaßen zu entwickeln, oder da Eltern andere schulische Träger (wie Elterninitiativen und Religionsgemeinschaften) präferieren. In einigen Ländern, wie beispielsweise der D.R. Kongo oder Ruanda, sind über 60 Prozent aller Schulen keine staatlichen Schulen und die Ausgaben für den Bildungsbereich werden nicht komplett vom Staat übernommen (UNESCO, 2009). Dieser schulische Sektor ist besonders vulnerabel. Als sogenannter „low-fee private sector" (vgl. Srivastava & Walford, 2007; Tooley, 2007) ist er ein schulisches System mit besonders geringen Ressourcen, sowohl durch die oft unzulängliche staatliche Förderung als auch die in der Regel nicht wohlhabende Schülerklientel und das entsprechend geringe Schulgeld. In diesem Bereich der Bildung, der sich oft an Menschen in schwierigen Lebenssituationen wendet, sind die Kirchen die größten Anbieter (vgl. World Bank, 2005; Wodon, 2013).

Sich diesen Herausforderungen im Rahmen der Ausbildung von Führungskräften im Bildungsbereich zu stellen, ist eine der Aufgaben des internationalen Weiterbildungsmasters „Education Quality in Developing Countries".

2. Ziele und Konzept des Masters IMPEQ

Der Weiterbildungsmaster zielt auf theoretisches Grundwissen sowie Fachwissen mit Blick auf die Arbeit von Führungskräften in Schulen. Ein besonderes Augenmerk liegt auf der Führungstätigkeit in schwierigen Umständen wie z.B. Armut, Bildungsentfremdung oder staatlicher Fragilität. Studierende des Masterprogramms werden mit den nötigen Kompetenzen ausgestattet, die sie für Führungspositionen im Bildungsbereich benötigen. Dabei werden die professionellen Erfahrungen der Studierenden einbezogen.

Der Masterstudiengang vermittelt Wissen und professionelle Kompetenzen in folgenden Bereichen:

- normative Grundlagen von Bildung, Schule und Qualifizierung aus einer allgemeinen Perspektive und hinsichtlich der religiösen Grundlagen von Bildung und Erziehung, da eine hohe Anzahl von Schulen in SSA Schulen in religiöser Trägerschaft sind,
- die Beziehung zwischen Schule und Staat im Hinblick auf gesellschaftliche Pluralität,
- die methodischen und aufgabenorientierten Grundlagen zur Reflexion von Bildungsqualität,
- Prozessbedingungen zur Erreichung von Schulqualität,
- Management, Organisation und Qualitätsmanagement von Schulsystemen.

Der Master baut auf den professionellen Kompetenzen und Erfahrungen der Studierenden auf. Er bietet

- eine thematische Profilierung hinsichtlich der normativen Grundlagen von Bildung und Schule sowie Erziehung,
- breites Wissen in Erziehungswissenschaft und Forschungsmethoden,
- einen Fokus auf arbeitsbezogenes, forschungsbasiertes Lernen und die Erfahrung von Interkulturalität und Heterogenität.

Das Programm richtet sich an Personen, die in ihrem jeweiligen Land Bildungsverantwortung tragen, sei es auf der Ebene der Einzelschule (Schulleitung), der staatlichen oder kirchlichen Entscheidungsträger und -instanzen oder Bildungsanbieter (NGOs). Der Weiterbildungsmaster wurde angepasst an die professionellen Bedürfnisse von Leitungspersonal im Bildungswesen und Lehrerfortbildnern, Mitgliedern der Schulverwaltung sowie Personal der Entwicklungszusammenarbeit im Bildungssektor.

Die Inhalte werden in jeweils einer vierwöchigen Präsenzphase pro Semester vermittelt, die an der Universität Bamberg und der Evangelischen Hochschule Butare/Ruanda (PIASS; Protestant Institute of Arts and Social Sciences) stattfindet. Danach kehren die Studierenden in ihre Heimatländer zurück und gehen ihrer regulären Arbeit nach. Zwischen den Präsenzphasen gibt es eine virtuelle internetbasierte Mentoratsbetreuung. Das didaktische Leitbild des Masterprogramms ist eigenständiges Lernen durch Forschung. Dies verbindet interpersonelle Entwicklung, wissenschaftliche Forschung, fachspezifische Fähigkeiten und professionelle Entwicklung (vgl. Modulhandbuch, 2013).

3. Modulaufbau

Der Masterstudiengang ist in 15 Module gegliedert, inkl. dem Modul für die Masterarbeit und die Anerkennung der praktischen Arbeitserfahrung.

- Die Module 1 und 2 „Bildung und Normativität I und II" führen in die normativen (religiösen und nichtreligiösen) Grundlagen von Bildung ein. Systematisch werden die erziehungswissenschaftlichen Bildungstheorien beleuchtet sowie die historischen und systematischen Grundlagen von Bildung reflektiert.
- In den Modulen 3,4 und 5 „Theorien der Bildungsqualität I, II und III" wird der erziehungswissenschaftliche Diskurs zu Bildungsqualität systematisch erarbeitet. Während Modul 3 einen Überblick gibt, fokussieren die Module 4 und 5 auf Schul- und Systemqualität sowie auf Unterrichtsqualität.
- Module 6, 7 und 8 „Messen und Dokumentation I, II und III" beschäftigen sich mit dem Messen von Bildungsqualität und versetzen Studierende in die Lage, selber Bildungsqualität messen zu können. Neben einer allgemeinen Einführung in Messen und Dokumentieren geht es um quantitative und qualitative Methoden der Qualitätsmessung und ihre Implementierung sowie um Monitoring auf Systemebene.
- Die Module 9 und 10 „Qualitätsentwicklung I und II" beschäftigen sich mit Theorien zur Entwicklung von Schulqualität aus einer Forschungsperspektive. Dabei wird besonders der subsaharische Kontext bzw. der fragile Kontext von Schulen berücksichtigt. Neben der Vertiefung des theoretischen Wissens geht es zum einen darum, Studierende zu befähigen, wissenschaftliche Forschung, Entwicklungsprozesse und ihre Ergebnisse bewerten, evaluieren und kritisieren zu können. Zum anderen entwickeln Studierende Ideen für Veränderungen innerhalb von Schulen und des Schulsystems. Die Integration der Schule in die Beziehung zu außerschulischen Bildungsangeboten und lebenslangem Lernen wird ebenso thematisiert wie die Frage des Umgangs mit Heterogenität, Inklusion und Interkulturalität im Klassenzimmer. Während sich Modul 9 auf Unterrichtsprozesse bezieht, beschäftigt sich Modul 10 mit dem gesamten Schulsystem.
- Modul 11 würdigt die professionelle Erfahrung der Studierenden, die sie als Modulabschluss unter der Perspektive von Bildungsqualität reflektieren müssen.
- Module 12, 13 und 14 „Projektmodul I, II und III" ermöglichen es Studierenden, ein eigenes Projekt zur Bildungsqualität durchzuführen. Nach einer Einführung in Projektplanung, -management und -evaluation entwickeln die Studierenden in betreuten Gruppen ein eigenes Projekt zur Qualitätsentwicklung. Diese Projekte können als Grundlage für die abschließende Masterarbeit (Modul 15) dienen.

Der Masterstudiengang findet in englischer Sprache statt. Gleichzeitig gibt es ein bilinguales Mentoratssystem, das Studierende aus frankofonen Ländern unterstützt. Studierende können entscheiden, in welcher der beiden Sprachen sie ihre Prüfungen ablegen und Seminararbeiten inkl. Masterarbeit verfassen möchten.

4. Erfahrungen und Herausforderungen

Die Erfahrungen zeigen, dass unsere Einschätzungen der Situation sehr nah an der Realität lagen.

- Ein Vollzeit-Masterstudiengang parallel zur regulären Arbeit ist sehr aufwändig und verlangt ein hohes Maß an Disziplin und Selbstregulation, das nicht für alle Studierenden gleichermaßen erreichbar ist. Der engen Betreuung durch Mentoren und in Tutorien kommt deshalb eine hohe Bedeutung zu.
- Die große Heterogenität der Gruppe hinsichtlich des Alters, der kulturellen Herkunft, der Arbeitserfahrung und der akademischen Erfahrung stellt eine didaktische Herausforderung dar, bei gleichzeitiger Bereicherung durch die damit verbundene Multiperspektivität.
- Es stellt eine große Herausforderung dar, abstraktes, deskriptives Denken und Reflexion bei denjenigen Studierenden zu fördern, die aus einem hoch religiösen Kontext kommen und bisher wenig Erfahrung mit Wissenschaft haben.
- Die Ausrichtung des Studiengangs an den Bedürfnissen der Teilnehmenden (Was müssen Führungskräfte in Subsahara-Afrika wissen? Welche Kompetenzen benötigen sie?) hat sich als sehr gewinnbringend erwiesen.
- Bei den Studierenden ist ein großer Wille und hohe Aktivität zu erkennen, zu lernen und die eigene Situation zu verbessern.
- Sprachkompetenz ist nicht bei allen Studierenden gleich vorhanden und obwohl es ein bilinguales Unterstützungssystem gibt, stellt dies eine große Herausforderung dar, vor allem auch hinsichtlich des Verfassens wissenschaftlicher Texte.

Die Teilnahme an einem solchen Studiengang ist für Studierende aus SSA nur mit Unterstützung durch Stipendien möglich.

Literatur

Bernard, J.M. & Michaelowa, K. (2006). How can countries use cross-national research results to address „the big policy issues"? Case studies from Francophone Afrika. In: K.N. Ross & I.J. Genevois (Hrsg.), *Cross national studies of the equality of education. Planning their design and managing their impact.* Paris: International Institute for Educational Planning, S. 229–240.

Harber, C. (2002). Education, Democracy and Poverty Reduction in Africa. *Comparative Education, 38* (3), Special Number (25): Democracy and Authoritarianism in Education, S. 267–276.

Johnson, D. (2008) (Hrsg.). *The Changing Landscape of Education in Africa. Quality, equality and democracy.* Oxford: Symposium Books.

McEneaney, E. & Meyer, J. W. (2000). The content of the curriculum. An institutionalist perspective. In: M.T. Hallinan (Hrsg.), *Handbook of the Sociology of Education.* New York: Kluwer/Plenum, S. 189–211.

Nzomo, J. & Makuwa, D. (2006). How can countries move from cross-national research results to dissemination, and then to policy reform? Case studies from Kenya and Namibia. In: K.N. Ross & I.J. Genevois (Hrsg.), *Cross-national studies of the equality of education. Planning their design and managing their impact.* Paris: International Institute for Educational Planning, S. 213–228.

Krogull, S., Scheunpflug, A. & Rwambonera, F. (2014). *Teaching Social Competencies in Post-Conflict Societies. A Contribution to Peace in Society and Quality in Learner-Centered Education*, Münster: Waxmann.

Riddell, A. (2008). *Factors influencing educational quality and effectiveness in developing countries. A review of research.* Eschborn: Deutsche Gesellschaft für Technische Zusammenarbeit (GTZ).

Schweisfurth, M. (2002). Democracy and Teacher Education: Negotiating Practice in The Gambia. *Comparative Education, 38* (3), Special Number (25): Democracy and Authoritarianism in Education, S. 303–314.

Smith, A. (2010). *The influence of education on conflict and peace building.* Background paper prepared for the Education for All Global Monitoring Report 2011 – The hidden crisis: Armed conflict and education. UNESCO EFA GMR.

Srivastava, P. & Walford, G. (2007). *Private Schooling in Less Economically Developed Countries. Asian and African Perspectives.* Cambridge: Cambridge University Books.

Tooley, J. (2007). Could for-profit private education benefit the poor? Some a priori considerations arising from case study research in India. *Journal of Education Policy, 22* (3), S. 321–342.

UNESCO (2009). *EFA Global Monitoring Report.* See http://unesdoc.unesco.org/images/0017/001776/177683E.pdf [01.10.2015].

UNESCO (2014). *Teaching and Learning: Achieving Quality for All. EFA Global Monitoring Report 2013/14.* Paris: UNESCO.

Verspoor, A.M. (2008). The challenge of learning. Improving the quality of basic education in Sub-Saharan Africa. In: D. Johnson (Hrsg.), *The changing landscape of education in Africa. Quality, equality and democracy.* Oxford: Symposium Books, S. 13–43.

Wodon, Q. (2013). *Faith-inspired, Private Secular, and Public Schools in sub-Saharan Africa: Market Share, Reach to the Poor, Cost, and Satisfaction.* Washington: World Bank

World Bank (2005). *Education in the Democratic Republic of Congo. Priorities and Options for Regeneration. World Bank Country Study.* Washington, DC: World Bank.

Yu, G. (2007). *Research evidence of school effectiveness in Sub-Saharan African Countries.* Working Document Draft, July 2007. Bristol, UK: EdQual, University of Bristol.

Stephan Gerhard Huber, Stiftung der
Deutschen Wirtschaft, Robert Bosch Stiftung (Hg.):
Schule gemeinsam gestalten – Entwicklung von Kompetenzen
für pädagogische Führung. © 2015, Waxmann

Marit Aas

How to construct leadership identity through collective processes of knowledge building

National Training Programme for Principals at the University of Oslo/Norway

Leadership has become one of the key factors in school improvement and school development. The reports "Innovative Learning Environments" and "Leadership for 21st Century Learning" from the OECD focus on "Learning Leadership" (OECD, 2013a,b). "Learning leadership" is about setting directions and taking responsibility to make learning happen. That requires vision, but also design and strategy to implement it. It is exercised through distributed, connected activity and relationships. "Learning leadership" is social and develops, grows and is sustained through participation in professional learning communities (PLCs). By engaging in professional learning and creating conditions for others to do the same, school leaders model professionalism throughout the school organization and support the teachers to exercise leadership. Such modelling requires creativity and often courage. For providers of educational leadership programmes an important issue to discuss is how an academic training programme for educational leadership can support leaders in their development to become "learning leaders".

1. Core elements in the National Training Programme for Principals at the University of Oslo

Since 2009, the University of Oslo has been a provider of the National Training Programme for Principals in Norway. The Ministry of Education and Research expects the institution to deliver a programme that provides students with knowledge and skills to exercise school leadership. The main objective of the programme is that the participants develop "confidence in leadership". This means courage to take a stand and lead based on personal skills and academic knowledge (Lysø et al., 2011). The school leaders are expected to construct a democratic and independent leadership identity through a process of defining and redefining their role, as well as negotiating and renegotiating with actors within and outside the school. Consequently, the training programme was designed to facilitate such processes. The programme of the University of Oslo has integrated Gordon Wells' (1999) four opportunities to learn as

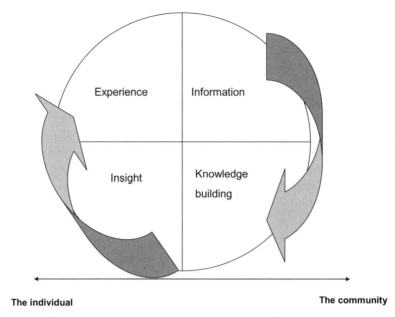

Figure 1: Model for knowledge building and learning (Wells, 1999, p. 85).

core elements where participants' experiences are used as a starting point for collective processes of knowledge building as illustrated in the model below:

The model shows how different opportunities for learning are connected to each other in the processes of knowledge building. The first opportunity implies receiving new *information*. For this information to lead to an enhancement of understanding – "the goal of all useful learning" according to Wells (2002, p. 8) – it must be actively transformed by articulating and linking it to personal *experience* through processes of *knowledge building*. Both the experiences and the information are developed and shared within the group. In this way, processes of knowledge building lead to new insights both for the individual and the group. According to Wells (ibid.), it is crucial that the information is perceived as relevant and connected to one's personal experiences.

2. Coaching as a bridge between leadership theory and practice

Over the course of one and a half years, several methods have been introduced to the participants to inspire critical thinking about leadership practices. During the programme, the participants work on study requirements which are formulated in ways that enable them to bring in their own experiences from practice and write about their reflections on practice linked to relevant theoretical perspectives. Coaching that promotes reflections on personal action is integrated in the programme. Coaching school leaders has become one way of supporting them to understand their role and handle particular leadership challenges. Indeed, coaching might be seen as a bridge between general theory-driven basic competences and the personal and situated practice in which the realities of leading and leadership are enacted. Inspired by the idea of professional learning communities (Stoll et al., 2006), we argue that the group effect consists of the awareness and understanding of how leadership can be performed in different school cultures as well as the confidence in searching for a leadership identity within a team or a collegial group by introducing other voices and increasing the development from practical insight to organisational performance (Aas & Vavik, forthcoming). Based on this knowledge, we designed a coaching programme as follows.

Coaching is delivered to groups of six students. Each coaching group has their own specific coach who follows them throughout the programme. All the students participate in the coaching sessions by asking questions, sharing reflections and offering advice. Three of the programme's twenty days are devoted to coaching. The coaches work at the Department of Teacher Education and School Research (ILS) at the University of Oslo, and have all participated in a joint training programme led by an external coaching expert. A specific coaching protocol was developed for the coaching process. One participant at a time (the coachee) serves as the group focus, while the other members are active participants. The structure of the coaching sessions is similar for each of the six students.

The session begins with a short introduction, where the coachee addresses a problem. Compulsory tasks to prepare prior to the session (for example, a 360-degree review or a competence profile from participating in an online self-assessment exercise (Huber, 2014)) provide the participants with information to reflect on his or her leadership behaviour in order to formulate the coaching topic and prepare for the session. The collective knowledge building process within the group includes different phases starting off with the participants reflecting on the coaching topic and trying to understand what it is about by asking the coachee clarifying questions. The coachee provides answers and information in terms of descriptions of concrete examples of situations and leadership actions. In the next phase the participants reflect on the coaching topic and the new information and provide concrete advice to the coachee. After listening to the participants' reflections and advice, the coachee shares his or her new insights and reflects on possible actions to try out in practice (Skedsmo, Aas, Sanchez-Moreno & Nicolaidou, forthcoming).

Role identity and role expectations (relating to the information provided in 360-degree interviews)
As mentioned earlier, each topic addressed during the coaching session requires the students to have done preparatory work. The coaching topics are also linked to the structure in the leadership programme. The theme of the first coaching session is the clarification of expectations regarding the leadership role and performance of the work concerning the participant in focus. As newly appointed school leaders, many of the participants do not have a clear perception of their leadership role. By using 360-degree interviews, the participants get a clearer picture of how they are perceived as leaders through feedback from superiors, staff and, if possible, persons at the same

level in the school organisation. The 360-degree feedback is usually collected by quantitative surveys. In our format, however, each participant is asked to interview different people in their own organisation about their expectations towards them as leaders. Based on these interviews, the students write a report pointing out one to three challenges they see in their leadership performance. This report serves as a preparation for the first coaching session.

Personal competences (relating to the information provided in the CPSM inventory
In the second coaching session, the aim is to look more closely at how personal competences influence leadership work. As part of the EU-project, Professional Learning through Feedback and Coaching (PROFLEC, see www.Bildungsmanagement.nct/Prof lec and www.Bildungsmanagement.net/KPSM), which explores the potential of integrating an ICT-based self-assessment inventory and a coaching module in CPD-programmes for school leaders in the participating countries, we use the self-assessment inventory to promote reflection and personal leadership development to focus on improving the participants' motivations and competencies with respect to exercising leadership. Completion of the inventory generates a personalised feedback report for each participant. This feedback is structured around key leadership competencies, helps the participants to identify their individual strengths and weaknesses, suggests areas for improvement and is used to develop workshops and group coaching activities which follow up on these.

A practical problem
The last coaching session concludes the coaching journey with a practical issue that supports the participants in their daily work as leaders. Each participant brings a description of one or two major challenges and asks for coaching in these areas. In preparation, each leader must formulate a coaching question, describe the context of the problem, explain his or her interpretation of the situation, and discuss how this is linked to personal preferences (discussed in coaching session two). Topics in the final session range from difficulties with giving feedback to teachers, to problems getting support from teachers in school development, and the struggles of having to make decisions not everybody will like or accept. The participants prepare a short oral performance to begin the coaching process.

3. Conclusion

In times when the education system is continuously changing and the demands on leaders in schools have increased in complexity, the researchers have been interested in investigating what the necessary leadership competences are and how these competences can be developed. Experiences and research from the National Training Programme for Principals in Norway show that school leaders get new insights through a collective knowledge building process in which information and experiences are discussed. Group coaching is one way of linking theory and practice together, and this way of learning can help leaders to become learning leaders themselves.

The group coaching methodology developed demonstrates the importance of building a social learning environment with opportunities for contextual feedback and reflections from other leaders. The group represents a social learning environment with opportunities for contextual feedback from other leaders, which broadens their thinking about how leadership can be performed. Target-oriented group coaching of school principals may have both short- and long-term positive effects on both the persons and school entities involved, and especially for new leaders. For those who design and facilitate leadership training programmes, group coaching represents a potential bridge between the academic knowledge and the personal action that is needed in the construction of leadership identity.

References

Aas, M., & Vavik, M. (forthcoming), *Group Coaching: A New Way of Construction Leadership Identity*.

Lysø, I.H., Stensaker, B., Aamodt, P.O., & Mjøen, K. (2011). *Led to leadership. The National Leadership Education for School Principals in lower and upper secondary schools in Norway; in an international perspective*. Report 1 from Evaluation of the National Leadership Education for School Principals. Oslo/Trondheim: NIFU Nordic Institute for Studies in Innovation, Research and Education.

OECD (2013a). *Leadership for the 21st Century Learning*. Centre for Educational Research and Innovation. OECD Publishing.

OECD (2013b). *Innovative Learning Environments*. Centre for Educational Research and Innovation. OECD Publishing.

Skedsmo, G., Aas, M., Sanchez-Moreno, M., & Nicolaidou, M. (forthcoming). *The interplay of feedback and coaching to promote professional reflection and learning*.

Stoll, L., Bolam, R., McMahon, A., Wallace, M., & Thomas, S. (2006). Professional learning communities: a review of the literature. *Journal of Educational Change, 7*, pp. 221–258.

Wells, G. (1999). *Dialogic Inquiry. Towards a Sociocultural Practice and Theory of Education*. New York: Cambridge University Press.

Wells, G. (2002). Learning and Teaching for Understanding: The Key Role of Collaborative Knowledge Building. In: J.E. Brophy (Ed.), *Social constructivist teaching: affordances and constraints (Vol. 9)*. Bingley: Emerald, pp. 1–41.

Website:
www.Bildungsmanagement.net/KPSM
www.Bildungsmanagement.net/Proflec

Autorinnen und Autoren

Prof. Dr. Marit Aas ist Associate Professor am Institut für Lehrerbildung und Schulforschung der Uniersität Oslo/Norwegen.

Dr. Kay Adenstadt ist Referent für Bildung und Kultur im Kultusministerium des Landes Sachsen-Anhalts und Alumnus des Studienkollegs der Stiftung der Deutschen Wirtschaft.

Prof. Dr. Herbert Altrichter ist Professor für Pädagogik und Pädagogische Psychologie der Johannes Kepler Universität Linz.

Uwe Ansorge ist Referent für Führungskräftefortbildung am Sächsischen Bildungsinstitut Radebeul.

Dr. Sebastian Barsch ist Leiter des Praxisphasenteams des Zentrums für LehrerInnenbildung der Universität zu Köln.

Elisabeth Benz ist Projektleiterin der Projekte Lernen vor Ort und Lehr:werkstatt der Eberhard von Kuehnheim Stiftung.

Matthias Böckermann ist Dezernent in der Führungskräftequalifizierung des Niedersächsischen Landesinstituts für schulische Qualitätsentwicklung.

Prof. Dr. Thorsten Bohl ist Professor für Erziehungswissenschaft mit dem Schwerpunkt Schulpädagogik der Universität Tübingen.

Dr. Thorsten Buehrmann ist Akademischer Rat am Erziehungswissenschaftlichen Institut der Universität Paderborn.

Prof. Dr. Christoph Buerkli ist Projekt- und Studienleiter am Institut für Betriebs- und Regionalökonomie IBR der Hochschule Luzern – Wirtschaft.

Maja Dammann ist Referatsleiterin Personalentwicklung am Landesinstitut für Lehrerbildung und Schulentwicklung in Hamburg.

Dr. Elke Döring-Seipel ist wissenschaftliche Angestellte am Lehrstuhl für Pädagogische Psychologie am Institut für Psychologie der Universität Kassel.

Martin Drahmann ist Promovend an der Westfälischen Wilhelms-Universität Münster im Fachbereich der Erziehungswissenschaft und Alumnus des Studienkollegs der Stiftung der Deutschen Wirtschaft.

Dr. Benjamin Dreer ist wissenschaftlicher Mitarbeiter an der Erfurt School of Education der Universität Erfurt.

Myrle Dziak-Mahler ist Geschäftsführerin des Zentrums für LehrerInnenbildung der Universität zu Köln.

Maximilian Egger ist Leiter des Zentrums für Bildungsstandards und Schulevaluation der Pädagogischen Hochschule Oberösterreich.

Sibylle Engelke ist Abteilungsleiterin am Sächsischen Bildungsinstitut Radebeul.

Heike Ekea Gleibs ist Programmleiterin des Studienkollegs der Stiftung der Deutschen Wirtschaft.

Fanny Antonie Günthel ist Referentin des Studienkollegs der Stiftung der Deutschen Wirtschaft.

Carsten Groene ist Studienleiter am Institut für Qualitätsentwicklung an Schulen in Schleswig-Holstein.

Prof. Dr. Ernst Hany ist Direktor der Erfurt School of Education und Professor für pädagogisch-psychologische Diagnostik und Differentielle Psychologie der Erziehungswissenschaftlichen Fakultät der Universität Erfurt.

Dr. Sigrid Heinecke ist Geschäftsführerin der Erfurt School of Education der Universität Erfurt.

Prof. Dr. Katrin Höhmann ist Professorin für Schulpädagogik der Pädagogischen Hochschule Ludwigsburg.

Prof. Dr. Stephan Gerhard Huber ist Leiter des Institut für Bildungsmanagement und Bildungsökonomie der Pädagogischen Hochschule Zug.

Hedwig Huschitt ist Fachleiterin der Lehrerfortbildung der Bezirksregierung Düsseldorf.

Heike Igel ist Referentin des Studienkollegs der Stiftung der Deutschen Wirtschaft.

Anna Kanape-Willingshofer ist Universitätsassistentin der Johannes Kepler Universität Linz.

Ingeborg Klapproth-Hildebrandt ist Leiterin der Lehrerfortbildungsinstituts Bremerhaven.

Peter Koderisch ist Fachleiter für Pädagogik und Pädagogische Psychologie am staatlichen Seminar für Didaktik und Lehrerbildung Freiburg und Fachberater für Schulentwicklung beim Regierungspräsidium Freiburg.

Torsten Klieme ist Direktor des Landesschulamtes Sachsen-Anhalt.

Dr. Britta Klopsch ist wissenschaftliche Mitarbeiterin am Institut für Bildungswissenschaft der Universität Heidelberg.

PD Dr. Britta Kohler ist Akademische Rätin der Abteilung Schulpädagogik am Institut für Erziehungswissenschaft der Universität Tübingen.

Susanne Krogull ist wissenschaftliche Mitarbeiterin der Universität Bamberg und Geschäftsführerin des Weiterbildungsmasterstudiengangs „Educational Quality in Developing Countries".

Anke Kujawski ist pädagogische Mitarbeiterin am Lehrerfortbildungsinstitut Bremerhaven.

Cristian D. Magnus ist wissenschaftlicher Mitarbeiter am Institut für Bildungswissenschaft der Universität Heidelberg.

Prof. Dr. Lejf Moos ist Professor für Bildung und Educational Leadership am Institut für Bildung der Aarhus Universität in Kopenhagen.

Dr. Regina Pannke ist Leiterin des Praktikumsreferats der Erfurt School of Education der Universität Erfurt.

Dr. Matthias Pfeufer arbeitet im Kultur-, Schulverwaltungs- und Sportamt der Stadt Bamberg. Zuvor war er in der Geschäftsstelle des Zentrums für Lehrerinnen- und Lehrerbildung der Friedrich-Alexander-Universität Erlangen-Nürnberg beschäftigt.

Claudia Rugart ist Abteilungspräsidentin der Abteilung Schule und Bildung des Regierungspräsidiums Stuttgart.

Norbert Ryl ist Schulfachlicher Referent am Landesschulamt Sachsen-Anhalt.

Dr. Hans-Joachim Sassenscheidt ist Freier Berater für Personal- und Schulentwicklung.

Prof. Dr. Annette Scheunpflug ist Lehrstuhlinhaberin für Allgemeine Pädagogik der Universität Bamberg.

Prof. Dr. Helga Schnabel-Schüle ist Professorin für Neuere und Neueste Geschichte und geschäftsführende Leiterin des Zentrums für Lehrerbildung der Universität Trier.

Nadine Schneider ist wissenschaftliche Mitarbeiterin der Erfurt School of Education der Universität Erfurt und Projektmitarbeiterin am Institut für Bildungsmanagement und Bildungsökonomie der Pädagogischen Hochschule Zug.

Marius Schwander ist wissenschaftlicher Mitarbeiter am Institut für Bildungsmanagement und Bildungsökonomie der Pädagogischen Hochschule Zug.

Dr. Maria Seip ist wissenschaftliche Mitarbeiterin am Zentrum für Lehrerbildung der Universität Kassel und Geschäftsführerin des Projektes „Psychosoziale Basiskompetenzen für den Lehrerberuf".

Prof. Dr. Guri Skedsmo ist wissenschaftliche Mitarbeiterin am Institut für Bildungsmanagement und Bildungsökonomie der Pädagogischen Hochschule Zug und Associate Professor am Institut für Lehrerbildung und Schulforschung der Universität Oslo.

Prof. Dr. Anne Sliwka ist Professorin für Bildungswissenschaft der Universität Heidelberg.

Prof. Dr. Katharina Soukup-Altrichter ist Vizerektorin für Lehre und Forschung der Pädagogischen Hochschule Oberösterreich.

PD Dr. Margit Theis-Scholz ist Leiterin des Staatlichen Studienseminars für das Lehramt an Förderschulen in Neuwied mit Teildienststelle Trier sowie derzeit Vertretungsprofessorin für „Sonderpädagogische Grundlagen" am Department für Heilpädagogik und Rehabilitation der Universität zu Köln.

Dr. Pierre Tulowitzki ist wissenschaftlicher Mitarbeiter am Institut für Bildungsmanagement und Bildungsökonomie der Pädagogischen Hochschule Zug.

Agnes Weber ist Erziehungswissenschafterin und Hochschullehrerin an der Pädagogischen Hochschule Fachhochschule Nordwestschweiz und Studienleiterin des CAS „Educational Governance" an der Hochschule Wirtschaft, Luzern.

Inéz-Maria Wellner studiert an der Universität Heidelberg Romanistik, Geschichte und Politikwissenschaften und ist Stipendiatin des Studienkollegs.

Birgit Weyand ist geschäftsführende Beauftrage des Zentrums für Lehrerbildung der Universität Trier.

Dr. Christoph Wiethoff ist Akademischer Rat am erziehungswissenschaftlichen Institut der Universität Paderborn.

Renate Will ist Mitwirkende in Allgemeiner Pädagogik am Studienseminar Hildesheim für das Lehramt an Gymnasien.

Cornelia Winkler ist Referentin am Sächsischen Bildungsinstitut Radebeul.

Die Stiftungen und das IBB

Stiftung der Deutschen Wirtschaft (sdw)

„Wir stiften Chancen!" ist das Leitmotiv der Stiftung der Deutschen Wirtschaft (sdw). Bundesweit fördert sie gemeinsam mit Partnern aus Arbeitgeberverbänden, Unternehmen, unternehmensnahen Stiftungen sowie Bundes- und Landesministerien Kinder, Jugendliche und junge Erwachsene. Ihre Förderangebote umspannen die gesamte Bildungskette von der Grundschule bis zur Promotion. Maßnahmen zur Persönlichkeitsentwicklung und Angebote für gelungene Bildungsübergänge sind die Kernbestandteile aller Förderprogramme. Mit ihnen gelingt es, sowohl leistungsstarke Jugendliche und junge Erwachsene als auch Jugendliche mit herkunftsbedingten Startschwierigkeiten wirksam und nachhaltig zu unterstützen.

Robert Bosch Stiftung

Die Robert Bosch Stiftung ist eine der großen unternehmensverbundenen Stiftungen in Deutschland. Sie wurde 1964 gegründet und setzt die gemeinnützigen Bestrebungen des Firmengründers und Stifters Robert Bosch (1861–1942) fort. Die Stiftung beschäftigt sich vorrangig mit den Themenfeldern Völkerverständigung, Bildung und Gesundheit. Im Bereich Bildung nimmt sie den gesamten Prozess in den Blick, von der frühkindlichen Bildung über Schule, Ausbildung, Talentförderung, Hochschule bis hin zum lebenslangen Lernen.

Institut für Bildungsmanagement und Bildungsökonomie (IBB) der Pädagogischen Hochschule Zug

Das Institut für Bildungsmanagement und Bildungsökonomie (IBB) der Pädagogischen Hochschule Zug ist ein Hochschulinstitut, das sich mit Forschung und Wissenstransfer in den Bereichen Bildungsmanagement und Bildungsökonomie beschäftigt. Es hat einen Forschungs- und Entwicklungsauftrag, versteht sich aber auch als Serviceeinrichtung für Lehrkräfte, Schulleitungen, Schulpflegen, Kantone, Ministerien und Institutionen, die sich mit der Qualität und Entwicklung von pädagogischen Einrichtungen beschäftigen.

Ein Themenschwerpunkt sind die Bereiche Lehrerbildung/Personalentwicklung, pädagogische Führungskräfteentwicklung, Governance, Schulmanagement sowie als Sonderforschungsbereich Jugend (Bildung und Perspektiven).

Anhang

KPSM: Kompetenzdimensionen im Überblick

1. Allgemeine Kompetenzen pädagogischer Führung

Leistungsmotivation

Diese Kompetenzdimension zeigt an, welchen Anspruch Personen an ihre Leistungen stellen und inwieweit sie Leistungssituationen als Herausforderung erleben und danach streben, ihre Kompetenz unter Beweis zu stellen.

Misserfolge vermeiden

Diese Kompetenzdimension erfasst die Unterschiede zwischen Menschen hinsichtlich ihrer emotionalen Reaktionen auf leistungsbezogene Situationen. Kennzeichnend für misserfolgsorientierte Personen sind die Furcht vor Fehlern und Sorge um die damit verbundenen Konsequenzen, während erfolgsorientierte Personen sehr viel Vertrauen haben, eine Aufgabe erfolgreich zu bewältigen, und kaum Angst vor Fehlschlägen haben.

Einsatzbereitschaft

Diese Kompetenzdimension erfasst die positive, erfüllte, arbeitsbezogene Haltung und Einstellung, die sich durch Elan, Hingabe und das Sich-Vertiefen in eine Aufgabe auszeichnet.

Planungskompetenz

Diese Kompetenzdimension beschreibt die Fähigkeit, eine Aufgabe so zu planen und zu organisieren (d.h. unter Berücksichtigung relevanter Einschränkungen eine mögliche Handlungsalternative zu wählen), dass diese erfolgreich gelöst werden kann.

Problemlösefähigkeit

Diese Kompetenzdimension bezeichnet die Fähigkeit zum logisch-schlussfolgernden Denken, d.h. die Fähigkeit, abstrakte Informationen zu verarbeiten und dabei organisiert und systematisch vorzugehen.

Stressresistenz

Diese Kompetenzdimension erfasst, wie Personen großen Arbeitsdruck empfinden und wie sie darauf reagieren, d.h. ob sie die hohen Anforderungen eher als motivierend oder aber als einschränkend, also als Stresssituation, wahrnehmen (abhängig unter anderem von erlernten Verhaltens- und Gedankenmustern, die die Personen nutzen, um schwierige Situationen zu bewältigen).

Vertrauen in die eigenen Fähigkeiten

(vgl. auch Selbstwirksamkeit)

Diese Kompetenzdimension beschreibt individuelle Überzeugungen einer Person, mit ihren eigenen Fähigkeiten und Leistungen in neuen Situationen die Ereignisse so beeinflussen zu können, dass die gewünschte Leistung tatsächlich erbracht werden kann.

Gestaltungsmotivation

Diese Kompetenzdimension gibt an, inwiefern eine Person andere Menschen oder Situationen beeinflussen möchte.

Mehrdeutige Situationen mögen

(vgl. auch Ambiguitätstoleranz)

Mit dieser Kompetenzdimension werden die Vorlieben bzw. die Abneigungen von Personen im Umgang mit Situationen, die nicht eindeutig definiert sind, festgehalten, wie sie z.B. durch mangelnde Informationen oder durch die fehlende Möglichkeit, eine Situation zu überblicken oder zu durchschauen entstehen.

Aktives Innovationsstreben

Diese Kompetenzdimension erfasst, inwieweit eine Person gegenüber Veränderungen im Schulkontext – in der Organisation, aber auch hinsichtlich innovativer Unterrichtskonzepte und -methoden – aufgeschlossen ist, diese als etwas Positives erlebt und aktiv initiiert.

Kontaktfreude

Diese Kompetenzdimension erfasst das Ausmaß, in dem Personen den Austausch mit anderen suchen und diesen Kontakt als Bereicherung der Arbeit erleben.

Teamorientierung

Diese Kompetenzdimension gibt an, ob Personen eher dazu tendieren, alleine zu arbeiten oder die Zusammenarbeit im Team bevorzugen.

Einfühlungsvermögen

(vgl. auch Empathie)

Diese Kompetenzdimension erfasst das Bemühen einer Person, die Situation und Gefühle einer anderen Person zu verstehen und nachzuvollziehen, sich also in die Lage eines anderen zu versetzen.

Kritikbereitschaft

Diese Kompetenzdimension erfasst, inwieweit eine Person bereit ist, sowohl Kritik zu üben als auch kritische Anmerkungen als Rückmeldungen entgegenzunehmen und dies zum Erreichen von guten Arbeitsergebnissen für notwendig hält.

Führungsmotivation

Diese Kompetenzdimension erfasst die Neigung einer Person, Verantwortung zu übernehmen, auf andere Menschen Einfluss auszuüben und Sach- und Beziehungsfragen aktiv zu gestalten.

Einfluss anderer meiden

Diese Kompetenzdimension erfasst die Neigung von Personen, das Handeln von anderen als Einflussnahme auf den eigenen Zuständigkeitsbereich wahrzunehmen und wie sie darauf reagieren.

Begeisterungsfähigkeit

Diese Kompetenzdimension misst die Fähigkeit einer Person, Begeisterung für eine Sache zu entwickeln, die dabei entstehenden Emotionen auszudrücken und so auch bei anderen echte Zustimmung und Begeisterung auszulösen.

Durchsetzungsvermögen

Diese Kompetenzdimension erfasst die Präferenz, in konfliktträchtigen Situationen den eigenen Standpunkt klar zu formulieren sowie die eigenen Ansprüche und Erwartungen an andere Personen zu äußern.

Streben nach sozialer Akzeptanz

Diese Kompetenzdimension erfasst die emotionalen Reaktionen, die durch tatsächliche oder auch nur befürchtete ablehnende Reaktionen anderer Menschen ausgelöst werden können.

Machbarkeitsgrenzen erkennen

Diese Kompetenzdimension erfasst die Fähigkeit eines Menschen, in Problemsituationen auch die Grenzen potenzieller Lösungen realistisch einschätzen zu können.

2. Tätigkeitsbezogene Kompetenzen pädagogischer Führung

Unterrichtsentwicklung

Diese Kompetenzdimension erfasst, inwieweit Verantwortung dafür übernommen wird, dass größtmögliche Lernerfolge bei einem guten sozialen Klima erzielt werden. Gemeinsam mit den Lehrerinnen und Lehrern werden curriculare Schwerpunkte für den Unterricht festgelegt, neue Unterrichtskonzepte entwickelt sowie Lehrkräfte bei der Erprobung dieser unterstützt und dazu ermutigt, neue Unterrichtsmethoden zum Einsatz zu bringen.

Erziehung

Diese Kompetenzdimension erfasst, inwieweit die Entwicklung eines erziehungsbezogenen Leitbildes der Schule, das normative und operative Aspekte des schulischen Handelns umfasst, initiiert und unterstützt wird.

Personalführung und Personalmanagement

Diese Kompetenzdimension erfasst, inwieweit Feedback, Beurteilung, Förderung und Beratung als bedeutende Facetten bei der kontinuierlichen professionellen Weiterentwicklung des Personals berücksichtigt werden, um wiederum den Unterricht weiterzuentwickeln.

Organisation und Verwaltung

Diese Kompetenzdimension erfasst, inwieweit die Organisation von Schule und Unterricht so gestaltet wird, dass die Wirksamkeit des pädagogischen Handelns ermöglicht und unterstützt wird.

Qualitätssicherung

Diese Kompetenzdimension erfasst, inwieweit Kompetenzen für ein gelungenes Qualitätsmanagement vorliegen, was die Überprüfung der Offenheit, des Handelns und seiner Wirkungen im schulischen Umfeld erfordert.

Qualitätsentwicklung

Diese Kompetenzdimension erfasst, inwieweit Evaluationsergebnisse transparent gemacht und Maßnahmen zur Einhaltung von vereinbarten Standards umgesetzt werden. Auch gilt es, schulinterne Qualitätsziele zu vereinbaren, Unterricht zu reflektieren und diese Erkenntnisse für die Weiterentwicklung des Unterrichts zu nutzen.

Zusammenarbeit innerhalb des Kollegiums

Diese Kompetenzdimension erfasst, inwieweit die Kommunikation und Kooperation mit Kolleginnen und Kollegen gelingt und inwieweit Voraussetzungen und konkrete Möglichkeiten, um durch Kooperation Entwicklungsprozesse in Gang zu setzen, geschaffen werden.

Kooperation im schulischen Umfeld

Diese Kompetenzdimension erfasst das Entwickeln von Strategien und Initiativen zur Verbesserung der Kooperation mit dem schulischen Umfeld und das Nutzen von Methoden der Öffentlichkeitsarbeit, um die Bekanntheit, das Prestige und die Wettbewerbsfähigkeit der Schule zu erhöhen.

Repräsentieren

Schulleiterinnen und Schulleiter vertreten die Schule nach außen und sind verantwortlich für die Kommunikation mit den diversen Stakeholdern der Schule. Sie vertreten die Interessen der Schule und gestalten maßgeblich die Außenwahrnehmung der Schule.